R.   55 mm   H:105 mm

B.   55 mm

L.   43 mm

F.   57 mm   H:70 mm

R.   43 mm

B.   40 mm

L.   50 mm

F.   50 mm

R.   50 mm   H: 108 mm

B.   50

R.   50 mm   H: 86 mm

R.   48 mm   H: 90 mm

B.   50 mm

L.   45 mm

F.   40 mm   H: 105 mm

R.

STERKE
VERHALEN

Alle geheimen achter de gevels van de KLM-huisjes

500 jaar Nederlandse geschiedenis en architectuur

Mark Zegeling

Colofon

Art direction en design: Ontwerpstudio Bont!, Jort Haan
Uitgeefadvies: Van Lindonk & De Bres, Elise de Bres
Coverontwerp: Mooifraai, Monique Francissen
Fotografie huisjes: Focusfoto, Bodine Koopmans
Beeldbewerking: Monique Smets
Redactie: Eva Gerrits, Hein Blankers, Michiel Kraijkamp
Beeldredactie: Eric Borger, Mark Zegeling
Tekst: Mark Zegeling
© 2013 MarkMedia & Art

Vierde druk

ISBN/EAN 978-90-819056-0-2
NUR 465/648/688

MIX
Papier van
verantwoorde herkomst
FSC® C116331

Dit boek is gedrukt op papier dat
het keurmerk van de Forest Ste-
wardship Council (FSC) mag dragen. Bij dit papier is het zeker dat de
productie niet tot bosvernietiging
heeft geleid. Een flink deel van de grondstof is afkomstig uit bossen en plantages die worden beheerd volgens de regels van FSC.
Van het andere deel van de grondstof is vastgesteld dat hiervoor
geen houtkap in de laatste resten waardevol bos heeft plaatsge-
vonden. Daarom mag dit papier het FSC Mixed Sources-label
dragen.

In de Gouden Eeuw is vliegen door de lucht nog iets voor fantasten ...

Een half uur voor de landing, op een intercontinentale vlucht van KLM. Ineens klinkt het geritsel van papiertjes. De bagagebakken gaan open, passagiers gaan op zoek naar kladjes met nummers en doorgekraste cijfers. De bemanning geeft elkaar een knipoog. Ze kennen het ritueel dat zich de komende minuten zal voltrekken. Sommige passagiers wisselen een blik van verstandhouding, zoals bij goede vrienden die elkaar door en door kennen. Anderen halen hun smartphones tevoorschijn. Met een app houden ze precies bij welke huisjes van de KLM-serie nog in hun verzameling ontbreken. Want daar draait het in die laatste minuten voor de landing om. Tenminste in de Business Class, waar het uitdelen van de souvenirs, oftewel het drankje van het huis, al sinds jaar en dag een begrip is.

Wereldwijd zijn de Delfts blauwe replica's een gewild verzamelobject. Voor de echte verzamelaar is zelfs de inhoud heilig. Want het is eigenlijk not done om de jonge jenever, die in het miniatuurhuisje zit, op te drinken. Niet aan boord en ook niet thuis. En dus blijft de kurk in het schoorsteentje. Achter de gevels van deze huisjes schuilen schitterende verhalen. Over bijvoorbeeld de opkomst van de VOC en de Gouden Eeuw en over pioniers die de afgelopen vijfhonderd jaar ieder op hun eigen terrein naam hebben gemaakt.

Dit boek is een reis door de tijd, langs hoogtepunten van de Nederlandse bouwkunst van de 16e tot en met de 20e eeuw. En het staat vol met grote en kleine geschiedenissen over de kleurrijke bewoners van de huizen waarop de miniaturen zijn gebaseerd. In de Gouden Eeuw was vliegen door de lucht nog iets voor fantasten. Wie daarover droomde, had in die tijd vast te diep in het glaasje gekeken. Maar wat als hun droom werkelijkheid zou worden en deze fantasten op een dag als passagier naast u in het vliegtuig zouden zitten? Dan vermaken ze u vast en zeker met waargebeurde verhalen over hun huizen en de tijd waarin zij leefden – sterke verhalen waarover wij alleen maar kunnen fantaseren. Een goede vlucht en 'wel thuis'!

Mark Zegeling

Inhoudsopgave

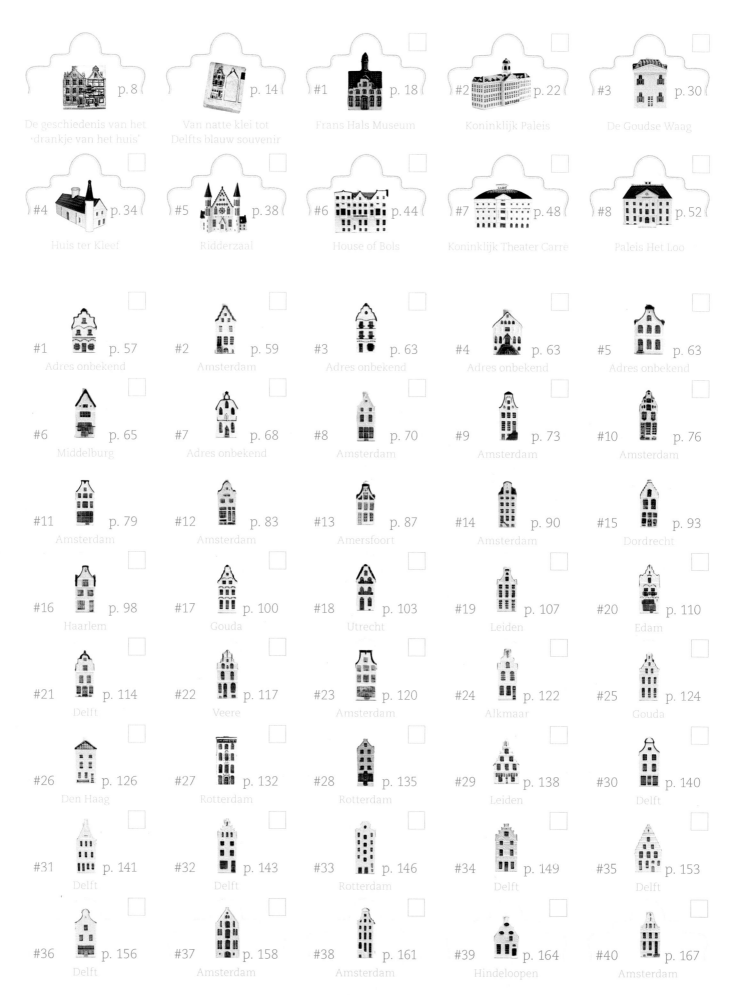

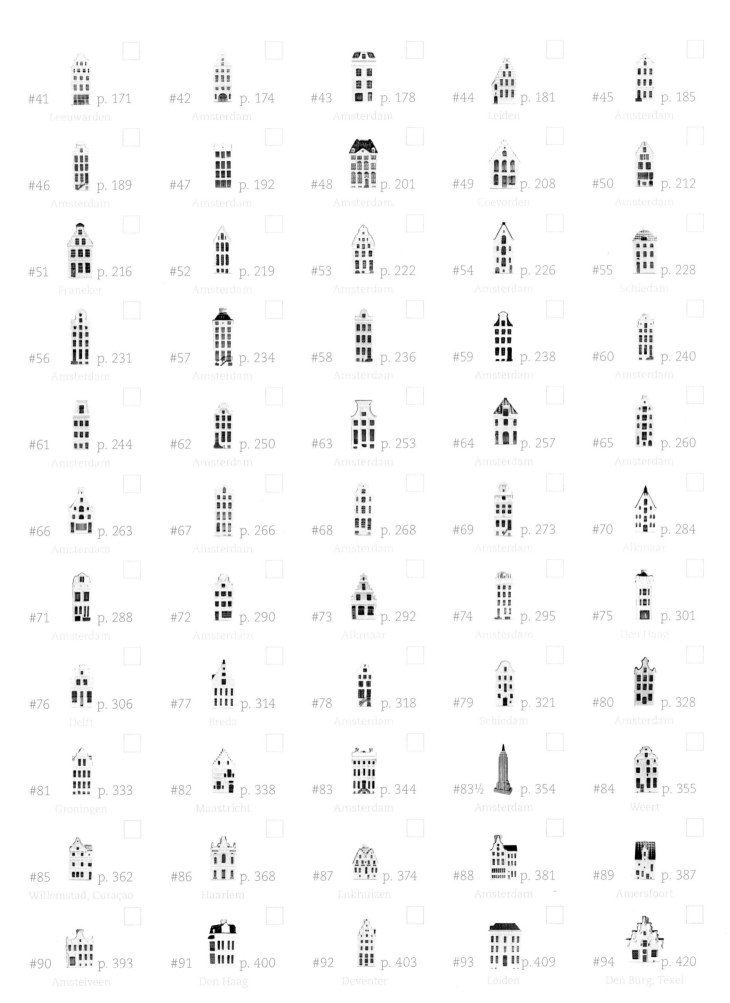

De geschiedenis van het 'drankje van het huis'

Eerste relatie-
geschenk Bols
tijdens
KLM-vlucht

1946

Eerste levering
Rynbende-likeur
in 'flacons'

1951

Eerste officiële
vermelding
'KLM-huisjes'

1957

Plateelbakkerij
Zuid-Holland (PZH)
verandert logo

1958

Eerste collector's
item: Frans Hals
Museum

1962

Faillisement PZH,
Goedewaagen
wordt producent
KLM-huisjes

1964

Drakensteyn
als geschenk
bruiloftsgasten
Beatrix en Claus

1966

Distilleerderij
Rynbende
wordt overge-
nomen door
Henkes

1970

Productie
KLM-huisjes
verplaatst van
Gouda naar
Nieuw-Buinen

1974

Lucas Bols
neemt
distilleerderij
Henkes over

1986

Koninklijk Paleis
huwelijks-
geschenk
passagiers
Royal Class

In de gouden eeuw groeit Nederland uit tot een economische en politieke wereldmacht. Door de blik naar buiten te richten en alles te omarmen dat de vooruitgang bespoedigt, maakt ons land een geweldige ontwikkeling door. Ook de kunsten en de wetenschap krijgen een impuls en het tolerante leefklimaat leidt tot een zelfbewuste samenleving. Maar niet alles heeft in de 17^e eeuw een gouden glans. De onstuimige drang om vooruit te komen, heeft ook zijn schaduwkanten. En toch kan de gouden eeuw met z'n elan, moed, passie en wilskracht nog steeds een bron van inspiratie zijn.

Royal Class KLM, 1955 (foto: Paul Huf).

Meer dan de helft van de totale collectie KLM-huisjes zijn replica's van karakteristieke huizen uit de Gouden Eeuw. De meeste van deze historische panden zijn in de afgelopen vijf eeuwen bewoond door mensen die op de een of andere manier met de (buitenlandse) handel te maken hebben. De KLM-collectie is een eerbetoon aan deze pioniers, die met hun handelsgeest voor welvaart en voorspoed zorgden.

One for the road

Zoals het een echt icoon betaamt, is ook de ontstaansgeschiedenis van de drankhuisjes een mythe en omgeven met aardige verhalen. Zo zou er in de jaren vijftig tussen luchtvaartmaatschappijen een afspraak zijn om geen relatiegeschenken weg te geven die duurder zijn dan twee gulden per stuk. Maar KLM is de concurrentie te slim af door aan het einde van de vlucht likeur te serveren. Toevallig niet in een glas maar in een Delfts blauw huisje. *One for the road*, zullen we maar zeggen. Maar natuurlijk drinken de reizigers het 'drankje van het huis' niet aan boord op. Ze nemen het souvenir gewoon mee! De waarde is echter hoger dan de onderling afgesproken maximumprijs. Een klacht bij de International Air Transport Association wordt door KLM afgewimpeld met het argument dat het slechts om 'een leuke verpakking' van een drankje gaat.

Afschaffing Royal Class. KLM-huisjes in Business Class

KLM viert 75-jarig jubileum, vijftien nieuwe huisjes

Productie van de KLM-huisjes naar Azië verplaatst

Collector's item: Goudse Waag als huwelijks-geschenk

Special edition: paarse huisjes ter ere eerste lijndienst Bonaire

Fusie Air France-KLM

Uitgave House of Bols collector's item

Uitgave Huis ter Kleef en Ridderzaal

Kunuku-huisje 75 jaar KLM Curaçao

7 oktober 2013, onthulling #94 Oudheidkamer Den Burg, Texel

Smaakmakend souvenir

KLM geeft vanaf de jaren vijftig de passagiers in de Royal Class een Delfts blauw huisje cadeau. Het is niet precies bekend wanneer men met deze traditie is begonnen. In 1951 wordt in een jaarverslag van distilleerderij Rijnbende gesproken over 'miniatuurflacons likeuren om aan boord van de machines uit te delen'. Simon Rijnbende & Zonen verkoopt dan al vanaf de jaren dertig van de 20ᵉ eeuw met drank gevulde miniaturen. Het is onduidelijk of het in 1951 om Delfts blauwe huisjes gaat, of een ander miniatuur. KLM is niet de enige maatschappij met een dergelijk spraakmakend en smaakmakend souvenir. Ook Aer Lingus geeft zijn passagiers als souvenir miniaturen van Rijnbende.

Statussymbool Royal Class

Pas in 1957 is voor het eerst officieel sprake van 'een serie miniaturen in de vorm van oud-Hollandse huisjes, uitgevoerd in Delfts blauw aardewerk en gevuld met likeur'. Simon Rijnbende & Zonen levert in dat jaar negen verschillende huisjes op Schiphol af, in een oplage van 39.710 stuks. De huisjes worden gezien als een tastbare herinnering aan een vlucht in de duurste klasse, ze zijn een statussymbool. Andere maatschappijen, zoals de SLM, Viasa en Air New Zealand, proberen een graantje mee te pikken van het succes. Ze lanceren hun eigen huisjes. De passagiers willen geen bruine of groene miniaturen, maar alleen huisjes in koninklijk Delfts blauw.

Eerste collector's item

Het aantal Delfts blauwe KLM-huisjes met likeur groeit snel. In 1961 bedraagt de leverantie van Rijnbende aan KLM al 57.318 stuks. Ook wordt er rekening gehouden met passagiers uit landen waar geen alcohol mag worden ingevoerd. KLM deelt lege huisjes uit aan mensen die in het Midden-Oosten van boord gaan. Ter aanvulling op de groeiende collectie worden er asbakjes in de vorm van Delfts blauwe huisjes gemaakt. Roken aan boord is dan namelijk nog bon ton. In 1962 verschijnt voor het eerst in een beperkte oplage een collector's item. Het is een replica van het Frans Hals Museum in Haarlem.

Kasteel Drakensteyn

Prinses Beatrix wordt in 1959 eigenaar van Kasteel Drakensteijn, vlakbij Lage Vuursche in de gemeente Baarn. Na een verbouwing gaat de prinses er in 1963 wonen. Ter gelegenheid van haar huwelijk met prins Claus op 10 maart 1966 maakt Goedewaagen een exclusieve replica van Kasteel Drakensteyn, die net als de KLM-huisjes met jenever van Rijnbede wordt gevuld. Het miniatuur verschijnt in een oplage van 300 exemplaren en is een cadeau voor de bruiloftsgasten van Beatrix en Claus. Het prinselijk paar woont tot 1981 met hun drie zonen op Kasteel Drakensteyn. Daarna verhuist het gezin naar Den Haag. Het familiekasteel doet vanaf dat moment dienst als buitenverblijf. Op 30 april 2013 doet koningin Beatrix afstand van de troon. Ze verhuist terug naar het landgoed voor een welverdiende rust. De Delfts blauwe replica van Kasteel Drakensteyn, met de initialen van prinses Beatrix en prins Claus, is ongeveer 1.500 euro waard.

Koninklijke Goedewaagen

In 1964 wordt de keramiekproducent *Koninklijke Plateelbakkerij Zuid-Holland* failliet verklaard. Distilleerderij Rijnbende gaat op zoek naar een nieuwe leverancier en komt uit bij *Goedewaagen's Koninklijke Hollandse Pijpen- en Aardewerkfabriek*. De collectie huisjes groeit daarna gestaag verder. In 1966 wordt ter gelegenheid van het huwelijk van prinses Beatrix en prins Claus door Goedewaagen een exclusieve replica gemaakt van kasteel Drakensteyn. Het porseleinen huisje is gevuld met oude jenever van Rijnbende en wordt in een oplage van ongeveer driehonderd exemplaren geproduceerd. Het miniatuur is een cadeau voor de bruiloftsgasten van het koninklijk paar.

Distilleerderij Rijnbende wordt in 1970 overgenomen door Henkes Verenigde Distilleerderijen. Beide bedrijven brengen ieder nogmaals de dan 45 huisjes tellende collectie uit, met hun eigen merkteken op de onderkant.

Met de hand geschilderd

De productie van de huisjes vindt tot 1974 in Gouda plaats. Daarna verplaatst Goedewaagen zijn fabriek naar het Drentse Nieuw-Buinen. De huisjes zelf worden nog steeds gevuld met jenever van Henkes en als relatiegeschenk aangeboden aan passagiers van de Royal Class. De miniaturen worden door leerlingen van Goedewaagen met de hand geschilderd.

Maar als een staatssubsidie voor deze opleiding wegvalt, is Goedewaagen genoodzaakt om de prijs van de KLM-huisjes te verhogen. (In die tijd worden jaarlijks ongeveer 200.000 exemplaren gemaakt.) Henkes overweegt daarop de productie van de huisjes te verplaatsen naar Azië. Goedewaagen gaat in 1982 failliet en maakt het jaar daarop een doorstart als Goedewaagen-Gouda BV. De KLM-verzameling wordt verder uitgebreid.

Business Class-passagiers krijgen vanaf 1981 als souvenir een Delfts blauw tegeltje.

In 1986 wordt voor reizigers in de Royal Class een nieuw collector's item gelanceerd: een replica van het Koninklijk Paleis in Amsterdam. Het is het grootste miniatuur van de collectie en is bestemd voor pasgetrouwde echtparen die hun huwelijksreis in de Royal Class van KLM beginnen.

Henkes Verenigde Distilleerderijen wordt in 1986 overgenomen door Lucas Bols. Sinds dat jaar staat het merk Bols achter op de beroemde huisjes. De miniaturen zijn sindsdien gevuld met minimaal vijf cl jonge jenever. Het is in 1986 ook precies veertig jaar geleden dat Bols voor de eerste keer een speciaal relatiegeschenk aan boord van een KLM-toestel laat uitdelen. Op 18 oktober 1946 heeft de bemanning namelijk een verrassing voor de passagiers op de eerste rechtstreekse KLM-vlucht naar Rio de Janeiro en Buenos Aires. Aan het einde van hun reis krijgt men in de Royal Class een luxe houten geschenkkist met miniatuurflesjes Bols-jenever. Veertig jaar later, in 1986, is het opnieuw Bols die met de overname van Henkes prominent aan boord aanwezig is. Het bedrijf mag zich nu officieel eigenaar noemen van de beroemde oud-Hollandse huisjes. Met een flinke knipoog noemt men de Delfts blauwe KLM-miniaturen daarom ook wel 'Lucas-Bols-huisjes'. Voor KLM verandert er, na de overname van Henkes door Bols, niets.

Delft Blue en Blue Delft

In 1994 bestaat KLM precies 75 jaar. Voorafgaand aan het jubileum is onder passagiers van de Royal Class flinke turbulentie ontstaan. Hun reisklasse is afgeschaft en vervangen door een verbeterde World Business Class. En daarmee komt ook een einde aan de serie KLM-huisjes.

De avonturier en koopman Simon Rijnbende begint in 1793 in Schiedam zijn eigen distilleerderij. In de jaren dertig van de 19e eeuw verandert de naam in Simon Rijnbende & Zonen. Rijnbende wordt in 1970 overgenomen door Henkes. Het bedrijf wordt in 1986 onderdeel van Bols.

Deze beslissing levert zoveel protesten op dat KLM al snel overstag gaat. Vanaf dat moment krijgen de passagiers in de nieuwe Business Class een Delfts blauw huisje, in plaats van een tegeltje. Bovendien wordt de collectie in het jubileumjaar in één keer uitgebreid met vijftien nieuwe replica's, waardoor het totaal aantal huisjes precies op 75 uitkomt. Het is natuurlijk geen toeval dat #75 een model is van één van de eerste kantoren van KLM zelf.

KLM is op 7 oktober 1919 opgericht. Sinds het jubileumjaar 1994 verschijnt er op de verjaardag van KLM telkens een nieuw huisje. Nu de miniaturen aan passagiers in de Business Class worden uitgedeeld zijn er grotere aantallen huisjes nodig. De productie wordt daarom flink opgeschroefd: jaarlijks worden er aan boord 850.000 exemplaren uitgedeeld. Aan de samenwerking met Koninklijke Goedewaagen komt in 1995 een einde; de productie van de KLM-huisjes wordt verplaatst van het Drentse Nieuw-Buinen naar een fabriek in Hongkong. De benaming 'Delfts blauw' is echter nog steeds correct. Blauw-wit aardewerk uit de stad Delft wordt officieel aangeduid als Delft Blue. Als sprake is van het procedé Delfts blauw noemt men dit Blue Delft. Daar doet de locatie van het productieproces dus niets aan af.

Prominente verzamelaars

Van over de hele wereld krijgen KLM en Bols verzoeken om ontbrekende exemplaren. Onder de verzamelaars zijn veel staatshoofden, zoals wijlen de oud-president van Amerika Herbert Hoover, ministers uit binnen- en buitenland, captains of industry, beroemde schrijvers als Gabriel García Márquez (die ooit voor het schrijven van een artikel in het inflight-magazine Holland Herald als tegenprestatie een aantal huisjes aan KLM vroeg) en internationale artiesten. Ook verschillende leden van het Nederlandse koningshuis verzamelen de huisjes, zoals koning Willem Alexander en prof. Mr. Pieter van Vollenhoven. Prinses Christina heeft in de loop der jaren minimaal drie keer de complete verzameling bij elkaar gevlogen. Ze laat in 1996 in verband met een verhuizing naar het buitenland onder andere haar huisjescollectie veilen bij Sotheby's. De 210 koninklijke huisjes brengen samen 15.000 gulden op.

Ter gelegenheid van het openen van de lijndienst Amsterdam-Beijing op 29 juni 1996 worden de passagiers in de Business Class verrast met een pagode in Delfts blauw. Het is een replica van de Temple of Heaven, de beroemdste tempel van de Chinese hoofdstad. De waarde van dit collectors item is ongeveer 1000 euro, mits in ongeopende staat met het originele dopje.

Huisje #75. Het KLM-kantoor in Den Haag is gevestigd in een monumentaal pand van architect Berlage. Op de zijkant van het huisje is te zien dat dit exemplaar een special edition betreft.

Collector's items en special editions

In 1997 wordt opnieuw een collector's item toegevoegd aan de collectie: de Waag in Gouda. Het miniatuur vervangt het Paleis op de Dam, als huwelijksgeschenk van KLM. Bij speciale gelegenheden wordt de Waag ook aan vips cadeau gedaan. Bols en KLM brengen regelmatig oude nummers uit met een speciale opdruk. Huisje #12 wordt bijvoorbeeld in 1986 uitgedeeld aan boord van de eerste vlucht van Amsterdam naar Vancouver en Calgary. In het millennium-jaar 2000 worden verder drie huisjes, de nummers 25, 26 en 27, uitgebracht in de kleur paars in plaats van blauw. Deze special edition verschijnt ter gelegenheid van de verlenging van de landingsbaan op het eiland Bonaire en de hervatting van de dienstregeling door KLM. De paarse huisjes worden op het eiland verkocht, de opbrengst gaat naar verschillende goede doelen. Er verschijnen al snel meer special editions, meestal ter gelegenheid van een eerste vlucht op een nieuwe bestemming of een groot evenement. KLM vervoert in 2008 onder anderen de topsporters van de Paralympics. Ter gelegenheid daarvan krijgen de deelnemers de Goudse Waag aangeboden, met een speciale opdruk. In 2009 wordt opnieuw een collector's item gemaakt. Het is een replica van de Ridderzaal in Den Haag. Het miniatuur is gemaakt in een oplage van ongeveer honderd exemplaren en wordt als relatiegeschenk cadeau gedaan aan een aantal directeuren van luchtvaartmaatschappijen. In november 2012 wordt aan de directie van het Koninklijk Theater Carré een Delfts blauwe replica aangeboden, ter gelegenheid van het 125-jarig jubileum. Enkele maanden later, in maart 2013, verschijnt een Delfts blauwe uitvoering van Paleis Het Loo. Passagiers die tien jaar achter elkaar meer dan zestig vluchten per jaar maken, komen in aanmerking voor dit exclusieve souvenir.

Deze drie paarse KLM-huisjes zijn in 2000 uitgebracht, ter gelegenheid van het openen van de lijndienst Amsterdam-Bonaire. Een deel van de oplage is verkocht voor het goede doel. Verzamelaars betalen voor de drie huisjes samen ongeveer 600 euro. Er zijn in totaal 300 paarse miniaturen gemaakt.

RYNBENDE

Distillers of
very old holland's geneva,
fine Liqueurs
advocaat and pearl dry gin

De keuze voor de huisjes

Tot slot nog een van de grootste mysteries rondom de KLM-verzameling: de keuze van de huisjes. Formeel mogen eigenaar Bols en KLM – als exclusieve klant – elk om het jaar kiezen welk huisje op 7 oktober aan de collectie wordt toegevoegd. Daarvoor is een aantal criteria van belang, zoals de hoogte en breedte van het echte pand. De huisjes moeten namelijk in een handzaam formaat verpakt en vervoerd kunnen worden. Zowel Bols als KLM worden jaarlijks bedolven met verzoeken van reizigers en vaste klanten die hun eigen huis graag als Delfts blauw miniatuur aan boord hopen terug te zien. Tegenwoordig valt de keuze vaak op een monument dat op de een of andere manier een bijzondere plaats in de geschiedenis heeft of als er een jubileum te vieren is. Maar dan moet het monument liefst wel een relatie met de thema's reizen of handel hebben. Of als het pand bewoond is geweest door een illustere Nederlander die een opvallende rol in de vaderlandse geschiedenis heeft gespeeld. Iets meer dan de helft van de totale verzameling huisjes is gemodelleerd naar historische panden uit Amsterdam. De overige huisjes staan, op één na, verspreid door Nederland (huisje #85 staat in Willemstad, Curaçao).

Het meest recente collector's item is een verkleinde versie van het Koninklijk Paleis in Amsterdam. Business Class-passagiers die op 30 april 2013, de dag dat Willem-Alexander koning van Nederland wordt, vanaf Schiphol een intercontinentale vlucht maken, krijgen het miniatuur aangeboden. In de dagen na de troonswisseling wordt de replica op internet verhandeld voor 1200 euro, inmiddels is de waarde gedaald naar ongeveer 375 euro.

Lucas Bols en KLM hebben ieder een eigen commissie die elk jaar in februari bepaalt welk historisch pand als Delfts blauw miniatuur wordt nagemaakt. Vervolgens worden door KLM de (originele) bouwtekeningen van het betreffende monument opgevraagd. Daarna volgt een proces van schaaltekeningen en mallen maken. De eerste proefhuisjes worden in Nederland zorgvuldig gecontroleerd op vorm, detaillering, kleur en lekdichtheid. Daarna begint in het grootste geheim in China het productieproces. De huisjes worden vervolgens eind september per schip naar Nederland vervoerd.

Met een kleine ceremonie wordt elk jaar op 7 oktober de nieuwste aanwinst welkom geheten. Nog dezelfde dag gaan de eerste exemplaren de lucht in om aan boord te worden uitgedeeld aan passagiers in de Business Class. Wereldwijd boeken veel fanatieke spaarders juist op deze dag een vlucht om als eerste hun collectie uit te kunnen breiden.

De productie van de huisjes

De Koninklijke Porceleyne Fles in Delft is in de 19ᵉ eeuw de eerste aardewerk-fabriek in Nederland die ook miniaturen gaat maken. In 1883 brengt men een wierookbrander op de markt in de vorm van een Delfts blauw huisje. Aardewerkproducent Weduwe Brantjes in Purmerend presenteert in 1899 het eerste gekleurde (polychrome) huisje. Het is een replica van het Rembrandt-huis in Amsterdam. Koninklijke Tichelaar in Makkum pakt het in de jaren twintig van de 20ᵉ eeuw nog groter aan en brengt zelfs een hele serie Delfts blauwe miniaturen uit. En dan komt een producent op het idee om de huisjes met sterke drank te vullen ...

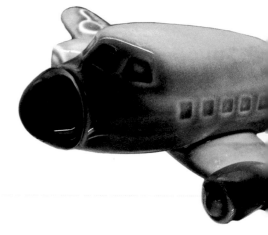

De Koninklijke Hollandse Pijpen- en Aardewerkfabriek Goedewaagen is in de jaren dertig van de 20ᵉ eeuw de eerste producent van miniaturen die met likeur en jenever gevuld kunnen worden. Het eerste kerami-sche drankhuisje van Goedewaagen verschijnt in 1932 en is dertig cm hoog! Achter de trapgevel is, onder het dak, ruimte voor minstens een halve liter drank. De productie van dit polychroom gedecoreerde mini-atuur wordt nog voor de oorlog aangevuld met een tweetal minia-turen – namelijk ongeveer acht cm hoge drankcontainers. Deze grach-tenhuisjes worden zowel polychroom als in het Delfts blauw geproduceerd.

Plateelbakkerij Zuid-Holland

Bijzonder van kwaliteit en detail-lering is de replica die Plateelbakke-rij RAM in de jaren dertig maakt van een wijnpakhuis in de Groninger Oude Kijk in 't Jatstraat. De groei-ende populariteit van met drank gevulde replica's ontgaat ook andere producenten niet. De Koninklijke Plateelbakkerij Zuid-Holland (PZH) maakt eind jaren dertig zijn eerste miniaturen die met drank kunnen worden gevuld. In opdracht van jeneverproducent Hulstkamp produ-ceert PZH een model van een DC-3, in celadongroen glazuur. (KLM vliegt overigens vanaf 1936 met dit type vliegtuig.)

Na de Tweede Wereldoorlog krijgt PZH van distilleerderij Simon Rijn-bende & Zonen een order voor het leveren van keramische asbakhuis-jes en boerderijen in miniatuur. De samenwerking bevalt goed en een nieuwe opdracht volgt: een serie van vier oud-Hollandse drankhuisjes. De eerste huisjes van de KLM-collectie lijken sterk op deze miniaturen.

Jaartekens PZH

PZH laat al vanaf de oprichting in 1898 merktekens, letters en jaarte-kens achter op zijn producten. Daar-door is het mogelijk om het werk te dateren. De eerste huisjes van de KLM-serie krijgen nog geen speci-aal KLM-merkteken. Op de onder-staande afbeelding staan de jaar-tekens die PZH van 1950 tot 1964 gebruikt.

Een KLM-huisje uit 1954. Links staat het jaarteken. In het midden de Poort van Lazarus, dit is het oude logo van Plateelbakkerij Zuid-Holland. Rechts de initialen van de schilder. Aan de bovenkant is het productienummer vermeld.

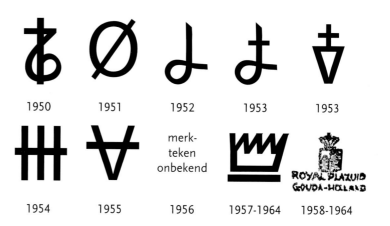

| 1950 | 1951 | 1952 | 1953 | 1953 |
| 1954 | 1955 | 1956 merkteken onbekend | 1957-1964 | 1958-1964 ROYAL PLAZUID GOUDA-HOLLAND |

Van natte klei tot Delfts blauw souvenir

Gravure van een plateelbakkerij in de 18e eeuw, uit de *Encyclopédie de Diderot et D'Alembert*. In en om Delft zijn in de 17e en 18e eeuw 32 aardewerkfabrieken gevestigd.

In 1953 worden verschillende tekens gebruikt. Omdat koningin Juliana in 1958 tien jaar vorstin is, verandert PZH zijn logo in een kroontje.

De productieopdracht van Rijnbende neemt zo in omvang toe, dat werknemers van PZH eind jaren vijftig vaak een kistje met biscuit (eenmaal gebakken aardewerk) van miniaturen mee naar huis nemen om thuis te beschilderen. Het verhaal wil dat bij een van de jonge thuiswerkers van toen, fietsend langs de gracht, het kistje op straat kletterde. Uit pure ergernis heeft hij alle resten, heel en kapot, in de gracht gedeponeerd. Als deze huisjes ooit nog eens boven water komen, betreft het in ieder geval geen eeuwenoude archeologische vondst.

De Koninklijke Plateelbakkerij Zuid-Holland gaat in 1964 failliet, driehonderd medewerkers staan op straat. Jan Kamer, de hoofdvertegenwoordiger, treedt daarna in dienst bij concurrent Goedewaagen. Op zijn advies neemt men veel goedlopende 'moedervormen' van PZH over. Ook de omvangrijke order van distilleerderij Simon Rijnbende & Zonen voor de productie van de huisjes komt bij Goedewaagen

terecht. Rijnbende wordt in 1970 zelf ook overgenomen, door Henkes Verenigde Distilleerderijen. Tien jaar later besluit men de productie van de huisjes deels te verplaatsen naar Oost-Azië. In 1986 neemt Lucas Bols op zijn beurt Henkes over. In 1995 komt er definitief een einde aan de samenwerking met Goedewaagen. De productie vindt vanaf dat moment volledig plaats in Azië.

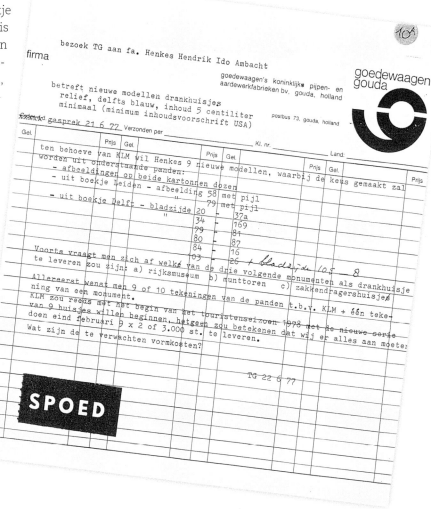

Rotterdam
Nieuwe Haven 59
1750

's-Gravenhage
Nieuwe Uitleg 16
1710

Delft
Markt 1
ca 1540

Van mal tot model

De eerste KLM-huisjes zijn gemaakt naar tekeningen uit boeken over Amsterdamse grachtenhuizen. Voor de latere modellen worden de oorspronkelijke monumenten eerst tot in detail gefotografeerd en door grafische vormgevers op schaal nagetekend. Foto's van de lijntekeningen van de voorkant, de zijkanten en de boven- en onderkant worden daarna op een gipsplaat geprint. Vervolgens worden op de modelleerafdeling de delen die in hoogreliëf moeten komen met een scalpel uitgesneden. Ook de structuur van de dakpannen wordt zorgvuldig in het gips gekerfd. De modelleurs weten verschillende pannenpatronen te bereiken.

Op basis van de op maat gesneden, dunne reliëfplaten wordt een driedimensionaal model gemaakt door deze op elkaar te passen en vol te gieten met gips. Deze massieve vorm wordt op de werkvloer betiteld als de 'zeepvorm'. Van de zeepvorm wordt een eerste gietmal gemaakt, waarna een proefgietsel kan worden vervaardigd.

Eenmaal goedgekeurd wordt de definitieve moedervorm van hard gips geproduceerd, de grondslag voor meerdere gietmallen. De voor de huisjes veelal vierdelige gietmal is in feite een contramal van de moedervorm. Elke gietmal gaat overigens maar tachtig keer mee; het betrekkelijk zachte gips van de gietmal slijt bij het gebruik. Vanwege de omvang van de order worden meerdere gietmallen tegelijk gemaakt.

Voor de door Goedewaagen gebruikte gietklei is sprake van diverse recepten. De vette klei is afkomstig uit het Duitse Westerwald. Deze klei wordt gemengd met fijn vermalen mergel uit de Sint Pietersberg. Wanneer de groeve bij Maastricht voor een verdere delving wordt afgesloten, komt de kalk uit Engeland. Bij PZH en Goedewaagen is voor een hoogwaardige hardheid verder sprake van een Engels veldspaatrecept. In Nieuw-Buinen wordt extra hardheid bereikt door toevoeging van kaolien en vermalen graniet.

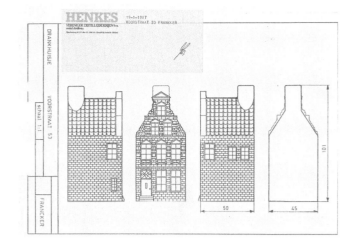

Eerste ontwerptekening van KLM-huisje #51.

De pasgegoten miniaturen zijn grauw van kleur. Op de afwerkafdeling wordt eerst het giethuis op de schoorsteen afgesneden. Daarna worden de gietnaden weggewerkt en afgesponst. De half-natte, leerharde vorm krijgt enkele dagen tijd om te drogen. De eerste stook is vervolgens op een temperatuur van ongeveer 1180 °C. Om die temperatuur te bereiken, brandt de oven zestien uur. Goedewaagen werkt vanaf 1993 in haar gasovens met een oventemperatuur van 1080 °C. Voor die temperatuur brandt de oven acht uur.

Biscuit gebakken

Het eerste, hagelwitte baksel heet *biscuit*, een Franse benaming die feitelijk 'dubbelgebakken' betekent. Daarmee wordt bedoeld dat er nog een tweede stook met glazuur volgt. Essentieel in alle productiefases is dat er steeds een nauwgezette productiecontrole plaatsvindt.

Het biscuit gaat vervolgens naar de schilder-zaal of, zoals ook bij Goedewaagen vaak gebeurt, naar goed getrainde thuiswerkers. De gebruikte 'verf' bestaat uit allerlei oxides. Voor het schilde-ren met onder andere het kobaltblauw wordt fijn vermalen poeder – net als vroeger afkomstig uit Centraal-Azië – aangemaakt met een beetje Ara-bische gom en water. Deze schildering wordt ten slotte op de glazuurspuiterij met glazuur bespo-ten. Zo ontstaat na de tweede stook – de zoge-naamde 'gladbrand' – een transparante glanslaag die één geheel is geworden met de onderschilde-ring. De huisjes zijn dan klaar om gebotteld te worden.

Sinds 1995 vindt de productie van KLM-huisjes in Hongkong plaats. Gemiddeld duurt het hele productieproces van ontwerptekening tot eind-product en levering ongeveer acht maanden.

― Een 17ᵉ eeuwse uitvinding ―

De inhoud van een KLM-huisje is geen verrassing; minimaal 5 cl jonge jenever van Bols. Om het product onder de kurk een aantal jaar goed te houden, is de kwaliteit van de stop van essentieel belang. De kurk is een 17ᵉ eeuwse uitvin-ding en wordt gemaakt van de schors van de kurkeik. Deze bomen kunnen tot wel 200 jaar oud worden. Gedurende de levenscyclus levert de bast ongeveer 15 oogsten op. De kurk voor de KLM-huisjes heeft een afmeting van exact 22 mm x 12,5 mm x 8,5 mm. Het product komt uit Portugal en wordt sinds begin jaren tachtig geleverd door de oudste 'kurkfamilie' van Nederland, het kurkbedrijf van Rob Kies bestaat sinds 1845.

Frans Hals Museum

Groot Heiligland 62, Haarlem

De schilder Frans Hals wordt gerekend tot de vijf belangrijkste Hollandse meesters uit de Gouden Eeuw, ook al is hij in Antwerpen geboren. In 2013 bestaat het Frans Hals Museum in Haarlem precies honderd jaar, wat uitgebreid gevierd wordt met tal van evenementen. Centraal staat in 2013 de jubileumtentoonstelling *Frans Hals, Oog in oog met Rembrandt, Rubens en Titiaan*, die door koningin Beatrix wordt geopend.

Met de opening van de expositie treedt de vorstin min of meer in de voetsporen van haar moeder. Koningin Juliana is in 1962 namelijk beschermvrouw van een unieke tentoonstelling over de 17e eeuwse meester. Het Haarlems Gemeentemuseum, de voorloper van het Frans Hals Museum, bezit de grootste collectie schilderijen van Frans Hals ter wereld. In 1962 viert men het 100-jarig bestaan. Juliana benadert bevriende koningshuizen die uit hun privébezit werken van Hals afstaan voor de tentoonstelling. Ter gelegenheid van de jubileumtentoonstelling brengt de KLM in 1962 haar eerste collector's item uit.

1500	1600	1700	1800	1900	2000

Deze Delfts blauwe replica van het Frans Hals Museum in Haarlem wordt als speciale uitgave in 1962 aan de KLM-collectie toegevoegd. De passagiers krijgen bij dit collector's item toegangskaartjes voor de jubileumexpositie en een rondvaart in Haarlem aangeboden.

Vincent van Gogh: 'Wat is het een genot zoo'n Frans Hals te zien'

Malle Babbe, geschilderd door Frans Hals omstreeks 1633. Uit archiefonderzoek blijkt dat de afgebeelde vrouw wellicht de verstandelijk gehandicapte Barbara Claes uit Haarlem is.
Haar bijnaam was Malle Babbe en ze woonde in het-zelfde tehuis als Pieter Hals, een zoon van de schilder.

Eerbetoon aan oude meester

Het Haarlems gemeentemuseum, de voorloper van het Frans Hals Museum, opent op 1 juli 1862 zijn deuren, in een vleugel van het oude stadhuis aan de Grote Markt. De feestelijke gebeurtenis is op zich al uniek, want vanuit de over-heid bestaat er nog weinig belangstelling voor het behoud van cultureel erfgoed. In totaal krijgen de bezoekers 123 histo-rische schilderijen en voorwer-pen te zien. De kern van de verzameling bestaat uit de groepsportretten van Frans Hals. De vijf schuttersstuk-ken en drie regentenstuk-ken zijn sinds 1797 in het bezit van de stad. In 1882 wordt de collectie, dank-zij een schenking, uitgebreid met nog een aantal portretten van Frans Hals. De Franse impres-sionisten Claude Monet, Gustave Courbet en Eduard Manet zijn bewonderaars van de oude meester en brengen een bezoek aan het museum in Haarlem. Ook Vincent van Gogh is lyrisch als hij in 1885 voor het eerst een schilderij van Frans Hals ziet. Hij is onder de indruk van diens techniek en schrijft zijn broer Theo: '*Wat is het een genot zoo'n Frans Hals te zien – wat is 't heel iets anders dan de schilderijen waar zorgvul-dig alles op dezelfde wijs is gladgestreken.*'

'Een pronkstuk van bouwkunst'

In 1906 wordt de driehonderdste geboor-tedag van Rembrandt groots gevierd. De gemeente Amsterdam koopt zijn voorma-lige woonhuis aan de Jodenbreestraat 4 om er een museum van te maken (van dit pand is naderhand ook een Delfts blauw KLM-huisje gemaakt, #48). Dit brengt kunstlief-hebbers in Haarlem op een idee. Ze maken plannen om Rembrandts tijdgenoot Frans Hals eenzelfde eerbetoon te geven. Het Haarlems gemeen-temuseum heeft hiervoor een bijzondere locatie op het oog: het voormalige Oude Mannenhuis aan het Groot Heiligland 62. '*Al dadelijk kunnen wij wijzen op het bestaande hoofdgebouw, uit- en inwendig een pronkstuk van bouwkunst.*' Na een grondige verbouwing wordt het onderkomen in 1913 geopend en krijgt het gemeentemu-seum niet alleen een nieuwe naam (Frans Hals Museum), maar ontvangt het ook een grote schenking van 112 schilderijen. Dankzij de Haarlemse Vereeniging tot Uitbreiding der Verzameling van Oudheden worden tot aan de Tweede Wereldoorlog nog eens 62 kunstwerken aangekocht en aan het Frans Hals Museum geschonken.

De Delfts blauwe replica van het Frans Hals Museum wordt in 1962 een-malig, in een gelimiteerde oplage, gemaakt. Verzamelaars betalen tegen-woordig voor het huisje, mits onbeschadigd en met het originele dopje, gemiddeld zo'n 1000 euro.

Het Frans Hals Museum bestaat in 2013 honderd jaar. Ter gelegenheid van dit jubileum opent koningin Beatrix de tentoonstelling *Frans Hals. Oog in oog met Rembrandt, Rubens en Titiaan.*

Vergadering van officieren en onderofficieren van de Cluveniersschutterij, geschilderd door Frans Hals in 1633.

Meesterwerken verborgen

In 1937 vindt ter gelegenheid van het 25-jarig jubileum van de directeur de eerste grote Frans Hals-tentoonstelling plaats. Er komen 19.000 mensen kijken. Twee jaar daarna, vlak voor het uitbreken van de Tweede Wereldoorlog, wordt een deel van de meesterwerken verstopt in de aula van de algemene begraafplaats in Haarlem. Andere doeken van Frans Hals gaan naar een speciaal depot in de Sint Pietersberg bij Maastricht. Als 'gevolg van de tijdsomstandigheden' blijft het museum van 1941 tot 1945 gesloten. De kunstwerken komen na de oorlog in goede staat weer tevoorschijn. De overheid voegt aan de collectie nog twintig kunstwerken van oude meesters en 32 moderne doeken uit de Haarlemse School toe. Bovendien worden enkele topstukken van Frans Hals in langdurige bruikleen afgestaan door het Rijksmuseum in Amsterdam en het Mauritshuis in Den Haag.

Jubileumtentoonstelling

Het Haarlems gemeentemuseum grijpt in 1962 het 100-jarig bestaan aan voor een omvangrijke overzichtstentoonstelling, met 76 werken van Frans Hals. De beschermvrouwe van de expositie is koningin Juliana. Haar echtgenoot prins Bernhard is erelid van de World Society of Skippers of the Flying Dutchman van KLM en zorgt ervoor dat het Frans Hals Museum, door middel van een uniek Delfts blauw huisje, onder de aandacht van het internationale publiek wordt gebracht. Voor de tentoonstelling zelf worden kosten noch moeite gespaard. Onder anderen koningin Elizabeth van Engeland en koning Gustaaf VI Adolf van Zweden lenen uit hun privécollecties werken van Frans Hals uit. Ook buitenlandse musea, zoals het Nationale Museum in Praag, geven schilderijen in bruikleen. De tentoonstelling is met 75.000 bezoekers een groot succes.

_ Frans Hals _

Frans Hals wordt omstreeks 1583 geboren in Antwerpen. Zijn vader François Hals is 'droochscheerder' en 'lakenbereider' van beroep. Na de belegering en de val van Antwerpen in 1585 slaat het gezin op de vlucht voor de Spanjaarden. Veel mensen zoeken tijdens de Tachtigjarige Oorlog een veilig heenkomen in de Noordelijke Nederlanden. Het gezin strijkt neer in Haarlem. Op 15-jarige leeftijd gaat Frans Hals in de leer bij de schilder Carel van Mander. Het oudst bekende schilderij van Frans Hals is een portret van zijn in 1611 geboren zoontje Harmen. Als het kind vier jaar is overlijdt de vrouw van Frans Hals tijdens een bevalling. De schilder hertrouwt in 1617 en krijgt daarna nog zeker acht kinderen. Zes van hen treden in de voetsporen van hun vader en worden ook kunstenaar. De schilderijen van Frans Hals kenmerken zich door een opvallend kleurgebruik en dynamiek. De levendigheid wordt deels veroorzaakt doordat Hals zijn doeken niet glad afwerkt, zoals in de 17e eeuw gebruikelijk is. De schutters- en regentenstukken worden tot zijn meesterwerken gerekend. Frans Hals overlijdt in 1666. Hij ligt begraven in de Sint Bavokerk in Haarlem.

Catalogus van de overzichtstentoonstelling van het Frans Hals Museum in 1962.

Schutterszaal Frans Hals Museum.

Het bezoekersaantal groeit in de jaren daarna fors en veel buitenlandse toeristen weten het museum te vinden. In 1990 wordt een derde grote overzichtstentoonstelling gehouden. Het Frans Hals Museum heeft in de loop der jaren een omvangrijke collectie schilderkunst uit de Gouden Eeuw opgebouwd. Het museum wordt verbouwd en verrijkt met de multimediale presentatie *Frans Hals, het mysterie achter de meesterschilder.* De opening hiervan vindt plaats in het Frans Hals Jaar 2013, als het museum precies honderd jaar op deze locatie zit.

_ Oude Mannenhuis _

In 1606 wordt in Haarlem een rederijkersfeest en een loterij georganiseerd om met de opbrengst een Oude Mannenhuis te financieren. De deelnemers moeten bij het kopen van een lot ook een zelfbedacht rijmpje insturen. De opbrengst is ruim 55.000 gulden. Twee jaar later opent het Oude Mannenhuis zijn deuren; er is plaats voor zestig mannen. Ze wonen met z'n tweeën in kleine huizen rondom een hofje. Frans Hals is 82 jaar oud als hij in 1664 een schilderij maakt van de regentessen van het Oude Mannenhuis. Zelf heeft de oude meester er nooit gewoond. In 1810 verhuizen de bewoners naar een andere locatie. Het pand komt in bezit van het Gereformeerd- of Burgerweeshuis. In 1854 neemt de Hervormde Kerk het beheer over. Vanaf 1913 is het Oude Mannenhuis het onderkomen van het Frans Hals Museum.

Koninklijk Paleis

Dam, Amsterdam

Op dinsdag 30 april 2013 is het Koninklijk Paleis in Amsterdam ter gelegenheid van de troonswisseling even het centrum van de wereld. Duizenden gasten, waaronder een aantal bevriende koningshuizen en het corps diplomatique, maken zich op voor een koninklijke gebeurtenis. De internationale pers is massaal aanwezig om verslag te doen. Omringd door de bestuurlijke elite van Nederland houdt koningin Beatrix haar laatste toespraak als vorstin. Met het ondertekenen van de Akte van Abdicatie doet ze afstand van de troon, ten gunste van haar oudste zoon.

Voor het paleis wachten 25.000 mensen in spanning af. Miljoenen mensen kijken via de televisie en internet naar de historische gebeurtenis. Even na half elf 's ochtends presenteert koning Willem-Alexander zich met zijn moeder en koningin Máxima op het balkon aan het volk. Willem-Alexander is de zevende vorst die tot Koning der Nederlanden wordt beëdigd.

1500	1600	1700	1800	1900	2000

Zijne Majesteit Koning Willem-Alexander en Hare Majesteit Koningin Máxima, 30 april 2013.

Zilveren troffel, gebruikt tijdens de eerste-steenlegging op 28 oktober 1648.

Jacob van Campen presenteert zijn ontwerp voor een nieuw stadhuis aan de burgemeesters van Amsterdam. Wandschildering in de voorhal van het Rijksmuseum van de Weense kunstschilder Georg Sturm.

Het centrum van de macht

Al vanaf de Gouden Eeuw speelt het monumentale gebouw aan de Dam een rol in de vaderlandse geschiedenis. Het Koninklijk Paleis is oorspronkelijk gebouwd als stadhuis, om het oude raadhuis te vervangen. Het middeleeuwse gebouw past niet meer bij de internationale allure van de stad. Amsterdam is op dat moment namelijk het belangrijkste handelscentrum van de wereld. Het raadhuis steekt bovendien schril af bij de pracht en praal van de grachtenhuizen.

In 1639 worden de eerste plannen gemaakt voor de bouw van een nieuw stadhuis. Maar door interne strubbelingen en geldgebrek duurt het nog negen jaar voordat de eerste steen wordt gelegd. Met de Vrede van Münster in 1648 komt er officieel een einde aan de Tachtigjarige Oorlog met Spanje. Daardoor is er meer geld beschikbaar om van het nieuwe stadhuis het mooiste gebouw van Europa te maken. Het pand moet kunnen wedijveren met het Louvre in Parijs en het Dogenpaleis in Venetië. De totale kosten zullen uiteindelijk 8,5 miljoen gulden bedragen.

De Burgerzaal.

De eerste steen

Jacob van Campen wordt na een prijsvraag uitgekozen tot architect van het ambitieuze project. Hij overtuigt de burgemeesters van Amsterdam met een ontwerp van een monumentaal gebouw in Hollands classicistische stijl; klassieke vormen en een strakke symmetrie worden gecombineerd met ornamenten uit de Griekse en Romeinse bouwkunst. Het gebouw moet een afspiegeling zijn van Gods schepping. Als een universum in het klein; symmetrisch en volmaakt.

Om in de historische binnenstad ruimte te maken, moeten er 65 huizen worden gesloopt. Op 20 januari 1648 gaat de eerste paal de drassige grond in. Uiteindelijk worden er als fundering voor het nieuwe stadhuis 13.659 bomen gebruikt. Negen maanden later metselen de kinderen van de vier burgemeesters samen de eerste steen.

Deze Delfts blauwe replica van het Koninklijk Paleis wordt vanaf 1986 door KLM aan pasgetrouwde echtparen cadeau gedaan, als ze hun huwelijksreis in de Royal Class beginnen. Verzamelaars betalen er gemiddeld 225 euro voor. Ter gelegenheid van de inhuldiging van koning Willem-Alexander biedt KLM op 30 april 2013 de Business Class-passagiers eenmalig een speciale editie van het paleis aan.

Het oude stadhuis in Amsterdam (1658), Jacob van der Ulft.

Brand verwoest oude raadhuis

Naast het bouwterrein ligt dan nog het oude gotische raadhuis, dat tot de oplevering van het nieuwe stadhuis in gebruik blijft. De burgemeesters en schepenen werken er onder één dak met de wettelijke en rechterlijke macht. Ook doet het pand dienst als gevangenis en geldwisselkantoor. In de nacht van zondag 7 juli 1652 brandt het oude raadhuis tot de grond toe af. Jacob van Campen kan nu een nog groter stadspaleis maken. Maar tussentijds krijgt hij ruzie met zijn opdrachtgevers over de strakke symmetrie van het gebouw. Een jaar voor de oplevering wordt hij daarom als bouwmeester vervangen door Daniël Stalpaert. Het pand krijgt uiteindelijk een oppervlakte van 80 bij 67 m. Daarmee is het stadhuis het grootste niet-religieuze gebouw van de 'oude' wereld. Op 29 juli 1655 wordt het eerste deel alvast in gebruik genomen.

Het achtste wereldwonder

Iedereen is onder de indruk van het allure en grootsheid van het stadhuis. De dichter Joost van den Vondel vergelijkt het met het Capitool in Rome, zijn collega Constantijn Huygens gaat zelfs nog een stap verder en noemt het gebouw 'het achtste wereldwonder'. Voor de afwerking worden bekende kunstenaars benaderd, zoals de Antwerpse beeldhouwer Artus Quellinus. Hij maakt onder andere de indrukwekkende timpanen aan de voor- en achterzijde van het stadhuis. Aan de kant van de Dam wordt boven het timpaan een

Het stadhuis op de Dam in Amsterdam (1672),
Gerrit Adriaensz, Berckheyde.

beeld geplaatst, ter verwijzing naar de Vrede van Münster. Op het timpaan aan de achterkant van het pand strekt de Amsterdamse Stedenmaagd haar handen uit naar de continenten Europa, Azië, Amerika en Afrika. Ze neemt schatten uit heel de wereld in ontvangst. De werelddelen worden in de vloer van de indrukwekkende Burgerzaal ingelegd met Italiaans marmer.

Beroemde 17e-eeuwse meesters zoals Ferdinand Bol en Govert Flinck maken schilderijen voor het nieuwe stadhuis. Ook Rembrandt krijgt een opdracht. Hij moet een doek maken dat de strijd van Julius Civilis tegen de Romeinen verbeeldt. Daarmee willen de regenten een parallel trekken met hun strijd tegen de Spaanse machthebbers. Maar als Rembrandt *De Samenzwering van Claudius Civilus* presenteert, wordt het schilderij afgekeurd omdat men het te donker vindt. De burgemeesters vinden het ook ongepast dat de leider van de opstand als een oude, zwakke man is afgebeeld. (Het schilderij komt uiteindelijk terecht in de collectie van het Nationaal Museum in Stockholm.)

In de globe van de god Atlas treffen de restaurateurs bij de meest recente renovatie een loden buis aan. Daarin zit een foto van de restauratieploeg uit 1916, met hun handtekeningen. De loden buis wordt teruggeplaatst in de globe, vergezeld van een boodschap van de huidige restaurateurs voor toekomstige generaties.

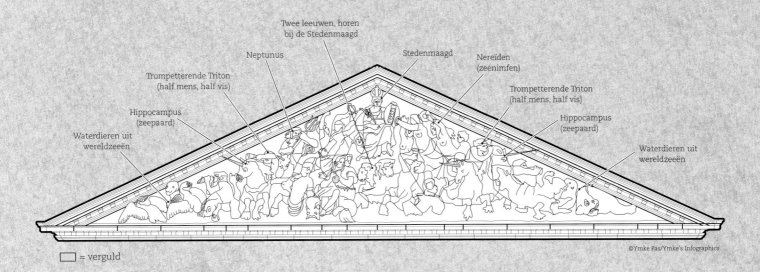

Twee leeuwen, horen
bij de Stedenmaagd

Neptunus

Stedenmaagd

Nereïden
(zeenimfen)

Trompetterende Triton
(half mens, half vis)

Trompetterende Triton
(half mens, half vis)

Hippocampus
(zeepaard)

Hippocampus
(zeepaard)

Waterdieren uit
wereldzeeën

Waterdieren uit
wereldzeeën

©Ymke Pas/Ymke's Infographics

☐ = verguld

Het timpaan

Het timpaan aan de voorkant van het paleis is van wit Carraramarmer en is twintig m breed. Het thema van de beeldengroep is: *De zeegoden brengen hulde aan de Stedenmaagd.* De Stedenmaagd is de personificatie van de stad Amsterdam. Ze draagt de kroon die de Oostenrijkse keizer Maximiliaan in de 15^e eeuw aan de stad schenkt. De Stedenmaagd houdt een olijftak in haar hand en het stadswapen van Amsterdam (met de drie Andreaskruisen). Twee leeuwen liggen aan haar voeten. De Stedenmaagd wordt omringd door het gevolg van de zeegod Neptunus. Op schelpen trompetteren tritons (meermannen: half mens, half vis). Ze zitten op hippocampussen, een soort zeepaarden. Nereïden (zeenimfen die Neptunus begeleiden en zeelieden in zware stormen te hulp schieten) huldigen de Stedenmaagd met lauwerkransen. Verder zijn er allerlei soorten waterdieren, dolfijnen, krokodillen en zwanen te zien. Ze verwijzen symbolisch naar de wereldzeeën.

Lodewijk Napoleon wordt in 1806 koning van het Koninkrijk Holland. Vier jaar later wordt hij door zijn broer gedwongen af te treden.

Koningin Hortense de Beauharnais voelt zich als bewoonster van het paleis niet op haar gemak: 'Als je het raam openzet, komt uit de gracht een putlucht en een walm van zwavel naar binnen.'

'Zonder enig gemak en gerief'

Het gebouw is tot 1795 in gebruik als stadhuis. Tijdens de Bataafse Revolutie wordt de bestuurlijke elite van het land met Franse steun verdreven. De Republiek wordt een vazalstaat van Frankrijk. Napoleon Bonaparte installeert zijn broer Lodewijk Napoleon in 1806 op de troon, als vorst van het nieuwe Koninkrijk Holland.

De koning gaat aanvankelijk met zijn vrouw Hortense de Beauharnais in Den Haag wonen. Maar de belangrijkste stad van het land is nog steeds Amsterdam. Lodewijk Napoleon wil daarom verhuizen en eist het stadhuis op als woonpaleis. De enige functie die in het gebouw mag worden voortgezet is die van geldwisselkantoor. Een adviseur probeert de koning nog op andere gedachten te brengen:

Het stadhuis bezit geen enkel voordeel dat essentieel is voor het paleis van een soeverein.

Koude, vochtige, zeer grote en droefgeestige kamers zonder enig gemak en gerief.

Maar Lodewijk Napoleon drukt zijn zin door en laat het stadhuis grondig verbouwen. Over de volle breedte van het midden van de voorgevel wordt een imposant balkon aangebracht, zodat het volk de koning kan toejuichen. Het paleis wordt ingericht in Franse empirestijl, die net als de architectuur van het gebouw geïnspireerd is op de klassieke oudheid.

Paleis in bruikleen

Koningin Hortense de Beauharnais is diep ongelukkig in Amsterdam. In haar memoires schrijft ze later: 'Mijn appartement keek uit op een kerk. De atmosfeer was er vreselijk en als je de ramen openzette, kwam er uit de gracht alleen maar een putlucht en een walm van zwavel naar binnen. Men kon zich geen triester woonoord voorstellen.' Ze keert al snel terug naar Frankrijk. Op 2 juli 1810 doet Lodewijk Napoleon, daartoe gedwongen door zijn oudere broer, afstand van de troon. Het land wordt onderdeel van het Franse Keizerrijk. De Dam heet vanaf dat moment de Place Napoleon. Na de val van de kleine Franse keizer geeft prins Willem Frederik van Oranje-Nassau het paleis in december 1813 formeel terug aan de stad Amsterdam. Het koning krijgt het pand in bruikleen; zijn eerste officiële gast is de Russische tsaar Alexander I. Pas in 1936 wordt het paleis officieel eigendom van de overheid, de regering betaalt Amsterdam er tien miljoen gulden voor.

Portret van Willem I, Koning der Nederlanden (1819), Joseph Paelinck. Willem I wijst naar een kaart van het Nederlands-Indische eiland Java, dat tijdens de Napoleontische tijd in Franse handen is. De kolonie komt na de val van Napoleon weer onder Nederlands gezag.

Koning Lodewijk Napoleon geeft in 1808 opdracht om aan de gevel van zijn paleis – over de volle breedte van het middenrisaliet – een groot balkon aan te brengen. Smederij Jan Jonker maakt voor 2000 gulden een sierlijk hek, met 92 in bladgoud vergulde leeuwen. In 1937 wil men ter gelegenheid van het regeringsjubileum van koningin Wilhelmina het paleis in de oorspronkelijke 17^e eeuwse staat terugbrengen. Bij de restauratie blijkt dat het balkon betonrot vertoond en onveilig is. Daarom wordt het balkon met tweederde deel verkleind, een aantal bladgouden leeuwen verdwijnt spoorloos. Bijna zeventig jaar later ontdekt historisch onderzoeker Jane Borst op een rommelmarkt in Den Haag een onderdeel van het nationale balkon en ze koopt voor 430 euro een koninklijk souvenir.

Onderduikers en een baby

Vlak voor de Tweede Wereldoorlog gaat opzichter Adriaan Perfors met zijn vrouw en hun twee zonen in de voormalige cipierswoning van het paleis wonen. Hij beschermt tijdens de oorlog het gebouw tegen indringers en dieven. Het interieur is deels gestript; de marmeren beelden worden stevig ingepakt, de houten plafondschildering van de Burgerzaal gaat in grote kisten naar de kelder, de schilderijen worden opgeslagen in een bunker in de duinen. Onder de keukentrap van het paleis metselt Perfors een muurtje waarachter het tafelzilver, de kroon, de koninklijke staf en de rijksappel worden verstopt.

Tijdens de oorlog zitten in het paleis verschillende onderduikers verborgen, waaronder een Joodse arts met zijn hond. Op 18 april 1945, twee weken voor de bevrijding, bevalt de echtgenote van Adriaan Perfors in het paleis van een baby. Het meisje wordt naar koningin Wilhelmina genoemd. Als op 5 mei 1945 de capitulatie via de radio bekend wordt gemaakt, hijst Adriaan Perfors met gevaar voor eigen leven een oranje vlag op de koepel van het paleis.

Drie vorstinnen en een vorst

Op 4 september 1948 is het paleis het decor van de abdicatie van koningin Wilhelmina. Nadat ze in de Mozeszaal de akte heeft getekend, verschijnen de oude en de nieuwe vorstin op het balkon om het Nederlandse volk te groeten. Wilhelmina trekt zich terug op paleis Het Loo in Apeldoorn. Sporadisch komt ze nog naar Amsterdam. In 1953 wordt ze gefotografeerd op het dak van het Koninklijk Paleis in Amsterdam, tijdens het maken van een schilderij van de koepel. Na een restauratie in 1960 wordt het paleis opengesteld voor het publiek. Op 30 april 1980 aanvaardt prinses Beatrix de troon van haar moeder, koningin Juliana, en herhaalt de beroemde balkonscène zich. 33 jaar later wordt Beatrix op deze historische plek opgevolgd door haar zoon, Willem-Alexander.

Het Koninklijk Paleis bezit dankzij de vasthoudendheid van Lodewijk Napoleon de grootste collectie empiremeubelen ter wereld.

Koning Willem-Alexander met zijn vrouw koningin Máxima en hun drie kinderen, vlnr. kroonprinses Catharina-Amalia, prinses Ariane en prinses Alexia.

Van het Koninklijk Paleis in Delfts blauw bestaan verschillende versies. Bij oudere exemplaren is het torentje achtkantig, latere modellen hebben een zeskantige toren. De oudste miniaturen zijn het meest waard. Een nóg exclusiever model is de grote broer van dit paleisje. De replica is maar liefst 50 cm lang, 27 cm hoog en 11 cm breed. Het wordt sinds 2004 jaarlijks in een oplage van telkens één gemaakt voor de winnaar van het golftoernooi KLM Open. Het grote model is niet met jenever gevuld.

Het paleis in de 21e eeuw

Vanaf 2005 gaat het paleis langdurig dicht voor een renovatie van het interieur. De kosten van deze enorme operatie zijn 67 miljoen euro. De muren van Bentheimer en Oberkirchner steen worden in 2011 schoongemaakt en bijgeschilderd. Ook de timpanen aan de voor- en achterkant van het paleis krijgen en opknapbeurt, details van de mythologische beelden worden met bladgoud verguld. Het paleis heeft tegenwoordig, naast een bestaan als museum, vooral een ceremoniële functie. Bij staatsbezoeken logeert het bezoekende staatshoofd met zijn of haar gevolg in het Koninklijk Paleis. Er zijn ruim honderd bedden beschikbaar. Op de dagen dat het paleis niet voor ontvangsten wordt gebruikt, is het gebouw geopend voor het publiek.

Wilhelmina op het dak van het paleis

Na haar aftreden als koningin in 1948 brengt Wilhelmina nog af en toe een bezoek aan het Koninklijk Paleis in Amsterdam. Op 12 oktober 1953 wordt ze gefotografeerd op het dak van het paleis, als ze een schilderij maakt van het torentje. Even later arriveert haar privésecretaris voor een afspraak op het paleis. Een lakei verwijst Sophie Booy barones van Randwijck naar het dak, waar ze prinses Wilhelmina in opperste concentratie aantreft. Na het overlijden van de oude vorstin in 1962 krijgt de barones dit kleine schilderij, als herinnering aan haar voormalige werkgever.

Schilderij gemaakt door prinses Wilhelmina, 1953.

De Waag
Markt 35, Gouda

Gouda is in de 15ᵉ eeuw een indrukwekkende vesting met een kasteel, torens en een stadsmuur met wel dertig poorten. Kaasboeren uit de omgeving laten hun kazen wegen in Gouda, voordat deze op de markt verkocht worden.

De inkomsten van het weegrecht gaan naar het gewest Holland. Als in de 17ᵉ eeuw de Republiek het stadsbestuur aanbiedt dat Gouda het waagrecht mag pachten, gaan de regenten in 1667 snel tot actie over. Men wil net zo'n mooi gebouw als de Leidse Waag, die tien jaar eerder ontworpen is door Pieter Post.

Op de Markt in Gouda wordt al ruim drie eeuwen kaas verhandeld. Dit gebeurt op de laatste donderdag van de maanden juni, juli en augustus. Het wegen van de kazen vindt plaats in de Waag.

| 1500 | 1600 | 1700 | 1800 | 1900 | 2000 |

Een Arabische koopman op de gevel van de Goudse kaaswaag

Gravure van de voorgevel van de Goudse Waag uit *'Description de la maison du poids de la ville de Gouda, ordonnée par Pierre Post'* (1715).

Prestigieuze opdracht

De bouwmeester van de Waag in Leiden, Pieter Post, wordt voor de prestigieuze opdracht benaderd. Hij maakt twee ontwerpen. De Goudse Waag moet precies in de goede verhoudingen, recht tegenover het middeleeuwse stadhuis, komen te staan. De regenten laten niets aan het toeval over. Om het gewenste architectonische effect te creëren, wordt eerst een houten model op de Markt neergezet. Pas daarna wordt gekozen voor een vierkant gebouw in Hollands classicistische stijl.

'Niet te hooch, niet te laech'

Op het moment dat de bouw op de Markt van start gaat, mag geen enkel nieuw pand hoger zijn dan de Waag. De eigenaar van de aangrenzende herberg De Zalm ziet op dat moment zijn eigen bouwplannen gedwarsboomd. Hij wil zijn herberg uitbreiden en komt in conflict met het stadsbestuur. De herbergier trekt uiteindelijk aan het kortste eind: zijn pand moet zes voet (zo'n 1,70 m) lager worden dan de nieuwe Waag. Als de verbouwing klaar is, laat hij een gevelsteen aanbrengen met een afbeelding van een zalm en de veelzeggende tekst: 'Niet te hooch, niet te laech van passe.'

Marmeren reliëf

In januari 1669 is de bouw van de imposante Waag zo ver gevorderd dat de leien op het schilddak gelegd kunnen worden. De voor- en achtergevel krijgen een fronton met het wapen van Gouda. Aan de zijkanten worden gebogen houten luifels bevestigd. Het meest opvallende onderdeel is een marmeren reliëf aan de voorzijde. Op het kunstwerk staat een markttafereel afgebeeld, met mensen die kaas afwegen en aantekeningen maken. Aan de rechterkant wacht een koper, een Arabische handelaar met een tulband op zijn hoofd. En dat is niet zo vreemd, want Goudse kaas verovert vanaf de 17e eeuw de wereld.

Het reliëf wordt gemaakt door de Amsterdamse beeldhouwer Bartholomeus Eggers. Hij krijgt voor zijn werk maar liefst 2500 gulden, een enorm bedrag in die tijd. Pieter Post laat ter afronding op de gevel de wapens van de vier Goudse burgemeesters aanbrengen. Het zijn de familiewapens van Floris Cant, Gerard Sterre, Donatus van Groenendijck en Jacob Bonser. Nog voordat de Waag in gebruik wordt genomen, overlijdt de bouwmeester.

De replica van de Waag in Gouda wordt vanaf 1997 door KLM cadeau gedaan aan pasgetrouwde echtparen die hun huwelijksreis beginnen in de Business Class. De Waag als huwelijkscadeau komt in de plaats van de replica van het Koninklijk Paleis. Verzamelaars betalen voor de Delfts blauwe Waag gemiddeld 75 euro.

In 1997 wordt in opdracht van KLM een Delfts blauw miniatuur van de kaaswaag in Gouda gemaakt. Pasgetrouwde echtparen die hun huwelijksreis beginnen in de Business Class krijgen sindsdien op intercontinentale vluchten de Goudse Waag cadeau.

Een gedateerd stadhuis

De burgemeesters zijn bijzonder trots op de Goudse Waag. Maar het middeleeuwse stadhuis met zijn gotische trapgevel aan de andere kant van het plein ziet er nu een beetje gedateerd uit. Daarom wordt in 1692 en 1697 het stadhuis gemoderniseerd en verfraaid. Schuiframen vervangen de middeleeuwse kruiskozijnen en de gotische trapgevel maakt plaats voor een tuitgevel met Toscaanse zuilen.

_ Bouwmeester Pieter Post _____

Pieter Post is een leerling van Jacob van Campen, de architect van het Paleis op de Dam. Hij wordt in 1645 de hofarchitect van stadhouder Frederik Hendrik van Oranje. Post is verantwoordelijk voor het ontwerp van paleis Huis ten Bosch in Den Haag en het stadhuis van Maastricht. Pieter Post wordt met Jacob van Campen, Philips Vingboons en Arent van 's Gravesande tot de belangrijkste vertegenwoordigers van het Hollands classicisme gerekend. Zijn zoon Maurits Post is de architect van paleis Soestdijk.

Bij de restauratie van het marmeren reliëf in 1998 blijkt dat het beeldhouwwerk gebroken is. Er wordt daarom een nieuw kunstwerk van spierwit Carraramarmer gemaakt. De touwen van de weegschaal worden gemaakt van witgeschilderde koperen buizen. Het originele marmeren reliëf uit 1668 wordt in de Waag opgehangen. Aan de rechterkant staat een afbeelding van een Arabische koopman.

Eind 18e eeuw vindt er in de Noordelijke Nederlanden een revolutie plaats. Het volk verdrijft de bestuurlijke elite. De symbolen van het ancien régime moeten eraan geloven. In 1799 worden van de Goudse Waag de familiewapens van de muur gehakt, die ten tijde van de bouw toebehoorden aan de burgemeesters van de stad. Bij de restauratie van de Goudse Waag in 1956 zijn de wapens hersteld en opnieuw op de oorspronkelijke schilden aangebracht.

Kaas- en Ambachtenmuseum

Met de komst van de kaasfabrieken verliest de Waag in de 19e eeuw zijn oorspronkelijke functie. Gouda is bovendien een merknaam geworden en omdat de kaas niet beschermd is, mag hij overal ter wereld geproduceerd worden. De bovenverdieping van de Waag is van 1668 tot 1907 bij de Goudse schutterij in gebruik als wapenkamer. Daarna worden er tentoonstellingen gehouden en is het een kantoor van de VVV. Vanaf 2006 is op de beneden- en bovenverdieping het Kaas- en Ambachtenmuseum gevestigd.

Gravure uit 1712 van de Waag in Gouda, door Arent Lepelaar.

Huis ter Kleef

Kleverlaan 9, Haarlem

In 2009 organiseert de Real Tennis Club Huis ter Kleef in Haarlem een inzamelingsactie voor de restauratie van een 16ᵉ-eeuwse kaatsbaan. Real tennis is een combinatie van tennis, squash en schaken. De sport wordt ook wel de 'king of games' en de 'game of kings' genoemd.

De unieke kaatsbaan is in 1560 gebouwd voor de edelman Hendrik van Brederode. Hij vecht als leider van de geuzen tegen de soldaten van koning Filips II. Als wraak wordt in 1573 zijn kasteel opgeblazen. De kaatsbaan blijft gespaard, maar raakt langzaam in verval. Kapitaalkrachtige donateurs die 240 jaar later financieel bijdragen aan de restauratie van Huis ter Kleef krijgen als eerbetoon een Delfts blauwe replica.

1500	1600	1700	1800	1900	2000

'Wie dattet heeft gesticht kan niemand seker weten.
Maar hoe het is verwoest is noch niet vergeten'

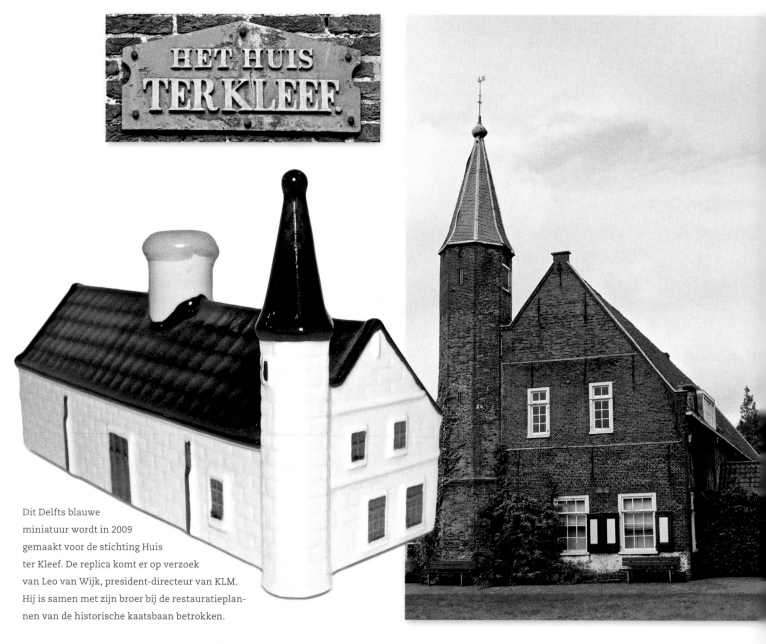

Dit Delfts blauwe miniatuur wordt in 2009 gemaakt voor de stichting Huis ter Kleef. De replica komt er op verzoek van Leo van Wijk, president-directeur van KLM. Hij is samen met zijn broer bij de restauratieplannen van de historische kaatsbaan betrokken.

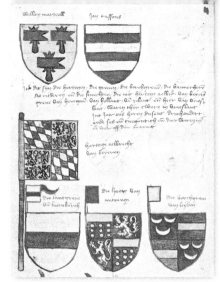

Wapenschild graaf Albrecht van Beieren, uit het Wapenboek Beyeren (1405).

De balspelers (1631), Jan Miense Molenaar.

In de 16e eeuw wordt het kaatsspel nog nauwelijks met een racket gespeeld. 'Een echte vent gebruikt zijn blote handen', is het motto. In Amsterdam is het zelfs verboden om met 'racketten te caetsen'.

Adellijke bastaardkinderen

Huis ter Kleef stamt oorspronkelijk uit de 13e eeuw. Het is dan nog een eenvoudige woontoren en staat op een klein eiland, net buiten Haarlem. De eerst bekende bewoner is Pieter van Rolland. Hij gebruikt het kasteeltje als buitenhuis. Het pand ligt in de buurt van het gehucht Schoten en heet daarom Woninghe te Schoten. In 1334 komt het in bezit van Willem Cuser, een bastaardbroer van graaf Willem III van Holland. Bastaardkinderen krijgen in de middeleeuwen vaak een hoge positie aan het hof. Ze zijn immers familie en daarom betrouwbaar. Cuser wordt adviseur van de graaf. Zijn zoon Coenraad erft het kasteel in 1354 en breidt het uit met een vleugel. Diens zoon Willem werkt net als zijn opa ook aan het hof. Hij is 'meesterknape' van graaf Albrecht van Beieren. Willem bezorgt namens hem onder andere belangrijke brieven en begeleidt gasten. Hij wordt uiteindelijk zelfs schout van Haarlem.

Een moord in Den Haag

Graaf Albrecht van Beieren houdt er tijdens zijn leven een stoet maîtresses op na. Aleid van Poelgeest is zijn favoriete gezelschapsdame. Ze krijgt een maandelijkse toelage van 300 franken en een huis. Aleid wordt door Albrecht verwend met cadeaus als een exotisch aapje als huisdier, een paard, dure stoffen en bont. Op de avond van 21 september 1392 begeleidt Willem Cuser haar op een wandeling in Den Haag. Plotseling worden ze door een groep mannen overvallen en neergestoken. '*Doot-ghesleghen in den Haghe, binnen des hertoghen Aelberts hove.*' De achtergrond van de brute moord blijft aanvankelijk een mysterie.

Willems vader Coenraad wil de dood van zijn zoon wreken en gaat op zoek naar de daders. De moordenaars worden uiteindelijk gepakt en veroordeeld. Maar de zoon van graaf Albrecht blijkt een van de opdrachtgevers voor de moord te zijn geweest. Hij ontloopt zijn straf. Schuldbewuste familieleden van de andere daders maken een bedevaart naar Lyon en bidden achthonderd keer voor het zielenheil van Aleid en Willem. Pas in 1413 verzoenen de families van de slachtoffers en de daders zich, met een grote ceremonie in de Grote Kerk in Den Haag.

In 1992, zeshonderd jaar na de dood van Aleid van Poelgeest en Willem Cuser, wordt op het Plein in Den Haag een herdenkingssteen onthuld. Sinds 1544 heeft op deze plek een mysterieuze blauwe steen met meskerven gelegen, die volgens de legende het plaats delict markeerde. De steen is eind 20e eeuw bij een renovatie verdwenen.

De replica van Huis ter Kleef behoort officieel niet tot KLM-collectie. Het is in 2009 in een kleine oplage gemaakt en wordt cadeau gedaan aan donateurs die 1000 euro of meer geven aan de restauratie van Huis ter Kleef. In februari 2013 wordt op een Amerikaanse veilingsite een exemplaar verkocht voor 2551 dollar, maar of dit de werkelijke waarde voor verzamelaars is, wordt betwijfeld.

Margaretha van Cleve, de vrouw van graaf Albrecht van Beieren. Het Huis ter Kleef wordt naar haar vernoemd.

De Spaanse legeraanvoerder don Frederico van Toledo gebruikt Huis ter Kleef als militair hoofdkwartier. Na de val van Haarlem laat hij het kasteel in 1573 met buskruit opblazen.

De jonkvrouw van Cleve

Ondertussen is vader Coenraad Cuser door een slinks spelletje van de zoon van de graaf zijn kasteel kwijtgeraakt. De aanstaande vrouw van graaf Albrecht, Margaretha van Cleve, wordt de nieuwe eigenaresse. De graaf betaalt ter compensatie van het verlies van het kasteel een klein bedrag aan Coenraad Cuser. Op het binnenplein wordt een nieuwe toren gebouwd. Maar het fundament is zwak en het bouwsel stort in. Later wordt een nieuwe woontoren opgetrokken.

Na het overlijden van Margaretha erft haar zus Catherina het kasteel. Het heet dan in de volksmond 'het huys van de jonkvrouwe van Cleve'. In 1434 verkoopt Catherina het kasteeltje aan de adelijke familie Van Borselen. De naam verandert van Huys te Cleve in Thuys te Cleeff. Bijna zestig jaar later wordt het eigendom van Reinout III van Brederode. Huis ter Kleef (zoals men de naam later schrijft) wordt opnieuw uitgebreid en verbouwd.

Een gokverslaafde edelman

Reinout III, kasteelheer van Huis ter Kleef, is ook burgemeester van Amstelveen. De edelman is verslaafd aan drank en gokspelletjes. Op 15 juni 1529 zet hij bij het dobbelen in een overmoedige bui zelfs het grondgebied van Amstelveen in. Reinout III is dronken en verliest. Omdat hij het ambt te schande heeft gemaakt, moet hij aftreden als burgemeester. Reinout III heeft toch al een zekere reputatie. Hij leidt een onstuimig leven en krijgt twintig kinderen bij verschillende vrouwen. De helft daarvan zijn bastaardkinderen. De oudste zoon, Hendrik, lijkt op zijn vader. Hij heeft niet alleen dezelfde bravoure en joie de vivre, maar hij is ook verslaafd aan het dobbelspel.

Reinout III overlijdt in 1556. Hendrik erft Huis ter Kleef en laat in 1560 naast het kasteel een 'caetsbaan' bouwen. In de 16e eeuw wordt het kaatsspel nog nauwelijks met een racket gespeeld, onder het motto 'een echte vent gebruikt zijn blote handen.' In Amsterdam is het zelfs verboden om met 'racketten te caetsen'.

Hendrik is niet alleen een fanatiek speler, maar hij maakt (net als zijn vader) ook grote schulden. In 1563 wordt daarom beslag gelegd op het kasteel, Huis ter Kleef wordt per opbod geveild. Drie jaar later lukt het Hendrik van Brederode om het familiebezit weer terug te kopen.

Grote Geus trekt ten strijde

De 28-jarige kasteelheer is tot rust gekomen en wordt een gelovig man. Hendrik van Brederode organiseert op Huis ter Kleef regelmatig protestantse kerkdiensten. Maar dit brengt hem al snel in de problemen. Het gewest Holland maakt namelijk deel uit van het Spaanse Rijk van koning Filips II. Het katholicisme is sinds 1566 de enige toegestane godsdienst. Gelovigen van andere religies moeten zich bekeren of worden anders zonder pardon vervolgd en gedood.

Hendrik van Brederode sluit zich aan bij het Verbond der Edelen en houdt een pleidooi voor meer godsdienstvrijheid. Maar het is tevergeefs. Met een geuzenleger trekt hij ten strijde tegen de soldaten van Filips II. De Tachtigjarige Oorlog is begonnen. De heldhaftige Hendrik krijgt van zijn manschappen de bijnaam Grote Geus. Later neemt Lodewijk van Nassau, de broer van Willem van Oranje, de leiding van hem over. Vrijheidsstrijder Hendrik van Brederode sterft in 1568. Zijn Huis ter Kleef wordt verbeurd verklaard en komt in handen van de Rekenkamer van Holland.

Na het opblazen van het Huis ter Kleef door de Spanjaarden in 1573, wordt een deel van de brokstukken gebruikt voor de bouw van woningen in Haarlem. De achtergebleven restanten zijn inmiddels overwoekerd door de natuur.

Met buskruit opgeblazen

De onrust in de Nederlanden houdt aan. Koning Filips II stuurt daarom de hertog van Alva naar het opstandige noorden van zijn rijk. Diens zoon Don Frederico leidt de troepen bij de Slag om Haarlem in 1572. Hij gebruikt Huis ter Kleef als militair hoofdkwartier. Nadat de stad door de Spanjaarden is ingenomen, trekt Don Frederico zich terug. Maar omdat hij niet wil dat Huis ter Kleef door de geuzen wordt heroverd, blaast men in 1573 het kasteel met buskruit op. Alleen de kaatsbaan met het torentje blijft gespaard. Na de grote stadsbrand van 1576 slopen de inwoners van Haarlem de resten van het kasteel om er hun huizen mee te herbouwen. De Republiek der Verenigde Nederlanden geeft uiteindelijk het landgoed terug aan de familie Van Brederode. Van het kasteel is niets meer over. De kaatsbaan wordt in 1612 verbouwd tot rentmeestershuis. Via vererving komt het landgoed in de 17e eeuw in het bezit van de Duitse graaf Frederik Adolf von Lippe. Zijn nazaten verkopen Huis ter Kleef in 1713 aan de stad Haarlem voor 13.000 gulden. De grond wordt daarna verpacht aan een boer.

_ De Restauratie _____

Om de 16e-eeuwse kaatsbaan in oude glorie te herstellen, dingt het pand in 2006 mee naar de hoofdprijs van één miljoen euro van het tv-programma De Restauratie. Wimbledonwinnaar Richard Krajicek houdt een hartstochtelijk pleidooi, maar Huis ter Kleef valt buiten de prijzen.

De voormalige kaatsbaan dient in de 19e eeuw als opslag en koeienstal. Vanaf 1909 is het landgoed in gebruik als stadskweektuin van Haarlem. De kaatsbaan wordt omgebouwd tot kantine. De stichting Huis ter Kleef krijgt eind 2011 toestemming om het monumentale pand te kopen van de gemeente. Men wil de historische kaatsbaan in oude glorie herstellen en een klein museum openen over de geschiedenis van real tennis. In februari 2012 begint een nieuwe inzamelingsactie. De restauratie van Huis ter Kleef moet eind 2013 zijn voltooid.

Ridderzaal

Binnenhof 8ª, Den Haag

De Ridderzaal in Den Haag speelt al ruim 730 jaar een belangrijke rol in de Nederlandse geschiedenis. Graaf Floris V laat de indrukwekkende hal voor feesten en jachtpartijen in het jaar 1280 bouwen. De architectuur is geïnspireerd op Engelse koninklijke bouwkunst. Pas in de 19ᵉ eeuw krijgt de Grote Sael de naam Ridderzaal.

Op deze historische grond organiseert KLM in het jubileumjaar 2009 een diner voor een aantal directeuren van luchtvaartmaatschappijen. Als aandenken ontvangt het gezelschap een speciaal voor de gelegenheid gemaakt Delfts blauw miniatuur van de Ridderzaal.

1500	1600	1700	1800	1900	2000

'Het trotsch gewelf van Hollands oude Heeren'

Willem II, graaf van Holland en Zeeland, groeit op als kind op de plaats waar nu de Ridderzaal staat. Hij wordt op 3 oktober 1247 gekroond tot koning van het Heilige Roomse Rijk.

Pentekening Willem II, (datering onbekend), Hendrik van Heessel.

38

Het Binnenhof met de Ridderzaal (ca. 1655), kunstenaar onbekend. Aan de muur boven de ingang hangt een kaak van een in 1577 bij Scheveningen aangespoelde potvis.

Koninklijke status

Op de plaats waar nu de Ridderzaal staat, ligt in de 13^e eeuw aan de rand van een duinmeertje een boerenhoeve. Willem II groeit hier op als kind. Als zijn vader Floris IV bij een riddertoernooi overlijdt, wordt hij op 7-jarige leeftijd graaf van Holland. Op latere leeftijd voert hij met wisselend succes een aantal oorlogen. Zijn steun aan Paus Gregorius IX zorgt ervoor dat Willem II in 1248 tot koning van Italië, Duitsland en Bourgondië wordt gekroond. Om zijn koninklijke status te onderstrepen, laat hij naast de boerderij een robuust kasteel in vroeggotische stijl bouwen.

Floris V neemt wraak

Willem II probeert op 28 januari 1256 West-Friesland te veroveren en toe te voegen aan het gewest Holland. Hij rijdt met zijn paard voor de troepen uit en steekt een bevroren meer over om de vijand te verrassen. Plotseling zakt Willem II met paard en al door het ijs en wordt gedood door zijn tegenstanders. In adellijke hoven in heel Europa wordt geschokt gereageerd op deze 'laffe moord'. Willem II wordt opgevolgd door zijn zoon Floris V, die op dat moment nog

Lakzegel van Floris V, graaf van Holland (1266-1296).

maar anderhalf jaar oud is. Zestien jaar later wreekt hij de dood van zijn vader en laat zich daarna 'Heer van Friesland' noemen. Graaf Floris V laat in 1280 aan de achterkant van zijn woonhuis een nieuwe 'Grote Sael' bouwen. De monumentale kapconstructie is 26 m hoog en wordt gemaakt van eikenhout uit Ierland. Qua bouwstijl lijkt de hal op de Westminster Hall in Londen en de kathedraal van Salisbury.

Luistervinken

Pas in 1295 wordt de bouw van de Ridderzaal voltooid. De voorgevel krijgt ronde vensters, spitsboognissen, een roosvenster en twee traptorens met kantelen. Rondom het kasteel van Floris V loopt een dubbele grachtengordel met muren en torens. In de 14^e eeuw worden enkele grachten samengevoegd tot de huidige Hofvijver. De Ridderzaal zelf wordt inmiddels niet meer alleen voor jachtpartijen gebruikt, er wordt ook recht gesproken. Uit deze periode stammen de houten koppen met een oor, aan de zijkant van de balken. Het oor symboliseert een hogere macht die meeluistert of een verdachte de waarheid spreekt.

In 2009 wordt van de Ridderzaal een Delfts blauw miniatuur geproduceerd in een gelimiteerde oplage van ongeveer honderd exemplaren. Het is een cadeau voor een exclusief gezelschap van directeuren van luchtvaartmaatschappijen. Verzamelaars betalen voor een onbeschadigd exemplaar ongeveer 1500 euro.

De Grote Zaal op het Binnenhof in Den Haag, tijdens de
Grote Vergadering der Staten-Generaal in 1651.

Tot ver in de 16ᵉ eeuw leiden opeenvolgende graven van Holland de Lage Landen. Het kasteel met de Ridderzaal en de omliggende gebouwen behoren naderhand tot het Stadhouderlijk hof. Op het Binnenhof zijn de Staten van Holland, het Hof van Holland, de Rekenkamer en de Staten-Generaal gevestigd.

Politiek machtscentrum

In de 16ᵉ eeuw regeert keizer Karel V over de Nederlanden. Hij erft in 1506 de titel graaf van Holland. Bijna vijftig jaar later wordt hij opgevolgd door zijn zoon, Filips II. Vanaf 1555 heerst koning Filips II vanuit Spanje over grote delen van Europa, Amerika en Zuid-Oost Azië. In Den Haag worden zijn bevelen zonder morren opgevolgd. Maar als Filips II in 1566 bepaalt dat het katholicisme nog de enige toegestane religie is, breekt er een burgeroorlog uit. Protestanten vallen katholieke kerken binnen en vernielen beelden en afbeeldingen van rooms-katholieke heiligen. Twee jaar later begint officieel de Tachtigjarige Oorlog. Nu Filips II niet meer als staatshoofd wordt erkend, draagt de Staten-Generaal bij afwezigheid van een graaf de macht over aan het Hof van Holland. Dit Hof benoemt op zijn beurt een bestuur met een stadhouder aan het hoofd. Het Binnenhof is het politieke machtscentrum van de jonge Republiek.

Vijandige vlaggen als oorlogstrofee

Het kasteel van de graaf van Holland en de Ridderzaal hebben eind 16ᵉ eeuw geen functie meer en staan leeg. De Grote Zaal wordt aanvankelijk gebruikt als kazerne en later worden er paarden gestald. Stadhouder prins Maurits van Oranje wil het grafelijk kasteel en de Ridderzaal afbreken en vervangen door een paleis in Italiaanse stijl. Maar de Staten-Generaal heeft andere prioriteiten. In 1651 wordt de Ridderzaal voor het eerst gebruikt als vergaderzaal voor de vertegenwoordigers van de Zeven Provinciën.

Halverwege de Gouden Eeuw wordt op een aantal fronten tegelijk oorlog gevoerd. De strijd tegen Spanje is nog in volle gang. Te land en ter zee worden met veel bravoure handelsconflicten uitgevochten. Aan het plafond van de Ridderzaal hangen na het verslaan van troepen en schepen uit Spanje, Engeland en Frankrijk hun vaandels als symbool van de overwinning. De dichter Constantijn Huygens schrijft in een loflied op de Ridderzaal:

DENCKT AEN HET TROTSCH GEWELF VAN

HOLLANDS OUDE HEEREN,

DAER DUYSEND MENSCHEN DAEGS EN

DUYSEND IN VERKEEREN,

DAER DACK EN MUREN TOE GEKROPT SIJN

MET DE PRACHT,

VAN SPAENSCHE VENDELEN BY WILLEM

T'HUYSGEBRACHT,

BIJ MAURITS MENIGHMAEL,

BY FREDERICK OM 'T BESTE.

40

Ridderzaal wordt loterijhal

Vanaf 1726 worden in de Ridderzaal loterijen gehouden om de kas van de Republiek te spekken. Daarmee komt ook een einde aan de wildgroei van kleine, provinciale en illegale loterijen. Voor deze eerste Generaliteitsloterij gaan 120.000 loten in de verkoop. Bij de eerste trekking op 4 april 1726 stijgt de spanning. In de prijzenpot zit een bedrag van 2,4 miljoen gulden. De hoofdprijs is 60.000 gulden. De ceremonie in de Ridderzaal duurt dagenlang. De eerste loterij is geen succes, er zijn slechts 20.000 loten verkocht. De Generaliteitsloterij wordt uiteindelijk de Staatsloterij.

De Ridderzaal als loterijhal.

Na de restauratie van de Ridderzaal schenkt een aantal inwoners van Den Haag in 1883 een fontein aan de stad. De tekst op de fontein luidt: 'Ter nagedachtenis aan den graaf van Holland, koning Willem II, den begunstiger der Stedelijke wijsheden, den beschermer der Kunst, den stichter der kastelen van 's Gravenhage en Haarlem.' De fontein wordt op de Wereldtentoonstelling van 1883 in Amsterdam aan het publiek gepresenteerd. Den Haag wil eerst duidelijkheid wie de kosten voor het water van de fontein betaalt, voordat het geschenk in dank wordt aanvaard. In 1885 krijgt de fontein een plaats voor de Ridderzaal.

41

Koninklijke residentie

Met de Franse overheersing eind 18e eeuw verdwijnen ook de historische vlaggen aan het plafond van de Ridderzaal. De nieuwe Franse koning Lodewijk Napoleon gaat in 1806 op het Binnenhof wonen. Een jaar later verhuist hij naar zijn nieuwe residentie, het Paleis op de Dam in Amsterdam. Op verzoek van de koning maakt de bouwkundige Adrianus Noordendorp een plan voor de restauratie van de Ridderzaal. Nadat Lodewijk Napoleon in 1810 door zijn broer, (de Franse keizer Napoleon Bonaparte) is afgezet, wordt het Binnenhof gebruikt als militair hospitaal. Met het vertrek van de Fransen uit Nederland in 1814 neemt de regering van koning Willem I de regeringsgebouwen weer onder haar hoede. Noordendorp blijft in functie en werkt aan de restauratie van de Ridderzaal. De voorgevel wordt in neogotische stijl gerenoveerd, de spitse boogramen krijgen een andere vorm en de daken en goten worden hersteld. In 1815 wordt het pand in gebruik genomen door het Gerechtshof en vinden er opnieuw trekkingen van de Staatsloterij plaats.

Sloopplannen Ridderzaal

Halverwege de 19e eeuw wil men de Ridderzaal afbreken en vervangen door een nieuw regeringsgebouw in neoclassicistische stijl. In de Tweede Kamer wordt het plan met één stem verschil verworpen. In 1861 dreigt het houten dak van de Ridderzaal in te storten. Het originele 13e-eeuwse houten dak wordt gesloopt en vervangen door een ijzeren overkapping. Bijna twintig jaar later vindt onder leiding van architect Pierre Cuypers opnieuw een verbouwing plaats waarbij de bordestrap wordt afgebroken en bij de ingang een portaal wordt gemaakt. Ook krijgen de twee torens een spits puntdak. Van 1896 tot 1904 staat de Ridderzaal alweer in de steigers. De belangrijkste ingreep is ditmaal de vervanging van de ijzeren dakconstructie in een kopie van de laat-13e-eeuwse houten kap.

Prinsjesdag

Vanaf 1904 wordt elk jaar op de derde dinsdag van september de troonrede voorgelezen. Aan het plafond hangen de vlaggen van de provincies. Koningin Wilhelmina opent hier met het voorlezen van de troonrede het parlementaire jaar. Voor deze gelegenheid wordt er speciaal troon gemaakt, die bekleed wordt met groen velours. Voor haar echtgenoot en de kroonprinses zijn er kleinere tronen. In 1957 vindt een kleine renovatie van de Ridderzaal plaats. In 2006 volgt een grote verbouwing, waarbij niet alleen het gebouw zelf maar ook het interieur wordt gerestaureerd. De troon en de neventroon worden opnieuw bekleed, met rood zijden velours omdat dit beter bij de huidige kleurstelling past. De provincievlaggen verdwijnen en maken plaats voor wandkleden met de wapens van de provincies en overzeese gebieden. Op de enorme schouw komen de eerste regels van de Grondwet uit 1848. De Ridderzaal wordt, naast ceremoniële bijeenkomsten van de regering, ook gebruikt voor bijzondere ontvangsten en gelegenheden.

_ Een mysterieuze grafkelder _

Op het Binnenhof ligt onder de werkruimte van de Eerste Kamer een dichtgemetselde grafkelder van de in 1880 afgebroken hofkapel. In de kelder staan enkele eeuwenoude loden kisten, met daarin onder andere de gebalsemde lichamen van graaf Willem IV en gravin Jacoba van Beieren. De grafkelder is waarschijnlijk ook de laatste rustplaats van raadspensionaris Johan van Oldenbarnevelt, die in 1619 op het Binnenhof is onthoofd.

Wandplaat van Sprooksprekers in de Ridderzaal, 1394.

House of Bols

Paulus Potterstraat 12–16, Amsterdam

Na een afwezigheid van 37 jaar keert Bols, de oudste distilleerderij en likeurstokerij ter wereld, in 2006 terug naar Amsterdam. Op de Paulus Potterstraat worden drie panden verbouwd tot hoofdkantoor en museum. Midden in het hart van het statige museumkwartier en het hippe fashion-district openen de 'House of Bols Cocktail & Genever Experience' en de 'Bols Bartending Academy' een jaar later hun deuren.

Ter gelegenheid van de opening wordt in 2007 van het House of Bols een exclusieve Delfts blauwe replica gemaakt. Uiteraard is het miniatuur gevuld met jenever, net als bij de gewone KLM-huisjes.

1500	1600	1700	1800	1900	2000

House of Bols bekroond met Dutch Design Award, eigen museum voor oudste distilleerderij ter wereld

Architect Jacob van Noppen. Hij is medeverantwoordelijk voor het ontwerp van een aantal panden op de Paulus Potterstraat in Amsterdam waar sinds 2006 het House of Bols is gevestigd. Van Noppen is onder meer bekend van zijn ontwerp van de Droste-fabrieken in Haarlem.

Bols produceert sinds 1664 jenever. In het merkteken op deze fles staat de naam van distilleerderij 't Lootsje. Tot 1969 zit Bols in dit pand op de Rozengracht in Amsterdam.

Rationalisme

Het House of Bols op de Paulus Potterstraat is gevestigd in een drietal monumentale etagewoningen. De panden zijn in 1902 gebouwd in een overgangsstijl, met kenmerken van de neorenaissance en het rationalisme. Het rationalisme is een reactie op historiserende architectuur uit de 19e eeuw, op eclectische bouwstijlen, de jugendstil en het expressionisme. Een aantal van deze stijlen is terug te vinden in de bebouwing rondom het Museumplein. Het Museumkwartier in Amsterdam is mede door de bijzondere architectuur in ruim honderd jaar tijd uitgegroeid tot een toeristische trekpleister. De buurt biedt nu een overzicht van hoogtepunten uit de Nederlandse bouwkunst van de 19e eeuw tot de 21e eeuw.

'Het luxe kwartier'

Het stratenplan van Oud-Zuid is sterk beïnvloed door Pierre Cuypers, de architect van het Rijksmuseum en het Centraal Station. Omdat het Rijksmuseum, het Concertgebouw en het Stedelijk Museum het best tot hun recht komen in een deftige omgeving, worden aan het einde van de 19e eeuw rondom het Museumplein statige stadsvilla's gebouwd. Cuypers noemt het gebied 'het luxe kwartier'; de huizen moeten qua uitstraling aan een zekere allure voldoen. Maar er is niet veel vraag naar de vrijstaande villa's. Daarom worden er grote herenhuizen gebouwd in de straten rondom het museumplein. De architecten Ludwig Beirer en Jacob van Noppen worden benaderd voor de bouw van een aantal etagewoningen in de Paulus Potterstraat. Deze nieuwe straat loopt parallel aan het Museumplein.

De keramische versie van het House of Bols maakt officieel geen deel uit van de collectie KLM-huisjes. Het Delfts blauwe miniatuur is voor € 22,50 exclusief te koop in de Bols Giftshop.

In 2007 wordt van het House of Bols een unieke Delfts blauwe replica gemaakt, ter gelegenheid van de opening van de Bols Cocktail & Genever Experience.

Jugendstilmotieven

De woningen op de Paulus Potterstraat 12 tot en met 16 worden in 1902 gebouwd in een overgangsstijl. De gevels zijn sober versierd met decoratief metselwerk en hebben bogen van gele en rode baksteen, erkers en balkons en natuurstenen sluiten hoekstenen. Architect Van Noppen is een liefhebber van keramiek. Hij laat een aantal tegeltableaus met vereenvoudigde jugendstilmotieven aanbrengen in de portieken en nissen. Het rechterpand op nummer 12 heeft een rechte lijst en een zogenaamd lessenaarsdak (het dak loopt aan één kant schuin af).

Het middelste pand op nummer 14 heeft een tuitgevel. In de jaren zestig worden de tuitgevel en het zadeldak van Paulus Potterstraat 16 verwijderd om ruimte te maken voor een extra verdieping met een licht hellend dakvlak. De etages worden in de 20^e eeuw door verschillende families bewoond. In de jaren zestig biedt Paulus Potterstraat 14 onderdak aan muziekuitgeverij Donamus en de NV Muzikale Meesterwerken. In maart 2006 wordt het hoofdkantoor van Bols Distilleries verplaatst naar de Paulus Potterstraat.

_ Geschiedenis Bols _____

Bols Distilleries is sinds 1954 een beursgenoteerde onderneming. Het bedrijf vertrekt in 1969 naar Nieuw-Vennep en verlaat na vier eeuwen Amsterdam. In 1993 fuseert Bols met Royal Wessanen. Zeven jaar later nemen beide partners weer afscheid van elkaar. Bols vestigt zich in Zoetermeer en wordt in 2000 overgenomen door Rémy Cointreau. In 2006 keert het bedrijf na een verzelfstandiging terug naar Amsterdam. Onder leiding van ontwerpbureau Staat worden drie monumentale panden op de Paulus Potterstraat ingrijpend verbouwd en ingericht als hoofdkantoor en museum. De muren van de drie panden worden doorgebroken waarna op een oppervlakte van 600 m^2 de Cocktail & Genever Experience kan worden ingericht.

Sinds augustus 2011 is op de Holland Boulevard van luchthaven Schiphol de Bols Genever Experience gevestigd. Passagiers kunnen hier kennismaken met het opnieuw op de markt gebracht product Genever, naar een origineel recept uit 1820. Bezoekers mixen via een touchscreen virtueel hun eigen cocktails.
Aan de Bols Bartending Academy opgeleide cocktailshakers gaan vervolgens in de Dutch Bar aan de slag met deze door passagiers zelfbedachte drankjes.

In het House of Bols is een speciale zaal gewijd aan de collectie KLM-huisjes. Sinds 1986 staat het merk Bols achter op de drankhuisjes.
De relatie met KLM is al veel ouder. Op 18 oktober 1946 start KLM met rechtstreekse vluchten van Amsterdam naar Rio de Janeiro en Buenos Aires.
Tijdens de allereerste vlucht worden de passagiers aan boord van de Douglas DC-4 verrast met een souvenirbox met miniatuurflesjes Bols-jenever.
Officieel worden vanaf 1957 de bekende drankhuisjes aan boord uitgedeeld.

Dutch Design Award

Na een negen maanden durende verbouwing wordt het House of Bols in 2007 officieel geopend. Eén van de meest in het oog springende ruimtes is de Delfts blauwe zaal, met moderne tegeltableaus en de volledige collectie KLM-huisjes, inclusief een extra grote replica van het Paleis op de Dam. Dit is de prijs voor de winnaar van het jaarlijkse golftoernooi KLM Open. Verder is er onder meer een Hall of Taste, een cocktailbar en de Hall of Fame van de Bols Hole-in-One Club. Deze club is opgericht in 1929 en telt inmiddels meer dan 17.800 golfers wereldwijd die een hole-in-one hebben geslagen. Eén van hen is de Amerikaanse oud-president Richard Nixon, die in 1961 aan Bols laat weten blij te zijn dat hij is toegetreden tot de exclusieve Bols Hole-in-One Club.

Ook hangt in het House of Bols een schilderij van Hendrick Heerschop, een leerling van Rembrandt. Rembrandt is in de 17e eeuw een frequente bezoeker van Bols' distilleerderij 't Lootsje. Hij betaalt in 1658 zijn drankrekening met een schilderij van zijn leerling. Met de inrichting van het museum wint het ontwerpbureau in 2007 de prestigieuze Dutch Design Award, in de categorie Best Exhibition & Experience.

Dit schilderij van Hendrick Heerschop uit 1658 is volgens de overlevering een afbetaling voor de schulden die Rembrandt bij Bols had staan.

_ Museumkwartier _____

Eén van de meest beeldbepalende gebouwen in het Museumkwartier is het Rijksmuseum. De cultuurtempel wordt in 1876 gebouwd in een weiland, op de grens van Amsterdam en Nieuwer-Amstel (het huidige Amstelveen). Het is Amsterdam eindelijk gelukt grondgebied van zijn buurgemeente te annexeren. Aan de zuidkant van de hoofdstad heeft men namelijk een nieuwe villawijk gepland voor welgestelden. Met de bouw van het Rijksmuseum wordt de druk op Nieuwer-Amstel opgevoerd.

Onder leiding van de katholieke architect Pierre Cuypers verrijst een monumentaal gebouw in neogotische stijl, met elementen die naar de vaderlandse geschiedenis verwijzen. In de volksmond wordt het museum al snel het 'aartsbisschoppelijk paleis' genoemd. Koning Willem III vindt het ontwerp 'te rooms en te gotisch'. Hij weigert aanvankelijk een voet te zetten in het museum en noemt het 'een klooster'.

Recht tegenover het Rijksmuseum wordt in 1882 de eerste steen gelegd voor het Concertgebouw, naar een ontwerp in Weens classicistische stijl. In 1891 volgt de bouw van het Stedelijk Museum, in neorenaissance-stijl. Pas in 1896 wordt het grondgebied van Nieuwer-Amstel door Amsterdam ingelijfd. Het Museumkwartier is iets meer dan één vierkante kilometer groot en vormt nu een concentratie van topmusea en exclusieve winkels.

Koninklijk Theater Carré

Amstel 115-125, Amsterdam

De 6-jarige Cornelia de Gast groeit begin 19e eeuw op in een sloppenwijk in Rotterdam. Haar alleenstaande moeder kan het hoofd nauwelijks boven water houden en ze besluit in 1830 het meisje mee te geven aan een rond-reizend circus. Cornelia's pleegouders beloven plechtig het kind te leren lezen en schrijven, maar al gauw draait ze volop mee in het circus.

Cornelia haalt onder haar artiestennaam Kätchen halsbrekende toeren uit op de rug van een paard. Op haar zestiende trouwt ze met de dresseur Wilhelm Carré. Drie jaar later bevalt ze van een zoon, Oscar. Hij wordt de grondlegger van wat in de 21e eeuw zal uitgroeien tot het Koninklijk Theater Carré.

De nationale tempel van het amusement die 'niets aan smaak en keurigheid te wensen overlaat'

1500   1600   1700   1800   1900   2000

Oscar Carré neemt in oktober 1868 het circus van zijn vader over en trouwt enkele maanden later met zijn nichtje Amalia. Het paar gaat op toernee door Nederland, met een gezelschap artiesten en een circustent. Het hoogtepunt van de voorstelling is de hoge school-dres-suur met zes Trakehner paarden. Na een optreden op Paleis Het Loo geeft koning Willem III in 1870 Carré toestemming om de naam Koninklijk Nederlandsch Circus Oscar Carré te mogen voeren.

Schilderij van Oscar Carré op zijn Trakehner-hengst Waltzertraum, 1887. Bij zijn veertigjarig jubileum als circusdirecteur in 1909 treedt Carré voor de laatste maal met dit raspaard op.

Stenen voorgevel Koninklijk Nederlandsch Circus Oscar Carré, 1884.

De circusdirecteur ontvangt regelmatig hoog bezoek, zoals keizerin Sissi van Oostenrijk die tijdens haar verblijf in Amsterdam dressuurles van Oscar Carré krijgt. Als dank krijgt hij van keizer Franz Jozef I een volbloed Arabier cadeau en een kunstig gesneden pijp, met een afbeelding van zijn geliefde paarden.

Twaalf steigerende paarden

Oscar Carré heeft een goede neus voor publiciteit. Bij het staatsbezoek van tsaar Alexander II aan Amsterdam in 1874 maakt hij grote indruk door op de Dam met een wit paard een sierlijke revérence te maken, op het moment dat de vorst op het balkon van het Koninklijk Paleis verschijnt. De kranten staan er vol van. Een andere stunt die in 1876 veel publiciteit oplevert is een duel met Ernst Renz, zijn grootste concurrent. Deze circusdirecteur beweert dat hij twaalf hengsten tegelijk op hun achterbenen kan laten lopen. In een uitverkochte circustent in Keulen kijkt het publiek ademloos toe.

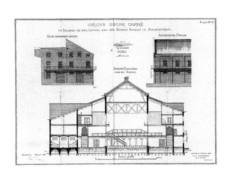

Het lukt Oscar Carré om het huzarenstukje te volbrengen, terwijl zijn uitdager slechts acht paarden in de hoogte krijgt. Carré wint de weddenschap en verdient 10.000 Mark.

Circus aan de Amstel

In 1879 koopt Oscar Carré in Amsterdam een stuk grond aan de rivier Amstel, als lokatie voor zijn circus. Alleen de voorgevel is van steen, de rest van de 'tent' is van houten planken gemaakt. Het gebouw en vooral de inrichting maken indruk op het hooggeëerde publiek. Niet in de laatste plaats door de plafondschilderijen met historische figuren en hoogtepunten uit de Nederlandse geschiedenis. Op één van de doeken staat Oscar Carré zelf afgebeeld, op het moment dat hij met zijn schimmel een buiging maakt voor de Russische tsaar. In 1884 wordt het houten gebouw definitief afgebroken. In 1887 verrijst op dezelfde plek aan de Amstel een monumentaal circuspaleis met 'een inrichting die aan keurigheid en goede smaak niets te wensen overlaat'.

Op 30 november 2012 wordt een Delfts blauwe replica van Koninklijk Theater Carré door KLM-directeur Peter Hartman aangeboden aan Madeleine van der Zwaan, algemeen directeur van Carré. Het miniatuur is gemaakt ter gelegenheid van het 125-jarig jubileum van het theater, in een oplage van precies 125 exemplaren. Alleen prominenten uit de theaterwereld en relaties die een belangrijke bijdrage leveren aan de geschiedenis van Carré krijgen het huisje cadeau.

Sieraad voor Amsterdam

In acht maanden tijd verwezenlijken de architecten Van Rossem en Vuyk de droom van Oscar Carré. De neoclassicistische gevel wordt versierd met ornamenten die verwijzen naar de circuswereld. Twee steigerende circuspaarden rijzen hoog boven het straatniveau uit de gevel op. Pers en publiek zijn unaniem enthousiast; het pand wordt 'een sieraad voor Amsterdam' genoemd.

Exotische dieren

Circus Oscar Carré biedt plaats aan 2000 bezoekers, de goedkoopste stoelen kosten 0,66 cent, voor 1,99 gulden zit je op een logeplaats. Circus Oscar Carré wordt op 2 december 1887 feestelijk geopend met de Groote Parade Gala Openingsvoorstelling in de Hoogere Rijkunst, Paardendressuur en Gymnastiek. Bij de afscheidsparade worden de artiesten vergezeld door een aantal exotische dieren uit Artis, waaronder zelfs een giraffe en kangaroes.

Een noodlottig treinongeluk

Na jaren van relatieve voorspoed slaat in 1891 het noodlot toe. Tijdens een toernee per trein door Duitsland botst een tegemoet komende trein frontaal op de circuswagens van Carré. Oscar's vrouw Amalia is op slag dood, een aantal artiesten raakt zwaargewond. Maar the show must go on. Twee weken later staat Carré al weer in de piste. Zijn geliefde vrouw Amalia krijgt een praalgraf op begraafplaats Zorgvlied. Het mausoleum wordt door dezelfde architecten gemaakt als het circus aan de Amstel, in dezelfde bouwstijl.

Na het dodelijke treinongeluk in 1891 laat Oscar Carré voor zijn overleden vrouw Amalia een mausoleum bouwen op begraafplaats Zorgvlied in Amsterdam, naar een voorbeeld van de Romeinse tempel Maison Carré in het Zuid-Franse Nîmes.

Oscar Carré treedt anderhalf jaar na de dood van Amalia in het huwelijk met zijn tweede vrouw Ada, een zeer getalenteerde hoge schoolrijdster. Maar als zij in 1897 tijdens een operatie overlijdt, knapt er iets bij

hem. Carré gooit de handdoek in de ring en sluit zijn circus. Wat er vervolgens met zijn raspaarden gebeurt, is een mysterie. Volgens Carré heeft hij de dieren na de afscheidsvoorstelling dood geschoten. 'Ik wou niet hebben dat ze in andere handen kwamen', beweert hij tegen een journalist. Bewijs hiervoor is nimmer geleverd, maar er is opnieuw een anekdote aan de mythe toegevoegd.

> „Heeft u die gehouden?"
> — „Neen, ik heb ze doodgeschoten na mijn laatste optreden te Scheveningen."
> Onwillekeurig herinnerden wij ons de acht Trakhener hengsten, het beste nummer, dat de directeur indertijd steeds zelf leidde en een: „wat jammer" ontsnapte ons.
> — „Ik wou niet hebben dat zij in andere handen kwamen! Ik had ze goed kunnen verkoopen, als ik gewild had. Maar ik stelde mij voor dat zij misschien nog eens voor de kar zouden moeten loopen. Dat wilde ik niet."

Algemeen Handelsblad 19 september 1897.

Circus, revue en variété

Ondanks de droefenis trouwt de circusdirecteur binnen enkele maanden opnieuw. Hij verhuist met zijn derde vrouw Edith naar Keulen. Het pand in Amsterdam wordt tijdens zijn afwezigheid verhuurd aan een variété-gezelschap. Na een jaar keert Oscar Carré toch weer terug, met een variété-voorstelling. Het circus wordt in 1904 uitgebreid en opnieuw ingericht. Er vinden nu afwisselend circusvoorstellingen, revue's en variétéshows plaats. In 1911 sukkelt Carré met zijn gezondheid en hij overlijdt in de zomer aan een longontsteking.

Portretten van Oscar
Carré en zijn derde vrouw
Edith Carré-Adams, 1905.

Een nieuwe start

De erfgenamen Carré nemen de exploitatie van het gebouw ter hand. Henri ter Hall, de 'koning van de revue', neemt de plaats van Oscar Carré in. Maar de schulden stapelen zich op en in 1920 wordt het pand verkocht. Ook de nieuwe eigenaren lukt het niet om het hoofd financieel boven water te houden. In 1924 wordt het theater geveild voor 439.000 gulden. Met nieuw elan en andersoortig amusement maken de volgende kopers van Circus Carré een klinkend succes. Er treden nu ook internationale artiesten op; sterren als Josephine Baker en het Ballet Russes de Monte Carlo zetten Carré op zijn kop.

Snip & Snap en oh lala

Na de oorlog staat het duo Snip & Snap met veel succes tijdens de zomermaanden in Carré, afgewisseld met wereldberoemde artiesten, balletdanseressen van de Folies Bergère, het Lido de Paris en andere revue- en theatergezelschappen. Theater Carré is inmiddels uitgegroeid tot de nationale tempel van het amusement. In de herfst wordt de grote zaal omgebouwd tot piste, het gebouw is dan voor enkele maanden het domein van circusartiesten. In 1956 wordt in Carré de allereerste musical opgevoerd, *Porgy & Bess*. Vier jaar later gaat *My Fair Lady* er in première, de eerste Nederlandse musical met Wim Sonneveld in de hoofdrol. Toon Hermans verovert Carré in 1963 met zijn One Man Show, een uit Amerika overgewaaide vorm van entertainment. De eerste voorstelling voelt voor hem meteen als de 'mooiste avond van zijn leven'. Daarna zal hij nog ruim dertig jaar lang regelmatig op het podium van Carré staan.

Van de sloop gered

Tegen het einde van de jaren zestig doemen er donkere wolken boven het theater op. De eigenaar wil het pand afbreken en er een hotel bouwen. Maar na jaren van touwtrekken en onderhandelen komt Carré in 1977 in handen van de gemeente Amsterdam. Met een geraffineerde mix van musical, cabaret, toneel, concerten van wereldsterren en ander spektakel behoort Carré sindsdien weer tot de top van het Nederlandse entertainment.

Een eeuw Carré

Ter gelegenheid van het 100-jarig bestaan presenteert Carré in 1986 samen met theaterproducent Joop van den Ende de musical Cats. Het jubileumjaar wordt in 1987 afgesloten met een reeks speciale voorstellingen van de André van Duin Revue. Vier jaar later ondergaat het Koninklijk Theater Carré een 20 miljoen gulden kostende verbouwing, onder leiding van de architecten Onno Greiner en Martien van Goor. Er komt onder andere een compleet nieuw toneelhuis. In 2003 wordt het interieur door dezelfde architecten compleet gerenoveerd en vernieuwd.

Geliefd nationaal monument

Op 3 december 2012 viert Carré haar 125-jarig jubileum. Er is een speciale jubileumvoorstelling voorbereid, waarbij ook koningin Beatrix aanwezig zal zijn. Maar tijdens de repetities bezwijkt acteur Jeroen Willems aan een hartstilstand. De feestelijkheden worden afgelast.

Vier maanden later, in april 2013, brengen de artiesten met een bijzondere voorstelling alsnog een ode aan het theater. Optreden in Carré is voor artiesten een eer. En ook voor het publiek is een voorstelling in Koninklijk Theater Carré niet zo maar een avondje uit. Carré is niet het oudste theater van Nederland, maar met zijn legendarische geschiedenis is het een geliefd nationaal monument.

Paleis Het Loo

Koninklijk Park 1, Apeldoorn

Het glooiende natuurgebied de Veluwe met zijn uitgestrekte bossen en heidevelden is in de 15ᵉ eeuw een geliefd jachtterrein voor de adel. De rentmeester van de hertog van Gelre bezit vlakbij Apeldoorn een jachtslot, omringd door een brede gracht.

Het kasteel wordt Het Loo genoemd, of in het Oudhollands 'Erve int Loe', dat 'open plek in het bos' betekent. Het landgoed is tot 1684 eigendom van verschillende adellijke families. Op 27 november 1684, midden in het jachtseizoen, koopt stadhouder Willem III het jachtslot met een park van 200 ha. en een aangrenzend bos voor 90.000 Carolusgulden.

Portret van Willem III, prins van Oranje, koning van Engeland, Jan Hendrik Brandon, ca. 1690.

1500	1600	1700	1800	1900	2000

Stadhouder Willem III op jacht bij slot Het Loo, 1686-1690, Dirk Maas.

De Prins van Oranje is een fervent jager en kent het gebied goed. Elk voor- en najaar trekt hij er op uit met een stoet jagers, knechten, koetsen en paarden. Een meute jachthonden drijft dan het wild op, in de richting van de jagers. De prins laat dwars door de bossen kaarsrechte zandwegen aanleggen, zodat het gezelschap zich tijdens de drijfjacht snel kan verplaatsen. Deze soms wel tien meter brede paden lopen van het ene jachtslot naar het andere.

Koningin Juliana: 'Mijn moeder zal pas tevreden zijn als ze zelf de deur kan opendoen als er gebeld wordt'.

52

Reiskoffers van koning-stadhouder Willem III met monogram, 1690.

Slaapkamer van koning-stadhouder Willem III.

Ruimtegebrek op het Loo

Steeds meer edelen nemen deel aan de jachtpartijen van Willem III. Maar na afloop is er voor zijn gasten en de hofhouding op 't Oude Loo nauwelijks voldoende slaapruimte. Constantijn Huygens jr., de secretaris van Willem III, moet bijvoorbeeld zijn bed delen met een bediende, zo schrijft hij in zijn dagboek. De prins laat daarom op het terrein van het jachtslot een nieuw paleis bouwen met een tuin, die zich kan meten met die van Versailles. Het ontwerp wordt gemaakt door de Académie d'Architecture in Parijs.

Een nieuw paleis

De bouw van Paleis Het Loo gaat in 1685 van start onder leiding van de Haagse architect Pieter Roman. De eerste steen van het hoofdgebouw wordt op 17 mei gelegd door Mary II Stuart, de knappe vrouw van Willem III. Het rechthoekige corps-de-logis wordt opgetrokken uit rode baksteen en gebouwd in een classicistische stijl. Het pand krijgt zijvleugels, hoekpavillons en een zuilencollonade rond het voorplein. De uit Frankrijk gevluchte hugenoot Daniël Marot wordt aangetrokken voor de inrichting van het paleis en de aanleg van de tuinen, in Franse stijl.

Schoonvader afgezet

In 1685, het jaar dat Paleis het Loo in Apeldoorn vorm krijgt, overlijdt in Londen Charles II, de koning van Engeland, Schotland en Ierland. Hij wordt opgevolgd door zijn katholieke broer James II. Diens oudste dochter is Mary II Stuart, de echtgenote van Willem III. Omdat de Engelse protestanten het onder de nieuwe koning moeilijk heb-

ben, benaderen ze in 1688 hun geloofsgenoot Willem III om diens schoonvader van de troon te stoten. De aanval slaagt en stadhouder Willem III en Mary II Stuart worden koning en koningin van Engeland, Ierland en Schotland. Het echtpaar verhuist naar Londen, maar het leven in de Engelse hoofdstad bevalt Willem III niet goed. Omdat hij veel last heeft van astma en de viezigheid van de stad niet kan verdragen, laat de koning-stadhouder buiten Londen een nieuw paleis bouwen. De architect van dit Kensington Palace is Pieter Roman, die eerder ook verantwoordelijk was voor de bouw van Paleis Het Loo in Apeldoorn.

Heimwee naar Holland

De koning-stadhouder heeft in Londen vaak heimwee naar zijn vaderland. Tegen zijn secretaris Constantijn Huygens zegt Willem III op 10 mei 1689 dat hij zo graag de kermis in Den Haag zou willen bezoeken. 'O, dat men nu zo, *gelijk een vogel door de lucht, eens konde overvliegen! Ik gaf er wel twee honderd duizend gulden om*', verzucht hij. (Hij had eens moeten weten dat vliegen eeuwen later de gewoonste zaak van de wereld is en dat een retourtje Londen-Amsterdam gemiddeld ruim 200 euro kost).

Willem III reist regelmatig alleen naar Apeldoorn, ondertussen bestuurt zijn vrouw Mary II Stuart het land. Paleis Het Loo wordt uitgebreid met een met geschilderd marmer, zuilen en bladgoud verfraaide eetzaal, een schilderijengalerij en een hofkapel, zodat het paleis beter bij hun koninklijke status past. Het hek rondom het paleis wordt blauw met goud geverfd.

In maart 2013 wordt een Delfts blauwe replica van Paleis Het Loo gepresenteerd. Het KLM-huisje is een zeldzaam collector's item. Slechts 36 Platinum for Life-passagiers komen er in dit jaar voor in aanmerking, omdat ze tien jaar lang gemiddeld 60 vluchten per jaar hebben gemaakt en meer dan één miljoen mijl hebben gespaard. Het is een gewild verzamelobject. Vooralsnog heeft geen enkele Platinum-passagier zijn huisje te koop aangeboden.

Paleis Het Loo

A special KLM house to say 'thanks a million' for earning one million Level Miles!

KLM

De tuinen worden in een unieke barokke stijl ingericht en voorzien van beelden, siervazen, fonteinen en cascades. Bovenop een natuurlijke waterbron wordt de dan hoogst spuitende fontein ter wereld aange-

Portret van Mary II Stuart, prinses van Oranje, koningin van Engeland, John Riley, ca. 1690.

legd. Mary II Stuart zal het Koninklijk Paleis in Apeldoorn nooit meer met eigen ogen kunnen zien, ze sterft in 1694 in Londen aan de pokken.

De olifanten Hans en Parkie

Als Willem III in 1702 na een ongelukkige val van zijn paard overlijdt, erft zijn neef Johan Willem Friso het Koninklijk Paleis en jachtslot het Oude Loo. Deze stadhouder van

Friesland en Groningen verdrinkt negen jaar later bij een tragisch ongeluk, waarna zijn zoon Willem IV na een lange strijd om de erfenis in 1732 eigenaar van Het Loo wordt. Het landgoed wordt aangepast aan de eisen van de moderne tijd. Diens zoon Willem V wil van de tuinen een Engels landschapspark maken, maar de plannen worden niet doorgevoerd.

De stadhouder laat in 1787 wel zijn privé-dierentuin van Voorschoten naar Apeldoorn verplaatsen, zodat er ineens twee Indische olifanten op Het Loo rondlopen. Deze olifanten, Hans en Parkie, zijn een jaar daarvoor met een VOC-schip vanuit Ceylon naar Holland vervoerd, als geschenk voor Willem V. De stadhouder is er bijzonder blij mee, zelfs de Franse koning Lodewijk XVI heeft geen olifanten in zijn stallen staan. De dieren leven in relatieve rust op Het Loo, totdat er in de Republiek der Verenigde Nederlanden een revolutie uitbreekt. Stadhouder Willem V vlucht naar Engeland, zijn bezittingen worden geconfisceerd. Paleis Het Loo wordt door de Fransen geplunderd, de olifanten worden in 1797 als oorlogsbuit naar Parijs gebracht.

De Franse sfeer

Napoleon benoemt in 1806 zijn jongere broer Lodewijk Napoleon tot koning van Nederland. Lodewijk laat Paleis het Loo restaureren. Hij geeft opdracht om de buitenmuren van zijn nieuwe buitenverblijf wit te pleisteren en de kamers te meubileren met Empire-meubels uit Frankrijk. Koningin Hortense de Beauharnais krijgt in haar badkamer een bidet, voor de Hollanders is het een noviteit! De tuinen en het park worden heringericht in een romantische Engelse landschapsstijl, met grasvelden en bomen.

Abdicatie op Het Loo

Nadat de Franse machthebbers zich in november 1813 terug trekken, wordt Willem Frederik van Oranje-Nassau, de zoon van de eerder gevluchte Willem V, de eerste koning der Nederlanden. Paleis Het Loo wordt gerestaureerd en voor bewoning geschikt gemaakt. België is inmiddels een zelfstandig Koninkrijk en maakt sinds 1839 officieel geen deel meer uit van de noordelijke Nederlanden. Na een regeringsjubileum van 25 jaar tekent Willem I op 7 oktober 1840 op het Loo de akte van abdicatie. Zijn zoon, koning Willem II en zijn vrouw

Anna Palowna, de groot-vorstin van Rusland, maken nauwelijks gebruik van het paleis. Diens opvolger Willem III daarentegen brengt zijn zomers graag door in Apeldoorn en breidt Paleis Het Loo uit met enkele zalen.

Koetsen en paardenkrachten

Nadat prinses Wilhelmina in 1898 koningin der Nederlanden is geworden, wordt het landgoed zoveel mogelijk gerestaureerd in de oorspronkelijke 17e eeuwse staat. De stallen worden in 1909 verplaatst naar elders op het kroondomein. De koetshuizen en stallen worden gebouwd in een typisch Mecklenburgse stijl, naar de Duitse streek waar Prins Hendrik, de echtgenoot van koningin Wilhelmina, vandaan komt.. In de Koninklijke Stallen is plaats voor 88 paarden en vijf auto's. De prins is vanaf de uitvinding van de automobiel een fervent autoliefhebber.

Paleis Het Loo krijgt in de 20e eeuw van de overheid een prominente rol toebedeeld, onder andere voor de ontvangst van hoge buitenlandse gasten. Om meer ruimte te creëeren wordt op het hoofdgebouw en de hoekpaviljoens in 1911 een extra verdieping geplaatst. De zijvleugels worden ingericht als gastenverblijven en er komt een nieuwe balzaal en werkvertrekken voor de bediendes. De oorspronkelijke symmetrie van het paleis wordt met deze uitbreidingen volkomen teniet gedaan.

Het paleis komt de Tweede Wereldoorlog redelijk ongeschonden door. De Wehrmacht gebruikt het pand als herstellingsoord voor de opvang van ongeveer 600 gewonde soldaten. Eén van de paviljoens van de Koninklijke Stallen wordt op 4 november 1944 gebombardeerd, omdat het in gebruik is bij SS-troepen. Het paviljoen wordt nooit meer herbouwd, een plaquette aan de muur herinnert aan dit bombardement.

Oude dag op Het Loo

Na haar aftreden als koningin in 1948 trekt prinses Wilhelmina zich terug in een bescheiden appartement in het westelijke buitenpaviljoen. Ze leeft sober en brengt dat tot uitdrukking in haar inrichting. Ze zoekt zelf een tafel uit bij V&D en laat de stoelen met een eenvoudige stof bekleden. Aan de muur hangen schilderijen die voor haar van emotionele waarde zijn en ze omringt zich

met voorwerpen die een bijzondere betekenis hebben. Haar hofhouding bestaat nog maar uit vijf personeelsleden. Wilhelmina brengt haar levensavond door met het schrijven van haar memoires, en ze schildert. Dat de prinses na de Tweede Wereldoorlog zo'n eenvoudig leven wenst te leiden, verbaast haar dochter koningin Juliana niets. 'Mijn moeder zal pas tevreden zijn als ze zelf de deur kan opendoen als er gebeld wordt'.

Zitkamer van prins Hendrik, met als kleed een vacht van een door de prins geschoten beer. Het luipaard is een jachttroffee van een verblijf in Brits-Indië in 1895.

55

Slaapkamer Mary II Stuart.

Zitkamer prinses Wilhelmina.

Indrukwekkend afscheid

De oude vorstin overlijdt in 1962 en neemt met een indrukwekkende uitvaart afscheid van het volk. De koninklijke witte lijkwagen, die bij de begrafenis van prins Hendrik (1934) en prinses Wilhelmina is gebruikt, staat sindsdien opgesteld in de Koninklijke Stallen. Vijf jaar na het overlijden van prinses Wilhelmina nemen haar kleindochter Prinses Margriet en diens echtgenoot Mr. Pieter van Vollenhoven hun intrek in de rechter vleugel van het paleis. Ze bewonen tot 1975 het pand met hun vier zonen. Bezoekers zien regelmatig een tam hertje als huisdier van de familie op het voorplein rondlopen.

Kerst- en nieuwjaarskaart van de familie Van Vollenhoven, 1974.

De jachtopziener van Paleis Het Loo vindt in 1971 in het bos van het kroondomein een gewonde hinde en een jonge ree. Ze krijgen de namen Loola en Folie en worden opgevoed door het gezin Van Vollenhoven.

Nationaal Museum

Nadat prinses Margriet en haar gezin zijn verhuisd wordt Paleis Het Loo van 1977 tot 1984 ingrijpend gerestaureerd. De extra verdieping wordt verwijderd en de buitenmuren ontdaan van de witte pleisterlaag. De kamers worden allemaal opnieuw ingericht met meubels en (persoonlijke) voorwerpen en herinneringen aan de vroegere bewoners. Ook de 17e eeuwse baroktuin wordt in oude glorie hersteld.

Het paleis wordt een nationaal museum en is in 1984 opengesteld voor het publiek. Het middeleeuwse jachtslot 't Oude Loo is sinds 1968 eigendom van de Nederlandse Staat, die het als buitenverblijf verhuurt aan de koninklijke familie. Alleen de tuinen van het jachtslot zijn in de maanden april en mei toegankelijk.

Prins Claus maakt in 1969 voor zijn drie zonen deze speelauto. Het wagentje wordt tegenwoordig tentoongesteld in de garage bij de Koninklijke Stallen.

Adres onbekend

1

Begin jaren vijftig geeft KLM als souvenir een viertal huisjes aan passagiers van de Royal Class. Het allereerste huisje lijkt een architectonisch raadsel.

Het is niet zeker of het bedacht is door de ontwerpers van Plateelbakkerij Zuid-Holland in Gouda of dat het is gebaseerd op een echt bestaand huis. Bouwhistorici, die normaal gesproken monumenten op ware grootte bestuderen, hebben voor het eerst de bouwstijl van dit miniatuurhuisje geanalyseerd.

1500	1600	1700	1800	1900	2000

Vóór 1952 is dit huisje in ieder geval al in verschillende uitvoeringen verschenen en ook naderhand lijkt de gevel model te hebben gestaan voor nieuwe uitgaven.

Renaissanceperiode

Het huisje is opgetrokken uit grove baksteen en heeft een unieke klokgevel met een opvallende naar binnen en buiten zwenkende gevellijn. Het lijkt op een renaissancegevel maar typische elementen uit de Hollandse renaissanceperiode (tot 1650) – zoals hoekvazen en pironnen – ontbreken. De top wordt afgerond met een segmentvormig fronton. Deze bekroning komt in de 17^e eeuw inderdaad veel voor.

Ellipsbogen

De klokgevel is sober en kent drie versieringen. Op de begane grond lijkt de golvende lijn op ellipsbogen van speksteen, daarboven zit een rechte puibalk of waterlijst. De golvende versiering op de eerste verdieping is wellicht een vereenvoudigde versie van de bogen op de benedenverdieping.

De houten blinden op de eerste en tweede verdieping passen bij een 17^e-eeuwse datering. De Franse luiken op de begane grond (zogenaamde persiennes) worden in Nederland pas in de 19^e eeuw toegepast.

Het eerste huisje voor KLM wordt begin jaren vijftig geproduceerd. Maar het is geen uniek model, aangezien dit keramische huisje in iets gewijzigde uitvoering al eerder als souvenir op de markt is gebracht.

_ Historiserend bouwen _

Ondanks een aantal duidelijke kenmerken uit de 17^e eeuw is het ook mogelijk dat huisje #1 geïnspireerd is op een zogenaamde neostijl. Vanaf ongeveer 1815 wordt de bouwkunst uit voorgaande eeuwen een voorbeeld voor architecten. Dit wordt ook wel historiserend bouwen genoemd. De neorenaissance vindt vooral navolging in Amsterdam. De oud-Hollandse stijl van begin 17^e eeuw herleeft. Neorenaissance als bouwstijl wordt in Nederland toegepast van 1870 tot ongeveer 1915.

Op vluchten van en naar het Midden-Oosten worden de huisjes niet met alcohol gevuld. In plaats daarvan worden jarenlang asbakjes in de vorm van huisjes uitgedeeld. De opening daarvan zit aan de achterkant. Er zijn in totaal vijftien van dit soort huisjes verschenen; dit zijn de nummers 1, 3, 4, 5, 8, 14, 15, 17, 20, 21, 22, 23, 25, 26 en 27.

Muurankers

Op het KLM-huisje staat geen jaartal, maar bij in ieder geval twee modellen van vóór 1952 staat '1601' als jaartalanker onder het zoldervenster. Op de gevel van deze exemplaren zitten verder nog vier eenvoudige muurankers. De ankers zijn in het echt bedoeld om de balken van de verdiepingen vast te klinken aan de stenen constructie. Daarmee wordt ook voorkomen dat de gevel uitknikt. Het is overigens opmerkelijk dat bij een latere versie van het huisje het jaartal 1601 is vervangen door het jaartal 1780. Dit gekleurde huisje is uitgebracht als asbak.

Horizontale ordening

Tijdens de renaissance wordt de Nederlandse architectuur gekenmerkt door een strakke horizontale en symmetrische ordening. Terugkerende elementen, zoals vensters, worden op gelijke afstand van elkaar en op dezelfde hoogte geplaatst. De ramen van huisje #1 doen denken aan kruiskozijnen uit de 17e eeuw. Strekse bogen aan de boven- en onderkant van de kozijnen zorgen voor ondersteuning van de gevel. Ook de hoogte van het Delfts blauwe huisje geeft een aanwijzing over de periode waarin het pand (als het echt bestaat) gebouwd moet zijn. Als een huis meer dan twee verdiepingen heeft, is het meestal eind-17e-eeuws of van latere datum. Vóór de 17e eeuw heeft een huis meestal een bel-etage, eerste verdieping en een (pak)zolder. Huisje #1 zou wat dat betreft dus inderdaad een replica van een huis uit het begin van de Gouden Eeuw kunnen zijn. Maar gezien de opmerkelijke vorm van de gevel en de verschillende stijlelementen hebben bouwhistorici, na een grondige analyse, de indruk dat het eerste huisje toch een fantasieontwerp betreft.

Merkteken van Plateelbakkerij Zuid-Holland. Aanvankelijk staat onder de KLM-huisjes (in het midden) de Lazaruspoort in Gouda. Links daarvan staat het jaarteken, rechts de initialen van de schilder. Later verandert het merkteken in een gestileerd logo met een kroontje.

Rijnbende

Van 1952 tot 1970 worden de KLM-huisjes niet alleen gevuld met minimaal vijf cl jonge of oude jenever, maar ook met likeuren als apricot brandy, crème de menthe, sherry brandy en blue de curaçao. Tot en met #45 worden de KLM-huisjes door distilleerderij Rijnbende gevuld.

Spuistraat 294, Amsterdam

2

Jan Janszoon Vlijghen opent in 1627 een kleine taveerne aan de Nieuwezijds Achterburgwal in Amsterdam, pal aan het water. Het pand heeft een trapgevel in een sobere renaissancestijl. Aan de overkant van de Stedegracht of Cingel ligt een uitgestrekt gebied waar boeren hun vee laten grazen.

Met de uitbreiding van de Amsterdamse grachtengordel aan het begin van de 17ᵉ eeuw schuift de stadsgrens flink op. De taveerne van Vlijghen komt daarmee in het centrum van de stad te liggen. Naast het hoekpand loopt een smalle steeg die in de volksmond de Vliegendesteeg wordt genoemd, naar de eigenaar van de taveerne.

1500	1600	1700	1800	1900	2000

Aan het water van de Nieuwezijds Achterburgwal worden vooral pakhuizen en stallen gebouwd. De gracht zelf wordt gebruikt als open riool. Naast afval en andere rommel worden er ook de poepdozen van de bewoners geloosd. De stank is soms ondraaglijk.

Onbewoonbaar verklaard

In 1866 wordt besloten om de gracht aan de Nieuwezijds Achterburgwal te dempen. Tegelijk krijgt de gedempte gracht een andere naam: Spuistraat. Het is de bedoeling dat de nieuwe straat een chique promenade wordt, met grotere winkels dan op de Kalverstraat. Maar van de plannen komt niets terecht. In de 18ᵉ eeuw worden de pui en deuren van het hoekpandje gemoderniseerd en in de 19ᵉ eeuw volgt nogmaals een aanpassing. Maar het verval zet in en in de jaren dertig van de 20ᵉ eeuw wordt het pand onbewoonbaar verklaard. In 1938 kan de dan 34-jarige Nicolaas Kroese het ternauwernood voor de sloop behoeden. Hij huurt de voormalige taveerne voor vier gulden per week en laat het bord 'onbewoonbaar verklaard' als souvenir vergulden.

Portret van Nicolaas Kroese,
geschilderd in 1967.

Nazaat Jan Janszoon Vlijghen

Kroese opent op de Spuistraat een kunst- en antiekzaak, onder de naam De Trapgevel. Er wordt nauwelijks iets verkocht, maar er komt wel veel bezoek over de vloer en de wijn vloeit rijkelijk. Daarom begint hij een wijnproeverij. En dan is het in 1939 maar een kleine stap naar een eigen restaurant. De eerste kok is Hendrina, die boven de zaak woont. Als eerbetoon aan de oorspronkelijke bewoner noemt Nicolaas Kroese zijn restaurant naar Jan Janszoon Vlijghen. Aan wie het maar wil horen vertelt hij dat hij een nazaat is. Maar Kroese verbastert diens naam en noemt het restaurant d'Vijff Vlieghen.

Onderduikers

In de oorlog verbergt het echtpaar Kroese achter in het magazijn van d'Vijff Vlieghen enkele onderduikers. Als er een Duitse inval komt, houdt iedereen zich muisstil en verstopt de kok gerechten als *kip in 't pannetje* en *canard à l'orange* snel in de dakgoot totdat de kust weer veilig is. Van oktober 1944 tot Kerstmis 1945 is d'Vijff Vlieghen gesloten. Daarna gaat het restaurant weer open en wordt het al snel een grote attractie.

Oud-Hollandse stijlkamers

De bevlogen Nicolaas Kroese is niet alleen een charmeur, maar ook een uitstekende gastheer. En hij heeft een feilloos gevoel voor publiciteit en show. Op flamboyante wijze prijst hij d'Vijff Vlieghen aan als culinair museum en geeft de negen eetkamers allemaal een eigen oud-Hollands thema. Daarvoor put hij uit zijn opmerkelijke verzameling antiek, curiosa, Delfts blauwe tegeltjes en glas-in-lood. Het interieur van de Ridderkamer verwijst volgens hem naar de Tachtigjarige Oorlog met Spanje en is versierd met helmen, harnassen en wapens. Uit zijn tijd als kunsthandelaar heeft hij vier originele etsen van Rembrandt bewaard. Deze hangen in een stijlkamer met kalfsleren behang met goudbeslag uit de 18e eeuw. In de Glaskamer is een collectie handgemaakte glazen uit de tijd van de VOC te zien, met een uitgebreide verzameling oud-Hollandse likeurflessen en twee schilderijen van George Breitner (1857-1923), ook wel de 'schilder van het volk' genoemd.

_ Telegrammen van een visionair _

Als zelfbenoemd visionair en numeroloog doet Nicolaas Kroese in de jaren zestig van zich spreken met waanzinnige theorieën. Daarbij combineert hij wiskundige formules. Zo meent Kroese dat kerktorens met goud moeten worden bekleed om parasitaire stralingen tegen te gaan, en bedenkt hij een oplossing voor het wereldvoedselprobleem: woestijnen overdekken met plastic zodat het broeikassen worden. De kleurrijke horecabaas huurt regelmatig een zaaltje om zijn opmerkelijke theorieën tijdens een college voor studenten toe te lichten. Hij stuurt ook dagelijks telegrammen met belangwekkende mededelingen naar wereldleiders als Kennedy, Chroetsjov, Mao en de paus. De boodschappen beginnen steevast met 'MET-DE-VERONTSCHULDIGDE-HOOG-ACHTING-STOP'. De telegrammen kosten hem uiteindelijk een fortuin en hebben bijgedragen aan zijn financiële ondergang.

KLM-huisje #2 wordt samen met de huisjes #1, #3 en #4 voor het eerst uitgegeven in 1952. Het behoort daarmee tot de oudste huisjes van de collectie.

Eerbetoon aan Kroese

Oud-provovrienden richten na het overlijden van Nicolaas Kroese in 1971 de Stichting Geestelijk Erfgoed op, om geld bij elkaar te brengen voor een beeld in het postkantoor op de Nieuwezijds Voorburgwal. Kroese was immers recordhouder in het sturen van telegrammen en had er zelfs een eigen stoel. De plannen voor het standbeeld komen helaas niet van de grond. In 1989, bij het 50-jarig bestaan van restaurant d'Vijff Vlieghen, wordt aan een gevel van Spuistraat 294 wel een bronzen plaquette onthuld met een portret van de markante levenskunstenaar.

De Rembrandtkamer.

De Ridderzaal.

Tegeltableau in de Moeder Hendrina-zaal, waar ooit de eerste kok Hendrina achter het fornuis stond.

Horeca-imperium

In 1949 koopt Nicolaas Kroese de vier naastgelegen panden en laat ze intern met elkaar verbinden. Het wordt de start van een klein horeca-imperium. Elders in de stad opent Kroese nog vier restaurants: een kaasproeverij op het Leidseplein, een restaurant aan het Singel bij de Bloemenmarkt (waar hij boven gaat wonen), een grillroom en een pizzeria. Later opent hij in Zuid-Afrika ook nog twee 'eethuysjes'.

Alles wordt kosmisch geregeld

Zakelijk is de levenskunstenaar Kroese geen groot talent, ook al draait hij een jaaromzet van één miljoen gulden. Hij vergeet belasting te betalen, moet in 1959 noodgedwongen enkele maanden de deuren sluiten en het geld verdwijnt via onbetrouwbaar personeel. In 1965 ontslaat Kroese al zijn medewerkers als hij erachter komt dat ze goedkope flessen wijn voor torenhoge prijzen aan de man brengen. Hij wordt enkele malen onder curatele geplaatst. Maar met zijn aangeboren charme bezweert Kroese: 'Alles wordt kosmisch geregeld.' Tegen het einde van zijn leven is hij bijna failliet en verkoopt zijn imperium aan hotel-restaurant Krasnapolsky. Kroese overlijdt in 1971, op 66-jarige leeftijd. Tegenwoordig is restaurant d'Vijff Vlieghen, dat inmiddels uit twaalf aaneengesloten panden bestaat, in het bezit van de keten NH Hoteles.

Albert Veerman, de huidige food & beverage manager van De Vijff Vlieghen, heeft als eerbetoon aan Nicolaas Kroese op zijn kuit een tatoeage met diens portret laten zetten.

De Amerikaanse tekenaar Walt Disney komt in 1951 naar Nederland voor de première van *Alice in Wonderland*. Hij dineert in restaurant d'Vijff Vlieghen. Speciaal voor Nicolaas Kroese laat hij een tekening achter in het gastenboek.

Filmsterren en artiesten

Ter promotie van Amsterdam reist Nicolaas Kroese in 1948 op verzoek van het Bureau voor Toerisme met de Joodse entertainer Max Tailleur en schrijver Henry Knap naar Amerika. Hij laat speciaal voor dit bezoek een antieke vogelkooi met grote koperen vliegen en een speeldoos maken. Op Broadway legt hij het verkeer stil met de kreet *'Five flies must pass!'*, en entertaint de voorbijgangers met sterke verhalen.

De Amerikaanse media zijn dol op hem en Nicolaas Kroese verschijnt overal op tv. *'I'm Nicolas the Fifth, Emperor of the Five Flies Empire, of Amsterdam, Holland. I'm born in 1627, in Amsterdam and I forgot to die.'*

Nicolaas Kroese met de Amerikaanse filmster Anne Baxter.

Nicolaas Kroese met de Amerikaanse filmster Douglas Fairbanks.

Door deze manier van promotie weet ook een groot aantal internationale filmsterren en artiesten later de Spuistraat in Amsterdam te vinden. Illustere gasten als Elvis Presley, Walt Disney, John Wayne, Gary Cooper en Jane Mansfield haalt hij in de jaren vijftig op van Schiphol in een antieke Rolls Royce. Voor de gelegenheid gaat hij daarbij gekleed in een rokkostuum met rode cape. Wereldsterren uit die tijd komen graag op bezoek in d'Vijff Vlieghen, net als later Mick Jagger, Bruce Springsteen, Goldie Hawn en Gianni Versace. Koperen naamplaatjes op de stoelen herinneren aan het bezoek van de wereldberoemde gasten.

Ook prinses Beatrix wordt in de jaren zestig door Nicolaas Kroese gefêteerd. Ze laat de kooi van de papagaai openen om de vogel te kunnen aaien, maar wordt vervolgens in haar vinger gebeten. Het is een anekdote die opnieuw goed is voor een sterk verhaal.

Adres onbekend

Van de meeste replica's uit de collectie KLM-huisjes van de afgelopen zestig jaar is de herkomst ontdekt. Maar welke huizen model hebben gestaan voor de nummers 3, 4 en 5 is niet bekend.

Huisje #3 en #4 behoren tot het oudste deel van de collectie en worden begin jaren 50 als onderdeel van een serie van vier cadeau gegeven aan passagiers met een Royal Class-ticket. #5 verschijnt in 1954. De huisjes zijn ontworpen door de grafische afdeling van Plateelbakkerij Zuid-Holland in Gouda.

1500	1600	1700	1800	1900	2000

#3

De eerste aanwijzing over de herkomst van #3 is de vorm van de gevel. Het is een nogal opvallend gestileerde trapgevel met een golvende gevellijst en kenmerken van een klokgevel. Op huisje #3 staat het jaartal 1780 en dat komt overeen met de periode dat er in Nederland klokgevels worden gebouwd (van ongeveer 1660 tot 1790). De top heeft een rond zoldervenster en wordt bekroond met een segmentvormig fronton.

Franse luiken

De vensters van huisje #3 hebben kruiskozijnen (met Franse luiken), die worden ondersteund met strekse bogen. Onder de ramen zit een uitspringende waterlijst, bedoeld om regen van de gevel af te laten vloeien. Als een huis meer dan twee verdiepingen heeft, is het meestal gebouwd tegen het eind van de 17e eeuw of van een latere datum. Afgaand op het jaartal 1780 zou het gebouwd moeten zijn in de tijd van stadhouder Willem V van Oranje-Nassau. Maar cruciaal is dat de gevel een aantal belangrijke stijlkenmerken ontbeert die typerend zijn voor de 18e eeuw. Hoogstwaarschijnlijk betreft het dus een fantasieontwerp.

#4

Dit miniatuur verbeeldt een vijfassig pand met een puntgevel en een dubbele stoep. Gezien de hoge spitsboogvensters aan de voor- en zijkanten lijkt het een raadhuis te zijn. Aan de indeling van de kozijnen (met roedeverdeling) is te zien dat het huis in ieder geval gedateerd kan worden van na 1700.

Namaak?

Er is nóg een versie van KLM-huisje #4. Dit huisje is door aardewerkfabriek Velsen uit Sassenheim begin jaren vijftig geproduceerd voor jeneverdistilleerderij B.A.J. Wittkampf uit Schiedam. Velsen had in het centrum van Gouda een dependance. Plateelbakkerij Zuid-Holland gaat in 1964 failliet; een aantal vakmensen gaan daarna werken bij Velsen. Het huisje van Vossen heeft qua uitvoering meer details dan het KLM-huisje. Zo is er onder andere een gevelsteen met een afbeelding van een zeilschip te zien.

CHARACTERISTIC OLD DUTCH HOUSES ALONG THE CANALS IN AMSTERDAM

#5

De bouwkundige verhoudingen van #5 zijn beter dan de eerste vier huizen van de KLM-collectie. Het pand heeft een klokgevel met waterlijst en wordt afgedekt met een segmentvormig fronton. Op de gevel staat het jaartal 1680. Tot de 17e eeuw hebben veel huizen slechts een bel-etage, eerste verdieping, zolder en een vliering; pas in de Gouden Eeuw worden de huizen groter en hoger. Dit type kleine woningen komt vooral voor in volksbuurten, zoals de Amsterdamse Jordaan.

Als #5 een replica is van een echt bestaand huis, is de gevel waarschijnlijk in latere jaren verfraaid. De schouderstukken zijn bijvoorbeeld versierd. De detaillering van het Delfts blauwe geveltje is onduidelijk, maar het zou kunnen gaan om voluten. Dit zijn zandstenen versieringen met een spiraalmotief. Mogelijk verwijzen de versieringen naar de Lodewijk XV-stijl (van ongeveer 1740 tot 1770). Verder lijken de kozijnen T-vormig, met daarachter plooien van gordijnen. Vensters met T-kozijnen worden vanaf de tweede helft van de 19e eeuw aangebracht.

De huisjes #3 en #4 worden voor het eerst uitgegeven in 1952, de collectie wordt in 1954 aangevuld met #5. De huisjes worden tot 1970 gevuld met jenever van Simon Rijnbende Distilleries in Schiedam. In dat jaar wordt het bedrijf overgenomen door Henkes. In 1986 wordt Henkes op zijn beurt overgenomen door Bols. De eerste huisjes uit de collectie worden nog steeds geproduceerd en op intercontinentale vluchten van KLM uitgedeeld, maar nu gevuld met jenever van Bols.

— Bestaande huizen? —

De ontwerpers van de allereerste huisjes uit de KLM-collectie zijn onbekend. Het is heel goed mogelijk dat de tekenaars van Plateelbakkerij Zuid-Holland begin jaren vijftig uit zijn gegaan van reeds bestaande miniatuurhuizen. Plateelbakkerij Zuid-Holland wordt in 1898 opgericht door de Goudse pottenbakker Adrianus Jonker en ondernemer Egbert Estié uit Purmerend. Nadat het bedrijf in 1903 is overgenomen, legt de Plateelbakkerij zich toe op het maken van jugendstilkeramiek. De economische crisis van de jaren dertig leidt ertoe dat het bedrijf zich meer op gebruiksvoorwerpen gaat richten en minder op sieraardewerk. De ontwerpers van Plateelbakkerij Zuid-Holland staan in hoog aanzien. Hun werk is aangekocht door musea als Boijmans van Beuningen in Rotterdam en het Gemeentemuseum in Den Haag. Van 1952 tot 1964 produceert Plateelbakkerij Zuid-Holland de eerste 22 huisjes van de KLM-collectie.

#3   #4   #5

Lange Delft/Lange Burg, Middelburg

Houten woonhuizen uit de 16ᵉ eeuw zijn in Nederland op één hand te tellen. Toch is het zoeken naar een speld in een hooiberg om de precieze lokatie van huisje #6 te vinden ...

Kanshebbers als het Huys met de Kogel in Alkmaar en het Houten Huys in Edam vallen na historisch onderzoek af, al lijkt het onderstuk van het KLM-huisje inderdaad sterk op dat van Edam. Het is waarschijnlijker dat een laatgotisch huis in Middelburg model heeft gestaan voor huisje #6. Dit pand is 150 jaar geleden afgebrand, maar de zes eeuwen oude voorgevel staat nog steeds overeind!

1500	1600	1700	1800	1900	2000

Houten huis in Edam, Achterhaven 105.

Tekening van architect A.W. Weissman van een gotische houten gevel. Hierop is het ontwerp van KLM-huisje #6 waarschijnlijk gebaseerd.

Omstreeks 1530 wordt op de hoek van de Lange Delft en de Lange Burg in het Zeeuwse Middelburg een eenvoudig houten huis gebouwd. Op een balk aan de zijmuur schrijven de bewoners de naam van hun huis: Arnemuiden. Aan de gevel hangt men uit bijgeloof een beeld van Sint Petrus. De heilige kan helaas niet voorkomen dat het houten huis op zondag 26 juni 1857 in vlammen opgaat. Omdat Arnemuiden van historische waarde is, wordt de geblakerde gevel gerestaureerd en in 1888 als loze muur in Middelburg tegen het pand van het Zeeuwsch Genootschap der Wetenschappen geplaatst. Daar wordt het opgemerkt door een Amsterdamse architect ...

Historiserend bouwen

Adriaan Weissman staat in de 19ᵉ eeuw bekend om zijn historiserende bouwstijl. Voor een architectuurboek maakt hij tekeningen van geveltypen door de eeuwen heen. Ter illustratie van een verhaal over middeleeuwse woonhuizen reist Adriaan Weissman naar Middelburg, om een tekening te maken van een houten gevel in gotische stijl, zoals die in de 16ᵉ eeuw veel voorkwam in Brabant en het grensgebied met België.

Bij een uitslaande brand in 1857 kan alleen de pui van Arnemuiden worden gered. De gevel is herplaatst naar Achter het Hofplein en heeft alleen nog een decoratieve functie.

Interieur van het Houten Huys.

Het Houten Huys op het
Begijnhof in Amsterdam.

Inspiratie uit boeken

De tekening die Weissman van het houten huis in Middelburg maakt, wordt in 1941 afgedrukt in het boek *Amsterdamsche Woonhuizen* van de architect A.A. Kok. De prent komt bovendien ook terecht in een editie van de *Winkler Prins Encyclopedie*. In de jaren vijftig gebruiken de ontwerpers bij Plateelbakkerij Zuid-Holland bij het tekenen van een nieuw huisje vaak boeken met gevels uit verschillende steden. Omdat het Delfts blauwe huisje vrijwel een exacte kopie is van de tekening van Adriaan Weissman, is het raadsel van #6 mogelijk opgelost.

Eiken korbeelhoekconstructie met peerkraal- en roosmotief.

Bouwanalyse

Bouwhistorici hebben een analyse gemaakt van #6, met een puntgevel in gotische stijl. De bouwperiode kan gedateerd worden op halverwege de 16e eeuw. Het heeft een overkragende laatgotische voorschot, aan weerszijden ondersteund door consoles. Het pand is volledig beplankt. De twee puntjes op het Delfts blauwe geveltje stellen katrolgaten voor. Hier worden oorspronkelijk houten staken in gestoken, zodat met behulp van een katrolrad en een stuk touw goederen opgetakeld kunnen worden. De afwezigheid van een zichtbaar horizontaal houtskelet doet vermoeden dat het een Vlaams huis betreft, maar het gebruik van decoratieve planken verwijst eerder naar Brabant, Zeeland of een noordelijker gebied.

Het houten huis in Middelburg wordt ook wel Huis Sint Pieter genoemd, naar het beeldje aan de gevel van Petrus.

Boven in de gevel zit een bolkozijn, dat door twee vierkante raampjes wordt geflankeerd. Op de eerste verdieping zitten kruiskozijnen met bovenlichten met vermoedelijk glas-in-lood. De begane grond heeft eveneens bovenlichten met kruiskozijnen, houten luiken en een houten deur. Het middelste luik lijkt horizontaal geplaatst zodat het, als het luik opengeklapt wordt, als toonbank kan worden gebruikt. Dat kan er op duiden dat het een winkelpand betreft. Er is in Amsterdam echter geen houten pand te vinden dat aan alle kenmerken van het Delfts blauwe geveltje voldoet.

Oudste huis van Amsterdam

In september 2010 heeft het Bureau Monumenten & Archeologie van de gemeente Amsterdam onderzoek laten doen naar het oudste huis van Amsterdam. Het Houten Huys maakt deel uit van het Begijnhof, midden in het centrum van de stad. Het pand is rond 1530 in gotische stijl gebouwd. De punt van de gevel wordt versierd met een zogenaamde makelaar. Het pand is 5,6 bij 7 m breed. Bij een restauratie in 1888 is de gevel opnieuw beplankt, op de eerste verdieping zijn nieuwe vensters aangebracht (de vensters op de tweede verdieping zijn nog origineel) en een kroonlijst en consoles in Lodewijk XIV-stijl toegevoegd. In 1956 is de oude voorgevel opnieuw gereconstrueerd en in 1979 nogmaals gerestaureerd. Het Houten Huys heeft een origineel houtskelet uit de 16e eeuw, de sleutelstukken in de houten balken zijn versierd met een peerkraalmotief. De spiltrap is nog origineel. Ook bevindt zich op de eerste verdieping een beschilderd houten paneel uit begin 16e eeuw.

Het Delfts blauwe huisje #6 wordt voor het eerst uitgebracht in 1955.

Tijdens de restauratie van het Houten Huys in Amsterdam wordt in 1957 bij het slopen van een muur in het achterhuis een beschilderd paneel ontdekt. De laatgotische wandschildering stelt *De Sacrale Jacht* of *Maria en de Eenhoorn* voor. Het paneel is vóór 1500 geschilderd.

_ Oudste huizen van Amsterdam

Het Begijnhof behoort, naast de Warmoesstraat en de Nieuwendijk, tot de plaatsen waar de oudste huizen van Amsterdam te vinden zijn. Na uitvoerig onderzoek naar historische houten elementen is dit de vermoedelijke top drie van oudste huizen van Amsterdam:

1. Begijnhof 34 (het Houten Huys), rond 1530
2. Damrak 57, tussen 1530 en 1540
3. Zeedijk 1 ('t Aepgen), rond 1550

Het pand Het Gulden Hooft op de Warmoesstraat 67 (Koffie- en Theebranderij Van Geels & Co.) heeft nog enkele balken uit 1480. Het pand zelf dateert uit 1567, de gevel is in 1667 veranderd. Volgens de overlevering heeft het onderdak geboden aan onder andere de Spaanse hertog en legeraanvoerder Alva. Het houten skelet van een voormalig huis op de Prins Hendrikkade 35 (gedateerd na 1530) bevindt zich nu in het Zuiderzeemuseum in Enkhuizen.

Onderzoek

Met een holle boor zijn in 2010 vier monsters genomen uit de historische onderdelen van het Houten Huys op het Begijnhof. De eerste twee monsters zijn gehaald uit de moerbalken van het souterrain, het derde en vierde monster uit een korbeel en uit een moerbalk van de begane grond. Deze monsters zijn voor onderzoek naar een laboratorium in Berlijn gestuurd. Bij dit zogenaamd dendrochronologisch onderzoek wordt gekeken naar de jaarringen van het hout. Aan de hand daarvan vindt de datering plaats. De monsters tonen aan dat de balken uit een partij eikenhout komen; de bomen blijken rond 1525 te zijn gekapt. Het betreft eiken die mogelijk uit de bossen bij Nedersachsen afkomstig zijn.

Verwoestende stadsbranden

Er is in het verleden altijd aangenomen dat het Houten Huys in Amsterdam gebouwd is na de grote stadsbranden van 1421 en 1452. Een groot deel van de stad brandt in die jaren tot de grond toe af. Ook het Begijnhof wordt voor het grootste deel verwoest. Om de bevolking te beschermen tegen dit soort enorme branden, bepaalt het stadsbestuur dat voortaan alleen nog huizen van steen zijn toegestaan. Omdat men de verwoeste stad snel wil herbouwen, wordt een aantal stenen huizen neergezet die met ankers aan het oorspronkelijke houten skelet worden bevestigd. Van de 46 huizen op het Begijnhof zijn er achttien gebouwd rondom een houten skelet. De houten huizen die bij de stadsbranden gespaard zijn gebleven, moeten vanaf 1521 hun houten zijgevels vervangen door steen. Vanaf 1669 worden bij het bouwen van nieuwe huizen ook stenen achter- en voorgevels verplicht.

_ Houten rijksmonumenten

In Amsterdam staan 181 rijksmonumenten, die (deels) van hout zijn. Daarvan zijn er 160 als woning in gebruik. In de binnenstad zijn nog slechts twee houten panden (waaronder het Houten Huys op het Begijnhof) over, de andere houten monumenten staan elders in de stad.

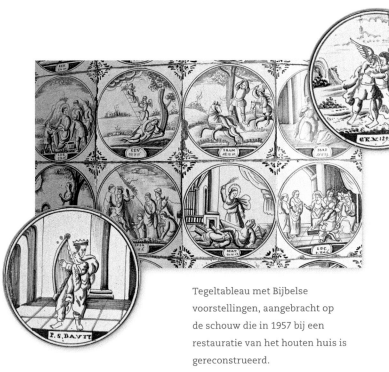

Tegeltableau met Bijbelse voorstellingen, aangebracht op de schouw die in 1957 bij een restauratie van het houten huis is gereconstrueerd.

Adres onbekend

Vanaf het begin van de jaren vijftig geeft KLM op intercontinentale vluchten Delfts blauwe huisjes cadeau aan passagiers van de Royal Class. De souvenirs zijn in eerste instantie gevuld met likeur en jenever van distilleerderij Rijnbende, later worden de huisjes alleen nog met jonge jenever gevuld.

Aan de nog kleine collectie wordt in 1956 huisje #7 toegevoegd. Maar de locatie en geschiedenis van het pand zijn onbekend. Gezien de afmeting en detaillering betreft het mogelijk een (dorps)kerk.

| 1500 | 1600 | 1700 | 1800 | | 1900 | 2000 |

Spitsboogramen

Het statige pand heeft een sobere bakstenen gevel met twee hoge spitsboogramen op de begane grond. Boven de deur zit een opvallend snijraam. Een uitspringende waterlijst (voor de afvoer van regen) deelt de gevel in tweeën, daarboven zit een beeldnis. De verspringende positie van de spitsboogramen op de tweede verdieping duiden op een hoog achterliggend tongewelf. Aan de binnenkant loopt aan de voorzijde mogelijk een balustrade of galerij.

Verschillende versies

Van huisje #7 bestaan verschillende versies. Bij heruitgaven uit de jaren vijftig en zestig is aanvankelijk nog duidelijk een kruis te zien. In latere jaren is het kruis en het beeld boven de ingang verdwenen. De geveltop wordt nu bekroond met een gestileerde klokkentoren, het beeld in de nis boven de deur is vervangen door een smalle streep.

Drie modellen van hetzelfde huisje. Het kruis op het dak en het beeld boven de deur zijn in de loop der tijd verdwenen.

Het kerkje heeft geen typisch middeleeuwse stijlkenmerken, maar kan eerder als neogotisch (19e eeuw) worden aangeduid. Indien het een replica van een bestaand kerkje betreft, kan het volgens bouwhistorici mogelijk in Noord-Holland of Friesland worden gelokaliseerd. Het zou aardig zijn de herkomst van dit kerkje te ontdekken. Wellicht zijn het kruis en het beeld in de loop der jaren echt verdwenen en is het model aan de werkelijkheid aangepast.

KLM-huisje #7 wordt voor het eerst uitgebracht in 1956.

Connie

Na de Tweede Wereldoorlog is KLM de eerste luchtvaartmaatschappij in Europa die met de Lockheed Constellation op intercontinentale bestemmingen gaat vliegen. Het toestel is ontwikkeld in opdracht van de excentrieke Amerikaanse miljonair Howard Hughes en kan grote afstanden overbruggen. KLM start als eerste Europese maatschappij een rechtstreekse lijndienst Amsterdam-New York. De Lockheed Constellation krijgt van de bemanning al snel de naam Connie. De KLM-vloot groeit in de loop der jaren uit tot 48 toestellen van dit type.

KLM heeft in de jaren vijftig twee klassen: de Royal Class en de Economy Class. In de duurste klasse worden aan het einde van de vlucht als souvenir Delfts blauwe huisjes uitgedeeld. Later wordt de Business Class ingevoerd en krijgen de passagiers in deze klasse een Delfts blauw tegeltje. Als KLM in november 1993 de Royal Class afschaft, dreigen de populaire huisjes aanvankelijk ook te verdwijnen. Na veel protesten worden ze heringevoerd en krijgen voortaan Business Class-passagiers een Delfts blauw huisje.

Oudezijds Voorburgwal 18, Amsterdam

Amsterdam krijgt rond het jaar 1300 stadsrechten; er wonen dan ongeveer duizend mensen in de stad. Twee Burgwallen moeten de inwoners beschermen tegen indringers en vijandige troepen. Aan de oostkant van het centrum wordt de Oudezijds Voorburgwal gegraven, aan de westkant de Nieuwezijds Voorburgwal.

Achter deze verdedigingswallen liggen de Warmoesstraat en de Nieuwendijk. Aan het eind van de 14e eeuw is er binnen de Oudezijds en Nieuwezijds Burgwallen van Amsterdam gebrek aan bouwgrond, er wonen dan zo'n drieduizend mensen op een paar vierkante kilometer.

1500   1600   1700   1800   1900   2000

Daarom wordt er in 1397 begonnen met de aanleg van zijstegen, zoals de Oudezijds Armsteeg. In de daaropvolgende eeuw wordt elk stukje beschikbare grond bebouwd. Op de stadsplattegrond van Cornelis Anthonisz uit 1544 is te zien dat het centrum in die tijd nagenoeg volgebouwd is met houten huizen.

Amsterdam in vogelvlucht, ingekleurde houtsnede van Cornelis Anthonisz.

Aannemersplagiaat

Rond 1615 verrijzen aan weerszijden van de Oudezijds Voorburgwal twee bijna identieke huizen in een typisch Amsterdamse renaissancestijl. De uit Antwerpen afkomstige Eduard Emtinck geeft de dan 50-jarige stadbouwmeester Hendrick de Keyser opdracht om op nummer 57 een stijlvol huis met rijkversierde trapgevel te bouwen. Schuin aan de overkant op nummer 18 volgt een soortgelijk huis.

Int Slodt van Egmondt, een markante gevelsteen op
Oudezijds Voorburgwal 18.

Gezicht op het kasteel te Egmondt aan den Hoef,
geschilderd door Claes Dircksz, van der Heck omstreeks 1638.

Tekenaar Balthasar Florisz van Bercken-
rode maakt in 1625 een nieuwe plattegrond
van Amsterdam, waarop ook de Oudezijds
Voorburgwal 18 staat. Het huis heeft een
trapgevel met een houten onderpui. Aan
de linker- en rechterkant zit een raampar-
tij, met in het midden een trap met drie
treden die toegang geeft tot de voordeur.
De panden op nummer 18 en 57 hebben
een aantal opmerkelijke overeenkomsten:
de trapgevels zijn beide uitbundig versierd
met leeuwenmaskers (kenmerkend voor de
Amsterdamse renaissancestijl van De Keyser), er zitten accoladebogen boven de dubbele pilasters en de gevels zijn verfraaid met
een gebeeldhouwde fries. De bogen worden
in het midden onderbroken door mensen-
maskers. Wie de toenmalige opdrachtgever
van nummer 18 is, blijkt niet duidelijk uit de
stadsarchieven. Of het huis echt een kopie
van nummer 57 is (en daarmee mogelijk
aannemersplagiaat), valt niet met zekerheid te zeggen. Op een deel van de gevel na
is het pand niet meer in originele staat.

Int Slodt van Egmondt

Op het pand aan de Oudezijds Voorburgwal 18 zit een gevelsteen met de naam Int Slodt van Egmondt. Twee wandelaars
rechts op de voorgrond lopen in de richting van het kasteel.

Ridder Wouter van Egmont bouwt in 1205 bij Egmond aan den
Hoef een nieuw kasteel, op de resten van zijn tijdens de Loonse
Oorlog verwoeste kasteel. Rond 1285 breidt een nazaat, graaf
Willem van Egmont, het Slot uit met een voorburcht en walto-
rens. Op bevel van Willem van Oranje worden de burcht en de
abdij van Egmond in 1573 tijdens de Tachtigjarige Oorlog verwoest door de Watergeuzen. De prins wil namelijk niet dat de
burcht in handen van de Spanjaarden valt.

De naam Int Slodt van Egmond, op de gevel aan de Oudezijds
Voorburgwal, komt al voor in documenten uit 1591. Waarom
deze gevelsteen juist hier is geplaatst, is niet bekend.

Een leeuwenkop boven een gebeeldhouwde fries;
kenmerkend voor de bouwstijl van Hendrick de Keyser.

_ Hendrick de Keyser _____

In de middeleeuwen zijn de huizen in
Amsterdam van hout, met daken van riet.
Maar het gevaar voor brand is levensgroot. In
1421 is het voor de eerste keer raak, met een
enorme schade tot gevolg. Als Amsterdam
in 1452 opnieuw geteisterd wordt door brand
(waarbij twee derde van de stad in vlammen
opgaat) wordt de bouw van houten huizen
verboden. Vanaf de 16e eeuw tot ongeveer
1665 krijgen huizen een trapgevel van steen,
in Hollandse of Haarlemse stijl. Architect
Hendrick de Keyser ontwikkelt een eigen
bouwvariant. Deze heet de Amsterdamse of
barokke renaissancestijl.

Het Delfts blauwe huisje #8 wordt in 1957 voor het eerst aan passagiers van de Royal Class uitgedeeld.

Nieuwbouwproject Out Of The Blue op de Oudezijds Armsteeg in Amsterdam.

Trapgevel wordt tuitgevel

De top van de gevel van Oudezijds Voorburgwal 18 is in de loop der tijd aangepast, de trapgevel wordt veranderd in een tuitgevel. Dat is op zich niet zo bijzonder: veel 17e-eeuwse trap- en halsgevels worden in de 18e en 19e eeuw vervangen door strakke tuitgevels. Ook aan de indeling van de ramen in de kozijnen kan men het jaartal van een pand aflezen. Rond 1700 verandert bijvoorbeeld de vorm van de kozijnen. In plaats van kruiskozijnen met kleine ruitjes (zoals bij het pand op de Oudezijds Voorburgwal 18) kiest men begin 18e eeuw vaak voor schuiframen met roedeverdeling.

Verrassende ontdekking

In 1939 is het pand in zo'n slechte staat dat sloop dreigt. Maar dan doet architect A.A. Kok achter een dikke pleisterlaag op de tweede verdieping een verrassende ontdekking. 'In het midden van den gevel kwam een fragment voor den dag dat zonder eenig beding aan den grooten Hendrick de Keyser kan worden toegewezen'. Deze ontdekking betekent de redding van het pand. In 1940 volgt een grootscheepse renovatie. In 1986 wordt het huis, samen met het buurpand, verbouwd tot dertien kleine appartementen.

_ De Suikerbakkerssteeg _

De steeg die naast de Oudezijds Voorburgwal 18 loopt, heet de Suikerbakkersteeg. Bij archeologische opgravingen zijn hier een aantal voorwerpen gevonden die gebruikt zijn bij de productie en opslag van suiker. Eind 16e eeuw vestigen Vlaamse suikerbakkers zich in Amsterdam, nadat de Spaanse legers van Filips II de haven van Antwerpen hebben veroverd. Rietsuiker van overzeese suikerplantages gaat nu per schip naar Amsterdam, waar de suiker geraffineerd wordt. Het merendeel van de suikerbakkers vestigt zich in de Jordaan. Mogelijk zijn pakhuizen achter Oudezijds Voorburgwal 18 gebruikt voor de opslag van suiker. De naam van de steeg verwijst naar dit verleden.

_ Eigentijdse KLM-huizen _

Links en rechts van het pand op de Oudezijds Voorburgwal 18 lopen twee stegen. In 2010 zijn aan de Oudezijds Armsteeg zes nieuwe panden gebouwd die geïnspireerd zijn op de huisjescollectie van KLM. De panden in Delfts blauw en wit hebben onder andere geglazuurde, donkerblauwe daken. Sommige huizen zijn (net als bij 17e-eeuwse monumenten) naar voren hellend – ook wel 'op de vlucht' genoemd – gebouwd. Er bestaan plannen om in een nieuwe wijk van Delft maar liefst veertig KLM-huisjes op ware grootte na te bouwen, in een Delfts blauwe uitvoering.

Fluweelen Burgwal

Over de verschillende bewoners die vanaf 1615 op nummer 18 hebben gewoond, is niets meer bekend. Wel weten we hoe de mensen hier destijds gekleed gingen. In de 17e eeuw dragen de rijken kleding van fluweel met kanten kragen. Een steen met de bijnaam van de Oudezijds Voorburgwal, namelijk Fluweelen Burgwal, spreekt wat dat betreft boekdelen. Aan het begin van de 17e eeuw, net na de aanleg van de Herengracht, verhuist de elite naar de andere kant van de stad. Daardoor dalen de huizenprijzen op de Oude-zijds Voorburgwal. Langzaam maar zeker raakt de buurt zijn deftige karakter kwijt.

De Oudezijds Voorburgwal wordt in de 17e eeuw in de volksmond Fluweelen Burgwal genoemd.

Leidsegracht 10, Amsterdam

In de 17ᵉ eeuw ontwikkelt Amsterdam zich tot het belangrijkste handelscentrum van de wereld. De stad bruist van energie. Na de val van Lissabon in 1580 en Antwerpen in 1585 slaan veel mensen op de vlucht voor de legers van de Spaanse koning Filips II. Het tolerante Amsterdam wordt een smeltkroes van culturen.

In 1600 is een op de drie Amsterdammers immigrant. Aan de net aangelegde hoofdgrachten laat de elite in een rap tempo schitterende herenhuizen en stadspaleizen bouwen. Ook de dwars-grachten (haaks op de Herengracht, Keizersgracht en Prinsengracht) zijn in trek als woonlocatie.

1500	1600	1700	1800	1900	2000

Weelderig versierde klokgevel

Voor de kunstenaar Barent Graat begint het nieuwe jaar 1664 goed. Op een veiling van bouwgrond wordt hij op 5 januari voor 2430 gulden eigenaar van een erf aan de Leydsegraft (zoals de Leidsegracht in de Gouden Eeuw heet). De 36-jarige Graat ziet een wens uitkomen. Hij tekent zijn droomhuis en geeft een meester-timmerman opdracht om het te bouwen. De woning telt van souterrain tot zolder vijf verdiepingen. Het pand heeft een van de allereerste klokgevels van Amsterdam, al lijkt het nog sterk op een halsgevel. De top wordt bekroond met een driehoekig fronton.

Oeil-de-boeuf

Amsterdammer Barent Graat is niet alleen een verdienstelijk schilder en tekenaar, maar ook maker van ornamenten. Dat is terug te zien aan de rijkversierde gevel van Leidsegracht 10, met zijn weelderige siertrossen en zandstenen ornamenten langs de gevellijst. Rondom de hijsbalk hangt een slinger van guirlandes en festoenen. Op een cartouche staat het bouwjaar 1665, te midden van sierlijk gebeeldhouwde exotische vruchten en bloemen. Graat heeft zich bij het ontwerpen van de decoraties zichtbaar kunnen uitleven, zoals ook te zien is aan de typisch 17ᵉ-eeuwse oeils-de-boeuf. Deze kleine ronde zolderlichten zijn vormgegeven als een kunstwerk, met een gebeeldhouwde strik van zandsteen.

Oeil-de-boeuf.

Erkenning

Als schilder wordt Graat in de 17e eeuw door collega's weliswaar geprezen om zijn vakmanschap en verfijnde techniek, maar hij krijgt weinig waardering van het grote publiek. Zijn werk wordt soms zelfs onder een andere naam verkocht. Qua stijl wordt hij wel vergeleken met de kunstenaar Gerard ter Borch. Pas na het overlijden van Barent Graat in 1709 krijgen zijn (groeps-) portretten, dierfiguren en landschappen de waardering die hij tijdens zijn leven heeft moeten ontberen. Graats werk hangt in het Rijksmuseum in Amsterdam en maakt onder andere deel uit van de kunstcollectie van Buckingham Palace in Londen.

Verbouwing en renovatie

Het woonhuis van Barent Graat wordt in de loop der eeuwen door nieuwe eigenaren goed onderhouden. De pui is in de 19e eeuw enigszins aangepast aan de smaak van die tijd. Zo wordt de bordestrap verfraaid en krijgen de voordeur en het snijraam een uitvoering in de dan populaire empirestijl. Op de eerste en tweede verdieping worden grote schuiframen geplaatst. Het pand is in de 20e eeuw, onder andere in 1966 en 1974, gerenoveerd en naderhand verbouwd tot kantoor en dienstwoning.

Over de bewoners van Leidsegracht 10 is niet veel bekend. In de jaren vijftig van de 20e eeuw, als KLM een Delfts blauwe replica van het rijksmonument laat maken, woont notaris mr. Povel op dit adres.

Gravure van de kunstenaar Barent Graat, gemaakt door zijn neef Matthijs Pool. Het portret bevindt zich in de collectie van Museum Boijmans van Beuningen.

Aantekening van de koop van een stuk grond aan de Leydsegraft door Barent Graat op 4 januari 1664.

KLM-huisje #9
wordt voor het
eerst uitgegeven
in 1958.

Het snijraam boven de toegangsdeur van Leidsegracht 10 is aangebracht in de 19[e] eeuw. Het heeft de vorm van een maalkruis, met vier haaks op elkaar staande pijlen. De symbolische betekenis is dat daarmee onheil wordt afgewend en indringers worden buitengesloten. Het gebruik van pijlen in bovenramen is vooral regionaal bepaald, de combinatie van een cirkel met vier pijlen komt vooral in Amsterdam voor. In de 19[e] eeuw is de cirkel vaak een symbolische voorstelling van de zon of een lauwerkrans. Later worden de cirkel en pijlen steeds abstracter en eenvoudiger van vorm.

Gekraakt door woongroep

Vastgoedhandelaar Bertus Lüske is in de jaren negentig eigenaar van Leidsegracht 10. Maar het pand blijft na een ingrijpende verbouwing jarenlang leegstaan. De Amsterdamse kraakbeweging is in die tijd op zoek naar goedkope woonruimte en houdt het adres goed in de gaten. Het buurpand op nummer 12 is al vanaf 1981 gekraakt. Door slecht onderhoud zijn er inmiddels ook lekkages ontstaan op nummer 10 en vreet een hardnekkige huiszwam het hout aan. En dat is nog maar het begin van de ellende ...

Op 23 november 1997 breken krakers op klaarlichte dag de deur open en nemen bezit van Leidsegracht 10. De krakers vormen een woongroep van vijf volwassenen en een kind. Op een pamflet staat te lezen: '*Wij kunnen niet langer wachten met het in vervulling laten gaan van onze wens. Er is in Amsterdam een tekort aan woonruimte. Het probleem dat het voor een groep niet te doen is om een ruimte te huren, wordt door kraken opgelost. Wij zullen met de eigenaar in overleg treden.*'

__ Verdedigingslinie __

In de Gouden Eeuw groeit het aantal inwoners van Amsterdam van 30.000 naar 210.000 mensen. De stadsgrens loopt aanvankelijk nog tot aan het water van de Leidsegracht. Daarachter ligt een uitgestrekt drassig veengebied. Als in 1658 de grachtengordel wordt doorgetrokken tot de Amstel, verliest de Leidsegracht zijn functie als grens. De verdedigingswal en de rechtopstaande houten palen in het water zijn niet meer van belang en worden opgeruimd. Daarna krijgt het gebied tussen de Herengracht en de Keizersgracht een woonbestemming.

Wonen op stand is ineens wel heel goedkoop; de krakers betalen geen cent huur. Ze stoppen slechts 2,50 gulden per persoon per maand in het grachtenpotje van de kraakbeweging.

De rechter moet er uiteindelijk aan te pas komen. Lüske beweert dat hij op het punt staat het pand te verhuren aan een makelaar. De woongroep krijgt opdracht om het rijksmonument onmiddellijk te verlaten. Vlak voor de winter intreedt, trekken twee studenten in het pand. Als antikraakwacht blijven ze er een half jaar wonen. Daarna wordt het adres verhuurd; eerst aan het Nederlandse kantoor van het Japanse architectuur- en ontwerpbureau Takenaka, vervolgens aan advocatenkantoor Stek. Momenteel is investeringsmaatschappij Escon eigenaar van het pand.

In Nederland wordt kraken pas in oktober 2010 bij wet verboden. De maximumstraf voor huisvredebreuk is vanaf dat moment één jaar celstraf.

Oudezijds Voorburgwal 57, Amsterdam

Gillis Jansz Valckenier is kapitein van de schutterij. Rond 1570 gaat hij met zijn gezin op de Oudezijds Voorburgwal 57 wonen. Het is een dubbel huis 'streckende van de Voorburchwal tot aen de Achterburchwal'. Er is in ieder geval genoeg ruimte om ook zijn vader onderdak te bieden.

Vader Jan Gillisz. Valckenier heeft jarenlang als koopman in Noorwegen gewoond. Hij is ook Gezant der Algemene Staten geweest van de koning van Denemarken en van het Pruisische vorstenhuis Holstein. Valckenier woont tot zijn dood in 1592 bij zijn zoon Gillis.

1500	1600	1700	1800	1900	2000

In 1615 koopt Eduard Emtinck de panden aan de Oudezijds Voorburgwal en Oudezijds Achterburgwal en laat beide grondig verbouwen. Emtinck is een rijke, protestantse Vlaming die in 1585, na de val van Antwerpen en op de vlucht voor de Spaanse legers van Filips II, uitwijkt naar Amsterdam. Hij is van beroep assuradeur (verzekeraar) en handelaar. Emtinck gaat op de Oudezijds Voorburgwal 57 wonen met zijn twee zussen, Magdalena en Maria.

Architectura Moderna

Bouwmeester Hendrick de Keyser krijgt opdracht om de gevel van het voormalige woonhuis van Gillis Valckenier te vervangen. Hij maakt een ontwerp in de voor hem kenmerkende Amsterdamse barokke renaissancestijl. Het huis krijgt een houten onderpui met daarboven een rijkversierde gevel met trappen met voluten, dubbele pilasters, weelderige accoladebogen, medaillons, gestileerde vissenkoppen, gebeeldhouwde mannen- en vrouwenhoofden, en een grote hijskap met draaibare as en een steen met het jaartal 1615. In een prentenboek uit 1631, *Architectura Moderna, Bouwinge van onsen Tijd* over de ontwerpen van Hendrick de Keyser, staat een tekening van de voorgevel. De nieuwe gevel wordt voor het oude woonhuis van Gillis Jansz Valckenier geplaatst.

De Gecroonde Raep

Het koopmanshuis aan de Oude-zijds Voorburgwal 57 staat los van het achterhuis aan de Achterburg-wal 46ᵃ. Aan de achterkant zitten een gevelsteen met een afbeelding van De Gecroonde Raep (mogelijk pas na 1648 geplaatst), twee leeuwenmaskers en de cartouches 1615 en 1633. Dit laat-ste jaartal verwijst naar de aankoop van het buurpand Het Wapen van Oldenburg, waarvan Eduard Emtinck in 1633 ook eigenaar wordt.

Testament

Eduard Emtinck is inmiddels 75 jaar oud, maar nog steeds vrijgezel. Hij schrijft op 19 juli 1644 een testa-ment waarin staat dat hij de huizen aan de diaconie van de armen van de Nederduytsch Gereformeerde Kerk schenkt. Een jaar later overlijdt hij. Zijn inwonende zussen mogen tot hun dood op de Oudezijds Voor-burgwal blijven wonen, op één voor-waarde: Magdalena moet voor de jongste zus Maria blijven zorgen, omdat *'die van God Almachtich met Simpelheyt is besocht'*. Eduard Emtinck wordt schuin tegenover zijn woon-huis begraven in de Oude Kerk. Op zijn grafzerk laten zijn zussen een *'gecroonde raep'* afbeelden.

Van 1660 tot 1828 is het pand in bezit van de diaconie, de huurop-brengst (zo'n 700 gulden per jaar) komt ten goede van de armenzorg. Eén van de huurders, Ditmar Pas-mann, koopt De Gecroonde Raep in 1828 op een veiling voor 5600 gulden. Hij vervangt de ramen op de begane grond en op de eerste verdieping. Ook de entree wordt aan de smaak van de 19ᵉ eeuw aangepast. Ver-der verfraait Pasman het interieur van het achterhuis met marmeren schoorsteenmantels in rococostijl.

Achterzijde van De Gecroonde Raep, aan de Oudezijds Achterburgwal.

Sigarenfabriek

In 1910 wordt het rijksmonument aan de Oudezijds Voorburgwal en het achterhuis op de Achterburgwal verbouwd, in opdracht van sigaren-fabriek Willem Cornelis van Os. In de oorlogsjaren zit brandstoffenhandel H. van Vliet in De Gecroonde Raep.

___ Pieter Adriaensz Raep ___

De naam De Gecroonde Raep ver-wijst mogelijk naar een bewoner van de Oudezijds Achterburgwal: Pieter Adriaensz Raep. Wellicht heeft hij het pand na 1648 gebruikt als pak-huis. Zijn vader, een rijke koopman, woont op de Warmoesstraat in een huis met een gebeeldhouwde knol-raap op de gevel. De kinderloze Pieter Raep laat in 1648 met de erfenis van zijn vader het Raepenhofje aanleg-gen, aan de Palmgracht. (Deze gracht is in 1895 gedempt.) De gevelsteen van het Raepenhofje (met knolraap en de letters P.A.) is identiek aan die van de Ouderzijds Achterburgwal. Raap als knolgewas staat overigens in de 17ᵉ eeuw symbool voor een eenvoudige maaltijd met een voedzaam karakter.

KLM-huisje #10
wordt voor het
eerst uitgegeven
in 1959.

Het korporaalschap van kapitein Gillis Jansz Valckenier en luitenant Pieter Jacobsz Bas, geschilderd door Pieter Isaacsz in 1599.

Ontdekking uit de 16ᵉ eeuw

Vlak na de Tweede Wereldoorlog, in 1946, komen het voor- en achterhuis in bezit van de Vereniging Hendrick de Keyser. De achtergevel is dan al witgepleisterd en bij een eerdere renovatie ontdaan van zijn top. In 1985 worden de panden uitgebreid gerestaureerd, in 2006 volgt een aanvullende renovatie. De kap aan de voorkant wordt in oude staat hersteld. Op de eerste verdieping worden bij nader onderzoek sporen ontdekt van een oud houtskelet en een korbeel met houtsnijwerk in vroege renaissancestijl. Uit dendrochronologisch onderzoek (waarbij onder andere de jaarringen worden geteld) blijkt dat het hout rond 1570 is gekapt.

___ De schutters van de Voetboogdoelen ___

Schilder Pieter Isaacsz portretteert in 1599 kapitein Gillis Jansz Valckenier samen met de schutters van de Voetboogdoelen. Het schilderij maakt deel uit van de collectie van het Rijksmuseum. Als Valckenier op tweede kerstdag van het jaar 1613 overlijdt, laat hij zijn vrouw Clara Pauw met hun zestien kinderen achter. Twee jaar later verkoopt ze het 'huys ende erve waer de twee valcken uythangen' aan Eduard Emtinck uit Antwerpen.

Koopcontract
Eduard Emtinck,
opgemaakt in 1615.

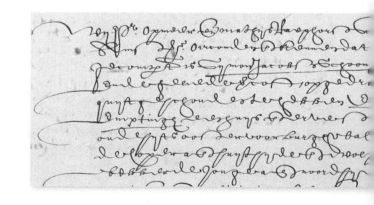

Pijlsteeg 31, Amsterdam

In 1679 begint Jan Bierman in de Pijlsteeg in Amsterdam een likeurstokerij en een jeneverdistilleerderij.De zaken gaan goed. Geïmporteerd fruit van exotische herkomst is de basis voor Biermans likeuren. Hij maakt onder andere Anisette, Curaçao, Cherry Brandy, Gordon Rouge en Rum.

In dezelfde steeg koopt meester-loodgieter Gerrit van Geyen in 1685 een bedrijfspand op nummer 31. Hij betaalt er 1000 gulden voor. De onderpui is dan nog van hout. Vier jaar later wordt het grondig ver- bouwd. Een steen met het jaartal 1689 verwijst naar de eerste ver- bouwing. Van Geyen verhuurt het pand in dat jaar aan Jan Bierman.

1500	1600	1700	1800	1900	2000

D'Gekroonde Wildeman

Ongeveer vijftig jaar later, op 26 juni 1731, neemt de dan 37-jarige wijnhandelaar Wynand Fockink uit Steenwijk de zaak voor 6500 gulden over van de erfgenamen van Gerrit Geyen. Aan de gevel wordt een houten uithangbord opgehangen met de naam van het pand: D'Gekroonde Wildeman. Op het bord staat een soort Hercules met een knots en in zijn andere hand een schild met de letters WF. Het bedrijf groeit onder leiding van Wynand Fockink uit tot de grootste likeurstokerij van Nederland.

Geen opvolger in de zaak

De zaken gaan voorspoedig, maar Fockink maakt zich grote zorgen. Hoewel hij veel kinderen krijgt, overleeft uiteindelijk alleen zijn dochter Maria. In 1775 trekt hij daarom een compagnon aan, Johan Melchior Dentzel. Een slimme zet van de oude Fockink, want vrouwen zijn in die tijd niet volle- dig tekenbevoegd en omdat Maria zijn enige erf- genaam is, zou het bedrijf anders na zijn dood in de problemen komen. Wynand Fockink overlijdt drie jaar later, in 1778. Johan Dentzel zorgt ervoor dat het bedrijf na zijn dood goed blijft draaien en internationale bekendheid krijgt. Er worden zelfs handelshuizen geopend in Berlijn, Wenen, Brus- sel en Parijs.

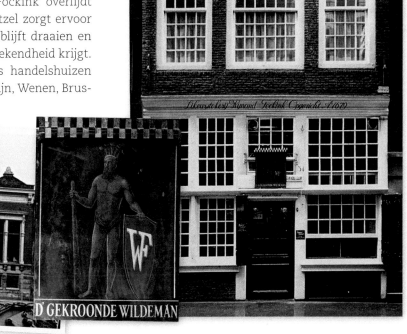

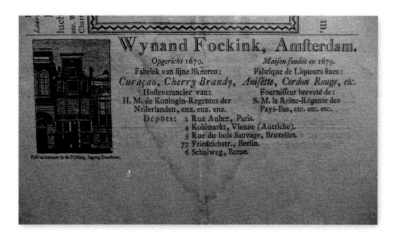

Fockink overleeft de crisis

De broers Joannes en Petrus Schmitz zijn beiden getrouwd met achterkleindochters van oprichter Fockink. Als Johan Dentzel in 1809 overlijdt, nemen de nazaten weer het heft in handen. De broers breiden de activiteiten verder uit en kopen een aantal panden naast nummer 31. Sinds 1795 maakt Nederland deel uit van het Franse Keizerrijk. Voor de handel is het een slechte tijd. Nadat Napoleon in 1815 is verslagen, krabbelt de economie langzaam weer op. Van de 68 distilleerderijen in Amsterdam overleven slechts drie bedrijven de crisis, waaronder dat van Wynand Fockink.

Industriële revolutie

Aanvankelijk worden de zelfgestookte dranken verkocht in aardewerken kruiken. Omstreeks 1836 laat het bedrijf voor het eerst glas blazen bij de Weduwe Thijssens & Zoon. Op de onderkant van de flessen staat de firmanaam Wynand Fockink en het jaar van oprichting. De indus-

triële revolutie en de uitvinding van moderne machines betekenen een grote sprong voorwaarts. Op de Wereldtentoonstelling van 1883 geeft Wynand Fockink opnieuw zijn visitekaartje af. En de presentatie voor een internationaal publiek blijft niet zonder gevolgen. In 1887 wordt al zes procent van de jenevers en likeuren van het bedrijf per schip naar Amerika vervoerd.

Eind 19e eeuw beschikt Wynand Fockink over vijf distilleerketels die voor het stookproces gebruikmaken van een stoommachine. Er werken dan ongeveer tachtig mensen. De concurrentie is groot; in Amsterdam zijn er, na de crisis aan het begin van deze eeuw, alweer dertig distilleerderijen actief. Maar Wynand Fockink weet zich handig te onderscheiden, mede dankzij een grote naamsbekendheid en prominente clientèle, waarmee men trots reclame maakt.

Familiebedrijf ten einde

Het familiebedrijf houdt in 1920 officieel op te bestaan en wordt een NV. Met de komst van nieuwe, kapitaalkrachtige aandeelhouders lukt het om concurrerende bedrijven als H. Bootz en Levert & Co over te nemen. Maar in 1954 wordt Wynand Fockink door de aandeelhouders verkocht aan Lucas Bols. De distilleerderij, de productie van eigen likeuren en het kantoor worden ondergebracht bij de vestiging van Bols aan de Rozengracht. Tot 1970 worden daar onder de naam Wynand Fockink likeuren en jenevers geproduceerd.

__ Hofleverancier _____

In de 19e eeuw wordt Wynand Fockink hofleverancier van een aantal binnen- en buitenlandse koningshuizen. Hare Majesteit-Regentes Emma, Koningin der Nederlanden, is een van de liefhebbers van de Amsterdamse likeuren. Bij de troonsbestijging van de Spaanse koning Alphons III in 1887 doet het bedrijf ook een verzoek om hofleverancier van het Spaanse koningshuis te mogen worden. Per omgaande bericht men dat de majesteit 'nog niet over het verzoek kan oordelen omdat hij dan net een jaar oud is en slechts melk en geen likeur drinkt'. Later verleent het Spaanse vorstenhuis Fockink echter toch het predikaat 'hofleverancier'.

Huisje #11 is vrijwel identiek aan #23. Er zit alleen een klein verschil in het bovenste venster (#11 heeft een kruis-kozijn, #23 heeft een luik) en de deur is anders. Huisje #11 wordt voor het eerst uitgegeven in 1960, huisje #23 verschijnt in 1964. Dat twee keer hetzelfde huisje wordt gemaakt, houdt mogelijk verband met het faillissement van Plateelbakkerij Zuid-Holland in 1964. Mogelijk is toen de oude mal gebruikt voor een snelle heruitgave door de nieuwe producent Royal Goedewaagen.

Een buiging voor de eerste teug

Het karakteristieke pandje aan de Pijlsteeg wordt tot 1988 gepacht door de kleurrijke uitbater Pieter Gijsberti Hodenpijl. Hij runt er een proeflokaal met zestig verschillende likeuren als half en half, volmaakt geluk, bruidstranen en Hansje in de kelder. Ook wordt er natuurlijk jenever geschonken. De traditie wil dat men voor het eerste slokje het hoofd buigt en een teug uit het glas neemt.

Leegstand, krakers en doorstart

Nadat het proeflokaal in 1988 zijn deuren sluit, staat het een aantal jaren leeg. Krakers nemen bezit van het 17e-eeuwse monument en blijven er tot 1993 zitten. Vervolgens nemen Jaros Janssens en Jan Galesloot het initiatief tot de heropening van het proeflokaal. In het naastgelegen pand opent een jaar later distilleerderij De Liefde, waar Wynand Fockink likeuren, wodka en absinth gaat maken en honderd verschillende jenevers worden gestookt, onder licentie van Bols. Jenever wordt in 2008 een beschermd product. Alleen sterke drank met een alcoholpercentage van minimaal 30 procent mag de naam jenever dragen, mits de sterke drank is geproduceerd in Nederland, België, een tweetal noordelijke provincies in Frankrijk en twee Duitse deelstaten. Lucas Bols neemt in september 2013 Wynand Fockink over, zodat de jenever van Bols vanaf dat moment ook weer officieel uit Amsterdam komt.

___ Pijlsteeg oorsprong De Wallen _____

„DE LIEFDE" SLIJTERIJ „DE PIJL"

Volgens een boek uit 1413 zijn de Pijlsteeg en de Halsteeg (tegenwoordig de Damstraat) de enige twee straten in Amsterdam waar prostitutie oogluikend wordt toegestaan. In de eeuwen daarna verandert er weinig. In de Pijlsteeg zit in de 18e eeuw het gelijknamige bordeel De Pijl en andere zaken met tot de verbeelding sprekende namen als De Rode Klok, Het Vergulde Bekken, De Koninklijke Pruik en Het Paarse Ledikant. De eigenaar van dit laatste bordeel, Gerrit Gijen, is ook eigenaar van Pijlsteeg 31 geweest. Eigenlijk is het Red Light District in de Pijlsteeg en de Halsteeg ontstaan.

___ Export naar Frankrijk _____

Frankrijk is in de eerste helft van de 19e eeuw een van de grootste afnemers van de likeuren van Wynand Fockink, Maar liefst een derde van de totale productie vertrekt naar Frankrijk. Dat komt mogelijk doordat Nederland in die periode deel uitmaakt van het Franse Keizerrijk van Napoleon Bonaparte; zijn broer Lodewijk is enige tijd koning van Nederland en woont in het Palcis op de Dam in Amsterdam. Het plein heet tot 1813 Place Napoleon.

Het pand wordt gekraakt van 1988 tot 1993.

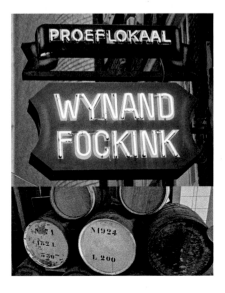

81

Zandhoek 4-6, Amsterdam

Met de aanleg van de wijk Jordaan en de uitbreiding van de haven ontstaat in de 17ᵉ eeuw aan de westkant van Amsterdam een nieuw havenkwartier, met drie kunstmatig aangelegde eilanden.

Het eerste eiland wordt in 1612 vernoemd naar de machtige koopman Jan Bicker en heet vanaf dat moment het 'Bickers Eijlant'. Het tweede eiland krijgt de naam 'Prinsen Eijlant', naar prins Filips Willem van Oranje. Hij is de zoon van de in 1584 vermoorde Vader des Vaderlands Willem van Oranje. Het derde eiland heet het 'Realen Eijlant' en is vernoemd naar de koopman en regent Reynier Reael, een grootgrondbezitter.

1500	1600	1700	1800	1900	2000

Gaandeweg ontstaat op het Realeneiland een soort bedrijfsterrein met pakhuizen, scheepswerven, een teerfabriek en een turfmarkt.

Reynier Reael geeft in 1645 opdracht voor de bouw van een aantal schippershuizen aan de kade bij het IJ. Zandhoek 4-6 maakt deel uit van een rijtje van zeven woningen die waarschijnlijk oorspronkelijk een trapgevel hadden. De woonkelders en de bovenverdiepingen worden apart verhuurd. In 1648 laat de familie Reael aan de kade ook nog een haringpakkerij bouwen.

Katholieke schipper

Reaels twee zonen Hendrick en Frans zijn verantwoordelijk voor de verhuur, maar tien jaar later besluiten ze de huizen toch van de hand te doen. Hun zus Ludewina is getrouwd met Pieter Cornelisz. Hij koopt in 1656 het erf waar nu Zandhoek 4-6 staat, voor 625 gulden. Cornelisz werkt als schipper op een 'steygerschuit' en vervoert met zijn tweemaster mensen in en om Amsterdam. Pieter laat op het erf dat hij van zijn zwagers heeft gekocht in 1658 een nieuw huis met een halsgevel bouwen. Hij is een zeer gelovig man. Maar liefst drie stenen met Bijbelse afbeeldingen van Sint Pieter, de Ark van Noach en Sint Jan worden prominent aan de gevel bevestigd.

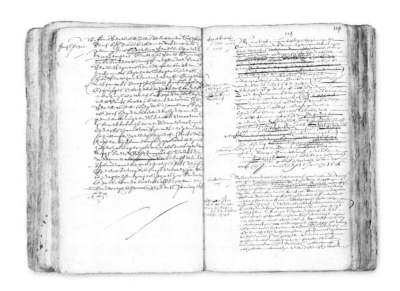

Koopcontract van Pieter Cornelisz uit 1656.

Gevelstenen

De gevelstenen op Zandhoek 4-6 verwijzen naar drie Bijbelse figuren. De linker steen met een afbeelding van Sint Pieter verwijst naar de apostel Petrus. Hij is de eerste paus en te herkennen aan zijn markante baard. Petrus heeft de sleutels van de hemel in zijn rechterhand, in zijn linkerhand houdt hij een vis vast. Jezus zei volgens de overlevering over hem: 'Hij is de rots waarop ik mijn kerk zal bouwen'. De middelste gevelsteen heeft een afbeelding van de Ark van Noach. Volgens het boek Genesis overleven Noach, zijn gezin en alle dieren met een boot de zondvloed. De rechter gevelsteen is gewijd aan Sint Jan, oftewel Johannes de Doper. Deze apostel is te herkennen aan zijn staf en wordt weergegeven met het Lam Gods.

In de 18e eeuw is Gerrit Raven eigenaar van Zandhoek 4-6. Zelf woont hij op het nabijgelegen Prinseneiland en verhuurt de woning. In 1742 is chirurgijn H. Forstius de huurder van de benedenverdieping. Hij woont op het adres samen met zijn dienstbode. Forstius betaalt 140 gulden huur per jaar. In de 18e eeuw is in het souterrain een biljartfabriekje gevestigd.

Van Santmarckt naar Zandhoek

In 1634 wordt het oostelijk deel van het kunstmatig aangelegde Realeneiland bestemd voor het lossen van zandschepen. Het zand wordt gebruikt voor de ophoging van straten en buurten in het centrum. Aanvankelijk heet de kade Santmarckt, later wordt de naam veranderd in Zandhoek.

Lodewijk XV-stijl

In de tweede helft van de 18^e eeuw worden de meeste huizen op de Zandhoek gemoderniseerd en de gevels aangepast in de stijl van Lodewijk XV. De woning op nummer 4-6 wordt voorzien van een klokgevel met twee oeils-de-boeuf. In de benedenwoning zit nog een hoekkast uit 1775, het sierhoutsnijwerk aan de binnenkant van de pui is uit dezelfde periode. Omstreeks 1800 wordt door bewoner Gurbe Nauta een houten paneel beschilderd, met het uitzicht vanuit het huis op het IJ. Nauta is oorspronkelijk uit Lemmer afkomstig en een niet onverdienstelijk schilder. Het paneel hoort tot de vaste inrichting van het huis en mag niet worden verwijderd. Een latere bewoner, die niet gecharmeerd is van het schilderij, verstopt het daarom achter een laag behang.

Onbewoonbaar verklaard

In de daaropvolgende eeuw wordt het pand door slecht onderhoud langzaam maar zeker een bouwval. Het is dan ook niet verwonderlijk dat de dertien woningen op de Zandhoek rond 1940 onbewoonbaar worden verklaard. Dat komt de sigarettenfabriek Batco goed uit, want die wil op het Realeneiland juist uitbreiden. De sloop van de bijzondere schippershuisjes kan nog net worden voorkomen. Ze worden in 1943 op de monumentenlijst gezet. Na de oorlog ontfermt de Vereniging Hendrick de Keyser zich over de panden. Pas in 1953 wordt een begin gemaakt met de restauratie. In de woonkamer van Zandhoek 4-6 wordt later achter een tegeltableau een fles wijn ingemetseld, met een boodschap voor toekomstige generaties. De nieuwe bewoners zijn een inspecteur van monumentenzorg met zijn gezin.

De meeste huizen op de Zandhoek hadden een gevelsteen ter aanduiding van het adres. Het huis op nummer 3 heette De Eendracht. Nummer 4 werd Noachs Arck genoemd, op de gevel van Zandhoek 5 stond Het Wapen van Antwerpen en op de (nu verdwenen) gevelsteen op nummer 6 stond Het Wapen van Assendelft.

Dit kartonnen model uit de jaren zestig is oorspronkelijk gevuld met Haagsche hopjes.

KLM-huisje #12 wordt voor het eerst geproduceerd in 1960.

Zelfportret Frans Hals, 1650.

De Compagnie van Kapitein Reael

Reynier Reael is in de Gouden Eeuw niet alleen koopman en regent van Amsterdam, maar ook kapitein van de Voetboogschutterij. Hij laat zich samen met zijn compagnie in 1633 schilderen door Frans Hals. Per geschilderd persoon moet 66 gulden worden betaald. Maar de Haarlemse schilder treuzelt over het enorme groepsportret en heeft geen zin om telkens naar Amsterdam te reizen. Uiteindelijk maakt Pieter Codde het doek pas in 1637 af. Kapitein Reynier Reael (met hoed) is zittend op het doek afgebeeld. Nadat Vincent van Gogh in 1885 het dan net geopende Rijksmuseum in Amsterdam heeft bezocht, schrijft hij zijn broer Theo: '*Het is alleen om dit schilderij de reis waard.*' Vooral de vaandeldrager met de oranje vlag maakt indruk. Van Gogh zegt later dat hij '*zelden een goddelijk mooier figuur heeft gezien*'.

Korporaalschap van kapitein Reynier Reael en luitenant Conelis Michielsz Blaeuw, bekend als De Magere Compagnie. Geschilderd tussen 1633-1637 door Frans Hals en Pieter Codde.

Kamp 10, Amersfoort

13

In de Gouden Eeuw bestaat in Gelderland een levendige handel in bijenvolken, die op speciale bijenmarkten worden verkocht. In het voorjaar zwermen duizenden bijen uit in de Gelderse Vallei, op zoek naar fruit, koolzaad en boekweit. In het najaar zijn de heidevelden op de Veluwe aan de beurt.

Bakkers gebruiken de bijenhoning als zoetstof. Suiker is in de Republiek dankzij Arabische handelaren bekend, maar nog tot ver in de 17^e eeuw is het een schaars en kostbaar product. Een van de grootste zemerijen van het land is D'Gekroonde Bye-korf in Amersfoort. Hier kookt men de raten, waarna het schuimlaagje van stuifmeel van de honing wordt geschept. Vervolgens wordt de gezuiverde honing een week lang elke dag geroerd voor een zachtere substantie.

1500   1600   1700   1800   1900   2000

In 1687 wordt in Amersfoort in opdracht van burgemeester Willem Dircksen van Geyn, op de hoek van de Coecamp (Kamp) en de Coninckstraat, een 6,70 m breed pakhuis gebouwd. Het pand krijgt een halsgevel in baksteen met drie verdiepingen en een dubbele pakzolder met zoldervenster en hijsluiken. De gevel wordt versierd met guirlandes en een jaarlint met het bouwjaar 1687. Op de hoeken komen siervazen en de top wordt bekroond met een zandstenen ornament. In het pakhuis worden onder andere vaten honing en hout opgeslagen.

Een volgende eigenaar van Kamp 10, de tabaksplanter en handelaar Hendrik ten Brink, gebruikt het pand begin 18^e eeuw voor de opslag van tabak. Verderop in de straat heeft Pieter Koedijk op nummer 74 een zemerij van honing. Aan de gevel van zijn bedrijf hangt een steen met de naam D'Gekroonde Bye-korf. Als Koedijk is overleden, doen zijn drie kinderen de honingzemerij van de hand. Op 7 april 1751 worden het 'huis, het hof en de hofstede aan de Kampstraat, met een seemhuis daarachter' verkocht aan de honingzemer Jordanus van Rijswijk. In de koopakte wordt het adres Kamp 74ª aangeduid als 'daer de gekroonde Bije-korf uythangt'. De gevelsteen zal pas tegen het einde van de eeuw op het pakhuis op Kamp 10 worden aangebracht.

___ Oorsprong straatnaam ___

De straatnaam Kamp heet tot ver in de middeleeuwen Coecamp. Het woord 'campus' stamt uit het Latijn en betekent omheind gebied. Uit de oude naam Coecamp is te herleiden dat op deze plaats in de middeleeuwen vee wordt gehouden. Tot 1622 is hier ook een paardenmarkt. De naam verandert in de loop der tijd van Coecamp naar Kampstraat en is nu kortweg Kamp.

KLM-huisje #13 wordt voor het
eerst uitgegeven in 1956.

Hoekvaas.

Gevelsteen verhuisd

De koopman Asserus van Doorn wordt in 1798 eigenaar van 'zekere huizinge, erve en grond met zijn pakhuizen, honing of semerij'. Van Doorn laat de gevel van Kamp 74ᵃ ingrijpend moderniseren. De ouderwetse gevelsteen met twee cherubijnen past daar volgens hem niet meer bij. Daarom wordt de steen uit de gevel gebikt en verplaatst naar Kamp 10, het adres van KLM-huisje #13.

Postkantoor

Tot halverwege de 19ᵉ eeuw is het voormalig pakhuis op Kamp 10 in bezit van de familie Ten Brink. Het deel aan de straatkant wordt als woning verhuurd. Via vererving komt het daarna in bezit van de weduwe Johanna Nimmerdor. In 1867 wordt het pand in gebruik genomen als postkantoor. In 1886 komt het in het bezit van H. Sanders. Hij laat het voormalig pakhuis uitgebreid verbouwen en restaureren. In 1914 trekt firma De koning uit Baarn in D'Gekroonde Bye-korf. Het bedrijf handelt in goederen en specerijen uit Nederlands-Indië, de Antillen en Suriname.

___ Honing of suiker _____

De gevelsteen D'Gekroonde Bye-korf verwijst in de 18ᵉ eeuw naar de semerij die op Kamp 74ᵃ is gevestigd. In het 'seemhuys' aan de achterkant van het pand wordt honing gezuiverd. Het alternatief voor honing als zoetstof is suiker, maar omdat suiker in de 18ᵉ eeuw nog per schip van overzee moet komen, is honing goedkoper.

Instortingsgevaar

In 1941 wordt het pand gedeeltelijk gerestaureerd, maar geld voor een grote onderhoudsbeurt is er niet. In het najaar van 1959 dreigt de halsgevel in te storten. De 1,5 ton zware zandstenen top helt namelijk gevaarlijk naar voren. Het smeedijzeren klauwanker, waarmee de nok aan de achterkant met het dak is verbonden, is totaal verroest. Daardoor dreigt de hele gevel af te breken. Omdat D'Gekroonde Bye-korf van grote cultuurhistorische waarde is, betalen de gemeente Amersfoort, het ministerie van Onderwijs, Kunsten en Wetenschappen en de Gedeputeerde Staten van Utrecht samen de kosten van de spoedoperatie: totaal 1179 gulden. Specerijenhandel De Koning verlaat het pand in 1965, daarna wordt het verbouwd.

Op de begane grond en eerste etage komt een uitzendbureau, de bovenverdieping wordt een appartement. Op dit moment zit op de begane grond een koffie- en theespeciaalzaak en espressobar. Op de eerste verdieping van D'Gekroonde Bye-korf woont onder andere een schrijver van een kinderboek over Bee Bob en Bee Ben. Inderdaad, een boekje over twee bijen.

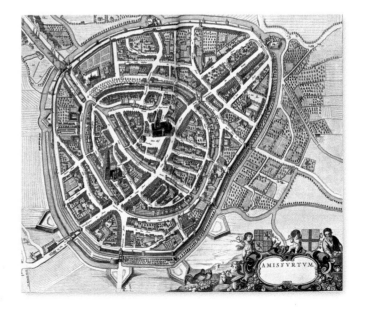

Amisfortum, historische plattegrond van Amersfoort, 1649. De kaart is getekend door de bekende Amsterdamse cartograaf Joan Willemsz Blaeu en wordt afgedrukt in de atlas *Toonneel der Steden*.

14

Herengracht 510, Amsterdam

In de 17ᵉ eeuw wordt in de hoogste kringen meestal niet uit liefde getrouwd. Strategische huwelijken komen veel voor; om de handelsbelangen van de familie veilig te stellen of om te klimmen op de sociale ladder.

De ouders van de jonge en ambitieuze Michiel Gijsbertsz Popta zijn daarom opgetogen over het huwelijk van hun zoon. Hij trouwt in 1642 met de beeldschone Catalina Hinlopen. Haar vader heeft als medeoprichter van de VOC Kamer Enkhuizen veel aanzien en is door de handel in Oost-Indische goederen steenrijk geworden.

| 1500 | 1600 | 1700 | 1800 | 1900 | 2000 |

De familie Hinlopen behoort met een kapitaal van 625.000 gulden tot de 250 rijkste families van de Gouden Eeuw. Michiel Popta maakt dankzij zijn schoonfamilie pijlsnel carrière. Vier jaar na zijn huwelijk wordt hij al regent van het Amsterdamse Gasthuis en Heemraad van de Nieuwer-Amstel. Michiel Popta vergaart tijdens zijn leven een vermogen van 242.000 gulden, door te investeren in onroerend goed. Hij koopt in 1665 op een veiling stadserf 31 in Park D. Het adres kennen we nu als Herengracht 510. Toch gaan Michiel en Lijntje er niet met hun twee kinderen wonen, daarvoor zijn ze te gehecht aan hun Huis Groenhoeven op de Amstelveenseweg en landgoed Amstelrust, net buiten Amsterdam.

Hollands classicisme

Popta verkoopt de bouwkavel door aan Hendrik van Weert. Deze suikerhandelaar laat er volgens de laatste mode een huis met halsgevel bouwen, in de stijl van het Hollands classicisme. Hij bezit ook het huis op nummer 508. De eenvoudige bakstenen gevel is vlak. De enige versiering is een segmentvormig fronton en opvallende klauwstukken met mythologische figuren.

Caspar Philips maakt tussen 1768 en 1771 tekeningen van 1400 huizen aan de Herengracht, Keizersgracht en Brouwersgracht in Amsterdam. Zijn *Grachtenboek* wordt nog steeds gebruikt bij de reconstructie van monumenten.

De Italiaanse koopman Jeremias del Borgo uit Genua woont vanaf 1688 op Herengracht 510 met zijn vrouw Maria van Campen. Hij verkoopt in augustus 1707 het huis met de mythologische zeegoden voor 28.000 gulden. In de koopakte wordt het opvallende pand omschreven als: '*De twee Arrions of Zeegoden of het Huis daer de twee Zeegoden (op Dolphijnen) op den gevel liggen.*' In 1729 wordt het pand door de koopman Jan van Marselis bewoond.

Huizenmarkt ingestort

Diverse bewoners en eigenaren volgen. Een van hen laat in 1760 de voorkamer in de weelderige Lodewijk XV-stijl inrichten, met een witmarmeren schouw en erachter een zaal in Lodewijk XIV-stijl met een roodmarmeren schouw. Boven de deur in de voorkamer komt een schildering (een zogenaamd 'witje') van kunstenaar A.H. van Beesten. De woonmetamorfose heeft weinig invloed op de verkoopprijs van het huis. De huizenmarkt is ingestort. De nieuwe eigenaar Johannes Hendrik Hanius betaalt er in 1908 slechts 24.400 gulden voor. Verschillende elementen aan de gevel worden aan de smaak van die tijd aangepast. De entree wordt onder andere verfraaid met een 19e-eeuwse empiredeur, er komt een sierlijk snijraam boven de ingang en de ramen krijgen een roedenverdeling in empirestijl.

Geen geschikte balzaal

Aan het eind van de 19e eeuw woont de kinderloze David Bottenheim op de Herengracht 510. Hij geeft opdracht de stoep te verhogen, de kelderpui wordt aangepast en Bottenheim laat T-ramen aanbrengen. Nadat hij is overleden, komt het huis korte tijd in bezit van de adellijke familie Dedel. De zoon uit dat gezin, jonkheer mr. Cornelis Dedel, wordt later de particulier secretaris van prins Bernhard. Omdat Herengracht 510 geen geschikte balzaal heeft, verkoopt de familie Dedel het huis in 1908 voor 45.000 gulden aan Willem Vroom, mede-oprichter van warenhuisconcern V&D. Over een feestelijke balzaal voor ontvangsten hoor je hem niet klagen. Hij is juist op zoek naar comfort en laat een voor die tijd zeer moderne lift plaatsen.

Na de Tweede Wereldoorlog wordt het huis verkocht aan de behangselzaak Rath & Doodeheefver. De firma Zeeman & Co koopt het in 1952 voor 130.000 gulden. Dezelfde dag wisselt het opnieuw van eigenaar, maar nu wordt er 175.000 gulden voor betaald. De NV Algemeene Herverzekering krijgt het pand officieel in handen. Vervolgens vindt het Braziliaans consulaat er onderdak en wordt het eind jaren vijftig gerestaureerd.

___ Fronton van kalksteen ___

In de jaren veertig van de 20e eeuw is men bij de restauratie van een buurpand van Herengracht 510 nogal nonchalant geweest. Een verdwenen fronton is vervangen door een slechte imitatie van hout. Pas in maart 2002 laat de Linden Group, dan eigenaar van de panden, een nieuw 3,49 m breed fronton van Frans kalksteen aanbrengen op Herengracht 506. Voor de reconstructie maakt het bedrijf Snoep & Vermeer gebruik van een tekening uit het *Grachtenboek* van Caspar Philips uit 1768. In het timpaan is het beeldmerk van de Linden Group aangebracht: een lindeboom.

KLM-huisje #14 wordt voor het eerst uitgegeven in 1960.

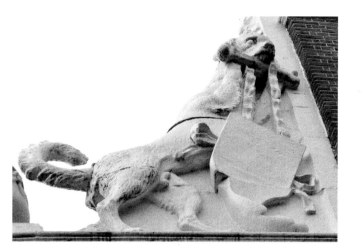

_ Mythologische figuren _

Naast Herengracht 510 staan nog drie min of meer gelijke woningen waarvan vooral de versiering van de drie halsgevels verschilt. Op nummer 510 zijn bijvoorbeeld vleugelstukken aangebracht met een beeld van Neptunes. De Romeinse god van de zee heeft een drietand in zijn hand en zit op een dolfijn. Op nummer 508 zien we schelpen en twee mythologische figuren geïnspireerd op Triton, de zoon van Neptunus. Triton was half mens, half vis. Hij blaast op zijn hoorn om de golven tot rust te manen. De gevel van nummer 506 wordt versierd met vleugelstukken van honden met een bot in hun bek waaraan een wapenschild hangt.

Door studenten uitgewoond

In 1966 wordt het huis verkocht aan de Universiteit van Amsterdam, die er het Psychologisch Laboratorium vestigt. De studenten gaan niet zachtzinnig met het interieur om. Twee jaar na de aankoop wordt in de tuinkamer een fraai 18^e-eeuws fonteintje gesloopt. Sinds 1974 is de afdeling Internationale Betrekkingen van de Faculteit der Sociale Wetenschappen in het pand gevestigd. In datzelfde jaar worden Herengracht 508 en 510 intern met elkaar verbonden.

De Linden Group koopt vervolgens de uitgewoonde panden en herstelt ze in oude glorie. Oorspronkelijke elementen, zoals het trappenhuis, worden opnieuw aangebracht.

_ Grondlegger V&D _

In 1881 verruilt de dan 30-jarige Willem Vroom het Groningse Veendam voor Amsterdam. Hij begint op de Leliegracht een winkel, waarvoor hij 1500 gulden van zijn familie leent. Vroom verkoopt manufacturen, stoffen, tafellakens en kleding. Hij ontmoet de katholieke ondernemer Anton Dreesmann, en het klikt. Ze besluiten samen te werken bij de inkoop van goederen. In 1887 openen de ondernemers op de Weesperstraat in Amsterdam samen hun eerste winkel. Omdat Vroom de oudste is van de twee, krijgt de nieuwe firma de naam Vroom & Dreesmann. Hij woont vanaf 1908 enige tijd op de Herengracht 510.

Voorstraat 282, Dordrecht

De herkomst van huisje #15 is lange tijd onduidelijk geweest. Maar details van de gevel lichten een tipje van de sluier op. Het huisje heeft namelijk een Dordtse gevel, te herkennen aan de versiering boven de vensters op de eerste verdieping. De rondbogen hebben nissen, die versierd zijn met een drievoudig klaverblad (driepas) met lelies.

Op het Delfts blauwe KLM-huisje staat het jaartal 1650. Dat kan verwijzen naar de bloeiperiode van de Dordtse trapgevel, maar wellicht is het ook wel het bouwjaar en dan leidt het spoor misschien naar het echte huis ...

| 1500 | 1600 | 1700 | 1800 | 1900 | 2000 |

Consoles en 'patatsnijders'

Aan weerzijden van de vensters zitten fraai bewerkte consoles van natuursteen. Bij Dordtse gevels ziet men vaak versieringen in de vorm van kopjes. Deze details zijn bij huisje #15 niet zichtbaar. Kruiskozijnen met kleine ruitjes (ook wel 'patatsnijders' genoemd) komen al in de middeleeuwse bouwkunst voor. De bovenramen zijn voorzien van glas-in-lood, de onderramen hebben luiken. De vensters op de begane grond, naast de deur met bovenlicht, zijn waarschijnlijk van latere datum, mogelijk 18^e-eeuws. Pas vanaf deze periode worden er namelijk schuiframen gemaakt.

Winkelpand of taveerne?

Het huis heeft verder een gotische puibalk met vlechtwerk op de eerste verdieping (wat erop kan duiden dat een deel van de gevel ouder is dan 1650). Onder het zolderluik op de tweede verdieping bevindt zich een waterslag. Zo'n waterslag of -lijst wordt aangebracht om de regen op natuurlijke wijze te laten afvloeien, zonder dat de daaronder liggende steen nat wordt. Gezien de grootte van de ramen op de begane grond is nummer 15 mogelijk een replica van een winkelpand of taveerne. Christine Weijs, bouwhistoricus van de gemeente Dordrecht, vindt uiteindelijk na enig speurwerk het bewijs. Huisje #15 is een replica van het huis De Rozijnkorf!

De Rozijnkorf

De Rozijnkorf is gebouwd rond 1550, daarna is het pand in de 17^e eeuw aangepast en verfraaid. Mogelijk is dit gebeurd op initiatief van de eigenaar, oud-burgemeester Pieter Adriaensz van der Werff, 'Coopman van Cruijnierswaeren'.

93

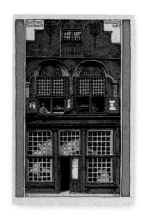

Op 1 mei 1685 meldt hij zich samen met zijn zoon Adriaen bij de notaris om zijn testament op te maken. Hij voelt dat zijn krachten afnemen en het einde nadert. De notaris meldt dat hij *'swaeck van lighaem is doch gaende ende Staende ende Sijn verstant redeneert'*. Van der Werff wil dat zijn zoon De Rozijnkorf na zijn dood overneemt. Tenslotte staat hij al vanaf 1678 in de winkel. Het pand wordt nogal laag getaxeerd, op 4000 gulden. De hele inboedel is 2000 gulden waard. Als Van der Werff inderdaad enkele weken later overlijdt, breekt in de familie ruzie uit over de erfenis. Want er zijn nog twee kinderen: Pieter jr. en Anna. Uiteindelijk zet Adriaen De Rozijnkorf voort en betaalt hij zijn broer en zus een bepaald bedrag.

Goudleerkamer

Op de een of andere manier blijkt Adriaen van der Werff in die periode ineens een gefortuneerd man te zijn geworden. Zijn rijkdom maakt de tongen in Dordrecht los. Het gerucht gaat dat Van der Werff een pot met goudstukken op de binnenplaats heeft gevonden. Het verhaal groeit uit tot mythische proporties en gaat een eigen leven leiden. In 1686, een jaar na het overlijden van zijn vader, laat Adriaen inderdaad voor veel geld een bijzonder duur interieur aanbrengen in de kamer achter het winkelgedeelte. De wanden worden met kostbaar goudleer bekleed. Kunstig gesneden houtsnijwerk versiert de bedalkoof en de pilasters onder de schoorsteenkap. Het plafond wordt door de schilder Augustinus Terwesten beschilderd met taferelen vol symboliek. Er worden ook werkzaamheden verricht aan het achterhuis, getuige de jaartalsteen 1686.

94

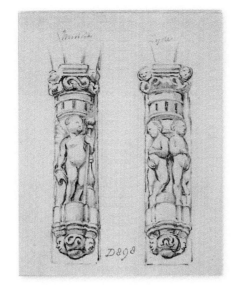

Een legende leeft voort

Adriaen van der Werff overlijdt uiteindelijk in 1714, maar het verhaal van de pot met goudstukken leeft voort en volgens de geruchten is er nog veel meer geld. In de 19ᵉ eeuw wordt nog zo sterk in de legende geloofd, dat in het koopcontract van De Rozijnkorf wordt opgenomen dat *'al 't geld of schats welk gevonden mocht worden achter behang, plafond of onder vloeren'* ten bate komt van de verkoper.

In 1890 wordt het complete interieur van de kamer via antiquair Jac. Schotel verkocht aan de Dordtse houthandelaar en kunstliefhebber Hidde Nijland. De koper heeft een brede smaak, want naast de 17ᵉ-eeuwse interieurstukken uit De Rozijnkorf verzamelt hij onder andere schilderijen van Vincent van Gogh. Het goudleren behang, de plafondstukken, vergulde ornamenten van de balken, de gesneden omlijsting van de bedalkoven, marmeren zerken van de stookplaatsen en zelfs de deurkrukken worden overgebracht naar het huis van Nijland op de Prinsenstraat 36 in Dordrecht. Het interieur is van 1892 tot 1921 in zijn bezit. Daarna laat Nijland de stukken veilen bij veilinghuis Mak.

Cultureel erfgoed

De nieuwe eigenaar is scheepsmagnaat Philips van Ommeren. Hij koopt het interieur van De Rozijnkorf voor de eetkamer van zijn Wassenaarse villa Rust en Vreugd. In 1999 wordt het interieur aangekocht door de overheid. Het is namelijk de enige bewaard gebleven 17ᵉ-eeuwse goudleerkamer van Nederland en daarmee belangrijk cultureel erfgoed. Na een grondige restauratie wordt het interieur in 2001 overgebracht naar museum Simon van Gijn in Dordrecht, waar het nog steeds te bewonderen is.

KLM-huisje #15 wordt voor het eerst uitgegeven in 1960. De soort klei waarmee de huisjes worden gebakken is in de loop der jaren veranderd. Rechts een uniek en bij verzamelaars gewild exemplaar van een huisje in grijze klei.

Van gotiek naar renaissance

Ondertussen is in de afgelopen eeuw De Rozijnkorf zelf ook flink onder handen genomen. In 1906 wordt het pand zodanig gerestaureerd dat de pui sterk verandert. Het huis heeft een zeer interessante trapgevel en is een overgangstype van de gotische bouwstijl naar de renaissance. Het had oorspronkelijk bogen met drie langgerekte, fraai gebeeldhouwde kraagstenen (consoles), de kruiskozijnen hebben bewerkte houten luikjes en er zijn vijf fraaie gotische sierankers zichtbaar. De onderpui is voor de restauratie nog van hout en stamt uit de 17e eeuw.

Het binnenwerk heeft 17e-eeuwse balken met gotische versieringen. Ook is er een kamer met een plafondbeschildering uit 1668. In De Rozijnkorf is onder andere een winkel in 'Droogerijen & Verfwaren' gevestigd geweest, eind 19e eeuw is het pand in gebruik als apotheek en drogisterij van de firma J. Romijn. In de 20e eeuw zit er onder andere een handel in tuinzaden in. Daarna hebben er nog verschillende winkels in gezeten. Tot 2011 is het pand aan de Voorstraat in gebruik geweest als café-restaurant.

_ Suikerplantage Dordrecht _____

De 29-jarige Pieter van der Werff jr. wordt in 1685, het jaar dat zijn vader overlijdt, zelf voor het eerst vader. De strijd met zijn broer Adriaen om de erfenis en het pand De Rozijnkorf gaat hem niet in de koude kleren zitten. Pieter emigreert met zijn gezin naar Suriname waar hij een suikerplantage begint aan de Surinamerivier. De naam van de plantage is Dordrecht. Er werken gemiddeld zo'n tweehonderd slaven. Na enkele generaties in bezit van de familie Van der Werff te zijn geweest, wordt de plantage uiteindelijk verkocht. Bij de afschaffing van de slavernij in 1863 krijgt elke slaveneigenaar van de Nederlandse overheid een schadevergoeding van 300 gulden. Het plantagehuis Dordrecht wordt afgebroken en overgebracht naar Paramaribo, waar het op het Oranjeplein als sociëteitsgebouw Het Park aan een tweede leven begint.

96

Dordtse gevel meesterproef

Dordtse gevels zijn trapgevels die vooral tussen 1650 en 1795 gebouwd zijn. Het zijn proeven van bekwaamheid van het metselaarsgilde in Dordrecht. Ondanks de komst van nieuwe bouwstijlen en buitenlandse invloeden houdt de Dordtse gevel goed stand. De stijl met siermetselwerk in afwisselend rode en gele baksteen krijgt navolging van Brugge tot Zaltbommel. Maar in de 18e eeuw komt de Dordtse gevel alleen nog maar in Dordrecht zelf voor.

Op 31 juli 1725 besluit het stadsbestuur dat de Dordtse stijl niet meer past bij de voorname uitstraling van de belangrijkste straten. *'Ende sullen van nu voortaan binnen dese Stadt, in de Voorstraten geen Metselaars Proef gevels mogen werden gemaakt, maar sullen moeten werden gemaakt in de agterstraten.'* Vanaf dat moment mogen de metselaars in Dordrecht alleen nog in achterafstraatjes en aan de rand van de binnenstad een Dordtse gevel maken om hun vakmanschap te tonen.

Einde van het metselaarsgilde

Met het verdwijnen van het gilde in 1795 komt er voorlopig een einde aan dit specifieke geveltype. Rond 1900 beleeft de Dordtse gevel een tijdelijke opleving met de bouw van huizen met historische stijlelementen. In die tijd hebben 150 panden nog een typisch Dordtse gevel, maar de neostijl duurt niet lang. In de jaren zestig van de 20e eeuw wordt de binnenstad van Dordrecht ingrijpend gesaneerd en veel oude (en bouwvallige) woningen worden afgebroken. Een aantal Dordtse gevels wordt gered van de sloop en herplaatst aan de Hofstraat en het Statenplein. Op dit moment telt Dordrecht nog ongeveer vijftig gevels van dit type.

Houtmarkt 17, Haarlem

De Houtmarkt in Haarlem heet in de middeleeuwen Scheepma-kersdijk. De dijk ligt aan de rivier Het Spaarne en moet bescher-ming bieden tegen overstromingen. Maar bij de stadsuitbreiding van 1426 komt de dijk binnen de poorten van Haarlem te liggen. Vanaf dat moment worden hier aan de kade schepen gebouwd. Houthandelaren en andere toeleveranciers volgen.

Na een economische bloeiperiode in de 15^e eeuw volgt een lang-durige crisis waardoor Haarlem bijna failliet raakt. In 1514 leeft de helft van de bevolking in grote armoede. De stad verloedert. Ook de panden aan de oostkant van het Spaarne raken langzaam in verval.

1500	1600	1700	1800	1900	2000

Tweehonderd jaar later ligt de Scheepma-kersdijk er heel anders bij. De Gouden Eeuw heeft voor een enorme rijkdom gezorgd. De scheepsbouw heeft zich inmiddels ver-plaatst naar de noordkant van Haarlem; de dijk krijgt een andere naam en heet vanaf begin 18^e eeuw Houtmarkt. Aan de kade wisselen pakhuizen en woningen elkaar af. Een enkele gevelsteen aan de Houtmarkt herinnert nog aan de scheepsbouw.

Gebeeldhouwde siervazen

Wanneer Houtmarkt 17 precies wordt gebouwd, is niet bekend. Het bouwjaar moet ergens tussen 1708 en 1724 liggen. In dat laatste jaar wordt in ieder geval IJsbrand Barentsz genoemd als eigenaar. Stadsbe-stuurder Everard de Burlet en zijn broer Ian hebben ondertussen in de Spaarnwou-derbuurt al een groot aantal panden opge-kocht en laten ook hun oog laten vallen op Houtmarkt 17. Ze kopen het in 1734 als belegging en nemen het huis flink onder handen. Het krijgt, naar de laatste mode, een eenvoudige halsgevel. Maar het moet allemaal op een koopje want de vleugel-stukken worden gewoon gemetseld. Om de gevel toch nog een beetje burgermansal-lure te geven, krijgt het pand een gebogen fronton in de top. Op de hoeken worden gebeeldhouwde siervazen geplaatst.

Huisje #16 wordt in 1961 voor het eerst door Plateelbakkerij Zuid-Holland geproduceerd en aan de collectie KLM-huisjes toegevoegd.

Wateroverlast Spaarne

Weer tien jaar later wonen Harmen Sonnevelt en zijn vrouw Josijntje in het pand. Als Harmen is overleden, wordt het huis voor 700 gulden verkocht. De nieuwe eigenaar, Cornelis de Bruin, krijgt de inboedel voor 112 gulden en 16 stuivers erbij. Vanaf 1766 woont Jan Bos in het huis. Langzaam gaat de buurt wegens achterstallig onderhoud achteruit en de regenten van de stad besluiten tot sloop van een groot aantal huizen. Houtmarkt 17 wordt op het nippertje gespaard, maar wisselt in de 19e eeuw nog vaak van eigenaar. De huizen aan het Spaarne hebben veel last van overstromingen. De Houtmarkt wordt daarom enkele keren opgehoogd. Omdat het straatpeil hoger komt te liggen, reiken de vensters vanaf dat moment bijna tot aan de begane grond.

Strijd tegen het verval

In de jaren dertig van de 20e eeuw wordt het huis onbewoonbaar verklaard. De gevel helt dan al gevaarlijk ver naar voren en staat een halve meter uit het lood. In opdracht van de Vereniging Haerlem voert architect A.A. Kok een restauratie uit. Hij besluit de gevel niet opnieuw te laten metselen maar het pand door middel van een houten frame weer in de juiste stand te trekken. Nadat deze operatie is gelukt, worden de ramen vervangen door 18e-eeuwse vensters. In 1934 komt het huis in bezit van de Vereniging Hendrick de Keyser, die monumentale panden in oorspronkelijke staat terugbrengt en beheert. Sindsdien wordt Houtmarkt 17 weer als woning verhuurd. Het pand wordt vanaf 1998 nogmaals gerenoveerd.

De eerste huisjes van de KLM-collectie worden gemaakt van een mengsel van Westerwaldklei en mergel uit de Sint Pietersberg in Maastricht. De vette, grijze klei droogt na het bakken wit op, waarna de gietnaden van de mal worden weggewerkt. Naderhand wordt voor de productie Engelse klei gebruikt.

_ Harelem _____

De oudste vermelding van de stad Haarlem dateert uit de 10e eeuw, toen het nog een nederzetting was met de naam Harelem. Er staan dan drie boerderijen die in bezit zijn van de Utrechtse Sint Maartenkerk. De naam Harelem verwijst vermoedelijk naar een 'huis op hoge met bossen begroeide zandgrond'. Haarlem is oorspronkelijk ontstaan op een strandwal.

_ De Tachtigjarige Oorlog_____

De Tachtigjarige Oorlog woedt eind 16e eeuw in volle hevigheid en laat ook Haarlem niet ongemoeid. Tijdens het beleg van de stad in 1573 wordt een groot deel van Haarlem door de Spanjaarden verwoest. Tot overmaat van ramp breekt in 1576 ook nog een felle brand uit in een brouwerij aan de Scheepmakersdijk, bij het Spaarne. Het vuur slaat over naar andere wijken en verwoest uiteindelijk een vijfde deel van de stad.

Het Spaarne in 1894.

Spieringstraat 1-3, Gouda

De Heilige Geestmeesters in Gouda ontfermen zich vanaf de middeleeuwen over de weeskinderen en armen van de stad. Maar het tehuis aan de Jeruzalemstraat is alleen bedoeld voor de poorters van Gouda en voor kinderen die in de stad zelf geboren zijn. Wezen en armen van buiten worden elders opgevangen.

Bij gebrek aan financiële middelen moeten de regenten van Gouda bijspringen en ze besluiten in 1586 tot het oprichten van de Aalmoezenierskamer op de Spieringstraat. Ook kinderen van niet-Goudse burgers krijgen vanaf dat moment een goed onderdak.

| 1500 | 1600 | 1700 | 1800 | 1900 | 2000 |

Een tehuis voor wezen en armen
'zoo Gouds als vreemde kinderen'

In 1602 breekt er in Gouda een pestepidemie uit die veel slachtoffers maakt. Het aantal wezen in de stad groeit snel en de opvang in beide instellingen is met recht middeleeuws te noemen. Pas in 1642 wordt besloten om een nieuwe instelling te bouwen aan de Spieringstraat. Daarvoor worden zes woningen afgebroken. De lange vleugel aan de straatkant krijgt een maniëristische rolwerkgevel met natuurstenen banden, korfvormige ontlastingsbogen, een fraai bewerkte waterlijst en sierankers. Daarnaast wordt een poortje in classicistische stijl gebouwd, met daarop een afbeelding van twee weeskinderen, het stadswapen van Gouda en het jaartal 1642.

Op de fries boven de toegangspoort komt de volgende tekst: 'Ons magistraat en wijsen raet met de regenten al haar eer en lof nimmermeer in 't stof verrotten zal: opdat se weer voor wesen teer zoo Gouds als vreemde kinderen hier Ter Gouw dit schoon gebouw doen stichten zonder minderen.'

Regentenschilderij

Na de opening van het pand zijn de regenten van Gouda zo met zichzelf ingenomen dat Gerrit Jansz 't Hart, de voorzitter van het regentencollege, zich in 1644 samen met het bestuur door de schilder Jan Franszoon Verzijl laat schilderen. Op het doek liggen op tafel de bouwtekeningen van het Weesen Aalmoezeniershuis. Verzijl heeft zichzelf overigens ook afgebeeld, hij is tenslotte de zwager van de voorzitter. Het schilderij krijgt een prominente plaats in de regentenkamer in de voorzaal. Daar staat ook een imposante schouw met als steunpilaren twee beelden van Goudse wezen, een jongen en een meisje in het uniform van het Weeshuis.

Huisje #17 wordt voor het eerst uitgegeven in 1961. In 1966 wordt van het Weeshuis in Gouda een nieuwe Delfts blauwe replica gemaakt, met meer details. Dat huisje is #25.

In 1683 wonen er zestig jongens en 55 meisjes in het tehuis. In opdracht van de zes regenten zorgen een 'binnenvader en -moeder' voor de weeskinderen. Ze hebben een eigen staf ter beschikking met een bakker, kleermaker, schoolmeester, apotheker en chirurgijn. In juni 1795 worden de regenten uit kostenbesparing door het nieuwe stadsbestuur van hun taak ontheven. Het aantal kinderen stijgt in 1795 van 89 naar 120 kinderen in 1801.

In dienst van Napoleon

In oktober 1806 worden alle mannelijke wezen opgegeven voor militaire dienst, maar geen enkel weeskind komt door de keuring. En dat is niet toevallig, maar het is opzet en juist de bedoeling van de regenten van het tehuis. Drie jaar later worden de wezen van zestien jaar en ouder opnieuw opgeroepen, ze moeten zich melden in Utrecht. Drie jongens besluiten te vluchten, want een leven als soldaat zien ze niet zitten. In juli 1809 moet het Aalmoezeniershuis verplicht twaalf weeskinderen afstaan aan het leger van Napoleon Bonaparte. Steeds meer mannelijke wezen verdwijnen in militaire dienst. Het wordt steeds moeilijker om het Weeshuis financieel draaiende te houden. Daarom moeten in 1811 weeskinderen ouder dan achttien jaar het tehuis verlaten.

In zowel het Heilige Geest Weeshuis als het Aalmoezenersweeshuis heeft men met onderbezetting te kampen. Daarom worden de tehuizen in 1812 samengevoegd op de Spiering-straat. Poorter of niet, de afkomst van de weeskinderen doet er vanaf dat moment niet meer toe. Er wonen op dat moment 116 weeskinderen.

Weeskinderen geweigerd

Maar als in 1849 het aantal weeskinderen fors toeneemt, besluit het bestuur om kinderen van tien jaar en ouder niet meer toe te laten. En opnieuw wordt er geselecteerd of het weeskind wel echt een Gouwenaar is. De geweigerde kinderen worden in het Bestedelingenhuis ondergebracht, samen met armen en bejaarden. De oudere weeskinderen moeten werken voor de kost. In 1874 wordt in Nederland kinderarbeid bij wet verboden (het Kinderwetje van Van Houten). Vanaf dat moment krijgen de jongere weeskinderen tot veertien jaar allemaal schoolonderricht.

Natuurstenen voluut.

Afschaffing uniformen

Na een uitbreiding van het tehuis aan de Spieringstraat in 1877 worden de overgebleven vijftien weeskinderen uiteindelijk weer overgeplaatst naar het Verenigde Wees- en Aalmoezeniershuis op de Spieringstraat. In 1895 wonen er nog tachtig weeskinderen. Maar dat aantal daalt de jaren daarna snel. Op 29 april 1921 brengen koningin Wilhelmina en prinses Juliana een bezoek aan Gouda. De weeskinderen vormen in hun uniformen een erehaag voor het koninklijke bezoek. Het verplicht dragen van deze rood-witte kleding wordt in 1928 afgeschaft.

Van Weeshuis tot bibliotheek

In het najaar van 1939 krijgen twee grote groepen Duits-Joodse weeskinderen tijdelijk onderdak in het Weeshuis. Tegen het eind van dat jaar verlaten ze het pand weer. In 1941 vorderen de Duitsers het tehuis, er zijn dan nog twaalf weeskinderen over. Zij worden op een ander adres ondergebracht. Bij gebrek aan belangstelling wordt in 1948 besloten om het Weeshuis op te heffen. Tussen 1968 en 1973 wordt het pand gerenoveerd. Vanaf 1973 is de Openbare Bibliotheek van Gouda gevestigd aan de Spieringstraat 1-3. In de leeszaal in de voorkamer hangt het regentenschilderij uit 1644 en is de schouw met beelden van twee weeskinderen te bewonderen.

Regenten van het Weeshuis van Gouda, geschilderd in 1644 door Jan Franszoon Verzijl. Op tafel liggen de bouwtekeningen van het adres Spieringstraat 1-3.

Oudegracht 111, Utrecht

18

De steenrijke koopman Lambrecht Frese woont in het tweede kwart van de 13e eeuw met zijn familie in een imposante burcht op de Oudegracht, in het hart van Utrecht.

Zijn stadskasteel Huys Fresenburg ziet er robuust uit, met een 11 m brede trapgevel en indrukwekkende verdedigingstorens op de hoeken. De muren van het kasteel zijn 1,30 m dik en hebben aan de bovenkant kantelen en schietgaten. Vanuit deze positie moeten de soldaten van zijn privéleger een aanval op Huys Fresenburg kunnen afslaan.

| 1500 | 1600 | 1700 | 1800 | 1900 | 2000 |

Op nog geen honderd meter van het kasteel van Lambrecht Frese woont zijn grootste vijand, buurman Jacob van Lichtenberch. De strijd om de macht dreigt te escaleren. De buurt houdt de adem in, want er is geen sprake van een gewone burenruzie. De meningen zijn verdeeld, maar de grote vraag is: welke buurman delft uiteindelijk het onderspit? Naast Huys Fresenburg, dat zo'n 110 m diep is, staat Cleyn Fresenburg op de Oudegracht 111. KLM-huisje #18 is een replica van dit pand. Het is onbekend wanneer Cleyn Fresenburg precies is gebouwd. Het zijhuis wordt voor het eerst vermeld in een document uit 1567. Het jaartal op het Delfts blauwe huisje is echter 1569.

Financier van veldslagen

Lambrecht Frese is tegen het eind van de 13e eeuw niet alleen een succesvolle koopman, maar ook bankier. Hij financiert onder andere de veldslag van Floris V tegen de West-Friezen en betaalt mee aan het Muiderslot. De latere Utrechtse bisschop Gwydo van Avesnes staat ook al bij hem in het krijt. Hij heeft als ridder van het Huis van Henegouwen veel geld nodig voor zijn strijd tegen het graafschap Holland.

'Dit huys is voer God bequaem, clein Vresenberch is sinen naem'

103

Akte geschreven door Gwydo van Avesnes (1253-1317), bisschop van Utrecht. Hij wordt in 1304 een jaar lang gevangengehouden aan de Oudegracht in Utrecht.

De ruziënde buurmannen Lambrecht Frese en Jacob van Lichtenberch.

Strijd om de macht

In de late middeleeuwen is het dichter bij huis, aan de Oudegracht in Utrecht, ook flink onrustig. Lambrecht Frese en zijn buurman Jacob van Lichtenberch gunnen elkaar namelijk het licht in de ogen niet. Vanuit hun stadskastelen op de Oudegracht strijden ze om de macht in de stad. De families Frese en Lichtenberch bevechten elkaar met alle mogelijke middelen.

Gwydo van Avesnes, die eerder al uit de financiële problemen is gered door Lambrecht Frese, probeert in 1304 te bemiddelen tussen de twee belangrijkste burgers van Utrecht. Maar Jacob van Lichtenberch vertrouwt de in 1301 tot bisschop gewijde Van Avesnes voor geen cent. Hij ontvoert de geestelijke en houdt hem een jaar lang gevangen in zijn huis op de Oudegracht. Van Lichtenberch wil een andere bisschop aan de macht helpen, die hem gunstiger gezind is.

Verbannen en onthoofd

Maar op een dag wordt Jacob van Lichtenberch zelf gevangengenomen door zijn buurman Frese en opgesloten in Huys Fresenburg. Bisschop Gwydo van Avesnes wordt vervolgens bevrijd. De stadslegers van de gildebroeders grijpen uiteindelijk in. Ze zijn ontevreden over deze twee hoge heren die voortdurend de prijzen en belastingen verhogen. Ze spannen samen met de inmiddels weer bevrijde bisschop Van Avesnes. Lambrecht Frese wordt uiteindelijk in 1310 verbannen en moet met zijn familie Utrecht verlaten, Jacob van Lichtenberch wordt onthoofd. Pikant detail is dat Huys Fresenburg in 1384 in bezit komt van Jan Jacobsz van Lichtenberch, de kleinzoon van de onthoofde rivaal!

Het zijhuis Cleyn Fresenburg komt in 1569 in bezit van Dirck van Werkhoven. Het 13 m hoge pand ondergaat een verbouwing en krijgt een typisch laat-16e-eeuwse trapgevel. Boven de vensters komen bogen met gotische elementen en sierankers. Er wordt bovendien een gevelsteen op de eerste verdieping geplaatst met de tekst: *'DIT HVIS IS VOER GOD BEQVAEM CLEIN VRESENBERCH IS SINEN NAEM.'*

_ Zeemeerminnen _____

In december 1964 wordt in de werfmuur bij de Jansbrug een console geplaatst met een afbeelding van het middeleeuwse Huys Fresenburg. Aan de onderkant heeft de steenhouwer twee zeemeerminnen gemaakt. De ene zeemeermin kijkt in een spiegel en vindt zichzelf zo mooi dat ze geen ander naast zich duldt. Het is een subtiele verwijzing naar de strijd tussen de twee families die elkaar in de middeleeuwen het licht in de ogen niet gunden.

KLM-huisje #18, een replica van Cleyn Fresenburg, wordt voor het eerst geproduceerd in 1962.

Strijd tegen Spaanse legers

De Lage Landen zijn in 1568 in opstand gekomen tegen de Spaanse overheersing, de Tachtigjarige Oorlog is begonnen. Koning Filips II stuurt zijn legers naar de opstandige gebieden. Huys Fresenburg in Utrecht wordt in 1576 versterkt, boven op de rondgang achter de kantelen worden kanonnen opgesteld. De sfeer in de stad is in 1577 gespannen omdat Utrecht zich bij de Republiek der Verenigde Zeven Nederlanden aansluit. Een Spaans garnizoen onder leiding van don Francesco Fernando d'Avila neemt stelling vanuit kasteel Vredenburg. Bij beschietingen door de Spanjaarden lopen de achtergevels van Huys Fresenburg en Cleyn Fresenburg flinke beschadigingen op. Het Spaanse leger krijgt uiteindelijk een vrije aftocht en Utrecht is vrij.

De geschiedenis van Lambrecht Frese en zijn rivaal Jacob van Lichtenberch raakt langzaam in de vergetelheid. In 1830 wordt het middeleeuwse Huys Lichtenberch afgebroken om plaats te maken voor het nieuwe stadhuis van Utrecht. Huys Fresenberg ondergaat in 1842 een grote verbouwing waarbij de voorgevel ingrijpend wordt gewijzigd; de arkeltorens worden afgebroken en verwijderd. De gevolgen hiervan zijn nog te zien in het metselwerk van de trapgevel van Cleyn Fresenburg. Restanten van het imposante stadskasteel worden verwerkt in de voorgevel van het Centraal Museum in Utrecht.

Arkeltoren.

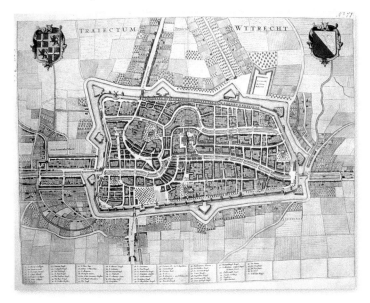

Handgekleurde kopergravure uit 1652. De historische stadsplattegrond van Utrecht is gemaakt door cartograaf Joan Blaeu voor de atlas *Toonneel der Steden*.

Verbouwing

Het voormalige woonhuis van Lambrecht Frese krijgt in 1858 zijn huidige neoclassicistische uiterlijk. Ook zijhuis Cleyn Fresenburg ondergaat een ingrijpende verbouwing. Op de eerste verdieping worden onder andere twee nieuwe vensters aangebracht. In 1909 vindt een grote restauratie plaats, waarbij de geveltop deels opnieuw gemetseld wordt. Een 19e-eeuws groot venster met glas-in-loodraam aan de binnenkant op de eerste verdieping wordt in diezelfde periode dichtgemetseld. In 1926 vindt nogmaals een restauratie plaats. Het huis zelf wordt in de loop der jaren verbouwd tot winkelpand en is nog steeds als zodanig in gebruik.

Werfkelders

Onder Cleyn Fresenburg bevindt zich een tongewelfde kelder, bestaande uit drie ruimten. De kelders zijn niet meer via het huis te bereiken maar alleen via de werf. De 17e-eeuwse werfmuur heeft bij de linker- en rechterkelder een venster met een brede ontlastingsboog. Hierin bevinden zich gevelstenen met de inscriptie 'Anno 1640'. Boven de deur van de middelste kelder zit een boog met een steen met de inscriptie 'Vreesen'. De rechter kelder heeft een deur met een anderhalfsteens boog en een venster met een halfsteens rollaag.

_ Amsterdamned _____

De achtervolgingsscène in de Nederlandse speelfilm *Amsterdamned* van regisseur Dick Maas is deels opgenomen op de Oudegracht in Utrecht.

In de keldergewelven onder Cleyn Fresenburg is wijnhandel Van Wageningen en De Lange gevestigd. Het bedrijf wordt in 1886 opgericht door Benard Moltzer. Hij is agent van wijnhandel La Maison de Bourran Sr. et Co. uit Bordeaux en verwant aan de latere eigenaren van de Bols-fabrieken. De kelders worden aanvankelijk gehuurd voor de opslag van wijn. In 1907 neemt de wijnhandelaar het pand Cleyn Fresenburg in gebruik als kantoor. Van 1931 tot 1940 is de wijnhandel weer elders in Utrecht gevestigd, maar de werfkelders blijven in gebruik als opslag. Op 10 mei 1940, de dag dat in Nederland de Tweede Wereldoorlog uitbreekt, verhuist het kantoor van Van Wageningen en De Lange naar de werfkelder. Het bedrijf is sinds 1992 hofleverancier van het Nederlands koningshuis en al ruim honderd jaar gespecialiseerd in oude wijnen en port. Er worden in de middeleeuwse werfkelders onder andere proeverijen georganiseerd.

Rapenburg 31, Leiden

19

Willem van Oranje neemt in 1574 tijdens de Tachtigjarige Oorlog het initiatief voor de oprichting van de Leidse universiteit. Het gebouw op Rapenburg 73 moet een 'bolwerk der vrijheid' worden. Een aantal van zijn koninklijke nazaten gaat naderhand in Leiden studeren.

Op het Rapenburg kijkt men nauwelijks meer op van een student met blauw bloed. In de 19ᵉ eeuw woont de oudste zoon van koning Willem III, kroonprins Willem, tijdens zijn studie op Rapenburg 24. Zijn jongere broer, de erudiete prins Alexander, woont op nummer 22. Een eeuw later deelt prinses Beatrix haar huis op Rapenburg 45 met enkele studievriendinnen, de huidige koning Willem-Alexander woont met zijn jaarclubgenoten op Rapenburg 116.

| 1500 | 1600 | 1700 | 1800 | 1900 | 2000 |

In het centrum van Leiden is aan de kleur van de kozijnen van een aantal herenhuizen te zien of Willem Wijmoth in de 17ᵉ eeuw als architect bij de bouw betrokken is geweest. De combinatie van monumentengroen en crème-wit is namelijk zijn handelsmerk. Tussen 1650 en 1700 heeft Wijmoth in Leiden bovendien met zijn zoon het monopolie op natuursteenwerk. Hij kan daarom nadrukkelijk een stempel drukken op de huizen aan het Rapenburg. Zijn clientèle bestaat uit de notabelen van de stad, rijke burgers en hoogleraren van de universiteit, voor wie hij het ene na het andere grachtenhuis bouwt. In 1664 krijgt Wijmoth van professor Franciscus de le Boe Sylvius, hoogleraar in de geneeskunde, het verzoek om ook voor hem een statig herenhuis te ontwerpen. Zijn familiewapen moet hoog aan de gevel komen.

Experimentele geneeskunde

In 1669 richt de professor op de Universiteit van Leiden een chemisch laboratorium in, waar hij zijn revolutionaire ideeën op het gebied van de geneeskunde onderzoekt. Het functioneren van het menselijk lichaam probeert hij te verklaren met behulp van de wiskunde, natuurkunde en scheikunde. Studenten uit heel Europa geeft hij college over zijn experimentele inzichten.

Professoren vinden jenever uit en geven tsaar Peter de Grote anatomische les

De pest

Wat veel mensen op de universiteit niet weten, is dat Franciscus de le Boe Sylvius in 1668 zijn jonge vrouw heeft verloren aan de pest. Enkele maanden later sterft ook nog hun acht maanden oude dochtertje. Zes collega-professoren overlijden eveneens aan de pest. Veel studenten slaan op de vlucht voor de gevreesde ziekte en verlaten Leiden. Franciscus de le Boe Sylvius ligt zelf maanden ziek op bed, maar geneest uiteindelijk. Mede door de persoonlijke tragedie is hij zeer gemotiveerd om het mysterie van het lichaam te ontrafelen.

Schilderijencollectie

In zijn huis aan het Rapenburg heeft Franciscus een kamer ingericht als laboratorium en een andere kamer als distilleerruimte. Studenten die bij hem over de vloer komen zijn niet alleen onder de indruk van zijn nieuwe inzichten, maar vergapen zich ook aan de enorme schilderijencollectie. De professor investeert zijn geld in kunst. Tegen het einde van zijn leven heeft hij 190 doeken verzameld, waaronder elf werken van de schilder Gerard Dou en negen van Frans van Mieris. Op zijn lievelingsschilderij staat hij samen met zijn jong gestorven vrouw afgebeeld. De professor overlijdt zelf in 1672. De volgende hoogleraar die op Rapenburg 31 woont, is Jacobus Trigland, een professor in de theologie. Nadat hij in 1705 overlijdt, wordt het huis door een anonieme 'Leyenaar' betrokken.

Leermeester van Europa

Begin 18e eeuw is professor Herman Boerhaave de volgende illustere bewoner. Boerhaave is hoogleraar in de medicijnen, plantkunde en scheikunde. Met zijn vakkennis heeft hij een enorme invloed op de ontwikkeling van de geneeskunst. Door zijn tijdgenoten wordt hij de 'praeceptor Europe' genoemd, de leermeester van Europa. Boerhaave geeft zelfs medische adviezen aan tsaar Peter de Grote en de latere keizer Frans I van Oostenrijk. De Russische tsaar leert Boerhaave kennen via zijn Nederlandse lijfarts Nicolaas Bidloo, die in Leiden medicijnen heeft gestudeerd. Peter de Grote reist in 1717 bij zijn tweede bezoek aan Nederland naar Leiden. Om vijf uur 's ochtends arriveert hij al met een trekschuit bij het huis van Boerhaave en maakt later op de dag een anatomische les van de professor mee.

Herman Boerhaave: 'Daar lag een lijk met de spieren ontbloot om ze met terpentijnwater te doen doortrekken. Een getuige verspreidde de anekdote dat degenen die bij het zien van dit 'afzigtig voorwerp' tekenen van walging hadden getoond door de tsaar op geheel eigen wijze werden berispt. Voor straf moesten ze een spier van het lijk met hun tanden losrukken.'

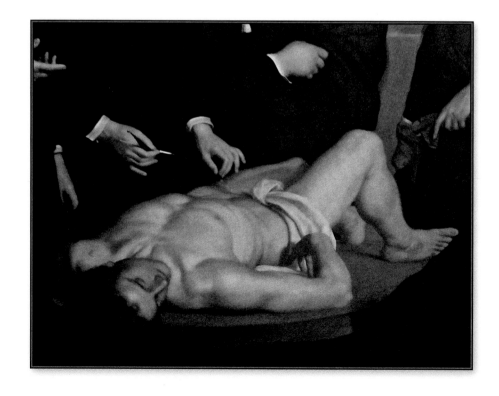

KLM-huisje #19 wordt voor het eerst geproduceerd in 1962.

Segmentvormig fronton met jaartalcartouche.

Herman Boerhaave werkt als een bezetene en bekleedt drie hoogleraarschappen tegelijk. Als hij in 1727 een zware griep krijgt en maanden geen les kan geven, besluit hij het rustiger aan te gaan doen. Hij koopt in dat jaar het grachten-huis op Rapenburg 31 en leidt de laatste jaren van zijn leven een teruggetrokken bestaan. Thuis geeft hij af en toe nog colleges voor studenten. Na de dood van Boerhaave in 1736 erft zijn enige dochter Johanna Maria het grachten-pand. In de daaropvolgende eeuwen wonen op het adres geen bewoners meer met een-zelfde internationale naam en faam als de professoren De le Boe Sylvius en Boerhaave. Op Rapenburg 31 zit tegenwoor-dig een bureau voor studen-tenhuisvesting.

Lofzang

Hoogleraar Johannes Polyander à Kerckhoven houdt in 1660 een lofzang op de Rapenburgergracht.

'Van alle werelddelen is Europa het mooiste werelddeel, van Europa zijn de Nederlanden het mooiste land, van de Zeven Provinciën is Holland de mooiste, van de Hollandse steden is Leiden de mooiste, en van alle straten en grachten van Leiden is het Rapenburg de mooiste.'

Tsaar Peter de Grote.

'Genièvre'

Professor Franciscus de le Boe Sylvius wordt wel beschouwd als de uitvinder van jenever. Rond 1650 experimenteert hij met een medicinaal drankje ter bestrijding van een tropische ziekte. Hij geeft het de naam 'genièvre'. Het is de voorloper van de drank die we nu als jenever kennen.

FRANCISCUS DELEBOE SYLVIUS, Medicinæ Practicæ in Academia Lugduno-Batava Professor.

20

Damplein 8, Edam

Edam wordt in de middeleeuwen tot de belangrijkste steden van Holland gerekend. Vanaf 1401 is het ook de enige stad in het gewest met een open verbinding van de Zuiderzee naar het achterland. Aan de oevers van Edam verrijzen maar liefst veertig timmerwerven, waar jaarlijks tientallen handels- en oorlogsschepen worden gebouwd.

Maar aan de voorspoed dreigt een einde te komen door een decreet van keizer Karel V. Het achterland van Edam staat door eb en vloed regelmatig onder water. Om een watersnoodramp te voorkomen, moet de open verbinding met de Zuiderzee worden afgesloten met een sluis. De Edammers zijn woedend, maar de keizers wil is wet.

1500	1600	1700	1800	1900	2000

Gezant van Karel V

Rond 1530 laat koopman Beert Fopsz aan het Damplein, op de plek van een oudere 'woening', een stenen huis bouwen in laatgotische stijl. Dat is zeker in die tijd iets bijzonders, want de meeste woningen in Edam zijn dan nog van hout. Bovendien heeft het twee verdiepingen. De gevel krijgt natuurstenen kozijnen en wordt bekroond met kanteelvormige treden, gemetselde pilasters en toppinakels. Mogelijk int de eerste eigenaar belasting namens Karel V. Deze keizer regeert vanaf 1515 over de Nederlanden. Een zandstenen kraagsteen met het wapenschild van de Keizer (een dubbelkoppige adelaar en de Orde van het Gulden Vlies) zit rechts van de deur gemetseld.

Sleutelstuk met peerkraalmotief

Binnen is goed te zien dat het koopmanshuis rond een houten skelet is opgebouwd. De stenen muren staan namelijk los van de eikenhouten constructie. De balken zijn aan de uiteinden versierd met sleutelstukken met een gotisch peerkraalmotief. Het hoge voorhuis doet in de 16e eeuw dienst als werkplaats en winkel, de ruimte daarachter is in twee verdiepingen gedeeld. In het souterrain zit een keuken met binnenhaard en schouw. Op de bovenverdieping wordt gewoond en bevinden zich in totaal zes bedsteden.

Een 'getimmert steenen huijs'

De Edammer Sijmen Pietersz Schrijver woont eind 16e eeuw samen met zijn broer Jan op het Spui, maar de mannen willen meer ruimte. Schrijver ruilt in 1604 zijn bezit met de erven van de inmiddels overleden Beert Fopsz. Vanaf dat moment is hij de nieuwe eigenaar van het koopmanshuis. Sijmen Pietersz Schrijver is niet alleen schepen van Edam en voogd van de armen, maar hij handelt ook in wijn en bier. Hij laat het pand moderniseren. Het wordt onder andere aan de achterkant uitgebreid met een tuinkamer in renaissancestijl. Naderhand verkoopt Schrijver de woning aan lakenkoper Luijt Claesz van den Bergh. Als die het in 1656 weer van de hand doet, prijst hij het aan als *'een wel getimmert steenen huijs met een fraij voorhuijs ende een keuken kelder daarboven'*.

In de 17ᵉ eeuw vertrekken schepen vanuit de haven van Edam op walvisjacht naar Groenland. Het is in die tijd een totaal nieuwe en zeer lucratieve business. De speklaag van een walvis levert gemiddeld 11.000 liter levertraan op. Een kwart liter kost alleen al tussen de 25 en 60 gulden. De bewoner van het koopmanshuis op het Damplein fungeert in de Gouden Eeuw met zijn imposante geldkist en houten betaaltafel wellicht als bankier. De meubels behoren nog steeds tot het interieur van het Edams Museum.

Unieke drijvende kelder

Het stenen koopmanshuis wordt in 1656 bewoond door dokter mr. Floris Stevensz en zijn gezin, daarna is het kinderloze echtpaar Bruijnvis de eigenaar. De rijke handelaar Claes Jansz Bruijnvis laat onder het huis een drijvende kelder aanleggen voor de opslag van bier. Omdat het grondwaterpeil per seizoen wisselt, beweegt de waterdichte gemetselde bak mee met de opwaartse druk van het water. Het is zeker niet de enige drijvende kelder van Edam, maar wel een die door zijn ruime afmetingen tot ver buiten Nederland beroemd wordt.

Als Claes Jansz Bruijnvis en zijn echtgenote Aafje zijn overleden, wordt hun huis in 1726 geveild. Voor 1000 gulden mag Claes Pietersz Decker, een belangrijk man bij de Amsterdamse Admiraliteit, zich de nieuwe eigenaar van Damplein 8 noemen. Decker heeft helaas niet lang van zijn 'fraije wooning' kunnen genieten. Drie jaar na de aankoop overlijdt hij plotseling aan een mysterieuze ziekte.

Dirk Aardappel

Tot halverwege de 19ᵉ eeuw wordt het pand door verschillende families bewoond. Daarna wordt het vanaf 1853 door Dirk Jansz Veen gebruikt als pakhuis voor de opslag van aardappelen. Dirk Aardappel, zoals zijn bijnaam in Edam luidt, timmert schotten met zaagsel en stro ertussen om de aardappels in de koude wintermaanden vorstvrij te kunnen bewaren. De kelderverdieping verhuurt hij aan een aannemer. Het statige koopmanshuis raakt langzaam in verval, het bijzondere 17ᵉ-eeuwse interieur zit grotendeels verstopt achter planken.

Edams Museum

In 1894 koopt de gemeente Edam het pand en laat het restaureren door architect Pierre Cuypers (bekend van zijn ontwerp voor het Rijksmuseum en het Centraal Station in Amsterdam). Hij voegt twee pinakels toe op de beide hoeken van de voorgevel en plaatst een beeld van een beer op de top. Binnen wordt onder andere een spiltrap geplaatst. Een jaar later opent het museum zijn deuren. Dankzij een schenking van een gulle gever uit Stockholm kan het dak in 1906 worden vernieuwd. Vlak na de Tweede Wereldoorlog worden plannen gemaakt voor een grote restauratie, maar het duurt nog tot 1964 voordat de financiering rond is. Het pand wordt zoveel mogelijk in originele staat hersteld. In 2011 wordt bij onderzoek van Monumentenzorg vastgesteld dat het pand ernstig is verzakt. Aan het eind van het jaar sluit het museum daarom tijdelijk zijn deuren en krijgt het een nieuwe fundering.

Historische voorwerpen

In het voorhuis van het museum staan een ijzeren geldkist en twee zeemanskisten. Op de ene kist staat het wapen van Edam (een stier) met een schip en het monogram van de VOC. De ander kist is, aan de versieringen te zien, hoogstwaarschijnlijk van een Edammer walvisvaarder geweest. De inrichting van het museum geeft een goede indruk van het leven in de 17ᵉ eeuw. Een deel van het meubilair, de wandtegels en andere historische voorwerpen komen uit het bezit van rijke Edammer families. Aan de wand hangen onder andere schilderijen van enkele legendarische inwoners.

In de gevel van het Edams Museum zit rechts naar de deur een zandstenen kraagsteen met het wapen van keizer Karel V.

De dikste man van Edam

Rechts naast de ingang hangt een doek met een afbeelding van Jan Claeszoon Clees. Deze kastelein is eind 16ᵉ eeuw met zijn 227 kg de dikste man van Edam. Trots wordt in de linker bovenhoek van het schilderij zijn gewicht vermeld. Het doek is in 1612 geschilderd, in datzelfde jaar overlijdt Clees op 42-jarige leeftijd. De onbekende schilder heeft kennelijk een voorliefde voor buitenissige mensen, want hij maakt in de Gouden Eeuw nog twee levensgrote portretten.

De man met de langste baard

De tweede illustere Edammer is Pieter Dirkszoon Langebaard. Hij is geboren in 1528 en wordt in 1586 huisvader van het plaatselijke Weeshuis. Om geld in te zamelen laat hij zijn baard groeien tot een lengte van zo'n 3 m. Op kermissen en jaarmarkten mogen mensen zijn baard tegen betaling bewonderen. Pieter Dirkszoon Langebaard overlijdt in 1606.

In 1962 worden twee huisjes toegevoegd aan de groeiende collectie Delfts blauwe miniaturen. Het eerste huisje, het Frans Hals Museum in Haarlem, is een collector's item en krijgt geen nummer. Het wordt in beperkte oplage gemaakt ter gelegenheid van het 100-jarig bestaan van het Haarlems museum. Het andere huisje, een replica van het Edams Museum, krijgt officieel het nummer 20.

'De groote meydt'

In de dependance van het Edams Museum, in het raadhuis aan het Damplein, hangt het schilderij van Trijntje Cornelisdochter Keever. Ze wordt in 1616 in Edam geboren en lijdt aan een ernstige groeistoornis. Met haar opvallende lengte wordt *'de groote meydt'* een bezienswaardigheid. Op 30 juni 1625 brengen de verbannen Boheemse koning Frederik van de Palts, zijn vrouw Elizabeth Stuart en prinses Amalia van Solms een bezoek aan Edam. De burgemeester ontvangt het hoge gezelschap op het stadhuis en toont Trijntje aan zijn gasten. *'Une jeune ville de 9 ans de merveilleuse grandeur'*, schrijft een hofdame later in haar dagboek. Trijntje moet naast een Schotse officier gaan staan om te laten zien hoe lang ze wel niet is. Uiteindelijk groeit Trijntje uit tot een lengte van negen voet en drie duim (2,60 m), alleen haar voeten zijn al 40 cm lang. Trijntjes ouders reizen met hun puberdochter als attractie langs kermissen. Uiteindelijk overlijdt ze op 17-jarige leeftijd *'te Ter Veen, in Zeeland, alwaar zij zich met haar ouders bevond, om zich te laten zien'*. *'De groote meydt'* wordt op 7 juli 1633 in de Grote Kerk van Edam begraven. Haar schoenen (maat 55) staan naast het schilderij tentoongesteld.

Beroemd in heel Europa

Ook na hun dood blijven de drie Edammers tot de verbeelding spreken. De schilderijen worden al in reisgidsen uit de 17e eeuw uitvoerig beschreven. Daardoor is het drietal tot ver over de grenzen beroemd. Eén van de rijkste mensen van Europa, de Italiaanse vorst Cosimo de Medici, brengt in 1667 een bezoek aan Edam om de schilderijen met eigen ogen te zien. Hij arriveert in een gezelschap van achttien personen, in veertien koetsen, met zes koks plus bedienden en soldaten als begeleiding. De drie schilderijen hangen eeuwenlang in stadsherberg De Prinsenhof, in 1874 verhuizen de doeken naar het Raadhuis van Edam. Vanaf 1895 maken ze deel uit van de collectie van het Edams Museum.

Trijntje Keever heeft zulke grote voeten dat ze speciale schoenen moet dragen. Ze heeft schoenmaat 55.

113

21

Markt 47, Delft

Op 3 mei 1536 dondert en bliksemt het in Delft. Het is nood-
weer en de regen komt met bakken uit de lucht. Rond twee uur
's middags slaat de bliksem in de houten toren van de Nieuwe
Kerk op de Markt. Er breekt brand uit.

Door de oostenwind slaat het vuur al snel over naar de houten
huizen ten westen van de kerk. Als door een wonder blijft het
oude stadhuis gespaard. Maar uiteindelijk gaat drie kwart van
Delft in vlammen op. Pas na drie dagen lukt het om de enorme
brand te blussen.

| 1500 | 1600 | 1700 | 1800 | 1900 | 2000 |

Aan de Markt zijn bijna
alle houten huizen door het
vuur verwoest, ook het huis
op nummer 47 is tot de grond
toe afgebrand. Delft wordt
herbouwd, maar ondertus-
sen leven veel inwoners in
grote armoede. Bovendien
heerst er hongersnood. Zelfs
de gegoede burgerij schar-
relt tussen het afval rond, op
zoek naar een laatste restje
eten. Keizer Karel V regeert
in de 16e eeuw over de Nederlanden. Hij komt in 1541
persoonlijk naar Delft om
poolshoogte te nemen. Om de
wederopbouw te stimuleren,
besluit hij dat de inwoners
voorlopig geen belasting meer
hoeven te betalen.

Van schoenmakerij naar droogerij

Bijna tachtig jaar later brandt in de nacht
van 4 maart 1618 het oude stadhuis van
Delft alsnog af. Opnieuw wordt een aantal
huizen aan de Markt in de as gelegd.
Het is heel goed mogelijk dat
het pand aan de Markt 47 ook
aan de vlammen ten prooi
is gevallen. Schoenmaker
Adriaen Jacobsz van Bleijs-
wijck geeft in 1620 namelijk
opdracht hier een nieuw
winkelpand te bouwen met
een laat-gotische gevel. In
1632 volgt zijn oudste zoon
Cornelis hem op. Zestien jaar
later koopt Adriaensz van Blijswijck,
een familielid, de winkel. Hij is zilversmid.

Onderpui in Lodewijk XIV-stijl

Het pand wisselt in de 17ᵉ eeuw verschillende malen van eigenaar en functie. Begin 18ᵉ eeuw krijgt het winkelpand zijn huidige uiterlijk. Aan de gotische top verandert niets, maar de onderpui wordt in de stijl van Lodewijk XIV gemoderniseerd. De gevel krijgt onder andere vensters met een omlijsting van natuursteen en de puibalk wordt verfraaid met gesneden consoles. Naast de deur komt in 1759 een gaper waarmee de nieuwe bewoner, apotheker Petrus van den Abeele, aangeeft dat hier een winkel in 'droogerijen en verfwaaren' is gevestigd.

De Salamander

In 1808 kondigt de dan 40-jarige Peter Anthonius Muller in de krant aan dat hij de dan al gerenommeerde 'affaire in droogerijen' overneemt. Hij staat ingeschreven als artsenij-menger, drogist en 'verw (verf) warenverkooper'. Muller noemt zijn apotheek De Salamander. Het dier staat symbool voor veerkracht, bescherming en stabiliteit. Volgens een middeleeuws bijgeloof is de salamander het enige dier dat in het vuur overleeft. Symbolisch blijft daarbij het goede behouden, het slechte verdwijnt. Met de naam verwijst Muller indirect ook naar de diverse branden die het centrum van Delft hebben geteisterd. In het snijraam wordt een afbeelding van een vuursalamander aangebracht. De jonge apotheker trouwt in 1809 met Willemien van Balen. Het paar gaat boven de winkel wonen.

Levertraan en bloedzuigers

Om zijn klantenkring uit te breiden benadert Peter Muller het Delftse Gasthuis. Daar heeft hij, voordat hij De Salamander begon, als leerling het vak geleerd. Muller heeft een goede reputatie en hij mag vanaf 1810 zelfgemaakte medicijnen, levertraan en bloedzuigers leveren. Bij de jaarlijkse controle van zijn 'droogerij' krijgt hij steevast het predikaat 'zeer goed'. In 1832 breekt in Nederland cholera uit, artsen en apothekers proberen de epidemie onder controle te krijgen. In Delft worden 354 mensen besmet, uiteindelijk sterven 155 patiënten. In 1848, twee jaar nadat Peter Mullers zoon Gerard hem heeft opgevolgd maakt cholera opnieuw slachtoffers, nu overlijden er 571 mensen. Rond 1890 komt de drogisterij in handen van apotheker Van Overvoorde. In 1900 verandert Henri Vlugt, de volgende eigenaar, het interieur. De zaken gaan goed, in 1924 en in 1934 opent hij nog twee drogisterijen.

＿ Geneeskrachtig mensenvet ＿

Het assortiment zogenaamde wondermiddelen wordt in de loop der eeuwen gestaag uitgebreid. Tot in de 18ᵉ eeuw wordt onder de naam 'Adeps hominis' mensenvet verkocht als krachtig geneesmiddel. Het wordt ook wel 'beulsvet' genoemd, want het wordt aan apothekers geleverd na de executie van een veroordeelde. 'Het zondaarsvet dat bij het koken der beenderen bovendrijft, bewaren als kostbare zalf bij aandoeningen van pezen en zenuwen.'

115

Stadsheelmeester
Pieter van Forestus.

KLM-huisje #21 wordt door Plateelbakkerij Zuid-Holland geproduceerd
in 1963. De bovenstaande huisjes
zijn zeldzame exemplaren omdat
ze gebakken zijn van grijze klei.

Bronzen vijzel uit 1759

In 1930 doet Wim, de klein-zoon van Henri Vlugt, in de kel-der onder de win-kel een bijzondere ontdekking. Nadat hij een muur heeft gesloopt, vindt hij een aantal bronzen vijzels die gebruikt zijn bij de bereiding van medicijnen. Op een ervan staat het jaartal 1759. Waarschijnlijk zijn de vijzels ooit ver-stopt voor het leger van Napoleon, dat Nederland in 1810 inlijft bij zijn Franse Keizerrijk. Als de vij-zels in Franse handen waren geval-len, zouden ze zeker zijn omgesmol-ten om er oorlogstuig van te maken.

Zowel De Salamander als de bronzen vijzel uit 1759 is nog steeds in bezit van de familie Vlugt. Inmiddels staat de vierde generatie aan het roer van een van de oudste drogisterijen van Delft.

De Delftse Donderslag

Delft is in de 17e eeuw een van de belangrijkste legerplaatsen van Nederland en heeft acht opslagplaat-sen voor wapens en buskruit, ook wel het Secreet van Holland genoemd. Op maandag 12 oktober 1654 wordt rond half tien in de ochtend de stad deels verwoest door een ont-ploffing. Een voorraad van 90.000 pond buskruit vliegt de lucht in. De explosie veroorzaakt een krater van 5 m diep en volgens de overlevering is de Delftse Donderslag zelfs op Texel te horen. Tweehonderd huizen worden met de grond gelijk gemaakt, driehon-derd staan op instorten.

Brandewijn tegen de pest

In 1573 breekt in Delft opnieuw een pestepidemie uit. De chirurgijns schrij-ven als medicijn een distillaat van wijn, granen en vruchten voor. Deze brandewijn is te koop in de apotheek en moet rechtstreeks op de huid wor-den aangebracht. Al snel krijgt men in de gaten dat de vloeistof nog lekker is ook. In 1575 begint Lucas Bols als eer-ste met de commerciële productie van gedistilleerd op basis van granen.

Komeet brengt onheilstijding

Op donderdagavond 5 maart 1556 zien de inwoners van Delft rond elf uur een komeet door de don-kere nacht voorbij schieten. Dat voorspelt niet veel goeds. En inderdaad, in de herfst van dat jaar breekt er een pestepidemie uit. Binnen een week groeien bij honderden mensen kleine puistjes uit tot zwarte etterende zweren. De oorzaak is onbekend. Delft benoemt de beroemde Pieter van Forestus tot stadsheelmeester, maar hij kan weinig doen. Angstig maken de Delftenaren allerlei papjes van geneeskrachtige kruiden, gemalen duivenpoep, wierook, gedroogde padden met azijn en kruidnagel. Maar het helpt nauwelijks. Bijna 80 procent van de zieken, in totaal meer dan 5000 Delftenaren, overlijdt. Veel mensen slaan in paniek op de vlucht. En niet zonder reden. Al vanaf de middeleeuwen is de pest een gevreesde ziekte. Tussen 1350 en 1400 sterft in Europa maar liefst een derde van de bevolking (25 miljoen mensen) aan de Zwarte Dood. Delft wordt in de 16e en 17e eeuw een aantal keer door de pest getroffen. Na 1670 komt de ziekte niet meer voor in West-Europa.

Kaai 25, Veere

22

De strategische ligging van Veere, aan de monding van de Schelde, is van grote invloed op het Zeeuwse stadje. Al vanaf de 13ᵉ eeuw wordt er intensief handel gedreven met Engeland en Schotland. Veel Schotten verhuizen naar Zeeland, als in 1444 de Heer van Veere met de Schotse prinses Mary Stuart trouwt.

In 1541 krijgt de stad het alleenrecht op de handel met Schotland. Haring, appels, uien, canvas, zeep en dakpannen (als ballast voor de schepen) gaan vanuit Veere de Noordzee over. Wol, linnen, zalm, boter en leer komen vanuit Schotland retour naar Zeeland.

1500	1600	1700	1800	1900	2000

't Lammeken

De Schotse wolhandelaar Joos Oliviers koopt in 1539 aan de Kaai in Veere een oud 15ᵉ-eeuws huis en laat het opknappen. Hij geeft bovendien opdracht om ernaast een tweede woning te bouwen. Beide koopmanshuizen krijgen een trapgevel in laatgotische stijl en worden versierd met fraaie details zoals een toppinakel, sierlijke muurankers en kruisvensters met gotische korfbogen. Op de begane grond van het nieuwe huis wordt een kleine voorkamer ingericht. De ruime 'sael', met een schouw daarachter, is van het voorgedeelte gescheiden door een houten wand. Op de tweede verdieping en op zolder worden goederen opgeslagen.

Het nieuwe huis heeft aan de voorzijde in de gevel een steen met een afbeelding van 't Lammeken, als verwijzing naar de wolhandel. Aan de achterkant zit een gevelsteen met een afbeelding van het Lam Gods. De gelovige Joos Oliviers speelt in de kleine Zeeuwse gemeenschap een belangrijke rol. Hij is niet alleen schepen van de stad maar wordt later, ondanks zijn Schotse afkomst, zelfs burgemeester van Veere.

In Den Struijs

De aankoop, bouw en verbouwing van de twee panden hebben hem echter een fortuin gekost. Hij raakt bijna bankroet. Om zijn schulden af te lossen verkoopt hij het oude huis, dat iets smaller is dan 't Lammeken, uiteindelijk in 1561 aan de Schotse koopman Jacob Couper. Omdat in de 16ᵉ eeuw huisnummers nog niet bestaan, laat de nieuwe eigenaar een gevelsteen maken met een afbeelding van een vogel en de naam In Den Struijs. Later komt het pand in handen van de Schot Joris Kinckaid.

117

De Engelse Burgeroorlog

Ook 't Lammeken verandert een aantal keer van eigenaar. Rond 1640 bewoont Thomas Cunningham het huis. Hij komt oorspronkelijk uit het Schotse Dumfries en wordt na het overlijden van zijn vader een rijk man. Cunningham erft een aantal zilveren bekers, een geslepen diamant en zijn vaders gouden zegelring met familiewapen. Hij handelt onder andere in wapens en verdient vanuit Zeeland een fortuin aan de Engelse Burgeroorlog van 1642, als de Schotten negen jaar lang tegen de Engelsen strijden. In rustiger tijden verkoopt hij in zijn vaderland ook schilderijen van kunstenaars uit Veere.

'Schotten lusten geen goedkoop voedsel'

De Schotten passen zich goed aan het leven in hun nieuwe woonplaats Veere aan. De meeste van hen spreken ook Nederlands. Ze genieten van een aantal privileges, zoals een eigen rechtspraak en voorrang in de haven. Conservator Lord Charles Stuart woont als hoogste vertegenwoordiger van de Schotten in 1750 aan de Kaai. Hij geeft in zijn brieven een aardig inkijkje in het dagelijks leven. 'Lands manieren bin wel te leeren, maar gewoontes en smaken bin dikwijls niet te verleeren.' Daarmee doelt hij bijvoorbeeld op andere eetgewoonten. Zo importeren de Schotten hun eigen oesters uit Engeland. Het zijn echte lekkerbekken; op een na zijn alle oesterbedrijven in en om Veere in Schotse handen.

Ook al zijn de Schotten vrijgesteld van het betalen van belasting, toch geven ze meer geld aan levensonderhoud uit dan de meeste Zeeuwen. 'De Schotse ingesetenen lusten geen spek, sij hebben geen smaak in gort, pappen, salade, groensel en goedkoop voedsel. Sij moeten alle daagen eens so niet tweemaal met suijvere vlees de buik vol stijgen. De Schotten verteeren meer geld om huijs te houden als de inboorlingen.' Charles Stuart pleit daarom in een brief aan het stadsbestuur van Veere voor nog meer privileges.

Nachtelijke onrust en burengerucht

In 1764 geven de regenten van Veere In Den Struijs in bruikleen aan de Schotten. Het pand wordt verbouwd tot kantoor en gratis herberg. In het House of the Scottish Nation wordt niet alleen rechtgesproken, maar ook muziek gemaakt en tot diep in de nacht gedanst en gefeest. Buurman Jan Amoury, die in 't Lammeken woont, komt regelmatig zijn beklag doen over de nachtelijke onrust. In 1795 verandert de sfeer als de Fransen de Republiek veroveren. De Schotten worden op 2 november 1799 gedwongen om Veere te verlaten. In Den Struijs wordt vervolgens gebruikt als kleding- en wapenmagazijn van een Frans garnizoen. Nadat ook de Fransen zijn verdwenen, wordt in 1824 het dak vernieuwd en de trapgevel van nummer 27 vervangen door een kroonlijst.

De ijzeren muur-
ankers van Kaai 25
zijn versierd met
distelmotieven.
De bloem komt ook
voor in het wapen
van Schotland.

KLM-huisje #22 wordt in 1963 voor
het eerst geproduceerd. Het is een
replica van huis 't Lammetje,
dat sinds 1950 deel uitmaakt van
het museum De Schotse Huizen.

Museum De Schotse Huizen

In de 19ᵉ eeuw raken zowel 't Lammeken als In Den Struijs in
verval. De panden zijn rijp voor de sloop. Daarom koopt Mattheus de Zomer in 1881 't Lammeken en begint de onttakeling.
Vloerdelen en klinkers worden uitgebroken, de dakpannen en
gootpijpen verwijderd. Toevallig wandelt jonkheer Victor de
Stuers op 9 mei 1881 voorbij. Hij is geschokt als hij ziet wat er met
het monument gebeurt. De jonkheer koopt het huis ter plekke
voor 800 gulden en redt 't Lammeken van de sloop. Hij laat het
restaureren en schenkt het cultureel erfgoed in 1907 aan de
Nederlandse Staat.

De Engelse miljonair Albert Ochs heeft ondertussen In Den
Struijs als vakantiehuis gekocht. Het wordt vanaf 1896 een trefpunt voor kunstenaars. In de Eerste Wereldoorlog vlucht de dan in
Parijs woonachtige Ochs naar het neutrale Nederland. De Engelse
kunstverzamelaar en mecenas gaat met zijn dochter Alma permanent in Veere wonen. In 1921 krijgt Ochs toestemming om
't Lammeken te gebruiken als tentoonstellingsruimte. In datzelfde jaar overlijdt hij, maar Alma blijft de Veerse kunstenaars
steunen. Bij het uitbreken van de Tweede Wereldoorlog vlucht ze
naar Engeland. De Duitse bezetter vordert de koopmanshuizen.
Na de oorlog schenkt Alma Ochs op 29 juli 1949 haar woning voor
een symbolisch bedrag aan de Staat der Nederlanden. In 1950
opent op Kaai 25-27 het museum De Schotse Huizen.

Handelsmonopolies

In de middeleeuwen proberen veel steden exclusieve
handelsverdragen te sluiten. Dit zogeheten stapel-
recht geeft het alleenrecht om bepaalde (vaak buitenlandse) goederen te verkopen op de plaatselijke markt.
Middelburg heeft bijvoorbeeld het recht op de verkoop
van Franse wijnen, Dordrecht vertegenwoordigt de
exclusieve verkoop van hout uit Duitsland. Zwolle
heeft het monopolie op aardewerk uit het Rijnland,
Bentheimer zandsteen en zout uit Frankrijk. In de stad
Groningen wordt graan uit de provincie opgeslagen en
verhandeld, Appingedam heeft het alleenrecht op de
noordelijke handel in koren en Veere bezit het stapel-
recht op Schotse handelswaar. Pas in 1815 wordt het
alleenrecht afgeschaft.

De beelden van de *Heeren en
Vrouwen van Veere* zijn in 1517
gemaakt uit kalksteen, ter verfraaiing van het stadhuis. Dertig
jaar later moeten ze al worden
gerestaureerd omdat het weer
de kalksteen aantast. In de jaren
dertig van de 20ᵉ eeuw worden
ze vervangen door exemplaren
die beter tegen weer en wind
kunnen. De originele beelden
zijn te bewonderen in de grote
'sael' van 't Lammeken.

23

Pijlsteeg 31, Amsterdam

In 1679 begint Jan Bierman in de Pijlsteeg in Amsterdam een likeurstokerij en een jeneverdistilleerderij. De zaken gaan goed. Geïmporteerd fruit van exotische herkomst is de basis voor Biermans likeuren. Hij maakt onder andere Anisette, Curaçao, Cherry Brandy, Gordon Rouge en Rum.

In dezelfde steeg koopt meester-loodgieter Gerrit van Geyen in 1685 op nummer 31 een bedrijfspand. Hij betaalt er 1000 gulden voor. De onderpui is dan nog van hout. Vier jaar later wordt het pand grondig verbouwd. Een steen met het jaartal 1689 verwijst naar deze verbouwing.

1500	1600	1700	1800	1900	2000

D'Gekroonde Wildeman.

D'Gekroonde Wildeman

Ongeveer vijftig jaar later, op 26 juni 1731, neemt de dan 37-jarige wijnhandelaar Wynand Fockink uit Steenwijk de zaak voor 6.500 gulden over van de erfgenamen van Gerrit van Geyen. Aan de gevel wordt een houten uithangbord opgehangen met de naam van het pand: D'Gekroonde Wildeman. Op het bord staat een soort Hercules met een knots en in zijn andere hand een schild met de letters WF. Het bedrijf groeit onder leiding van Wynand Fockink uit tot de grootste likeurstokerij van Nederland.

Geen opvolger in de zaak

De zaken gaan voorspoedig maar Fockink maakt zich grote zorgen. Hoewel hij veel kinderen krijgt, overleeft uiteindelijk alleen zijn dochter Maria. In 1775 trekt hij daarom een compagnon aan, Johan Melchior Dentzel. Een slimme zet van de oude Fockink, want vrouwen zijn in die tijd niet volledig tekenbevoegd en omdat Maria zijn enige erfgenaam is, zou het bedrijf anders na zijn dood in de problemen komen. Wynand Fockink overlijdt drie jaar later, in 1778. Johan Dentzel zorgt ervoor dat het bedrijf na zijn dood goed blijft draaien en internationale bekendheid krijgt. Er worden zelfs handelshuizen geopend in Berlijn, Wenen, Brussel en Parijs.

Huisje #23 is vrijwel identiek aan #11, alleen zit er een klein verschil in het bovenste venster (#11 heeft een kruiskozijn, #23 heeft een luik) en de deur is anders. Huisje #11 wordt voor het eerst uitgegeven in 1960, huisje #23 verschijnt in 1964.

Wynand Fockink, ooit de grootste likeurstokerij en distilleerderij van Nederland

Fockink overleeft de crisis

De broers Joannes en Petrus Schmitz zijn beide getrouwd met achterkleindochters van oprichter Fockink. Als Johan Dentzel in 1809 overlijdt nemen de nazaten weer het heft in handen. De broers breiden de activiteiten verder uit en kopen een aantal panden naast nummer 31. Sinds 1795 maakt Nederland deel uit van het Franse Keizerrijk. Voor de handel is het een slechte tijd. Nadat Napoleon in 1815 is verslagen, krabbelt de economie langzaam weer op. Van de 68 distilleerderijen in Amsterdam overleven slechts drie bedrijven de crisis, waaronder dat van Wynand Fockink.

Industriële revolutie

Aanvankelijk worden de zelfgestookte dranken verkocht in aardewerken kruiken. Omstreeks 1836 laat het bedrijf voor het eerst glas blazen bij de Weduwe Thijssens & Zoon. Op de onderkant van de flessen staat de firmanaam Wynand Fockink en het jaar van oprichting. De industriële revolutie en de uitvinding van moderne machines betekenen een grote sprong voorwaarts. Op de Wereldtentoonstelling van 1883 geeft Wynand Fockink opnieuw zijn visitekaartje af. En de presentatie voor een internationaal publiek blijft niet zonder gevolgen. In 1887 wordt al zes procent van de jenevers en likeuren van het bedrijf per schip naar Amerika vervoerd.

Eind 19e eeuw beschikt Wynand Fockink over vijf distilleerketels die voor het stookproces gebruikmaken van een stoommachine. Er werken dan ongeveer tachtig mensen. De concurrentie is groot; in Amsterdam zijn er, na de crisis aan het begin van deze eeuw, alweer dertig distilleerderijen actief. Maar Wynand Fockink weet zich handig te onderscheiden, mede dankzij een grote naamsbekendheid en prominente clientèle, waarmee men trots reclame maakt.

Het familiebedrijf houdt in 1920 officieel op te bestaan en wordt een NV. Met de komst van nieuwe, kapitaalkrachtige aandeelhouders lukt het om concurrerende bedrijven als H. Bootz en Levert & Co over te nemen. Maar in 1954 wordt Wynand Fockink door de aandeelhouders verkocht aan Lucas Bols. De distilleerderij, de productie van eigen likeuren en het kantoor worden ondergebracht bij de vestiging van Bols aan de Rozengracht. Tot 1970 worden daar onder de naam Wynand Fockink likeuren en jenevers geproduceerd.

Een buiging voor de eerste teug

Het karakteristieke pandje aan de Pijlsteeg wordt tot 1988 gepacht door de kleurrijke uitbater Pieter Gijsberti Hodenpijl. Hij runt er een proeflokaal met zestig verschillende likeuren als Half en Half, Volmaakt Geluk, Bruidstranen en Hansje in de Kelder. Ook wordt er natuurlijk jenever geschonken. De traditie wil dat men voor het eerste slokje het hoofd buigt en een teug uit het glas neemt.

Leegstand, krakers en doorstart

Nadat het proeflokaal in 1988 zijn deuren sluit, staat het een aantal jaren leeg. Krakers nemen bezit van het 17e-eeuwse monument en blijven er tot 1993 zitten. Vervolgens nemen Jaros Janssens en Jan Galesloot het initiatief tot de heropening van het proeflokaal. In het naastgelegen pand opent een jaar later distilleerderij De Liefde, waar Wynand Fockink likeuren, wodka en absinth gaat maken en honderd verschillende jenevers worden gestookt, onder licentie van Bols. Jenever wordt in 2008 een beschermd product. Alleen sterke drank met een alcoholpercentage van minimaal 30 procent mag de naam jenever dragen, mits de sterke drank is geproduceerd in Nederland, België, een tweetal noordelijke provincies in Frankrijk en twee Duitse deelstaten. Lucas Bols neemt in september 2013 Wynand Fockink over, zodat de jenever van Bols vanaf dat moment ook weer officieel uit Amsterdam komt.

Mient 31, Alkmaar

In 1546 koopt wijnhandelaar Jacob Gerritsz Coren in Alkmaar een huis op Mient 31. Hij laat het in een vroege renaissancestijl verbouwen. Het pand krijgt een verhoogde halsgevel met grote geveltrappen en een opvallend sieranker. De onderpui is van hout. In de volksmond wordt het pand 'De Kroon' genoemd.

In de fries zitten namelijk niet alleen gebeeldhouwde duivels, maskers en leeuwenkoppen, maar ook de keizerskroon van Karel V. Verder laat Jacob Coren de stadswapens van Hoorn (een hoorn) en Alkmaar (een burcht) op de gevel aanbrengen. De wapens verwijzen naar de geboorteplaats en de woonplaats van Coren.

1500	1600	1700	1800	1900	2000

Schoorstenen tellen

Jacob Coren overlijdt in 1566 en laat zijn zoon Gerrit Jacobsz Coren een duur pand na waarvoor veel belasting betaald moet worden. Een belastingambtenaar komt één keer per jaar kijken en telt dan het aantal schoorstenen, ramen en deuren en meet de grootte op. Zelfs het aantal dienstbodes wordt meegenomen bij het berekenen van de belasting. Na Jacob Coren wonen in de eeuw daarna nog een aantal rijke koopmannen en regenten op Mient 31. Onder hen zijn een burgemeester en een zijdekoopman.

Erebaan met status

In 1650 gaat de rijke lakenhandelaar Daniel Niellius op Mient 31 wonen. In de koopakte staat dat het huis gelegen is aan 'De Steenenmienterbrugge, daer de Croon uijthangt'. Niellius komt oorspronkelijk uit Antwerpen en is via Middelburg en Amsterdam in Alkmaar terechtgekomen. Daniel Niellius is een van de staalmeesters van de stad. Staalmeesters vergelijken de kwaliteit van laken met proeflapjes (de zogenaamde stalen), aan de hand waarvan de prijs van de stof wordt bepaald. Het is een erebaan, maar wel een met aanzien. En in zekere zin hoort De Kroon ook bij Niellius' status. Hij betaalt 10.000 gulden voor zijn nieuwe woning. De gevel wordt na de aankoop van het huis met twee beelden versierd, op de hoeken komen klauwstukken en zandstenen ornamenten in de vorm van zuidvruchten. Het fronton wordt vervangen door een houten exemplaar.

— Mient

In de 12^e eeuw wordt in Alkmaar begonnen met de aanleg van dijken. Aan een dijk aan de oostkant van de stad ontwikkelt zich een markt met een aanlegplaats (Mient). Het woord Mient is afgeleid van 'meent' en duidt op een gemeenschappelijk bezit.

KLM-huisje #24 wordt voor het eerst uitgegeven in 1965.

Geloof, hoop en …

De nieuwe eigenaar is naast zijn werk als lakenhandelaar ook ouderling van de remonstrantse kerk. Zijn geloofsovertuiging is te zien aan de twee vrouwenfiguren die links en rechts van de eerste geveltrap staan: Geloof (met een kruis en een bijbel) en Hoop (met een anker en een vogel, een feniks). In Alkmaar gaat het verhaal dat er ooit ook nog een derde beeld was, Liefde, die op de top van de gevel zou hebben gestaan. Waar dit beeld is gebleven en waarom het is verdwenen, is onbekend. Bij zijn dood in 1698 laat Niellius een aardig kapitaal na. De rente dient om gelovige inwoners van Alkmaar financieel te ondersteunen als ze willen toetreden tot de remonstrantse broederschap.

In 1690 wordt De Kroon voor 5000 gulden verkocht aan mr. Gualterus Zeeman. Hij heeft lange tijd met zijn vrouw Sara in Indië gewoond. Samen willen ze hun laatste levensjaren in Alkmaar doorbrengen. Na het overlijden van Zeeman in 1701 wordt het pand voor 5000 gulden verkocht aan Aris van der Mieden. Deze advocaat is getrouwd met Anna Coren, een nazaat van de eerste eigenaar Jacob Coren. Het echtpaar heeft twee zonen. De oudste zoon Jacob gaat na het overlijden van zijn ouders op Mient 31 wonen. De andere zoon, Adriaan, een persoonlijke vriend van prins Willem IV, verhuist naar Den Haag en wordt raadsheer bij het Hof van Holland.

In 1759 wordt Mient 31 voor 4000 gulden verkocht aan een familielid, mr. Gualtherus George Gideo van der Mieden. Hij laat het pand moderniseren, de houten onderpui wordt vervangen door steen en het achterhuis ('daer 't Roode hart uijthangt') wordt bij de woning betrokken. In de voorkamer wordt een met marmer ingelegde schouw geplaatst, met een paneel uit 1607 waarop de bekering van Paulus staat afgebeeld. In het achterhuis bevindt zich een tweede schouw met betimmering in rococostijl. Op deze schouw hangt een paneel van een landschap, geschilderd in 1761. In de 19e eeuw wordt meester-broodbakker Van den Bosch voor 2500 gulden eigenaar van De Kroon en bouwt op het achtererf een bakkerij. In 1906 wordt de bakkerij door een nieuwe eigenaar vervangen door een broeikas.

Orginele bouwconstructie

In 1925 komt het pand in bezit van de Vereniging Hendrick de Keyser, die zich inzet voor het behoud van monumentale panden. Het jaar daarop wordt het huis compleet gerenoveerd, waarbij onder andere de puibalk uit de 18e eeuw wordt vervangen. In 1968 wordt het dan ruim vierhonderd jaar oude monument opnieuw gerenoveerd.

Uit onderzoek naar de jaarringen van het bouwskelet van De Kroon blijkt dat het huis nog steeds rust op de originele constructie uit de 16e eeuw. Dit geldt ook voor de balken op de eerste verdieping. De sleutelstukken zijn bovendien versierd met een renaissanceprofiel. Ook het grote sieranker tussen de vensters op de eerste verdieping is nog origineel en aangebracht in 1546.

Daniel Niellius behoort in de 17e eeuw tot de elite van Alkmaar en is een man van aanzien. De Amsterdamse kunstenaar Adriaen Backer schildert in 1671 een portret van hem.

Spieringstraat 1-3, Gouda

De Heilige Geestmeesters in Gouda ontfermen zich vanaf de middeleeuwen over de weeskinderen en armen van de stad. Maar het tehuis aan de Jeruzalemstraat is alleen bedoeld voor de poorters van Gouda en voor kinderen die in de stad zelf geboren zijn. Wezen en armen van buiten worden elders opgevangen.

Bij gebrek aan financiële middelen moeten de regenten van Gouda bijspringen en ze besluiten in 1586 tot het oprichten van de Aalmoezenierskamer op de Spieringstraat. Ook kinderen van niet-Goudse burgers krijgen vanaf dat moment een goed onderdak.

| 1500 | 1600 | 1700 | 1800 | 1900 | 2000 |

In 1602 breekt er in Gouda een pestepidemie uit die veel slachtoffers maakt. Het aantal wezen in de stad groeit snel en de opvang in beide instellingen is met recht middeleeuws te noemen. Pas in 1642 wordt besloten om een nieuwe instelling te bouwen aan de Spieringstraat. Daarvoor worden zes woningen afgebroken. De lange vleugel aan de straatkant krijgt een maniëristische rolwerkgevel met natuurstenen banden, korfvormige ontlastingsbogen, een fraai bewerkte waterlijst en sierankers. Daarnaast wordt een poortje in classicistische stijl gebouwd, met een afbeelding van twee weeskinderen, het stadswapen van Gouda en het jaartal 1642.

Op de fries boven de toegangspoort komt de volgende tekst: *'Ons magistraat en wijsen raet met de regenten al haar eer en lof nimmermeer in 't stof verrotten zal: opdat se weer voor wesen teer zoo Gouds als vreemde kinderen hier Ter Gouw dit schoon gebouw doen stichten zonder minderen.'*

Regentenschilderij

Na de opening van het pand zijn de regenten van Gouda zo met zichzelf ingenomen dat Gerrit Jansz 't Hart, de voorzitter van het regentencollege, zich in 1644 samen met het bestuur door de schilder Jan Franszoon Verzijl laten schilderen. Op het doek liggen op tafel de bouwtekeningen van het Wees- en Aalmoezeniershuis. Verzijl heeft zichzelf overigens ook afgebeeld, hij is tenslotte de zwager van de voorzitter. Het schilderij krijgt een prominente plaats in de regenten in de voorzaal. Daar staat ook een imposante schouw met als steunpilaren twee beelden van Goudse wezen, een jongen en een meisje in het uniform van het Weeshuis.

Huisje #25 wordt geproduceerd in 1966. Vijf jaar eerder is van het voormalige Weeshuis in Gouda al een minder gedetailleerde versie gemaakt. Huisje #25 lijkt daarom sterk op #17.

In 1683 wonen er zestig jongens en 55 meisjes in het tehuis. In opdracht van de zes regenten zorgen een 'binnenvader en -moeder' voor de weeskinderen. Ze hebben eigen staf ter beschikking met een bakker, kleermaker, schoolmeester, apotheker en chirurgijn. In juni 1795 worden de regenten uit kostenbesparing door het nieuwe stadsbestuur van hun taak ontheven. Het aantal kinderen stijgt in 1795 van 89 naar 120 kinderen in 1801.

In dienst van Napoleon

In oktober 1806 worden alle mannelijke wezen opgegeven voor militaire dienst, maar geen enkel weeskind komt door de keuring. En dat is niet toevallig, maar het is opzet en juist de bedoeling van de regenten van het tehuis. Drie jaar later worden de wezen van zestien jaar en ouder opnieuw opgeroepen, ze moeten zich melden in Utrecht. Drie jongens besluiten te vluchten, want een leven als soldaat zien ze niet zitten. In juli 1809 moet het Aalmoezeniershuis verplicht twaalf weeskinderen afstaan aan het leger van Napoleon Bonaparte. Steeds meer mannelijke wezen verdwijnen de militaire dienst. Het wordt steeds moeilijker om het Weeshuis financieel draaiende te houden. Daarom moeten in 1811 weeskinderen ouder dan achttien jaar het tehuis verlaten. In zowel het Heilige Geest Weeshuis als het Aalmoezeniersweeshuis heeft men met onderbezetting te kampen. Daarom worden de tehuizen in 1812 samengevoegd op de Spieringstraat. Poorter of niet, de afkomst van de weeskinderen doet er vanaf dat moment niet meer toe. Er wonen op dat moment 116 weeskinderen.

Weeskinderen geweigerd

Maar als in 1849 het aantal weeskinderen fors toeneemt, besluit het bestuur om kinderen van tien jaar en ouder niet meer toe te laten. En opnieuw wordt er geselecteerd of het weeskind wel echt een Gouwenaar is. De geweigerde kinderen worden in het Bestedelingenhuis ondergebracht, samen met armen en bejaarden. De oudere weeskinderen moeten werken voor de kost. In 1874 wordt in Nederland kinderarbeid bij wet verboden. Vanaf dat moment krijgen de jongere weeskinderen tot veertien jaar allemaal schoolonderricht.

Afschaffing uniformen

Na een uitbreiding van het tehuis aan de Spieringstraat in 1877 worden de overgebleven vijftien weeskinderen uiteindelijk weer overgeplaatst naar het Verenigde Wees- en Aalmoezeniershuis op de Spieringstraat. In 1895 wonen er nog tachtig weeskinderen, maar dat aantal daalt de jaren daarna snel. Op 29 april 1921 brengen koningin Wilhelmina en prinses Juliana een bezoek aan Gouda. De weeskinderen vormen in hun uniformen een erehaag voor het koninklijke bezoek. Het verplicht dragen van deze rood-witte kleding wordt in 1928 afgeschaft.

Van Weeshuis tot bibliotheek

In het najaar van 1939 krijgen twee grote groepen Duits-Joodse weeskinderen tijdelijk onderdak in het Weeshuis. Tegen het eind van dat jaar verlaten ze het pand weer. In 1941 vorderen de Duitsers het tehuis, er zijn dan nog twaalf weeskinderen over. Zij worden op een ander adres ondergebracht. Bij gebrek aan belangstelling wordt in 1948 besloten om het Weeshuis op te heffen. Tussen 1968 en 1973 wordt het pand gerenoveerd. Vanaf 1973 is de Openbare Bibliotheek van Gouda gevestigd aan de Spieringstraat 1-3. In de leeszaal in de voorkamer hangt het regentenschilderij uit 1644 en is de schouw met beelden van twee weeskinderen te bewonderen.

26

Nieuwe Uitleg 16, Den Haag

Met de aanslag op aartshertog Franz Ferdinand van Oostenrijk-Este en zijn vrouw gravin Sophie slaat op 28 juni 1914 de vlam in de pan. Nog diezelfde dag breekt de Eerste Wereldoorlog uit. Duizenden mensen vluchten naar het neutrale Nederland.

Net voor het uitbreken van de oorlog is ook een beroemde artieste vanuit Berlijn naar haar vaderland teruggekeerd. Haar naam is Mata Hari. Ze is de geheime minnares van een aantal hoogge-plaatste officieren en buitenlandse diplomaten. In Den Haag waant Mata Hari zich veilig.

1500	1600	1700	1800	1900	2000

Strategische ligging

Mata Hari wordt als Margaretha Geertruida Zelle op 7 augustus 1876 geboren in Leeuwarden. Na een opwindend leven in de belangrijkste hoofdsteden van Europa, zoekt ze aan de vooravond van de Eerste Wereldoorlog een veilig heenkomen in Den Haag. Ze huurt van de gezusters Van de Veen een huis aan de Nieuwe Uitleg 16. Het adres is niet toevallig gekozen maar is een strategische uitvalsbasis. Het ligt op een steenworp afstand van Hotel Des Indes, waar de internationale elite, het corps diplomatique, hoge leger-officieren en buitenlandse spionnen elkaar ontmoeten.

Mata Hari's huurwoning op Nieuwe Uitleg 16 bestaat uit twee achter elkaar liggende panden, die in 1906 met elkaar zijn verbonden. Het voorhuis aan de grachtzijde is rond 1800 gebouwd en heeft een eenvoudige, onopvallende gevel. Daarachter ligt een ruim herenhuis met in totaal zes kamers en een kleine binnenplaats.

NIEUWE UITLEG

Dubbelspionne

Mata Hari huurt vanaf september 1914 het herenhuis aan Nieuwe Uitleg 16 in Den Haag. Voordat ze erin trekt, laat de beroemde danseres en courtisane haar nieuwe woning uitgebreid renoveren en inrichten. Het huis moet van top tot teen worden geschilderd en behangen, er wordt gasverlichting aangelegd en er komt een tweede badkamer. Ondertussen neemt de artieste haar intrek in Hotel Paulez, vlak bij de Nieuwe Uitleg.

Visitekaartje van Mata Hari.

Mata Hari wordt onderhouden door haar minnaars, want financieel zit ze volledig aan de grond. De hele verbouwing kost haar 400 gulden. In ruil voor een schuldbekentenis mag ze de rekening over twee jaar gespreid betalen. Maar de schilders en timmermannen zijn minder coulant dan aannemer Soet. Ze komen haar, met hun facturen, opzoeken in Hotel Paulez.

Hysterische aanvallen

Na acht maanden is de verbouwing en inrichting gereed. Nu kan ook haar Limburgse huishoudster, Anna Lintjens, overkomen. De laatste inspectie voor de oplevering verloopt echter in een grimmige sfeer. Soet heeft nieuwe meubels laten maken en Mata Hari klaagt over de kwaliteit van haar bed. De aannemer beweert dat het matras van de beste kwaliteit paardenharen is gemaakt. Woedend rent Mata Hari daarop naar de keuken en snijdt vervolgens met een mes het matras open. Ze roept hem toe: *'Is dat de kwaliteit die u gewend bent?'* Ook de verhuizing van haar meubels leidt tot een hysterische aanval. Een kledingkast past niet door het trap-

pengat. Mata Hari krijgt een rode waas voor haar ogen en duwt de kast woedend de trap af. *'Als ik boos ben, denk ik niet zo over mijn woorden na'*, verexcuseert ze zich later.

Isaac Israëls maakt in 1916 een schilderij van Mata Hari. Het wordt op een veiling gekocht door de kunstverzamelaar Helene Kröller-Müller. Het doek hangt in Hotel Des Indes in Den Haag.

Anna Lintjens,
de, Limburgse
huishoudster
van Mata Hari.

Danseres wordt dubbelspionne

Ondertussen worden haar financiële problemen steeds groter. De Duitse consul brengt Mata Hari een bezoek en biedt 20.000 gulden als ze spionagewerk in Frankrijk wil doen. Parijs kent ze als haar broekzak. Ze heeft er voor de oorlog gewoond. De reis biedt haar bovendien de kans tien kisten met persoonlijke bezittingen op te halen.

Mata Hari vertrekt eind 1915 naar Frankrijk maar reist, in verband met de oorlog, via een omweg. Ze gaat eerst per schip naar Engeland. De Engels geheime dienst blijkt al op de hoogte te zijn van haar komst. Ze laten haar doorreizen naar Spanje, op voorwaarde dat de artieste ook voor Engeland gaat spioneren. Uiteindelijk komt de dubbelagente in december 1915 in Parijs aan en reist begin 1916 terug naar Nederland. Vlak na haar thuiskomst laat ze een portret van zichzelf schilderen door Isaac Israëls.

Op 24 mei 1916 vertrekt Mata Hari met het stoomschip De Zeelandia opnieuw van Spanje naar Frankrijk. Maar bij de Spaans-Franse grens wordt ze tegengehouden. Door tussenkomst van een bevriende oud-diplomaat mag Mata Hari uiteindelijk toch doorreizen, maar ze weet niet dat ze gevolgd wordt door de Franse spionagedienst. Ze gaat eerst naar Parijs en viert daarna twee weken vakantie met een minnaar in Vittel. Ondertussen woedt de oorlog in alle hevigheid voort. Eenmaal terug in Parijs wordt ze in verband met haar connecties gevraagd om ook voor de Fransen spionagewerk in Nederland te verrichten. Via Spanje en Engeland gaat ze per boot naar huis. Maar op de terugreis wordt Mata Hari in november 1916 in Engeland door Scotland Yard van boord gehaald, ondervraagd en teruggestuurd naar Spanje.

Agent H-21 terechtgesteld

De Duitse inlichtingendienst stuurt een telegram naar de contactpersoon van Mata Hari.

'ZEG AGENT H-21 NAAR FRANKRIJK TERUG TE KEREN EN HAAR MISSIE VOORT TE ZETTEN – STOP – ZE ZAL EEN CHEQUE ONTVANGEN VOOR 5.000 FRANCS.'

Op 2 januari 1917 steekt Mata Hari opnieuw de Spaans-Franse grens over en wordt een kleine maand later in Parijs voor contraspionage gearresteerd. Vanuit de cel schrijft ze wanhopig brieven naar vroegere minnaars: *'Het is een misverstand: maar ik bid u, help mij.'* Ze stuurt een noodkreet naar haar huishoudster Anna in Den Haag. *'Ik verzeker u dat ik half gek van verdriet ben.'* Het levert weinig op. Na een proces wordt Mata Hari op 15 oktober 1917 door een vuurpeleton terechtgesteld. De inboedel van haar huis op de Nieuwe Uitleg in Den Haag wordt geveild om de achterstallige huur te betalen. De processtukken worden officieel pas in 2017, honderd jaar na haar dood, openbaar gemaakt.

NCER DOOMED AS SPY.

DANCER DOOMED AS SPY.

French Court-Martial Rejects Appeal of Mlle. Mata Hari.

PARIS, Aug. 17. — A revision court-martial has rejected the appeal of the Dutch dancer, Mata Hari, who was recently condemned to death as a spy.

Mlle. Mata Hari was born in the Dutch East Indies and claimed to be of Dutch nationality. Before her marriage she was Marguerite Zell, daughter of a Dutch planter. The girl is said to have begun her dancing in Burma, in a Buddhist temple. Later she is said to have fled from her husband, an English Baronet, and gone to Paris, where her dancing won fame for her.

The New York Times, 18 augustus 1917.

Het Delfts blauwe KLM-huisje #26 wordt voor het eerst uitgebracht in 1966.

Fie Carelsen in haar rol als Mata Hari.

De volgende illustere bewoonster van Nieuwe Uitleg 26 is de actrice Sophia de Jong, beter bekend onder haar artiestennaam Fie Carelsen. Ze is de grande dame van het Nederlands toneel en staat in de jaren twintig op het hoogtepunt van haar roem. Maar Sophia is niet gelukkig. Haar grote liefde, de beroemde cabaretier Jean-Louis Pisuisse, heeft haar net verlaten voor een andere vrouw. De toneeldiva raakt vervolgens helemaal in de ban van de vrouw, die vóór haar op dit adres heeft gewoond. Net als Mata Hari laat de actrice zich door Isaac Israëls schilderen. Bij haar 25-jarig jubileum in 1932 wordt er een hoofdrol voor haar geschreven in een toneelstuk over Mata Hari.

'Ik vind het niet zoo bijzonder prettig om te jubileeren. Ik moet mijn rol leeren. Die rol is de grootste die ik nog ooit heb geleerd, ontzettend veel woorden. Ze brengen me tot wanhoop. En hoe meer ik er nu over praat, hoe meer eischen men zal gaan stellen en hoe meer ik er tegen op zal gaan zien.'

De kritieken zijn vernietigend en het stuk wordt een grote flop. In 1938 verhuist Fie Carelsen naar een andere woning. Nieuwe Uitleg 26 gaat opnieuw in de verhuur en wordt later verkocht.

Paul Steenbergen en Wim Ibo onthullen in 1976 een gedenksteen ter herinnering aan de toneeldiva Fie Carelsen.

HIER WOONDE
VAN 1923 TOT 1938
FIE CARELSEN
LA GRANDE DAME
VAN
HET NEDERLANDS TONEEL

Aquarel van Fie Carelsen door Isaac Israëls (1920).

Eerbetoon aan twee diva's

Fie Carelsen neemt in 1958 na vijftig jaar afscheid van het toneel en trekt zich terug in de anonimiteit. De liefde voor Jean-Louis Pisuisse heeft haar leven beheerst. Ze laat in haar testament vastleggen dat er jaarlijks een Pisuisse-prijs moet worden ingesteld voor leerlingen van de Kleinkunst Academie in Amsterdam. Fie Carelsen overlijdt in 1975. Een jaar later onthullen acteur Paul Steenbergen en journalist Wim Ibo een gedenksteen, rechts naast de voordeur van haar voormalige woning aan Nieuwe Uitleg 16. Aan de linkerkant wordt later, achter een vensterluik, een plaquette met de beeltenis van Mata Hari geplaatst.

Het huis van een danseres.

Gistermiddag hebben honderden zich verdrongen om een kijkje te nemen in het huis op den Nieuwen Uitleg te 's Gravenhage, waar wijlen Mata Hari, anders gezegd Margaretha Zelle of Von Zelle haar Haagsche nestje had ingericht. En de — om allerlei reden! — begeerige dames en heeren moesten bij groepjes worden binnengelaten. Was het dan ook niet een allerfatsoenlijkste gelegenheid voor fatsoenlijke burgers om dit — nu ja, 'n beetje onfatsoenlijke — huis binnen te komen? vraagt de „N. Ct.". Zoo hebben honderden brave, door de kou wat roode, neuzen naar hartelust kunnen snuffelen, honderden o, zoo deugdzame oogen hier kunnen rondgluren naar al dit, dat der Zonde was. Naar de speelsche gravuretjes aan den wand, naar de kristallen wijnglazen en het blauwe porselein, naar het groote bad, dat nu stoffig en kil was, maar dat eertijds het dampende, geparfumeerde water bevatte, waarin Mata Hari zich waschte. Naar het postpapier, de muziek, de boeken, naar het luxueuse bed en de zijden gewatteerde dekens met het wapen der Zelle's.

Tusschen deze vaak verfijnde weelde bewoog zich, op modderschoenen, het belangstellende publiek. Sommigen keken, snuffelden met buitengewonen ijver, anderen wisten wel eens niet goed, hoe ze wel kijken moesten.

In de achterkamer hing een pastel-portret van een schoone vrouw met blanke, prachtig-gelijnde armen en donkere passie-oogen 't Was of ze hautain glimlachte om het gedrang in dit huis, háár huis....

Leeuwarder Courant, 8 januari 1918.

27

Nieuwehaven 59, Rotterdam

In de 17ᵉ eeuw wordt aan de noordzijde van de Nieuwehaven in Rotterdam een koopmanshuis gebouwd. De eerst bekende eigenaar is Adriaan van Berckel. Hij komt uit een familie van Brabantse lakenhandelaren die onder de handelsnaam Compaignie van Laeckenneringe in Rotterdam een fortuin vergaren.

Als het bedrijf na de dood van de broers uit elkaar valt, rollen hun weduwen bijna vechtend over straat. Eén van de kinderen, Adriaan van Berckel, ziet het met afschuw aan. Er is onenigheid over de verdeling van de erfenis, waarvan alleen al de inboedel wordt geschat op 28.930 gulden.

| 1500 | 1600 | 1700 | 1800 | 1900 | 2000 |

17ᵉ-eeuws koopmanshuis bij bombardement op Rotterdam verwoest

Zeepziederij De Zeepketel

Van Berckel staat juist op het punt om zijn overleden vader Eymbrecht als lakenhandelaar op te volgen, maar kiest uiteindelijk voor de handel in zeep. Hij begint een zeepziederij, De Zeepketel. Hoewel de marges op de productie van zeep klein zijn, verdient hij goed. Van Berckel wordt uiteindelijk regent van Rotterdam en in 1634 Ontvanger-Generaal van de Admiraliteit. Hij trouwt met Ida Schagen. Het paar krijgt een zoon, Pieter. Ondertussen blijft de ziederij, die inmiddels is omgedoopt in Het Houftijser, zeep produceren.

Zandstenen ornamenten

Adriaan van Berckel wordt op 1 mei 1660 eigenaar van een statig koopmanshuis aan Nieuwehaven 59. Het pand op de noordelijke kade is bijna 6 m breed. Aan de linkerzijde loopt de Zevenhuissteeg. Aan de achterkant, op het Groenendaal, koopt Van Berckel vier jaar later een pakhuis en voegt het pand aan zijn woning toe. In 1668 koopt hij een tweede pakhuis en in 1679 wordt het complex aan de achterkant nogmaals uitgebreid.

Plattegrond van het historische centrum van Rotterdam in 1865.

Zijn zoon Pieter erft, na het overlijden van zijn vader, het imposante koopmanshuis. Hij gaat ook de handel in en laat in 1715 onder andere de gevel van Nieuwehaven 59 met zandstenen ornamenten verfraaien. De entree wordt geflankeerd door Korinthische zuilen. Bovendien wordt de kroonlijst naar de laatste mode opgehoogd. Daardoor is het puntdak vanaf de straat niet meer te zien. Op een schilderij van omstreeks 1755 is te zien dat boven de kroonlijst, links en rechts naast de twee verticale banden (lisenen), portretten hangen. De banden worden aan de rand van het dak bekroond door twee zandstenen siervazen.

Gezicht op de noordelijke kade van de Nieuwehaven omstreeks 1755. De smalle steeg tussen het huis met de 17e-eeuwse trapgevel en rechts daarvan, het huis op nummer 59 met de 18e-eeuwse lijstgevel, is de Zevenhuissteeg.

_ De Verwoeste Stad _

Het bombardement op Rotterdam in 1940 verwoest veel beeldbepalende gebouwen. De tweede stad van Nederland wordt in de loop der jaren herbouwd en telt nu nog 750 beschermde monumenten, waarvan 520 rijksmonumenten en 230 gemeentelijke monumenten. Amsterdam komt in vergelijking met Rotterdam redelijk ongeschonden de oorlog door en telt 7150 monumenten. Ter herdenking aan de Tweede Wereldoorlog staan in Rotterdam ruim zestig oorlogsmonumenten. Het beeld De Verwoeste Stad dat de kunstenaar Zadkine in 1953 maakt, is waarschijnlijk een van de bekendste.

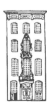

KLM-huisje #27 wordt voor het eerst uitgebracht in 1966.

Gemeentearchief deels vernietigd

Het pand blijft uiteindelijk ruim een eeuw in het bezit van de familie Van Berckel en wordt naderhand verkocht aan een andere koopman. In de loop der eeuwen veranderen de pakhuizen en het koopmanshuis verschillende keren van eigenaar. Gaandeweg worden de panden weer gesplitst. Het gemeentearchief wordt in de 20ᵉ eeuw bij een brand deels vernietigd. Uit de bewaard gebleven stukken wordt in ieder geval duidelijk dat vanaf 1912 gisthandelaar en brander J. Houtman eigenaar is van een deel van de pakhuizen en het voorhuis. Een tweede pakhuis komt vanaf 1916 in handen van L. van Pelt, die er een drogerij begint. In 1919 neemt de NV Handels Vereeniging het complex over en vestigt op Nieuwehaven 59-61 een fabriek voor 'weven en vesels'. In de jaren dertig van de 20ᵉ eeuw zit in het koopmanshuis het kantoor van Heybroek's Groothandel. Deze firma verkoopt ijzerwaren en gereedschap.

Bombardement op Rotterdam

Op 10 mei 1940 verklaart Duitsland aan Nederland de oorlog. Vier dagen later, op 14 mei, wordt rond half twee 's middags het historische centrum van Rotterdam bij een bombardement vernietigd. Met de brute aanval proberen de Duitsers het verzet tegen de oprukkende nazi's te stoppen. Utrecht zal het volgende doelwit worden. Nog diezelfde middag capituleert Nederland. De aanval op Rotterdam duurt slechts een kwartier, maar heeft een verwoestende uitwerking. Achthonderd mensen komen bij het bombardement om het leven, 24.000 woningen gaan in vlammen op. Ook de Nieuwehaven wordt compleet van de kaart geveegd. De firma Heybroek maakt na het bombardement vanuit een noodwinkel een doorstart. Nieuwehaven zelf wordt volgestort met puin. Alleen een straatnaambord herinnert er nu nog aan dat hier ooit een gracht liep.

Nadat bij de aanval op Rotterdam ook Nieuwehaven is platgebombardeerd, wordt in de zomer van 1940 besloten om met puin de gracht te dempen.

134

Groote Markt 2ª, Rotterdam

Karel V treedt in 1555 af als keizer. Hij is teleurgesteld over het verzet van de afzonderlijke landen tegen de 'Europese eenwording'. Ook is het hem niet gelukt om alle onderdanen tot het katholieke geloof te bekeren. Zijn streng gelovige en fanatieke zoon Filips II, koning van spanje, neemt het stokje over.

Er breekt in Europa een godsdienststrijd uit waarbij duizenden niet-katholieken in blinde paniek op de vlucht slaan. De Noordelijke Nederlanden bevrijden zich van het Spaanse juk en worden een vrijhaven voor mensen met een ander geloof. De Tachtigjarige Oorlog is begonnen ...

| 1500 | 1600 | 1700 | 1800 | 1900 | 2000 |

Geitenbloed aan de gevel

In 1570 wordt op de Groote Markt in Rotterdam een huis gebouwd in Zuid-Hollandse stijl. Aan twee kanten heeft het pand een trapgevel, de vensters worden overdekt met uitstekende booglijsten. Over de eerste bewoners van het huis is weinig bekend. Mogelijk woonde hier het echtpaar Fredericx, met hun dochtertje Kerstiaen.

In de Nederlanden is de relatieve rust omgeslagen in een felle strijd. De Spanjaarden onder leiding van de graaf van Bossu vallen Rotterdam aan. Ze gaan na de verovering van de stad van deur tot deur om tegenstanders op te pakken. Het Spaanse leger trekt plunderend en moordend rond. Op hun rooftocht doden ze zeker veertig Rotterdammers. *'Joelend en tierend gaat het naar de Grootemarkt waar de Spaansche vlag wordt geplant. Wie tegenstand biedt, wordt gedood.'* Het beeld van Erasmus wordt kapotgeschoten en in het water gesmeten.

Volgens een legende wordt aan de gevel van de Groote Markt 2ª geitenbloed gesmeerd om de Spanjaarden te doen geloven dat de bewoners zijn gevlucht. Een aantal mensen heeft zich namelijk in het huis verstopt en men staat doodsangsten uit. In de volksmond zou het pand daarom na 1572 de bijnaam In Duijsent Vreesen hebben gekregen.

135

KLM-huisje #28
wordt voor het
eerst uitgebracht
in 1966.

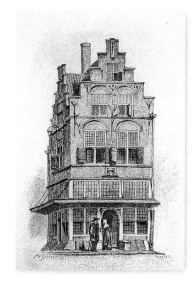

Voogden verkopen huis

De ouders van Kerstiaen Fredericx overlijden onder onduidelijk omstandigheden en ze wordt een weeskind. De voogden van het meisje verkopen het huis op 9 juni 1575 aan Adriaen Michielsz. Na zijn overlijden verkoopt diens weduwe het huis op 24 januari 1590 weer door aan Bartholomeus Jansz. Ondertussen is op de gevel een steen geplaatst met het jaartal 1594, mogelijk ter gelegenheid van een verbouwing. Via verschillende eigenaren komt het huis in handen van de schoenmaker Cornelis Hendricksz.

___ In Duijsent Vreesen ___

De naam In Duijsent Vreesen komt ook voor in een tweede legende waarbij het Spaanse leger opnieuw een rol speelt. De 90-jarige schoonvader van schoenmaker Hendricksz zou twee dagen aan zijn rechterbeen aan de deurpost zijn opgehangen, als vergelding voor het verzet tegen de Spanjaarden. Hij wordt in zijn been geschoten waardoor hij voor de rest van zijn leven kreupel zou lopen.

Beide verhalen over de herkomst van de naam In Duijsent Vreesen spreken in de eeuwen daarna sterk tot de verbeelding. Maar of er een kern van waarheid in zit...? Hoe dan ook, de naam van het huis duikt pas voor het eerst officieel op in een testament uit 1607.

De Groote Markt op marktdag met het huisje In Duysent Vreesen.
Omstreeks 1870 geschilderd door Frans van Gulik.

Het tegeltableau van de in 1940 verwoeste gevel is bewaard gebleven en maakt deel uit van de collectie van het Historische Museum Rotterdam. Het onschuldig lam verbeeldt de Republiek, omringd door gevaarlijke roofdieren. De twee mannen symboliseren het Spaanse leger en het leger van de opstandelingen. Het museum bezit ook diverse schilderijen met een afbeelding van In Duijsent Vreesen en een maquette van het huis.

___ Spaans leger van 58.000 soldaten _____

In 1575 probeert het Spaanse leger de opstand in de Nederlanden te onderdrukken. Van de manschappen zijn er slechts 8000 soldaten van Spaanse origine, 25.000 huurlingen komen uit de Nederlanden zelf en nog eens 25.000 uit de Duitstalige gebieden.

Schoolplaat met een afbeelding van de Spaanse troepen die onder leiding van de graaf van Bossu op 9 april 1572 Rotterdam aanvallen.

'Kouzen, wollen & saaietten'

Na de Tachtigjarige Oorlog wordt op de gevel een tegeltableau aangebracht waarop de Spaanse soldaten staan afgebeeld en de naam van het huis wordt vermeld. Rond 1758 wordt de voorgevel aangepast: de trapgevel verdwijnt en wordt vervangen door een tuitgevel met een rechte lijst. Ook de onderpui wordt verbouwd, omdat op de begane grond een winkel komt. Tot in de 19e eeuw blijft de situatie onveranderd. In 1830 hangt boven de ingang een bord met de tekst 'Kouzen, wollen & saaietten'. De Rotterdamse legende spreekt zo tot de verbeelding dat over het huis In Duijsent Vreesen in 1867 een toneelstuk wordt gemaakt.

Bombardement

Ook wordt in de 19e eeuw in reisgidsen beschreven hoe het huis aan zijn naam komt. Zo maakt de Italiaanse schrijver Edmondo de Amicis in 1873 een reis door Europa. Hij beschrijft in het reisboek Ollanda zijn bezoek aan Rotterdam, wijst de lezer op het tegeltableau en vertelt het verhaal achter In Duijsent Vreesen. Het pand wordt gaandeweg een toeristische attractie. Aan de zijkant van het pand staat inmiddels de naam In Duijsent Vreesen in het Frans, Duits en Engels vermeld. Ondanks de internationale faam verandert het huis langzaam in een bouwval. In 1895 wordt besloten het pand te renoveren. Uiteindelijk wordt het nog geen vijftig jaar later, bij het bombardement op Rotterdam op 14 mei 1940, totaal verwoest.

Kort Galgewater 21, Leiden

Het noordelijk deel van de Nederlanden vecht zich tijdens de Tachtigjarige Oorlog een weg naar de vrijheid. De Republiek der Zeven Verenigde Nederlanden is een feit. In het zuidelijk deel (het latere België) blijft het katholieke geloof de enige toegestane godsdienst. Duizenden mensen vluchten daarom naar de jonge Republiek.

| 1500 | 1600 | 1700 | 1800 | 1900 | 2000 |

Een groot aantal protestantse Vlaamse lakenhandelaren en ambachtslieden vestigt zich eind 16e eeuw in Leiden. De nieuwe textielindustrie geeft een enorme impuls aan de welvaart. In de Gouden Eeuw groeit het inwoneraantal van Leiden hard en wordt de stad, na Amsterdam, de tweede stad van het land. Leiden is niet berekend op zoveel nieuwe inwoners en het bestuur besluit in 1611 de stad uit te breiden. De industrie wordt naar buiten het centrum verplaatst; schepen kunnen voortaan aan het Galgewater hun goederen lossen.

Hollandse renaissancestijl

De bekende bouwmeester Lieven de Key ontwerpt aan het Galgewater een nieuwe stadstimmerwerf, bedoeld als werkplaats en opslag van bouwmaterialen. Naast het complex wordt een huis gebouwd, in typisch Hollandse renaissancestijl. De woning krijgt een imposante hoge trapgevel van rode baksteen, natuurstenen speklagen en kruiskozijnen met opvallende roodwitte luiken. Op de top wordt een zandstenen leeuw geplaatst, met het wapen van Leiden. Na de oplevering in 1612 neemt de dienst gemeentewerken het complex in gebruik. Stadstimmerman Jan Ottensz van Seyst gaat met zijn gezin in het aangrenzende huis wonen.

STADSTIMMERWERF:
Woning ten behoeve van de stadstimmerman, 1612.
KON NED TOERISTENBOND A.N.W.B

Rembrandt als kind in 1612 ooggetuige van bouw stadstimmerwerf Leiden

KLM-huisje #29 wordt voor het eerst uitgebracht in 1966.

Geboortehuis Rembrandt

De schilder Rembrandt Harmensz van Rijn wordt geboren op 15 juni 1606, op loopafstand van het Galgewater. Hij is de jongste van een gezin van negen kinderen. Als 6-jarige is hij ooggetuige van de bouw van de scheepstimmerwerf. Zijn geboortehuis in de Weddesteeg wordt in de 20e eeuw afgebroken. Alleen een gevelsteen en een standbeeld herinneren er nu nog aan dat hier ooit het geboortehuis van de beroemde schilder stond. De brug over het Galgewater is vernoemd naar Rembrandt.

Archief verwoest

Over de verdere bewonersgeschiedenis van het huis van de stadstimmerman is weinig bekend. Het gemeentehuis van Leiden brandt namelijk op 12 februari 1929 af, daarbij gaat onder andere het historisch archief grotendeels verloren.

Het huis op Kort Galgewater 21 en de aangrenzende stadstimmerwerf houden bijna 375 jaar lang dezelfde functie. In 1986 verhuist de dienst gemeentewerken naar een ander onderkomen. Van 1989 tot 1991 wordt de stadstimmerwerf gerenoveerd en tot 33 appartementen voor senioren verbouwd. Het woonhuis van Jan Ottensz van Seyst wordt na de renovatie aan particulieren verhuurd.

Glazen huisje

In 1993 wordt in het Zwitserse Genève een congres gehouden van de International Flight Catering Association. Organisator KLM laat ter gelegenheid daarvan in een kleine oplage huisje #29 als presse-papier maken. Het souvenir is van geperst glas en is geproduceerd door Royal Leerdam Crystal.

139

Hippolytusbuurt 26, Delft

Tibetaanse winkel achter 18ᵉ-eeuwse klokgevel

In 1536 gaat bij een grote stadsbrand drie kwart van Delft in vlammen op. De huizen zijn in die tijd nog bijna allemaal van hout. In de 16ᵉ eeuw worden de meeste panden in laatgotische stijl herbouwd, maar ditmaal zijn ze van steen.

De gebruikte materialen zijn echter vaak slecht bestand tegen weersinvloeden. Daarom worden in de loop der eeuwen veel panden in Delft van nieuwe gevels voorzien. Door het historische centrum van de stad lopen twee grachten: de Nieuwe Delft en de Oude Delft.

KLM-huisje #30 wordt voor het eerst uitgebracht in 1967.

| 1500 | 1600 | 1700 | 1800 | 1900 | 2000 |

Langs deze laatste gracht, op Sinte Hipolitusbuerte 26, laat touwslager en meester-lijndraaier Andries Jeroensz eind 16ᵉ eeuw een huis met een trapgevel in renaissancestijl bouwen. De begane grond wordt ingericht als werkplaats. Van gedroogde hennep, vlas en vezels maakt hij dunne draden (dit wordt ook wel 'lijndraaien' genoemd) die vervolgens tot touw worden gevlochten. De meester-lijndraaier woont zelf boven de werkplaats, met zijn vrouw en hun zoon Corstiaen.

Chique naam afgewezen

In 1620 neemt Corstiaen de touwslagerij van zijn vader over. Naderhand wisselt het pand nog veertien keer van eigenaar. Halverwege de 18ᵉ eeuw wordt het huis in opdracht van eigenaar Johannes Geesteranus ingrijpend verbouwd. De 17ᵉ-eeuwse gevel is in zeer slechte staat en wordt vervangen. Het pand krijgt een eenvoudige klokgevel met een geprofileerde, gewelfde top in Lodewijk XIV-stijl. Vanaf 1832 zit op dit adres een slijterij van Pieter Beijers. Eind 19ᵉ eeuw komen de bewoners van de Hippolytusbuurt in actie. Ze *'wenschen een meer passenden en tevens welluidender naam als Hypolitusbuurt'*. Het voorstel om dit deel van Delft de chiquere naam Hippolytusgracht te geven, wordt door de gemeente om historische redenen afgewezen.

Er hebben in de 19ᵉ en 20ᵉ eeuw verschillende soorten winkels en bedrijven op Hippolytusbuurt 26 gezeten, waaronder een kapperszaak, boekhandel De Haagsche Boekenbeurs en een uitzendbureau. Sinds april 2003 is de Tibetshop er gevestigd. Er worden religieuze voorwerpen, kleding, sieraden en souvenirs uit Tibet, Nepal en Bangladesh verkocht. De opbrengst gaat deels naar een onderwijsproject voor kinderen van Tibetaanse vluchtelingen in Nepel en India.

Koornmarkt 87, Delft

Terwijl elders in Europa de Eerste Wereldoorlog in volle hevigheid woedt en er in 1916 alleen al op het slagveld van Verdun in Frankrijk 600.000 soldaten sterven, is het in het neutrale Nederland redelijk rustig.

Maar doordat de internationale handel is stilgevallen, groeit de werkloosheid. Veel bedrijven sluiten hun deuren. De prijzen voor levensonderhoud stijgen met gemiddeld 75 procent, voedsel gaat op de bon. Er breken in de grote steden zelfs voedselrellen uit. Aan de economische voorspoed, als gevolg van de industrialisatie in de 19e eeuw, komt een einde.

1500	1600	1700	1800	1900	2000

Terwijl het ene na het andere bedrijf failliet gaat, betrekt de 'Koninklijke Tabak- en Sigarenfabriek, voorheen J.H. Drayer tevens Koffiebranderij' in 1916 een nieuw pand op Koornmarkt 87. Enkele jaren daarvoor is het bedrijf getroffen door een brand op hetzelfde adres. De eerste ontwerptekening voor een nieuwe sigarenfabriek wordt afgewezen. Architect E.H. Luxemburg ontwerpt in opdracht van eigenaar Pierre Davijt Hofman een nieuw kantoor in een strakke traditionalistische stijl, gecombineerd met jugendstilelementen. Het ontwerp is geïnspireerd op het werk van de bekende bouwmeester H.P. Berlage.

Stijlelementen 20e eeuw

De tuitgevel wordt onderbroken door natuurstenen banden en bekroond met een toppinakel met een ijzeren windvaan. Een tegeltableau hoog aan de gevel verwijst naar het bouwjaar 1916.

Boven de schuiframen worden glas-in-loodramen aangebracht. Ook in het interieur zijn stijlelementen van begin 20e eeuw terug te vinden, zoals stucplafonds met motieven van tabaksbladeren. De buurt is overigens niet onverdeeld enthousiast over de aanwezigheid van de koffiebranderij. Er wordt volop geklaagd over de stank die bij het branden van de koffiebonen vrijkomt.

141

KLM-huisje #31 wordt
voor het eerst
uitgebracht in 1967.

Nederlands Dagblad, 1902.

Bovenkant koffieblik branderij
't Anker, voorheen J.H. Drayer.

Uitgeverij van schoolboeken

In 1921 gaat de firma Drayer (opge-richt in 1873) failliet. De sigarenfa-briek verdwijnt, de koffiebranderij wordt door een concurrent overge-nomen. Twee jaar later gaat deze nieuwe eigenaar, de Nederlandsche stoomkoffiebranderij 't Anker, ook op de fles. Er zijn plannen het pand te verbouwen tot pension, maar uit-eindelijk neemt een uitgever van schoolboeken er zijn intrek. In de jaren vijftig krijgt het huis een woon-bestemming. Sindsdien is het in bezit van diverse particuliere eige-naren. Rond 1980 vindt een reno-vatie van het huis plaats, waarbij onder andere het bovenlicht van de entree vervangen wordt door nieuwe glas-in-loodramen. Koornmarkt 87 is voor de gemeente Delft van groot cultuurhistorisch en architectonisch belang.

_ Grachten bijna gedempt _

In 1921 adviseert de Commissie voor Stadsuitbreiding van Delft de gemeente de '*demping van eenige grachten*', omdat deze hun oorspronkelijke functie hebben verloren. In de commissie zit onder andere architect H.P. Berlage. Na de demping van Oude Delft zou volgens de commissie een trambaan dwars door het historische centrum kunnen wor-den aangelegd. Maar veel vertrouwen heeft Berlage niet in het voorstel. '*Het zal waarschijn-lijk wel tot de vrome wenschen behoren.*' Met als argument dat het verdwijnen van de grach-ten nadelig is voor het toerisme, verdwijnt het plan van tafel.

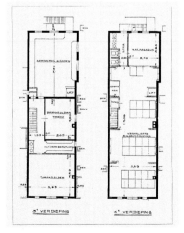

Koornmarkt 81, Delft

32

Delft telt rond 1500 ongeveer 140 bierbrouwerijen. Langs de verdedigingsmuren malen zeventien molens het graan uit de wijde omgeving. Drie keer per week wordt in de binnenstad een korenmarkt gehouden. Het water voor het brouwen van bier wordt gewoon uit de gracht gehaald.

Terwijl in andere steden de grachten als open riool worden gebruikt en de stank vaak niet te harden is, is het grachtenwater in Delft schoon. Het is verboden om er uitwerpselen en afval in te gooien. Het bier heeft daardoor een goede reputatie en wordt zelfs in het buitenland verkocht.

1500	1600	1700	1800	1900	2000

Brouwerij De Handtbooch

De verwoestende stadsbrand van 1536 betekent bijna de doodsteek voor de brouwerijen in Delft, meer dan veertig bierbrouwerijen gaan in vlammen op. Al snel worden er plannen gemaakt om de stad te herbouwen. Ook de rijke koopman en brouwer Cornelis Lambrechtsz van der Wel zit niet bij de pakken neer. Hij laat rond 1540 aan Koornmarkt 81 een nieuw huis in laatgotische stijl bouwen. Op het achtererf komt zijn brouwerij De Handtbooch, die helemaal doorloopt tot aan het water van de Oude Delft.

Versieringen in de vorm van acanthus-bladeren, zoals hier in de deurpost van Koornmarkt 81, komen oorspronkelijk al in de oud-Griekse architectuur voor. Acanthus is in de bouwkunst door de eeuwen heen altijd een populair motief geweest.

'Een voortreffelijk en zeldzaam specimen van een 16ᵉ-eeuwse burgerlijke bouwstijl'

KLM-huisje #32 wordt voor het eerst uitgebracht in 1967. Dat is ook het jaar waarin de voormalige brouwerij door de stichting Delftse Studentenhuisvesting wordt aangekocht en ingrijpend wordt verbouwd.

Een pijl en boog

Van der Wel behoort in de 16ᵉ eeuw, net als veel collega-brouwers, tot de elite van de stad. Hij wordt zelfs gekozen tot schepen van Delft. Zijn koopmanshuis krijgt een indrukwekkende trapgevel, in laat-gotische stijl. Het heeft een bakstenen gevel met natuurstenen banden, per verdieping springt de gevel iets naar voren. De spitse boog-vensters en zuilen op de eerste verdieping krijgen gebeeldhouwde siermotieven in renaissancestijl. In de middelste boog en in de smeedijzeren ankers zijn een pijl-en-boog afgebeeld, als verwijzing naar de naam van de bierbrouwerij. Het huis heeft verder acht open haarden.

_ Schone overblijfselen _

De gevel van De Handtbooch bij spreekt veel mensen tot de verbeelding. In 1882 wordt hierover lyrisch geschreven: 'De gevel wekt tot op de huidige dag terecht bewondering van alle bouwkundigen en liefhebbers van schone overblijfselen uit vorige eeuwen. De Hantbooch is een voortreffelijk en zeldzaam specimen van een burgerlijke bouwstijl uit de eerste helft van de 16ᵉ eeuw.'

_ Bierbrouwerijen _

Aan de Koornmarkt zijn in de 16ᵉ eeuw veel brouwerijen gevestigd, zoals brouwerij De Ruyt, Het Dubbele Cruijs, Inde Slange, De Blinde Weerelt, Inde Doubelde Passer en Inde Drey Hoefijsers. Tussen 1600 en 1640 verdwijnen bijna alle brouwerijen aan de Koornmarkt, de meeste bedrijven worden verplaatst naar plekken buiten het centrum. Ook het huis aan Koornmarkt 81 wordt afgebroken. Alleen de gevel blijft behouden.

144

In de muurankers zijn een pijl en boog verwerkt, als verwijzing naar de oorspronkelijke naam van het pand: De Handtbooch.

Slechte bouwmaterialen

Na de grote stadsbrand van 1536 is Delft in moordend tempo weer opgebouwd. Maar de kwaliteit van de bouwmaterialen laat te wensen over. De brouwerij wordt, evenals veel andere brouwerijen op de Koornmarkt, begin 17ᵉ eeuw afgebroken. Ook het koopmanshuis op nummer 81 wordt afgebroken. De bijzondere gevel blijft gelukkig gespaard en wordt tegen een nieuw pand geplaatst.

Studentenhuisvesting

In de 18ᵉ eeuw wordt het huis door een nieuwe eigenaar ingrijpend verbouwd. Daarbij verandert onder andere de trapgevel in een eenvoudige klokgevel. De grote vensters op de begane grond worden vervangen. In 1911 wordt de gevel bij een restauratie weer in de oorspronkelijke 16ᵉ-eeuwse staat teruggebracht. Het pand wisselt naderhand verschillende malen van eigenaar.

_ Leven in de brouwerij _____

Uit het oud-rechterlijk archief Schiedam, nummer 83 folio 42 d.d. 5 juli 1594. 'T.v.v. Dirck Huijbrechtsz. van Delft wonende te Haarlem heeft Maertgen Maertensdr. oud 32 jaar huisvrouw van Maerten Maertensz. houtzager wonende alhier verklaard dat acht of negen jaar geleden Maertgen Fransdr. huisvrouw van de requirant, haar man verlaten had als "jonkwijf" te Delft en in de brouwerij van den Hantbooch gewoond heeft. Zij weet nog dat Maertgen Fransdr. aldaar ontrouwelijk handelde en dieverij bedreef en dat haar deposantes moeder genaamd Stijntgen Hermansdr. weduwe Maerten Claesz. zijnde een zeer oude vrouw die dagelijks uit schuren en wassen ging, door dezelfde Maertgen Fransdr. gehuurd is geweest om 's-nachts in de brouwerij van de Handtbooch, te werken. Zij heeft daar wel een jaar 's nachts gewerkt en dikwijls gezien dat Maertgen Franssen zich zo dronken dronk, dat zij niet meer kon werken', etc.

In 1967 wordt De Handtbooch ingrijpend gemoderniseerd. In opdracht van de stichting Delftse Studentenhuisvesting (nu DUWO) wordt het samen met enkele buurpanden verbouwd tot 54 studentenkamers. De meeste kamers hebben een oppervlakte van 12 m², de huurprijs is 220 euro per maand. Er wonen veelal studenten van het Delftse corps K.S.V. Sanctus Virgilius.

De katholieke studentenvereniging Sanctus Virgilius is in 1898 opgericht. De schutspatroon is de heilige Virgilius van Salzburg.

Voorhaven 12, Rotterdam

Eind 18ᵉ eeuw wordt de bestuurlijke elite van het land geconfronteerd met een morrende bevolking. Burgers zijn verontwaardigd over de oneerlijke verdeling van baantjes en macht. In 1795 houdt de Republiek der Zeven Verenigde Nederlanden op te bestaan.

Stadhouder Willem V gaat in ballingschap. Napoleon Bonaparte ziet zijn kans schoon en richt de vazalstaat het Koninkrijk Holland op. Het land wordt geleid door zijn broer. In 1810 voegt hij Holland toe aan zijn Franse Keizerrijk. Napoleon wordt verslagen, zijn rijk valt uit elkaar. In 1814 wordt Willem I, de derde zoon van de gevluchte stadhouder Willem V, ingehuldigd als Koning der Nederlanden.

| 1500 | 1600 | 1700 | 1800 | 1900 | 2000 |

Van graanpakhuis en distilleerderij tot historisch museum

Pakhuis Denemarken

De rijke Rotterdamse graanhandelaar Abraham van Rijckevorsel koopt in 1824 een stuk grond tussen de Voor- en Achterhaven in de Rotterdamse wijk Delfshaven. Hij laat er een dubbel pakhuis bouwen met een hoekige gevel, bedoeld voor de opslag van graan. In de buurt staat een aantal branderijen van graanjenever. Het pakhuis lijkt dus een goede investering. Om onduidelijke redenen krijgt het de naam Denemarken. Maar de zaken gaan helemaal niet zo voorspoedig. Daarom doet Van Rijckevorsel in 1858 het brede pakhuis weer van de hand.

Economische bloeiperiode

De nieuwe eigenaar is Albertus Houtman. Zijn bedrijf maakt houten tonnen en vaten. De industriële revolutie heeft ondertussen een grote impact op het Nederlandse bedrijfsleven. Tussen 1850 en 1870 maakt Rotterdam een economische bloeiperiode door waar met name veel distilleerderijen van profiteren. Houtman begint in 1870 zijn eigen distilleerderij. De naam Denemarken wordt ingeruild voor De Palmboom, naar de likeur die er geproduceerd wordt. Maar omdat in Schiedam al een distilleerderij zit met deze naam, wordt het bedrijf Dubbel De Palmboom genoemd. Het bedrijf is twee keer zo groot als zijn concurrent. Later wordt de naam verbasterd tot De Dubbelde Palmboom.

KLM-huisje #33 is een replica van de voormalige distilleerderij De Dubbelde Palmboom in Rotterdam. Het Delfts blauwe miniatuur wordt voor het eerst uitgebracht in 1969.

Gevelsteen met het waterpeil, ter herinnering aan het overstromen van de kade.

Ontsnapt aan bombardement

Albertus Houtman runt tot 1871 met veel succes zijn distilleerderij. Na zijn dood doen de twee pakhuizen dienst als opslag voor steenkolenhandel J.G. van der Kloot. Vervolgens neemt kistenfabriek H. Nijman zijn intrek in De Dubbelde Palmboom. Het bedrijf breidt in 1910 uit met een meubelfabriek en gebruikt de twee pakhuizen vervolgens ruim veertig jaar als showroom en werkplaats. Tijdens het bombardement op Rotterdam in mei 1940 blijft de wijk Delfshaven gespaard. Maar door achterstallig onderhoud raken de panden in verval. Nijman sluit uiteindelijk in 1948 zijn deuren. Het brede pakhuis staat vervolgens jarenlang leeg.

Hoekige gevel wordt klokgevel

In 1967 besluit de gemeente Rotterdam De Dubbelde Palmboom te kopen ten behoeve van de culturele sector. Er is dan nog geen concrete bestemming voor het pand. Bij een grondige renovatie wordt het aanzicht onherkenbaar veranderd. De hoekige gevel wordt afgebroken en krijgt in 1969 twee identieke klokgevels, die goed in het historische straatbeeld van Delfshaven passen. De gevels zijn geïnspireerd op Schiedamse pakhuizen. In 1975 wordt De Dubbelde Palmboom, na een grondige renovatie, in gebruik genomen als dependance van het Historisch Museum Rotterdam.

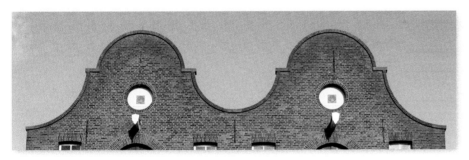

_ Niet in Franse dienst _

Abraham van Rijckevorsel, de oorspronkelijke eigenaar van het pakhuis, stamt uit een voornaam koopmansgeslacht. In 1799 verliest hij zijn vader. Van zijn opa krijgt het dan 9-jarige jongetje de opdracht om te komen helpen op het kantoor van graanhandel Huibert & Van Rijckevorsel. Hij is net twintig jaar als hij de leiding over het bedrijf krijgt. Bovendien is hij in één klap rijk, want hij erft het vermogen van zijn inmiddels overleden moeder, die twee keer getrouwd is geweest. Om aan de verplichte dienstplicht in het Franse leger van Napoleon te ontkomen, trouwt hij overhaast met zijn jeugdliefde Marie Saint Martin. Het echtpaar krijgt tien kinderen, waarvan er vier vroegtijdig overlijden. In Rotterdam wordt in de 20^e eeuw een straat naar Abraham van Rijckevorsel genoemd.

Wijnhaven 16, Delft

Omstreeks 1500 vestigt een onbekende pasteibakker zich op Wijnhaven 16 in Delft. Het adres ligt aan de Oude Delft, een van de twee grachten die dwars door het historische centrum van de stad lopen. Gedurende een groot deel van de 16e eeuw is het pand als pasteibakkerij in gebruik. Rond 1535 wordt op de eerste verdieping een geglazuurde tegel aangebracht met een geschilderd portret van 'pasteybackster' Mary.

Bij de grote stadsbrand van 3 mei 1536 wordt drie kwart van Delft verwoest, pas drie dagen later kan het vuur worden gedoofd. Het centrum van de stad ligt totaal in puin, er zijn duizenden doden en zwaargewonden.

1500	1600	1700	1800	1900	2000

Mogelijk is ook de pasteibakker bij de brand van 1536 om het leven gekomen. In oude documenten staat Mary namelijk vanaf dat moment als weduwe vermeld. De natuurstenen onderpui van Wijnhaven 16 is zwartgeblakerd, maar heeft de brand van 1536 redelijk doorstaan. De rest van het huis is verwoest. Dit is ook het geval met de ernaast gelegen 's Heeren Herberg. Nadat de restanten daarvan zijn opgeruimd, worden de grachten de Oude Delft en de Nieuwe Delft met elkaar verbonden; naast Wijnhaven 16 wordt een brug gebouwd. Vanaf het midden van de 16e eeuw wordt hier de wekelijkse botermarkt gehouden. Wijnhaven 16 verrijst rond 1540 als een feniks uit de as. De laatgotische onderpui en een aantal eikenhouten plafondbalken met peerkraalmotief dateren van voor de brand. De nieuwe, naar voren hellende trapgevel wordt in Delfts-Dordrechtse stijl gebouwd, met een overkraging die op de bogen boven de vensters rust.

Den Gulden Bock

Hoe het verder gaat met 'pasteybackster' Mary is niet bekend. Vanaf 1543 is Geert in de Vos eigenaar van het pand. Mogelijk zit hij tien jaar later financieel krap bij kas of heeft hij een schuld uitstaan, want het huis komt tijdelijk in bezit van Adriaan Fijck. In 1555 mag In de Vos zich opnieuw de eigenaar noemen. De weduwe Nyesgen woont en werkt vanaf 1561 in Wijnhaven 16, vervolgens neemt pasteibakker Cornelis Corneliszoon de zaak over. Hij betaalt maandelijks ruim 10 gulden huur. Jan Pieterszoon Hooghewerf wordt in 1578 eigenaar van het huis en verkoopt het zeven jaar later aan de stad Delft. De lakenkoopman en kapitein van de schutterij Ottho van der Bruggen is vanaf 1591 eigenaar van Wijnhaven 16. Het huis staat dan inmiddels bekend als Den Gulden Bock. Hij verkoopt het begin 17e eeuw aan de Delftse wijnhandelaar Francoys van der Bosch. Hij verandert de naam in Het Vergulden Tonneken. In Leiden bezit de wijnhandelaar ook nog een tweede zaak met dezelfde naam.

'Een huys ende erve opten houck van de Butterbrugge, genaemt 't Gulden Tonneken'

Via een notaris wordt het pand op een veiling in 1620 verkocht voor 3200 gulden. De weduwe Catherina van Dolegem begint op Wijnhaven 16 een linnenwinkel. Ze komt uit een vooraanstaande en rijke familie. De elite van Delft weet haar winkel al snel te vinden. Catherina hertrouwt in 1631 met een weduwnaar, die (zo blijkt uit oude documenten) als bruidsschat een grote collectie boeken met een waarde van 500 gulden inbrengt. In de loop van de Gouden Eeuw wisselt het pand nog verschillende malen van eigenaar.

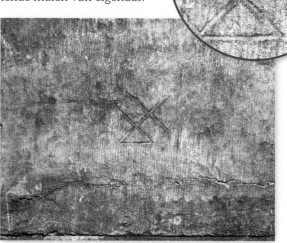

Rond 1500 krijgt de Henegouwse steenhouwer Justaes Le Prince een mooie opdracht van een Delftse pasteibakker. De familie Le Prince heeft in de 16e eeuw een eigen steengroeve in het Belgische Mons. Ruim vijfhonderd jaar later zijn de in de steen gegutste groevetekens van Le Prince in de onderpui van Wijnhaven 16 nog steeds zichtbaar.

Het rampjaar 1672

Voor de Republiek der Zeven Verenigde Nederlanden breekt een onrustige tijd aan. In 1672 komt het op vele fronten tegelijk tot een uitbarsting. Stadhouder Willem III en raadspensionaris Johan de Witt strijden met elkaar om politieke macht. Ondertussen wordt er ook nog oorlog gevoerd met Engeland en Frankrijk. Admiraal Michiel de Ruyter verdedigt op zee heldhaftig de handelsbelangen van de jonge natie.

Ook in het zuiden van de Republiek wordt fel gevochten. De Franse koning Lodewijk XIV claimt namelijk dit deel van de Nederlanden, als erfenis na de dood van de Spaanse heerser Filips II. De bisdommen Münster en Keulen zijn bondgenoten van de Fransen. Ze strijden in opdracht van Lodewijk XIV om de Zuidelijke Nederlanden. Een buitenlands leger van 30.000 huursoldaten rukt op en verovert niet alleen het zuiden maar ook noordelijker gelegen delen. Alleen de stad Groningen en de gewesten Holland en Zeeland worden niet ingenomen.

Het volk is woedend op raadspensionaris Johan de Witt. Hij krijgt de schuld van het zwakke optreden van het Republikeinse leger. Het gezegde 'radeloos, reddeloos en redeloos' beschrijft goed de stemming onder de bevolking. De Witt wordt uiteindelijk samen met zijn broer Cornelis door een woede menigte Oranjegezinden vermoord. De Prins van Oranje neemt daarna het heft in handen.

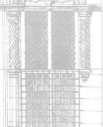

KLM-huisje #34 is een replica van een voormalig pasteibakkerij uit de 16ᵉ eeuw, de latere wijnhandel Het Gulden Tonneke. Het Delfts blauwe huisje wordt voor het eerst geproduceerd in 1969.

Geglazuurd portret van 'pasteybackster' Mary.

Het Royale Coffyhuys

Aan de politieke en militaire chaos komt in 1673 een voorlopig einde. Maar de economische crisis in de Republiek is nog lang niet voorbij. De huizenprijzen zijn bijvoorbeeld flink gekelderd. En dat is ook in Delft goed te merken. Tegen het eind van de 17ᵉ eeuw betaalt de Haagse knopenmaker Jan de Groot nog maar 1530 gulden voor Wijnhaven 16. Aan het begin van de 18ᵉ eeuw wordt het pand door coffijschenker Hendrick de Vos in gebruik genomen. Het Royale Coffyhuys wordt een trefpunt voor de inwoners van Delft. Gedurende de daaropvolgende 150 jaar wisselt het verschillende malen van eigenaar, maar het blijft in gebruik als koffiehuis. Als de Franse keizer Napoleon de Republiek heeft ingelijfd, verandert de naam van het koffiehuis in De Gouden Roos. In 1849 sluit de zaak zijn deuren en beginnen de vier zussen Alida, Elisabeth, Antje en Cornelia Zeelenberg in Wijnhaven 16 een winkel in bezems en vegers.

Aankondiging van de aankoop van Wijnhaven 16 door de Vereniging Hendrick de Keyser in 1925.

Restauratie telkens uitgesteld

Koekjesfabrikant Verkade wordt aan het begin van de 20ᵉ eeuw eigenaar van Wijnhaven 16. Het pand verkeert dan in slechte staat. De 16ᵉ-eeuwse tegel met een afbeelding van 'pasteybackster' Mary wordt in 1920 van de gevel gehaald. Het plateau komt naderhand terecht in de collectie van het Rijksmuseum in Amsterdam. De gevelsteen met het rode hart blijft achter. De oorsprong en datering van deze opvallende steen is onbekend. Met name het dak en de zijgevel zijn er slecht aan toe. Daarom ontfermt de Vereniging Hendrick de Keyser zich in 1925 over de toekomst van het monument. De meest urgente zaken worden aangepakt, maar voor een algehele restauratie is geen geld. Het pand wordt ondertussen gebruikt als handwerkwinkel en is vanaf 1936 vijftig jaar lang het domein van slagerij Slok. Pas in 1963 wordt een algeheel restauratieplan gemaakt. Het duurt dan nog bijna 25 jaar voordat hiermee daadwerkelijk wordt begonnen. Na een grondige restauratie wordt het pand in 1987 in gebruik genomen door boekhandel De Omslag.

Oude Delft 39, Delft

35

Op 1 oktober 1601 besluiten twaalf rijke en machtige families in Delft tot de oprichting van het Delftse Vennootschap. Ze willen het zeilschip van kapitein Adriaan Kornelisz de Haai huren om een reis naar Azië te maken.

Enkele jaren daarvoor zijn de eerste Hollandse handelsschepen vol oosterse specerijen, Chinees porselein en kostbare zijde naar de Republiek teruggekeerd. De handelsmissies zijn zeer winstgevend. Daarom willen de koopmannen in Delft letterlijk en figuurlijk de boot niet missen. Maar dan grijpen raadspensionaris Johan van Oldenbarnevelt en stadhouder prins Maurits in …

1500	1600	1700	1800	1900	2000

Overal in Holland en Zeeland zijn handelaren bezig om schepen uit te rusten voor handelsmissies naar Azië. Door de zware concurrentie staan de opbrengsten onder druk. De Staten-Generaal van de Republiek der Verenigde Nederlanden ziet liever dat de krachten worden gebundeld om de Portugezen en Engelsen te verslaan. Daarom besluit men op 20 maart 1602 tot de oprichting van de VOC, de Vereenigde Oostindische Compagnie. De VOC krijgt in bepaalde gebieden het alleenrecht op de overzeese handel. Handelaren uit zes steden, waaronder Delft, worden in 1602 voor 6,5 miljoen gulden grootaandeelhouder van de VOC (omgerekend naar de huidige koopkracht zijn de aandelen samen bijna 100 miljoen euro waard).

Delftse aandelen VOC

De Delftse afdeling (of Kamer) bestaat onder andere uit de families Meerman, Van Lodenstein en Van der Dussen. Ze leggen een bedrag van 469.400 gulden op tafel en krijgen daarvoor 7 procent van de VOC-aandelen. De bewindhebbers in Delft hebben onderling een duidelijke taakverdeling: twee van hen houden toezicht op de financiën, twee controleren de handelswaar en drie mannen zijn verantwoordelijk voor de uitrusting van de vloot. Vergaderingen van de Delftse Kamer worden afwisselend bij de bewindhebbers thuis gehouden of op het stadhuis van Delft.

Specerijen als dividend

In rap tempo worden nieuwe schepen gebouwd. Maar de eerste jaren wordt door de VOC nog geen winst gemaakt, daarvoor zijn de aanloopkosten te hoog. Bovendien gaan bij zeeslagen met rovers en kapers een aantal schepen verloren. Pas acht jaar na de oprichting van de VOC krijgen de aandeelhouder voor het eerst dividend uitgekeerd, in de vorm van specerijen als foelie, peper en later ook nootmuskaat.

De VOC groeit in Delft binnen enkele jaren uit tot de grootste werkgever van de stad. Duizenden inwoners werken in de 17e eeuw in de scheepsbouw of ze helpen mee bij de bevoorrading en het lossen van de schepen. Veel mannen en jongens monsteren aan voor een handelsreis naar de Oost. Driemaal per jaar vaart een schip van Delfshaven naar Indië. De reis heen en terug duurt gemiddeld acht maanden.

Familiewapen van Dirck Gerritsz Meerman, een van de oprichters van de VOC Kamer Delft.

KLM-huisje #35 is een replica van het kantoor van de Delftse Kamer van de Vereenigde Oostindische Compagnie. Het miniatuur wordt voor het eerst geproduceerd in 1970.

Ecomische voorspoed

De Delftse bewindhebbers zien hun fortuin groeien. Ze kopen tussen 1620 en 1631 een aantal panden aan voor de opslag van goederen. Maar met de economische voorspoed groeit ook de behoefte aan een eigen kantoor. Aan de Oude Delft 39 worden daarom in 1631 twee panden naast elkaar gekocht. De beide trapgevels zijn rond 1580 gebouwd in een stijl die geïnspireerd is op de renaissancebouwkunst. De toegang tot Het Oostindisch Huis komt in het midden. Boven de entree wordt een herdenkingssteen aangebracht met de letters VOCD (de letter D staat voor Delft) en het jaartal 1631. De trapgevels worden bekroond met windvanen in de vorm van een schip.

Startkapitaal VOC

In Amsterdam, Zeeland (Middelburg), Rotterdam, Delft, Hoorn en Enkhuizen zorgen rijke kooplieden samen voor het startkapitaal van de VOC. Een deel van hen is allochtoon en tijdens de Tachtigjarige Oorlog naar Nederland gevlucht. De Kamer Amsterdam legt 3.679.915 gulden in en is daarmee de grootste aandeelhouder van de VOC. De Zeeuwen leggen 1.300.405 gulden in. In Enkhuizen kopen veel kleine ondernemers samen voor 540.000 gulden aandelen, de Delftse handelaren leggen 469.400 gulden op tafel, de Kamer Hoorn koopt voor 266.868 gulden aandelen en Rotterdam verwerft aandelen ter waarde van 173.000 gulden. Het startkapitaal van de VOC komt daarmee uit op bijna 6,5 miljoen gulden.

Aan de straatkant bevindt zich de statige bewindhebberkamer en er zijn werkruimtes voor klerken, kassiers en boekhouders. Zeelieden en soldaten tekenen hier hun contracten, stuurlui leggen op het kantoor examens af en de bemanning ontvangt er soldij. De eerste verdieping en de zolder worden als opslagplaats gebruikt. Aan de achterkant van het hoofdkwartier verrijzen later drie pakhuizen.

Corruptie en schulden

Het Oostindisch Huis wordt in 1648 uitgebreid met een aangrenzend pand. Recht tegenover het VOC-kantoor wordt aan de overkant van de Oude Delft bovendien nóg een pakhuis gebouwd. De zaken gaan voorspoedig. In 1722 wordt het hoofdkwartier weer vergroot. De rechter trapgevel verdwijnt en maakt plaats voor een aanbouw met een lijstgevel. Ook de monumentale vergaderzaal wordt in Lodewijk XIV-stijl gemoderniseerd. In 1764 wordt rechts van Het Oostindisch Huis het pakhuis van kuiper Hendrick Claesz gekocht en bij het complex betrokken. Het bestuur van de Delftse Kamer gedraagt zich inmiddels alsof de stad van hen is. Maar al deze investeringen kunnen niet verhullen dat het einde van de VOC in zicht komt. Corruptie, torenhoge schulden en felle concurrentie van de Engelse en Franse Oost-Indische compagnieën luiden het eind van de eerste multinational ter wereld in.

In 1802 wordt dit pakhuis aan de Oude Delft toegevoegd aan het voormalige VOC-complex. Het wordt gebruikt als wapenmagazijn van de Bataafse Republiek en later in gebruik genomen door het Franse leger.

De Bataafse Republiek

Het verdwijnen van de VOC valt niet toevallig samen met de oprichting van de Bataafse Republiek in 1795. Tegen het einde van de 18e eeuw heeft het volk namelijk genoeg van de machtsspelletjes en privileges van de bestuurlijke elite. De Franse Revolutie dient in een groot aantal Europese landen als voorbeeld. Overal worden de oude machthebbers aan de kant gezet. Stadhouder Willem V vlucht naar Engeland. Met militaire steun van de Fransen wordt de Bataafse Republiek opgericht. Eigenlijk is het een vazalstaat van Frankrijk. De VOC, eens de trots van de natie, wordt nu 'een lichaam zonder directie, orde of spaarzaamheid' genoemd. De nieuwe machthebbers nationaliseren de VOC in 1796. De aandelen zijn in één klap niets meer waard, alle bewindhebbers worden ontslagen.

De Kamer Delft wordt in 1803, net als de Kamers in andere delen van het land, officieel opgeheven. Het Oostindisch Huis komt later in bezit van het ministerie van Oorlog. Het pand wordt vanaf dat moment als militair kledingmagazijn gebruikt. Daarna staat het geruime tijd leeg.

In 1933 wordt het complex grondig verbouwd. De Technische Universiteit brengt er zijn afdeling Bouwkunde in onder. Bijna een halve eeuw later vindt er in 1987 opnieuw een ingrijpende verbouwing plaats. De omliggende panden worden geschikt gemaakt voor de huisvesting van studenten, het monumentale hoofdgebouw zelf wordt verbouwd tot kantoorruimte.

Het Oostindisch Huis in Delft aan de Oude Delft. Anonieme tekening, begin 18e eeuw.

36

Hippolytusbuurt 8, Delft

De Hippolytusbuurt in Delft is genoemd naar de Italiaanse soldaat Hippolytus van Rome. Hij bekeert zich in het jaar 253 tot het christelijk geloof, tegen de zin van Keizer Valerianus. Hippolytus wordt voor straf met zijn voeten aan een stel wilde paarden gebonden en sterft als martelaar.

Zijn naam is sinds 1396 nauw verbonden met de geschiedenis van Delft, omdat de stad in dat jaar op zijn naamdag – 13 augustus – stadsrechten krijgt. Hippolytus wordt patroonheilige van Delft en beschermheilige van de Oude Kerk. De naam van de gracht Nieuwe Delft wordt veranderd in Hippolytusbuurt.

| 1500 | 1600 | 1700 | 1800 | 1900 | 2000 |

 16ᵉ-eeuwse brouwerij De Kandelaer verbouwd tot modern restaurant

In 1585 worden aan de oostzijde van de Hippolytusbuurt een rijtje panden gebouwd met identieke trapgevels. De eerste eigenaar van nummer 8 is Dirck Vincenten, een brouwer. Zijn brouwerij heet De Kandelaer. In 1620 koopt Jan Jacobsz van der Well, de zoon van een collega-brouwer, de bedrijfsruimte en vestigt er een apotheek in. Hij gaat erboven wonen met zijn vrouw Maritgen Davits. De naam van Hippolytusbuurt 8 blijft De Kandelaer. Het assortiment van de apotheek bestaat niet alleen uit geneeskrachtige kruiden en medicinale drankjes. Uit bewaard gebleven documenten blijkt dat Van der Well ook *'spyckoly, poertjes, syroop van bollen, gepelde gerst, pruymecruyt en suycker rosarum'* levert.

'Hooftman' St. Nicolaasgilde

'Apotecaris' Van der Well is lid van het Sint Nicolaasgilde en wordt in 1626 zelfs tot 'hooftman' gekozen. Deze rol bevalt hem goed want tot 1646 bekleedt hij nog enkele keren deze functie. Jan Jacobsz van der Well overlijdt op 26 maart 1649. Zijn nabestaanden verkopen het pand aan Jan Bijlant. Diens zoon, Isbrandt Jansz, is net als Van der Well apotecaris en eveneens lid van het gilde. Aan het uiterlijk van de apotheek verandert hij niets. Voor de opslag van goederen vraagt hij in 1659 toestemming aan de regenten van Delft om *'onder sijn stoup tot inde straet een keldertgen te mogen doen maeken'*. Naderhand wordt de apotheek verkocht. De benedenverdieping blijft in gebruik als winkel. Er wordt in de 17ᵉ eeuw onder andere boter en kaas verkocht.

KLM-huisje #36 wordt voor het eerst geproduceerd in 1969. Op het adres is dan nog het gerenommeerde café-restaurant Klein Central gevestigd.

── Middeleeuwse vismarkt ──

De overdekte vismarkt, op een steenworp afstand van Hippolytusbuurt 8, zit er al vanaf de middeleeuwen. Er waren in Delft oorspronkelijk drie plaatsen waar vis verhandeld mocht worden. Vissers uit Delfshaven verkopen hun handelswaren op de Kaakbrug, riviervis wordt verkocht op de Hieronymusbrug over de Oude Delft en naast De Koornbeurs wordt zeevis verhandeld. Aanvankelijk staan de visbanken langs beide kades van de Hippolytusbuurt. Alleen de vismarkt aan de oostelijke zijde van de gracht is behouden gebleven.

Van trapgevel naar klokgevel

Eind 17[e] eeuw is Hippolytusbuurt 8 zo vervallen dat het winkelpand nodig onder handen moet worden genomen. De trapgevel wordt afgebroken. Daarvoor in de plaats komt een eenvoudige klokgevel. Wanneer de zaak een luifel krijgt, is niet met zekerheid vast te stellen. Tot halverwege de 20e eeuw is het pand in gebruik als winkel.

Na de Tweede Wereldoorlog is een renovatie hard nodig. In 1948 vindt een restauratie plaats, waarna café-restaurant Klein Central er zijn intrek neemt. Het ernaast gelegen 1,20 m smalle pandje op nummer 6 wordt bij de zaak getrokken. Klein Central groeit uit tot een populaire ontmoetingsplek voor de inwoners van Delft.

In de jaren zeventig krijgt het een nieuwe eigenaar en gaat de zaak verder onder de naam De Linden, daarna heet het pand Restaurant 't Oranjehof. Tegen het einde van de 20[e] eeuw wordt Hippolytusbuurt 8 verbouwd tot Mexicaans restaurant met de naam La Marimba en sinds 2006 zit op dit adres restaurant Le Marriage. Enkele 16[e]-eeuwse details, zoals een zandstenen leeuwenkop, maken nog steeds deel uit van het interieur.

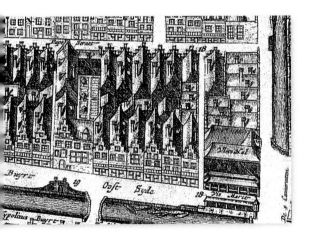

Historisch plattegrond van de binnenstad van Delft met rechts de vismarkt.

Oudezijds Voorburgwal 300, Amsterdam

In de middeleeuwen zijn er in Amsterdam twintig kloosters. In zestien daarvan wonen nonnen, in drie andere kloosters zijn paters gehuisvest. En dan is er ook nog Het Begijnhof, dat geen klooster is maar een kleine leefgemeenschap voor vrouwen.

Het Sint Maria Magdalena-Klooster wordt gesticht rond 1410 in het burgerhuis van Willem Roelofsz aan het Spui in Amsterdam. Het is bedoeld voor vrouwen die hun zondige leven achter zich willen laten. En zondaressen zijn er kennelijk in overvloed, want al snel groeit de orde uit tot ongeveer honderd nonnen.

| 1500 | 1600 | 1700 | 1800 | 1900 | 2000 |

Geldgebrek en krediet

Het burgerhuis wordt te klein. Moeder-overste laat in 1422 een nieuw klooster bouwen aan de Oudezijds Voorburgwal 300. Naast het pand loopt een sloot, van de Oudezijds Voorburgwal naar het Rokin. De sloot wordt een eeuw later gedempt, maar de orde heeft te weinig geld om de nieuwe grond te kopen. Daarom kopen de Oude-zijds Huiszittenmeesters (een 16e-eeuwse voorloper van de voedselbank, die naast eten ook turf aan armen uitdelen) het per-ceel. Ze laten er een turfpakhuis met een tuitgevel bouwen, precies tegen de muur van het Maria Magdalena-klooster. Een gedenksteen boven de ingang verwijst naar het bouwjaar 1550.

In 1579 wordt het klooster opgeheven en verkocht. Het pand wordt een armenhuis. De overgebleven dertien nonnen mogen tot hun dood op de Oudezijds Voorburgwal blijven wonen. In 1614 koopt de Banck van leening het voormalige klooster, inclusief het ernaast gelegen pakhuis. Nu hoeven de Amsterdammers geen lening meer af te sluiten bij particuliere woekeraars. Ze kunnen tegen een fatsoenlijk krediet hun goederen in onderpand geven.

'Hulp voor den nooddruftigen'

In 1616 wordt de beroemde bouwmeester Hendrick de Keyser benaderd voor een grote verbouwing van het oude klooster. Hij voorziet de voor- en achtergevels van banden en hoekblokken en bijzondere vensters (met stenen kruiskozijnen in de achtergevel). In de zijgevel van het voormalige pakhuis aan de Enge (nauwe) Lombardsteeg wordt een gebeeldhouwd poortje gemaakt met daarboven een reliëf. Het stelt drie vrouwen voor, die aan de toonbank hun eigendommen komen belenen. Daaronder staat de tekst: *'Tot behulp voor den nooddruftigen is hier gestelt de Banck van Leening voor een cleyn gelt.'* Op de uiteinden van de boog zit een spaarpot. Boven de poort komt een ovaal venster met natuurstenen omlijsting, met twee hoorns des overvloeds en een zandloper.

Vondel bijna failliet

De dan al bejaarde schrijver en volksdichter Joost van den Vondel treedt in 1658 in dienst van de bank als boekhouder. Hij had eerder op de Warmoesstraat 39 in Amsterdam een winkel in kostbare zijde en kousen *'van alrehande couleuren; van 15 cent tot 15 gulden per paer'.* Zijn zoon Joost nam in 1652 de zaak over, maar diens vrouw Baertje had een gat in de hand. Ze hield nogal van een luxe leven. Daardoor raakte het echtpaar in de financiële problemen. Vader Joost van den Vondel betaalt 40.000 gulden om hun schulden af te lossen. Maar daardoor gaat hij bijna zelf failliet. Op voorspraak van Anna van Hoorn, de echtgenote van de burgemeester, krijgt de oude Joost van den Vondel in 1658 een baantje als boekhouder bij de Banck van Leening. Hij is dan zeventig jaar en zal nog tien jaar op de Oudezijds Voorburgwal 300 blijven werken.

In verband met ruimtegebrek wordt de bank, die tegenwoordig Stadsbank van Lening heet, in 1667 uitgebreid met een vier verdiepingen tellend gebouw. Een jaar later gaat Vondel echt met pensioen, op 80-jarige leeftijd. De regenten van Amsterdam besluiten in zijn verdere levensonderhoud te voorzien. Op 5 februari 1679 overlijdt de bekende schrijver en dichter. Hij wordt begraven in de Nieuwe Kerk in Amsterdam.

Portret van Joost van den Vondel (1640), door Theodoor Matham.

___ Een historische blooper ___

Joost van den Vondel, de beroemde dichter, schrijver en boekhouder bij de Banck van Leening, wordt in 1679 begraven in de Nieuwe Kerk. Zijn dochter Anna is hier vier jaar eerder begraven en de kist van Vondel wordt daarom in haar graf bijgezet. Joost van den Vondel heeft overigens vlak voor zijn dood zijn eigen grafschrift nog geschreven: *'Hier leit Vondel zonder rouw, hy is gestorven van de kouw.'* Eeuwen later, in de aanloop naar de kroning van prinses Beatrix tot koningin wordt in 1980 in de Nieuwe Kerk vloerverwarming aangelegd. Daarvoor moeten er een aantal grafstenen worden verplaatst, maar daarna weet men niet meer precies wat precies de laatste rustplaats van de Dichter des Vaderlands is.

159

KLM-huisje #37 wordt voor het eerst geproduceerd in 1970.

Geen winstoogmerk

De Stadsbank van Lening zit al bijna vier-honderd jaar op de Oudezijds Voorburgwal 300. Het laagste bedrag waarvoor goede-ren worden beleend, is 5 euro. Het hoogste bedrag dat ooit door de bank is betaald, is één miljoen gulden voor een juwelencol-lectie. Binnen zes maanden kan een eige-naar zijn goederen terugkopen tegen het oorspronkelijke leenbedrag, vermeerderd met 10 procent rente. Het is de enige bank in Nederland die geen winst mag maken. De omzet bedraagt jaarlijks zo'n 112 mil-joen euro.

___ Eerste krediet in 1614 _____

Met het oprichten van de Banck van Leening maken de regen-ten van Amsterdam een einde aan het monopolie van geld-handelaar Sion Luz. Hij vraagt op leningen een woekerrente van soms wel 33 procent! In de achtergevel van het pand zit een steen ter herdenking van het eerste krediet dat de Banck van Leening op 29 april 1614 heeft verstrekt.

Koninklijke clientèle

De Stadsbank van Lening wordt opge-richt voor het verstrekken van kredieten aan 'kleyne luyden'. Maar er zijn ook veel rijke mensen die hun spullen als onder-pand achterlaten. Graaf Willem van Oranje leent er geld ter financiering van zijn veld-tochten tegen de Spanjaarden. Het konink-lijke zilveren servies wordt als onderpand bij de Stadsbank achtergelaten. Ook de Engelse koning Edward III, Anne van Oos-tenrijk en prins Johan Maurits van Nassau behoren tot de clientèle van de Amster-damse Stadsbank.

Het Vondelpark

In 1867 wordt het grootste park van Amsterdam genoemd naar Joost van den Vondel. Het Vondelpark heet tot die tijd het Rij- en Wandelpark. De dichter krijgt ook een standbeeld en op initiatief van mr. Jacob van Lennep wordt een toneelstuk over zijn werk als boekhouder opgevoerd. Daarvoor stelt de Stadsbank een stoel ter beschikking waarop (volgens de overle-vering) Vondel nog als boekhouder heeft gezeten. De beukenhouten stoel is bekleed met runderleer. Het object maakt nu deel uit van de collectie van het Rijksmuseum. De echtheid van de stoel wordt betwist.

Vondel in zijn studeerkamer, gravure door Cornelis de Visscher, 1657.

160

Herengracht 607, Amsterdam

In 2013 wordt in Amsterdam herdacht dat 400 jaar geleden is begonnen met de aanleg van de grachtengordel. In de herfst van 1613 wordt de Herengracht gegraven. De belangstelling voor de bouwgrond is groot. Adellijke families, bankiers en rijke handelaren bieden bij een veiling flink tegen elkaar op, om hier een huis met tuin te kunnen bouwen.

De Heerengracht (dan nog met dubbele 'e' geschreven) is natuurlijk ook in trek bij de nouveau riche. De handelaar Abram van der Wielen speelt handig in op de grote vraag en koopt op de veiling een kavel op Herengracht 607. Van der Wielen verkoopt het onbebouwde perceel in 1665 met een flinke winst aan huizenspeculant David ter Haer.

1500	1600	1700	1800	1900	2000

Ter Haer heeft inmiddels ook al de aangrenzende kavels in zijn bezit. Tussen 1668 en 1669 laat hij op deze plek vier huizen bouwen. De huizen Herengracht 607 en 611 zijn onderdeel van een groter, architectonisch complex. Ze zijn herkenbaar aan hun identieke klokgevels. Daartussen staat een dubbelbreed middenpand (nummer 609). De huizen zijn gebouwd in de sobere stijl van het Hollands classicisme. Alleen Herengracht 607 heeft tegenwoordig nog steeds de originele klokgevel uit het bouwjaar 1670, met een middenrisaliet doorlopend tot aan de top, een driehoekig fronton (dat naderhand is verdwenen), een versierde hijsbalk, zandstenen slingers en driehoekige zoldervensters. Op nummer 607 wordt bij de oplevering een steen aangebracht met het woord 'Anno', op het huis op nummer 609 staat het jaartal 1670. Als dit tweede huis eeuwen later wordt verbouwd, verhuist de gevelsteen met het jaartal naar het pand op nummer 607.

De Engelse ambassadeur William Cadogan is een van de eerste bewoners van het huis op de Herengracht 607. Naar deze graaf wordt later een theepot genoemd, de Cadogan. Zijn portret hangt in de National Gallery in Londen.

Wonen op stand aan de Gouden Bocht; een geschiedenis van illustere bewoners

Herengracht 607 heeft in de 19e eeuw het huisnummer IJ 242. Dit nummer is nog steeds te zien op de rand van het venster, net boven de voordeur.

Voorname bewoners

Wie de eerste bewoner van Herengracht 607 is, is onbekend. In 1704 wordt graaf William Cadogan de eigenaar. Hij is de ambassadeur van de Engelse koning. Cadogan betaalt 16.000 gulden voor het pand, een enorm bedrag in die tijd. Maar de ambassadeur wil dan ook op stand wonen. Hij overlijdt in 1726. Zijn echtgenote, jonkvrouw Margaretha Cecilia Munter, vrouwe van Zanen en Raaphorst, blijft nog tot 1747 in het chique grachtenhuis wonen. Ze verkoopt het vervolgens aan de bekende stadshistoricus Jacob Bicker Raye.

Jacob Bicker Raye beschrijft vanaf 1732 het dagelijks leven van Amsterdam en zijn bewoners veertig jaar lang in een groot aantal dagboeken: 'Het merkwaardigste mijn bekent dat er is voorgevallen binnen de stadt Amsterdam.'

Franse huisnummering

In de 18e eeuw komt het volk in opstand tegen de bestuurlijke elite, die zich verrijkt en zich aan machtsmisbruik schuldig maakt. Met hulp van Frankrijk wordt de Bataafse Republiek uitgeroepen. Vanaf 1795 is de Republiek een vazalstaat van de Franse keizer Napoleon Bonaparte. Zijn broer wordt later gekroond tot koning van het Koninkrijk Holland. In 1800 krijgt Herengracht 607 een nieuwe illustere bewoner: de geneesheer dr. Immanuel Capadose. Hij is een neef van Abraham Capadose, de lijfarts van Lodewijk Napoleon. Ook Capadose zelf wordt regelmatig door de koning ontvangen. Eén van de zaken die de jongere broer van Napoleon Bonaparte in 1806 aanpakt, is de invoering van de huisnummering. Amsterdam wordt ingedeeld in vijftig wijken, aangeduid met twee letters, daarachter volgt een huisnummer. Herengracht 607 heeft in de 19e eeuw het huisnummer IJ 242.

Boerenoorlog in Artis

In de midden van de 19e eeuw woont de uit Edinburgh afkomstige steenrijke bankier Francis Melvin op de Herengracht 607, daarna is het huis vanaf 1891 het woonadres van de filmpionier Franz Anton Nöggerath. Nöggerath komt uit het Duitse Westfalen en is aanvankelijk bakker en eigenaar van een koffiehuis in de Warmoesstraat. Maar zijn grote passie is films maken. Hij wordt een van de eerste filmproducenten van Nederland. Hij maakt aanvankelijk met veel succes natuuropnamen, die hij vertoont in variététheater Flora in de Amstelstraat. Het theater zit op nog geen 500 m van zijn huis. Nöggerath trekt volle zalen met de documentaire *De oorlog in Transvaal*. De film gaat over de boerenopstand in Zuid-Afrika. Maar de documentaire is van a tot z verzonnen. Nöggerath maakt bijvoorbeeld buitenopnamen bij de leeuwenkooi van dierentuin Artis. De binnenopnamen vinden plaats in zijn huis op de Herengracht 607.

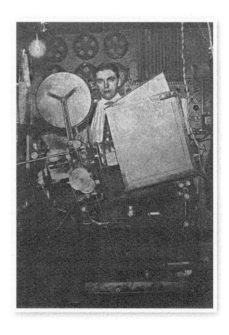

Filmproducent Nöggerath bij de projector van variététheater Flora.

KLM-huisje #38 wordt voor het eerst geproduceerd in 1971.

Koninklijke opdrachten

Franz Anton Nöggerath maakt indruk met zijn documentaires. Hij krijgt van de Nederlandse regering in september 1898 opdracht om een ceremoniële film te maken over de unhuldiging van koningin Wilhelmina. De rolprent wordt door het koningshuis bijzonder gewaardeerd. Nöggerath produceert het jaar daarop ook nog een documentaire over de overleden koning Willem III: 'N Herinnering wijlen Z.M. Willem III een rijtoer makende door het Vondelpark te Amsterdam.

_ Filmcollectie verwoest _____

Op 29 augustus 1902 breekt 's middags plotseling brand uit in het variététheater Flora van Franz Anton Nöggerath. Een bediende laat een pan kokend vet vallen, waardoor in korte tijd een enorme brand ontstaat. Daarbij worden de bioscoop en de aangrenzende kantoren verwoest. Ook de omvangrijke filmcollectie van Nöggerath gaat grotendeels in vlammen op. Slechts tien films blijven dit lot bespaard omdat ze ten tijde van de brand elders zijn opgeslagen.

Filmpionier Franz Anton Nöggerath woont van 1891 tot 1908 op Herengracht 607. Door een brand gaat bijna heel zijn filmcollectie verloren.

Filmproducent Franz Anton Nöggerath overlijdt in 1908. Het huis op Herengracht 607 komt daarna in handen van de familie Desmet, die eveneens actief is in de Nederlandse filmwereld. Na de oorlog houdt de NV Favoriet Mantel Fabriek er tot 1967 kantoor. Vervolgens betrekt de ABN AMRO het pand. Nadat Herengracht 607 weer vrijkomt, zit op het adres tot 2010 een centrum voor natuurgeneeskunde en persoonlijke ontwikkeling.

Prinses Wilhelmina wordt op 6 september 1898, een week na haar achttiende verjaardag, ingehuldigd als koningin van Nederland. Producent en regisseur Anton Nöggerath maakt van de ceremonie in de Nieuwe Kerk in Amsterdam een exclusief filmverslag.

Nieuweweg 12, Hindeloopen

De geschiedenis van Hindeloopen gaat terug tot het eerste millennium. In 779 wordt Hindeloopen door de Noormannen verwoest. Pas in 910 zal het plaatsje aan de Zuiderzee weer worden herbouwd. Hindeloopen krijgt in 1225 stadsrechten.

Vanaf de 12e eeuw wordt vanuit Hindeloopen gevaren op Engeland, Scandinavië, de Baltische Staten en Rusland. Tussen 1650 en 1790 komt het stadje economisch tot bloei. Hindeloopen heeft een vloot van zo'n honderd fluitschepen. Met onder andere brandewijn van Lucas Bols, haring, vlas, tabak, specerijen, kaas en linnen wordt koers gezet naar het buitenland.

1500	1600	1700	1800	1900	2000

Slanke tuitgevel met dubbele fries

Ergens in de 17e eeuw wordt op de hoek van de Buren en het water aan de Nieuweweg een fraaie commandeurswoning gebouwd voor een onbekende kapitein van de VOC. Het huis heeft een slanke tuitgevel met ovale vensters en een dubbele fries van gele en rode baksteen. Boven de voordeur zit een opvallende houten versiering in accoladevorm, met twee rode rozetten. Het pand is gebouwd langs een smalle gracht waardoor bijvoorbeeld turf tot aan de voordeur geleverd kan worden.

Achterkant 17e-eeuws commandeurshuisje mooiste deel van de woning

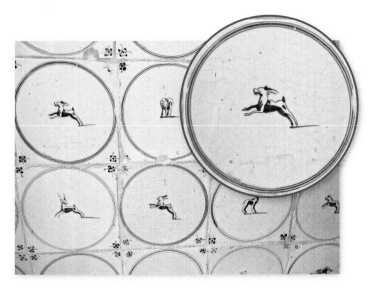

KLM-huisje #39 wordt voor het eerst geproduceerd in 1972. Als enige miniatuur uit de collectie is het een replica van de achterkant van een huis. In Hindeloopen is dit vaak het mooiste deel van de woning.

'Makkumer springertjes'

Het commandeurshuisje heeft geen spouwmuren. Om het in koude winters binnen lekker warm te hebben, worden de muren daarom betegeld. Aan de bovenkant zijn zogenaamde 'witjes' aangebracht, aan de onderkant zitten 'Makkumer springertjes'. Deze tegeltjes zijn genoemd naar de talrijke afbeeldingen van springende dieren. De deuren en deurposten zijn rijk versierd met typisch Hindelooper schilderkunst. In de voorkamer (aan de achterzijde van het pand) zit boven een ingebouwde vitrinekast een fraai beschilderd houten paneel, dat vermoedelijk uit Italië komt. Naast de eveneens betegelde keuken zit een kleine opslagruimte met in de buitenmuur een smalle sleuf. Daardoor blijft het er in de zomer koel. In de acht maanden dat de commandeur op zee vaart, woont zijn gezin in een kleiner zomerhuis, ook wel 'likhús' genoemd, achter de eigenlijke woning.

_ De Hinderlooper vloot _____

De Hindelooper vloot vertrekt in de 17ᵉ eeuw elk jaar op 22 februari. De mannen van Hindeloopen nemen dan voor acht maanden afscheid van hun vrouw en kinderen. In de tussentijd wordt geen recht gesproken, dat gebeurt pas weer vanaf 1 november in het gebouw schuin tegenover Nieuweweg 12. Doorgaans bestaat de bemanning van een fluitschip uit een commandeur, een stuurman, een bootsman, twee timmerlieden, een kok, een koksmaatje en zes matrozen. Op 1 november reizen de vrouwen van Hindeloopen naar Amsterdam om hun mannen weer in de armen te sluiten.

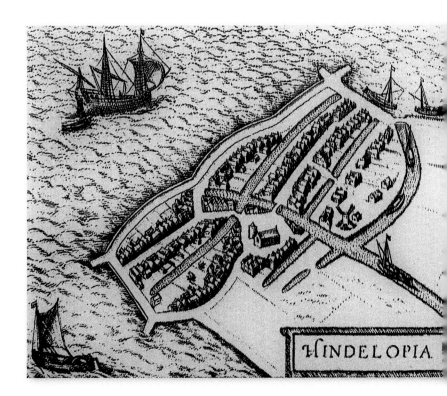

In de 17ᵉ en 18ᵉ eeuw wordt Hindeloopen geteisterd door een aantal vloedgolven. De dijken breken door, een aantal inwoners verdrinken en het westelijke deel van Hindeloopen verdwijnt in zee.

Commandeurswoning gesplitst

Het 20 m diepe huis wordt in 1953 gesplitst in twee afzonderlijke woningen. In 1976 vindt opnieuw een renovatie plaats. De letters D en B boven de voordeur verwijzen naar de schilders die de commandeurswoning in 2010 van een nieuwe verflaag hebben voorzien. Het huis is als woning en als kleinste galerie van Hindeloopen in gebruik. De kunstenares en beeldhouwster Ant Kolk stelt in de zomer haar huis regelmatig open voor belangstellenden en geeft voor 1 euro rondleidingen.

Rangen en standen

Aan de oudste huizen in Hindeloopen is goed te zien welk beroep de eigenaar heeft. Kapiteins van de Hindelooper fluitschepen wonen met hun gezinnen in een commandeurswoning. Deze huizen zijn te herkennen aan een dubbele band (fries) van rode en gele baksteen. De woningen van de stuurlieden hebben een enkele band.

Met een anker naast de deur geeft de commandeur in de 17e eeuw aan dat hij aan boord van zijn schip ruimte heeft voor het meenemen van extra vracht.

De goederen die de VOC uit het Verre Oosten haalt, worden onder andere via Hindeloopen naar andere landen vervoerd. De Hinderlooper klederdracht is geïnspireerd op Aziatische motieven. Gebloemd katoen heet Indiaase sits. Een geruite stof wordt Oost-Indisch bont genoemd. Blauw is overigens de kleur van de rouw. Als een vrouw haar halsdoek knoopt met de punten naar links, dan geeft ze daarmee aan dat haar hart al vergeven is.

Keizersgracht 104, Amsterdam

De Spaanse legers van de streng katholieke koning Filips II strijden in de 16ᵉ eeuw in Europa tegen iedereen die niet katholiek is. De roep om vrijheid van godsdienst en het afschaffen van de inquisitie klinkt steeds luider. Veel mensen hebben hun hoop gevestigd op de Republiek der Verenigde Nederlanden.

Duizenden buitenlanders vluchten naar het tolerante noorden om hier in vrijheid hun geloof te belijden. Maar de godsdienstvrijheid geldt vooral voor de gereformeerde kerk. Andere religies worden in de Republiek verboden en gaan ondergronds.

1500   1600   1700   1800   1900   2000

Hoewel de katholieken, remonstranten, lutheranen en doopsgezinden officieel geen diensten mogen houden, worden ze oogluikend toegestaan. Maar hun kerken mogen aan de buitenkant niet als zodanig herkenbaar zijn. Schuilkerken moeten er vanaf de straat uitzien als gewone huizen. Want er is natuurlijk wel een grens aan de tolerante houding van de Republiek.

'De prael van sichtbre kercken'

In 1629 zoeken de wijnhandelaar Antoni de Lange en dr. Jan van Hartoghvelt in Amsterdam naar een geschikte ruimte voor een schuilkerk voor de verboden remonstrantse gemeenschap. Hun oog valt op Keizersgracht 102, een huis met een trapgevel in renaissancestijl. Op 8 september 1630 wordt het pand als kerkgebouw ingewijd. De dichter Joost van den Vondel steekt de remonstranten bij die gelegenheid een hart onder de riem. Hij geeft de kerkgangers in een gedicht het welgemeende advies om 'U niet te seer te vergaepen aen de prael van sichtbre kercken'.

De Remonstrantse kerk aan de Keizersgracht in aanbouw, 1630.

167

Vanaf 1972 krijgen de passagiers van de Royal Class op een intercontinentale vlucht KLM-huisje #40.

Een copotain van bevervilt

Naast de schuilkerk woont op Keizersgracht 104 de hoedenmaker Hans Janszn Lenaertsz. Zijn huis heeft ook een trapgevel. Aan de muur zit een gevelsteen met een afbeelding van een hoge hoed. Achter het huis ligt een schuur, die sinds 1619 gebruikt wordt als werkplaats. Lenaertsz maakt op bestelling zogenaamde 'copotains': hoeden met een brede rand van wolvilt, beverhaar, zijde of fluweel. Vooral de hoeden van bevervilt zijn in trek bij de elite. Hij zit met zijn bedrijf op een toplokatie want de grachtengordel is het domein van de gegoede burgerij. De hoedenmakerij van Lenaertsz wordt in de jaren dertig verkocht aan Claes Harmenszn Roothoet. Het pand komt uiteindelijk in 1642 in bezit van de remonstrantse kerk.

Strak en sober

De schuilkerk kan nu worden uitgebreid. Het huis zelf en de schuur worden gesloopt. Alleen de gevel van nummer 104 blijft behouden. Het ernaast gelegen pand op nummer 106 wordt in 1719 aangeschaft, om de remonstrantse kerk nog een stukje groter te maken. Ook wordt er een orgel geïnstalleerd, precies boven de preekstoel. Bijna veertig jaar later volgt de aankoop van het huis op nummer 108. En ten slotte wordt in 1772 het huis Het Kasteel van Londen op nummer 110 aan het complex toegevoegd. Met een afmeting van 18 bij 20 m wordt het de grootste schuilkerk van Nederland. Binnen is het ontwerp sober en strak, met houten galerijen en tongewelven.

_ Prijs voor godsdienstvrijheid _____

Aanvankelijk worden schuilkerken in de 17[e] eeuw door de regenten gedoogd. Vanaf 1651 mogen de verboden kerkgenootschappen zelfs een officiële vrijwaring kopen. De kosten kunnen oplopen tot meer dan 1000 gulden, een enorm bedrag. Elk jaar moet er opnieuw worden afgerekend en het is geen garantie voor een ongestoorde kerkdienst. Een voorwaarde blijft verder dat de kerk niet vanaf de straat als zodanig herkenbaar mag zijn, de toegang mag niet aan de openbare weg liggen en kerkgangers mogen slechts in tweetallen naar binnen.

168

De Huub Oosterhuiszaal van De Rode Hoed.

Eenvoudige klok vervangt trapgevel

In 1876 wordt een grote renovatie uitgevoerd, waarbij de gevel van nummer 102 wordt vervangen door een typisch 19^e-eeuws exterieur. Bovendien krijgt het pand boogvormige ramen en brede toegangsdeuren. Hoewel de remonstrantse kerk nu niet meer verboden is, voldoet de schuilkerk aan alle wensen. De trapgevel van nummer 104 wordt tijdens de verbouwing vervangen door een eenvoudige klokgevel. Het kerkgebouw blijft tot 1957 in gebruik bij de remonstrantse gemeenschap.

In 1989 zoekt pastor, dichter en schrijver Huub Oosterhuis een nieuw onderkomen voor een groeiende groep gelovige studenten. Hij neemt zijn intrek in de dan al jaren leegstaande schuilkerk. De opvallende gevelsteen op nummer 104 inspireert hem tot de naam De Rode Hoed. In een interview vertelt hij later: *'Ik zag dat hoedje, kleurloos. Ik dacht ineens: De Rode Hoed, dat is een mooie naam. En daarbij is er een prima restaurant in Antwerpen dat zo heet. En misschien heeft mijn politieke richting er ook wel iets mee te maken.'* De VARA zendt enige tijd vanuit De Rode Hoed de wekelijkse talkshow van presentatrice Sonja Barend uit, en het debatprogramma Het Lagerhuis. De Rode Hoed is tegenwoordig vooral in gebruik als ruimte voor symposia, literaire bijeenkomsten en muziekoptredens.

Koningin Beatrix bij een receptie ter gelegenheid van het 20-jarig bestaan van De Rode Hoed. Links op de foto Huub Oosterhuis.

__ De Rode Hoed __

De voormalige schuilkerk aan de Keizersgracht wordt in 1990 een centrum voor cultuur, opinie en debat. Het wordt vernoemd naar de gevelsteen met een afbeelding van een hoed. Het heet vanaf dat moment De Rode Hoed. De zandstenen gevelsteen is oorspronkelijk neutraal van kleur en wordt pas later in Bentheimerkleur geverfd. In 1960 wordt de hoed knalrood geschilderd. De gevelsteen zelf kan ook wel een opknapbeurt gebruiken, want de rand van de hoed is afgebroken. Pas in 2002 wordt de steen in opdracht van de Vereniging Vrienden van Amsterdamse Gevelstenen gerestaureerd en in een minder felle kleur rood geschilderd.

Sint Jacobsstraat 13, Leeuwarden

'Us Heit', zoals zijn Friese bijnaam luidt, is een uitstekende militair strateeg. Samen met prins Maurits voert hij in de Tachtigjarige Oorlog strijd tegen de Spaanse koning Filips II. Willem Lodewijk is mede verantwoordelijk voor een wapenstilstand met Spanje in 1609. In mei 1620 krijgt de stadhouder een beroerte en overlijdt. De Tachtigjarige Oorlog wordt kort daarna hervat. Het lichaam van Willem Lodewijk wordt met groot ceremonieel bijgezet in de grafkelder van de Fries Nassau's in Leeuwarden.

1500	1600	1700	1800	1900	2000

De flamboyante boekhandelaar en uitgever Dirck Albertsz is een van de genodigden bij de koninklijke begrafenis. Hij behoort tot de elite van Leeuwarden. Door een strategisch huwelijk met de rijke weduwe Hylkje Arnoldi Jellema heeft de jonge Dirck zich namelijk in één klap een vooraanstaande positie verworven. Al wordt er achter hun rug om natuurlijk wel flink gekletst.

Roddel en achterklap

Ogenschijnlijk zit het echtpaar Albertsz goed in de slappe was. Naast hun woning en de boekhandel In den Gulden Bijbel bezitten ze nog een aantal huizen en landerijen. Het paar laat het geld graag rollen. Dirck Albertsz imponeert én irriteert met zijn gedrag andere 'boeckdruckers'. Onderling roddelen ze over zijn rijkdom. En niet zelden is zijn grillige gedrag onderwerp van gesprek.

Maar Dirck Albertsz kan er zelf ook wat van. Hij wordt verschillende keren veroordeeld wegens kwaadsprekerij. De ene keer moet hij een boete van 38 gulden betalen voor het bezoedelen van de *goede naam ende faam* van een collega. De andere keer is zijn grote concurrent 'boeckdrucker' Claude Fonteyne het mikpunt van zijn spot. Hij beweert dat Fonteyne 'een schelm' is die zijn klanten oplicht. Het levert hem in dit geval een boete van 11 gulden op. In 1635 krijgen de twee mannen het opnieuw met elkaar aan de stok. Dirck Albertsz heeft illegale kopieën gemaakt van een boek van Fonteyne. En weer wordt de gang naar de rechter gemaakt.

SINT JACOBSSTRAAT

Strategisch huwelijk brengt rijke weduwe en haar jonge minnaar weinig geluk

171

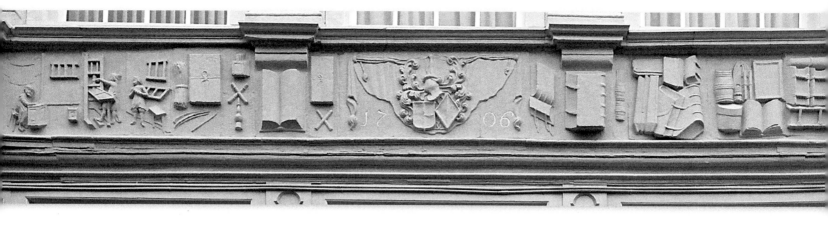

Fries met afbeeldingen uit de boekdrukkunst.

Amsterdamse renaissancestijl

In 1636 laat Dirck Albertsz een ontwerp maken voor een monumentale woning. De boekhandelaar kiest als lokatie een van de voornaamste straten van Leeuwarden, de Sint Jacobsstraat. Het pand krijgt een fraaie gevel in Amsterdamse renaissancestijl. Gezien de detaillering van de ornamenten is het mogelijk dat bouwmeester Hendrick de Keyser op de een of andere manier bij het ontwerp betrokken is geweest. Boven de houten onderpui laat Albertsz een bewerkte fries aanbrengen, met taferelen uit de boekdrukkunst.

De boekhandel en de erachter liggende drukkerij floreren. Dirck Albertsz investeert in een kleine pers en koopt een nieuwe lettervoorraad. Maar voor grote oplagen moet hij nog steeds uitwijken naar andere drukkers. Veel van zijn boeken worden in het Latijn uitgegeven. In den Gulden Bijbel is verder gespecialiseerd in het drukken, binden en verkopen van schoolboeken en stichtelijke lectuur.

Schuldeisers en rechtszaken

Voor de buitenwereld lijkt het alsof het echtpaar in weelde leeft. Maar al snel blijkt dat het stel in werkelijkheid diep in de schulden zit. Albertsz verdient niet voldoende om zijn rekeningen te betalen. Boekhandel In den Gulden Bijbel wordt verkocht, evenals vijf andere panden. De verkoop levert hem 10.000 gulden op. Maar het water staat het echtpaar tot aan de lippen. Om aan zijn schuldeisers te ontkomen, spant Dirck Albertsz diverse rechtszaken aan om zijn gelijk te halen, maar hij verliest ze allemaal.

Ook met de werklieden van het huis op de Sint Jacobsstraat ligt hij overhoop. Albertsz beschuldigt de smid ervan 'ijserwercken van anckers ende anders uyt de olde huysinge' in rekening te brengen. Hij beklaagt zich bij de timmerman over de afwerking van de kruiskozijnen en ruitjes. Een toezegging voor loonsverhoging van een knecht komt Albertsz ook al niet na. Met een steenhouwer komt hij na lang praten tot een opmerkelijk akkoord. Het arbeidsloon en de door hem geleverde ornamenten worden deels door Albertsz in natura betaald. Met een voorraad boeken!

Fortuin gaat in rook op

Ondertussen maakt Dirck Albertsz bij het plaatselijke weeshuis goede sier door een weesjongen in huis te nemen en hem een opleiding tot boekbinder te geven. Totdat het kind zelfstandig is en 'sich eerlijck sall koenen genereren'. Misschien leeft het echtpaar op te grote voet, want met de inkomsten van de boekhandel en de drukkerij gaat het bergafwaarts. Dirck Albertsz maakt steeds meer schulden. In 1642 dreigt hij zelfs failliet te gaan. Hij verkoopt het achterdeel van het huis. De financiële nood blijft hoog. Twee jaar later brengt hij in paniek een satijnen mantel van zijn vrouw, zeventien el damast weefsel en twee vergulde 'coppen' naar de Banck van Leening in Leeuwarden. Het onderpand levert hem 150 gulden op. Maar uiteindelijk moet ook hun monumentale huis in de verkoop worden gedaan. De 'nieuwe huysinge, keuken, put, back en plaetse in de Sint Jacobsstrate' wisselt in maart 1645 van eigenaar. De schoenmaker Jan Janssen van Icken betaalt 8120 gulden voor het pand. Dirck Albertsz overlijdt enkele maanden later. Een stoet weeskinderen begeleidt het stoffelijk overschot naar zijn laatste rustplaats. Zijn vrouw Hylkje heeft tijdens haar tweede huwelijk haar fortuin in rook zien opgaan. Ze blijft berooid achter en overlijdt drie jaar later, in 1648.

Huizenmarkt stort in

De Leeuwarder schoenmaker heeft met de aankoop van Sint Jacobsstraat 13 een goede investering gedaan. Vier jaar later verkoopt hij het pand met

172

KLM-huisje #41 wordt in 1972 voor het eerst geproduceerd.

1330 gulden winst. De nieuwe eigenaar is muntmeester Conraedt Raedt. Het pand wisselt daarna nog drie keer van eigenaar, waarbij de verkoopprijs tot 8000 gulden daalt. De voormalige boekhandel wordt in die jaren onder andere gebruikt als herberg en apotheek (met de naam De Vergulden Toelast). Begin 18^e eeuw wordt het pand verhuurd aan een pruikenmaker. Onder invloed van de Franse koning Lodewijk XIV is het dragen van witbepoederde pruiken namelijk ook in de Republiek der Verenigde Nederlanden in de mode geraakt.

Eind 1705 betaalt de 27-jarige schutter Hendrick Frieswijck 4500 gulden voor het monumentale pand. De top wordt aangepast aan de naar de Franse Zonnekoning genoemde bouwstijl. Frieswijck laat verder de middelste gevelsteen vervangen door zijn familiewapen (met het jaartal 1706). Daarboven wordt het raam vervangen door een erker. Het interieur krijgt ook een opknapbeurt en wordt verfraaid met gebeeldhouwde ornamenten in Lodewijk XIV-stijl. Frieswijck wordt schepen van Leeuwarden en is van 1722 tot 1724 burgemeester van de stad. Het huis blijft, ook na zijn dood, tot 1793 in bezit van de familie Frieswijck.

Plafondschilderingen ontdekt

In de 19^e eeuw koopt Johannes Egberts Kuipers het monumentale pand en vestigt er een bakkerij in. Bij een grote verbouwing in 1885

verdwijnt de erker weer en wordt de winkelruimte gescheiden van het woonhuis erboven. Drie generaties later komt het pand in 1915 in handen van de NV Dam's Brood- en Koekfabriek. De onderpui wordt aangepast en in moderne stijl verbouwd. Vereniging Hendrick de Keyser, die zich inzet voor behoud en restauratie van historische panden, koopt het monumentale huis in 1928. Onder een wit gestuct plafond worden houten panelen aangetroffen met schilderingen van bloemenslingers en bladeren. Het 18^e-eeuwse houten plafond blijkt echter te zeer beschadigd

om te kunnen worden gerestaureerd.

De eerste zorg gaat uit naar de geveltop in Lodewijk XIV-stijl. De top wordt in 1934 in oude staat hersteld. Begin jaren zestig wordt het pand aan de voor- en achterkant uitgebreid gerenoveerd, waarbij de winkelpui een historiserend uiterlijk krijgt. Vanaf dat moment staat het voormalige woonhuis van Dirck Albertsz om de tien jaar in de steigers. De bovenverdieping wordt door particulieren bewoond, de begane grond is tegenwoordig in gebruik als winkel waar leer en suède wordt verkocht.

173

Prinsengracht 514, Amsterdam

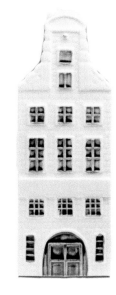

In de Gouden Eeuw groeit Amsterdam uit tot het financiële centrum van de wereld. Maar het succes trekt ook veel gelukszoekers aan. Een van hen is John Law, een gewiekste Schotse econoom, gokker en rokkenjager. Na een uit de hand gelopen duel om de minnares van koning Willem III belandt hij in Londen in de gevangenis. Law ontsnapt uit de cel en duikt in 1702 op in Amsterdam.

Law is onder de indruk van de Amsterdamse Wisselbank, waar op krediet wordt geleend. Hij bedenkt een monetair systeem, gebaseerd op speculatie en windhandel. Law schopt het daarmee zelfs tot financieel adviseur van de Franse koning. Maar zijn pyramidespel zakt in 1720 als een kaartenhuis in elkaar en leidt tot een internationale economische crisis.

1500	1600	1700	1800	1900	2000

Over de praktijken van John Law verschijnt in het najaar van 1720 het boek *Het Grote Tafereel der Dwaasheid*, '*tot beschimpinge deezer verfoeielijke en bedrieglijke Handel, waar Familien en Persoonen van Hooge en Lage Stand in Vrankrijk, Engeland en Nederland in 't noodlottige Jaar door zijn geruïneerd*'. Als gevolg van de financiële crisis gaan in Amsterdam veel speculanten failliet. Maar er zijn ook handelaren die de wereld van het snelle geld altijd hebben gewantrouwd. Een van hen koopt in de herfst van 1720 als belegging een huis op Prinsengracht 514. De stallen en het koetshuis achter de woning zijn bij de koop inbegrepen. Het pand wordt volledig gestript en herbouwd. Het huis krijgt naar de laatste mode een halsgevel met zandstenen vleugelstukken en een gebogen fronton.

Goudsmelterij in paardenstal

In de 19ᵉ eeuw is Prinsengracht 514 het domein van een steenkoperij. In de stallen achter het woonhuis liggen de blokken Bentheimer zandsteen, Belgisch marmer, Gobertange zandsteen, blauwe arduin, leisteen en mergel hoog opgestapeld. Rond 1864 neemt een edelsmid zijn intrek in het pand. Het onderhuis wordt ingrijpend verbouwd en de gevel krijgt een ander aanzicht. Aan de linkerkant komt een entree voor de bewoners van de bovengelegen verdiepingen. In het midden zit een spreekkamer voor een discrete ontvangst van de clientèle. Ramen met spiegelglas moeten voorkomen dat passanten een blik kunnen werpen op de kopers van dure sieraden. De rechterdeur geeft toegang tot een werkplaats. Deze ruimte ligt tussen de winkel en de paardenstal. In de werkplaats worden

Automobiel verdrijft paard en koets van de grachtengordel

174

door 'vrouwelijke werklieden' sieraden gesmeed. De paardenstal zelf wordt verbouwd tot smeltruimte voor goud en zilver. Hier wordt ook het merkteken in het gloeiend hete edelmetaal gezet.

T-Ford doorslaand succes

In 1921 koopt directeur H.C.L. Sieberg van Handelsvereeniging Ford de begane grond en eerste verdieping van Prinsengracht 514. Hij is in de Eerste Wereldoorlog importeur geworden van het Amerikaanse automerk Ford. Maar de handel met het neutrale Nederland staat als gevolg van de Eerste Wereldoorlog op een laag pitje. Pas na 1918 blijkt de waarde van het exclusieve contract. Het eerste jaar verkoopt Sieberg driehonderd automobielen, het jaar daarop al negenhonderd. Hij laat de T-Fords per schip overkomen uit Amerika, soms zelfs in losse onderdelen. De wagens worden dan in elkaar gezet in een fabriek in Zaandam. In Nederland rijden aan het begin van de jaren twintig in totaal 6500 auto's rond. Het geluid van paardenhoeven en het knallen van de koetsierszweep klinkt steeds minder vaak. Op de Amsterdamse grachten maken de koetsen plaats voor autoverkeer.

Advertentie van de eerste Ford-importeur in Nederland, gevestigd op de Prinsengracht 514 in Amsterdam.

_ Een bedstee op wielen _____

In september 1896 staan de 47-jarige notaris Backx en zijn koetsier Dirk Kuiper ongeduldig te wachten op het Weesperstation in Amsterdam. Backx heeft in Duitsland voor 3000 gulden een Daimler Victoria gekocht. De 'mobiel zonder paard' wordt per trein naar Amsterdam vervoerd. De koetsier neemt plaats achter het stuur. Onder begeleiding van politie te paard rijden Backx en zijn koetsier een rondje door de stad. Deze Daimler Victoria is een van de allereerste automobielen in Nederland. De auto haalt een maximum snelheid van 25 km per uur. Het Handelsblad doet met weinig enthousiasme verslag van de rondrit: 'Een zonderling voertuig dat met gepaste bewondering werd aangegaapt, bewoog zich gisterenmorgen langs de Nieuwezijds Voorburgwal, waarschijnlijk ook door andere straten. 't Ding, dat verre van sierlijk was, had de snelheid van een paard in zeer matigen draf, en valt niet beter te vergelijken dan met een bedstee op wielen.'

Op de Prinsengracht 514 in Amsterdam worden in de jaren twintig verschillende Ford-modellen verkocht, zoals deze Ford Runabout. Het is een tweezitter met een opklapbare achterbank voor twee extra passagiers. De auto kost in de jaren twintig 1850 gulden.

175

KLM-huisje #42 wordt in 1972 voor het eerst uitge-bracht.

De Joodse architect Harry Elte met zijn eerste vrouw en kind.

Amsterdamse School

De NV Beleggingsmaatschappij Carolus van Ford-importeur Sieberg geeft architect Harry Elte opdracht voor de verbouwing van Prinsengracht 514. Elte heeft het vak geleerd van de beroemde bouwmeester H.P. Ber-lage. Hij heeft inmiddels zelf ook een naam opgebouwd. Hij ontwerpt onder andere het nationale voetbalstadion, dat tot en met de Olympische Spelen van 1928 in gebruik blijft. Daarna wordt Het Stadion afgebroken om plaats te maken voor woningbouw.

Passage voor koetsen

In 1980 vindt een grote renovatie plaats. Onder de vloer van de montagewerkplaats wordt een straat gevonden, die vanaf de Prinsengracht tot en met het achterter-rein loopt. Deze vondst duidt op een pas-sage voor koetsen. Al eerder was bekend dat aan de achterkant van Prinsengracht 514 een paardenstal stond. Sinds 1980 is op dit adres een winkel gevestigd met kleding voor extra lange en brede mannen.

Renovatie 1980.

De uit drie gebouwen bestaande Ford-garage op de Prinsengracht heeft kantoren, een magazijn en een aantal bergplaatsen. De begane grond wordt verbouwd tot mon-tagewerkplaats. De entree krijgt aan de kant van de Prinsengracht een gemetselde rondboog. De zijlichten en de drie vensters zijn gebouwd in de stijl van de Amster-damse School.

__ Architect Harry Elte __

De Joodse architect Harry Elte werkt van 1899 tot 1909 als tekenaar voor bouwmees-ter H.P. Berlage. Met zijn ontwerp voor het nationale voetbalstadion in Amsterdam-Zuid vestigt hij zijn eigen naam als architect. Het stadion biedt plaats aan 30.000 bezoekers. De Stadionbuurt is overigens naar *zijn* stadion genoemd en niet naar het Olympisch Stadion. Elte woont er zelf vlakbij, op de Stadionweg. Tijdens het interbellum is hij verantwoorde-lijk voor de bouw van maar liefst twaalf syna-gogen in Nederland. Zijn bouwstijl heeft ken-merken van Berlage, Dudok en Frank Lloyd Wright. In de Tweede Wereldoorlog wordt het hem door de nazi's verboden om als architect te werken. Na een razzia komt hij terecht in Kamp Westerbork. Vanaf 10 september 1942 werkt hij daar als gevangene bij de bouw-technische dienst. Anderhalf jaar later wordt Harry Elte op transport gesteld naar concen-tratiekamp Theresienstadt in Tsjechië, waar hij ruim een maand na aankomst op 1 april 1944 overlijdt.

Aanleg grachtengordel

In 1578 is Amsterdam nog de enige stad in Holland die trouw is aan de Spaanse koning Filips II. Andere steden zijn al lang in opstand gekomen tegen de katholieke vorst, die met wrede hand over zijn Europese rijk heerst. Aanvankelijk regeert prins Willem van Oranje-Nassau namens Filips II als stadhouder over het bezette gebied. Maar de prins kiest tijdens de Tachtigjarige Oorlog de kant van de opstandelingen. Het katholieke stadsbestuur van Amsterdam wordt op 26 mei 1578 afgezet. De nieuwe protestantse regenten gaan voortvarend van start en presenteren nog datzelfde jaar een plan voor uitbreiding van de stad en de aanleg van de grachtengordel.

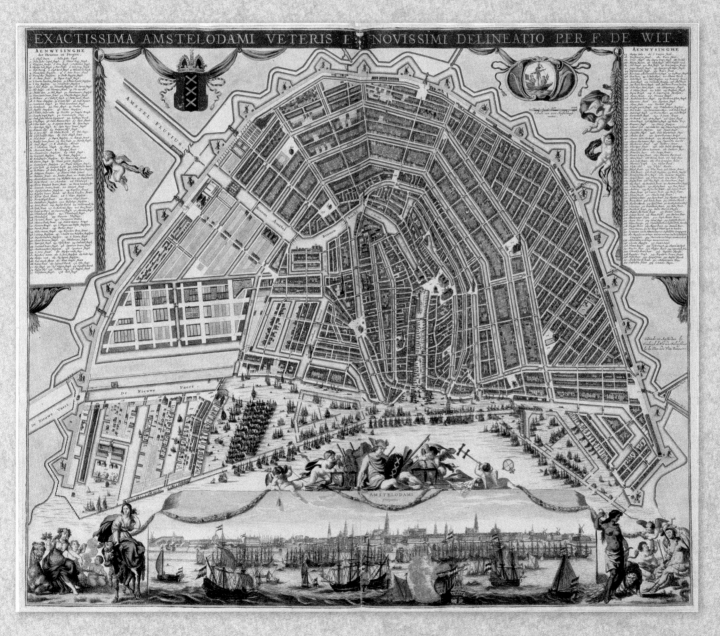

Op deze plattegrond van Amsterdam uit 1688 is goed te zien dat de grachtengordel aanvankelijk nog verder zou worden doorgetrokken. Een economische crisis gooide echter roet in het eten.

Prinsengracht 516, Amsterdam

Koning Willem III en koningin Emma zijn op 1 mei 1883 per koets onderweg naar de wereldtentoonstelling in Amsterdam, de eerste die in Nederland gehouden wordt.

Eigenlijk heeft de bejaarde vorst geen zin om de Franse initiatief-nemer te ontmoeten, want deze Eduard Agostini heeft kennis van zijn onstuimige liefdesleven. De koning heeft zich echter toch laten overhalen om de officiële opening te verrichten. Hij is tenslotte de beschermheer van de Wereldtentoonstelling. Een braakliggend stuk terrein, pal achter het nog niet afgebouwde Rijksmuseum, is in een half jaar tijd veranderd in een groot festivalterrein. Trots presenteert Nederland zijn koloniale rijkdommen aan de wereld.

| 1500 | 1600 | 1700 | 1800 | 1900 | 2000 |

Koning Willem III is bij de opening niet in een al te best humeur. Zijn 41 jaar jongere vrouw koningin Emma pro-beert er daarom maar het beste van te maken. In plaats van een openingsspeech te houden, beent de koning snel langs de verschillende paviljoens. '*Mauvais discours*', mop-pert hij over de feestelijke ceremonie.

'Surinaamsche inboorlingen'

De 28 landen waarmee Nederland handelscontacten onderhoudt, presenteren zich in Amsterdam aan een internationaal publiek. Een van de grootste attracties is het tentoonstellen van 'Surinaamsche inboorlingen'. De slavernij is net twintig jaar voor de Wereldtentoonstel-ling afgeschaft. De afvaardiging uit Suriname hoopt de koning daarom persoonlijk te hand de mogen schudden. Maar hun wens blijkt tevergeefs. Verder dan de Indische kampong met Javaanse onderdanen komt hij niet. Ook mist de koning het optreden van de Franse vedette Sarah Bernardt. Haar beroemde landgenoot, de schrijver Victor Hugo, kan ook al niet rekenen op een koninklijke audiëntie.

Een luxe stadsvilla verborgen achter een 19ᵉ-eeuwse gevel

In 1973, het jaar dat de bekende architect Cees Dam het pand op de Prinsengracht 516 restaureert en moderniseert, wordt KLM-huisje #43 voor het eerst uitgebracht.

Wilhelmus Scholte.

Noviteiten

De Internationale Koloniale en Uitvoerhandel Tentoonstelling, zoals de Wereldtentoonstelling officieel heet, is een uitgelezen kans voor ondernemers om zich aan een groot publiek te presenteren. In 1883 is onder andere als noviteit een telefoontoestel te zien. Voor het eerst brandt in Amsterdam elektrisch licht, opgewekt door een stoommachine. Ook Wilhelmus Scholte, een Amsterdamse fabrikant van onder andere jaloezieën en rolluiken, is als standhouder aanwezig op de Wereldtentoonstelling. Trots toont hij een aantal nieuwe uitvindingen. Hij wordt voor enkele ontwerpen beloond met een zilveren medaille.

'Jaloezieën, markiezen en rideaux'

De dan 29-jarige Scholte heeft juist in 1879 de zaak van zijn vader overgenomen. Na het succes op de Wereldtentoonstelling en de daaruit voortvloeiende orders is hij optimistisch over de toekomst van zijn bedrijf. De fabriek voor 'jaloezieën, markiezen en rideaux' op de Prinsengracht 516 wordt grondig verbouwd. Twee jaar na de Wereldtentoonstelling opent hij vol trots zijn nieuwe zaak. Scholte heeft ondertussen een nieuwe stoommachine aangeschaft om de houten onderdelen voor jaloezieën in de juiste vorm te kunnen buigen. Deze techniek gebruikt hij ook bij de productie van tuinstoelen. Wilhelmus Scholte trouwt met een Duitse vrouw, maar het echtpaar blijft kinderloos. In 1912 verkoopt de fabrikant zijn zaak aan de Prinsengracht en gaat in Bussum wonen.

Binnenzwembad en bioscoop

De firma Albert Rooseboom neemt in dat jaar zijn intrek in het pand. Het is een zaak in behangselpapieren. Naderhand zit op het adres een metaalbewerkingsbedrijf. In 1970 komt Prinsengracht 516 in handen van modefotograaf Kees Hageman. Op zijn verzoek maakt de bekende architect Cees Dam een nieuw ontwerp voor de gevel, waarbij de winkelpui vervangen wordt door stalen rolluiken. Tevens wordt het pand in 1973 gerenoveerd en uitgebreid met een fotostudio. Hageman gaat zich later ook toeleggen op het fotograferen van landschappen, archi-

tectuur, interieurs en *food art*. In 2005 wordt Prinsengracht 516 in opdracht van een nieuwe eigenaar opnieuw grondig verbouwd. Alleen de 19^e-eeuwse gevel blijft gehandhaafd. Daarachter verrijst een moderne, luxe stadsvilla met onder andere een binnenzwembad, bar, wijnkelder en bioscoopruimte.

Op deze ansichtkaart uit 1883 staat linksonder het café van de Erven Lucas Bols op de Wereldtentoonstelling.

Internationale bekroning

Het winnen van een *diplome d'honneur*, medaille of eervolle vermelding is voor fabrikanten iets om trots op te zijn. Ook al vallen op de Wereldtentoonstelling van 1883 bijna alle deelnemers wel ergens voor in de prijzen. De internationale jury reikt maar liefst 7131 onderscheidingen uit, verdeeld over verschillende categorieën. Tot op de dag van vandaag vermelden veel fabrikanten ze op hun producten.

Het toegangshek van het Vondelpark is een van de weinige overgebleven en tastbare herinneringen aan de Wereldtentoonstelling van 1883.

Wereldtentoonstelling 1883

Van 1 mei tot 1 oktober 1883 wordt in Amsterdam de Wereldtentoonstelling gehouden. Op het middenterrein (waar nu het Museumplein ligt) is een paleis in Moorse stijl gebouwd. Geschilderde doeken moeten de indruk wekken dat het exotische bouwwerk van marmer is. Trots toont Nederland zijn koloniale schatten uit Indië en West-Indië (Suriname). Naast het koloniale gebouw staat een Javaans dorp, de Kampong Insulinde, waar bewoners uit Nederlands-Indië tentoongesteld worden. Koning Willem III wordt bij zijn bezoek verrast met het volkslied *Wien Neêrlands bloed*, voor de gelegenheid gespeeld op een Indische gamelan. Ook aan de inwendige mens wordt gedacht. Er zijn een groot aantal internationale restaurants, maar liefst zeven bierhallen, diverse wijnlokalen en een likeurproeverij van Lucas Bols. De Wereldtentoonstelling van 1883 duurt zes maanden en trekt uiteindelijk meer dan een miljoen bezoekers.

180

Hooglandse Kerkgracht 19, Leiden

Koopman Claes Rengher van Nuweveen is tegen het einde van de 14ᵉ eeuw schepen van Leiden. Hij is een diepgelovig man en ziet het als zijn taak zijn medemens te helpen. Na zijn pensionering begint hij samen met zijn vrouw Machtelt een opvanghuis voor zwervers. Maar al snel is het gasthuis te klein. Vanaf 1403 worden de zwervers daarom opgevangen in een groter pand, 'op 't Hoogelandt, gelegen op die Kercgraft'.

Machtelt overlijdt vlak na de opening, haar man drie jaar later. Zoon Jan Claes zet hun levenswerk voort en breidt het gasthuis uit met een kleine kapel. Een van de belangrijkste relikwieën is een houtsplinter van het kruis van Christus.

| 1500 | 1600 | 1700 | 1800 | 1900 | 2000 |

Arme sloebers en wezen

Na het overlijden van de oprichters komt het gasthuis onder beheer van de Sint Pancraskerk. In de daaropvolgende eeuw worden nog enkele aangrenzende panden aangekocht om ruimte te bieden aan een groeiend aantal armen en sloebers. Het uitbreken van de Tachtigjarige Oorlog leidt er onder andere toe dat alle katholieke bezittingen eigendom worden van de gereformeerde kerk. Mede daarom verandert in 1583 de bestemming van het gasthuis. De zwervers vertrekken naar een andere locatie. Vanaf dat moment nemen de Heilige Geestmeesters het gasthuis over, voor de opvang van Leidse weeskinderen. Ook aan kinderen waarvan de moeder afwezig is en de vader op zee vaart of als soldaat vecht, wordt tegen betaling van 3 gulden per maand onderdak geboden.

Advocaat schenkt woonhuis

Het aantal wezen neemt gestaag toe en eigenlijk is het complex veel te klein om alle kinderen op een fatsoenlijke manier onder te brengen. In 1604 besluiten de regenten tot de bouw van een nieuwe meisjesvleugel aan de noordzijde van het Weeshuis. Aan de kant van de Hooglandse Kerkgracht worden twee huizen gekocht, een daarvan (op nummer 19) is in bezit van mr. Floris Hey, advocaat bij het Hof van Utrecht. Hij verkoopt het pand aan de regenten van het Weeshuis. Bovendien schenkt Hey een bedrag voor een gebrandschilderd raam in de kapel.

44

Weeshuis met spartaans regime wordt centrum voor kinderrechten

Toegangshek van het Heilige Geest Weeshuis, met links het logo van het Kinderrechtenhuis, en rechts het wapen van de sleutelstad Leiden.

De eetzaal van het Heilige Geest Weeshuis in 1593. Aan de linkerkant zitten de meisjes, rechts de jongens. Later komen er aparte eetzalen.

Grootse plannen

Het bestuur heeft grootse plannen met de zuidkant van het Heilige Geest Weeshuis. Eerst wordt in 1607 aan de Hooglandse Kerkgracht een nieuwe poort gebouwd die toegang geeft tot het binnenplein. Boven de ingang wordt een fries aangebracht met Bijbelse spreuken en de tekst:

TOT WEESKENS BLOOT HAER
OUDERS DOOT ZYT AL GENEGEN:
AELMIS TER NOOT, MAECKT GEEN
WEERSTOOT HET IS GOODS SEGEN.

– 1607 –

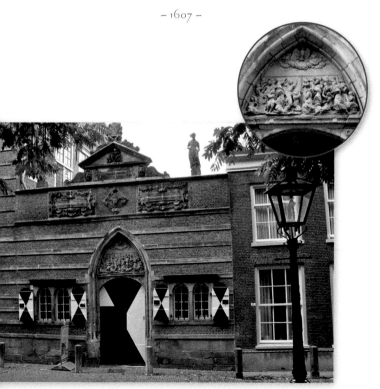

Aan weerszijden van het fronton staat een beeld van een weeskind, Kootje en Kaatje.

Kootje en Kaatje

Aan weerszijden van het fronton komen twee beelden, van een weesjongen en een weesmeisje. In Leiden krijgen ze als snel de bijnamen Kootje en Kaatje. In 1617 wordt opnieuw besloten tot uitbreiding van het complex. Er wordt een extra verdieping op de meisjesvleugel geplaatst en de panden aan het binnenplein krijgen nieuwe gevels. De jongenszaal aan de straatkant krijgt in 1626 een tussenverdieping. In datzelfde jaar wordt ook besloten het voormalige woonhuis van mr. Floris Hey af te breken. Hiervoor in de plaats komt op de Hooglandse Kerkgracht 19 een gebouw van twee verdiepingen met een opgaande kap. De trapgevel is in renaissancestijl gebouwd. Het poortje aan de zijkant geeft toegang tot de meisjesvleugel. De architect van het nieuwe pand is Hendrick Cornelisz van Bilderbeeck.

Kopergravure uit de 18ᵉ eeuw. Links, op nummer 19, de Greinhal.

Van kerkschool naar Greinhal

De huizen van het 'nieue weeshuys' zijn aanvankelijk in gebruik als kerkschooltje, de bovenverdieping is ingericht als slaapzaal voor 52 jongens. Vanaf 1654 verhuren de regenten de ruimte aan de gemeente Leiden, als onderkomen voor de Greinhal. Leiden staat dan al eeuwenlang bekend om zijn uitstekende kwaliteit wollen stoffen. Voor elke soort stof is in de stad een aparte hal voor het wegen en keuren van de soort. In de Greinhal op de Hooglandse Kerkgracht 19 wordt stof van schapenwol en geitenhaar gekeurd en van een loden keurmerk voorzien.

182

Van het voormalig wees- en kindertehuis in Leiden wordt in 1973 een Delfts blauwe replica geproduceerd.

Kinderarbeid

Leiden groeit in de 17e eeuw uit tot de belangrijkste textielstad van Europa en maakt een spectaculaire bloeiperiode door. Op het hoogtepunt, omstreeks 1664, werken er maar liefst 35.000 mensen in de textielindustrie. Dat is de helft van het aantal inwoners van Leiden! Ook kinderen van het Heilige Geest Weeshuis worden als goedkope arbeidskrachten ingezet. Ze moeten al om vier uur 's ochtends opstaan om te helpen bij het spinnen en spoelen van de wol.

Financiële nood

In 1773 wordt besloten om ook de kleintjes van het Armekinderhuis onder te brengen in het Heilige Geest Weeshuis. Dit betekent dat er ruimte moet worden gemaakt voor in totaal driehonderd meisjes en tweehonderd jongens. Even wordt overwogen om de huur van de Greinhal op te zeggen en deze ruimte weer bij het Weeshuis te betrekken. Maar de jaarlijkse huuropbrengst kan niet gemist worden. Het is voor de regenten sowieso al moeilijk om de eindjes aan elkaar te knopen. Daarom wordt het Weeshuis van 1776 tot 1778 intern verbouwd en met financiële steun van de gemeente uitgebreid. Om extra inkomsten te genereren wor-

den nu ook baby's en peuters toegelaten, de jongsten worden tegen betaling gevoed door een 'min'. Het komt voor dat bij het overlijden van een moeder een heel gezin in het Weeshuis wordt opgenomen, als hun vader de zorg voor zijn kinderen niet aankan.

Straf voor weglopers

Het dagelijks leven is sober en eentonig. Het menu bestaat meestal uit brood, bonen, erwten en pap. Op zondag worden de kleine porties uitgebreid met een stukje vlees of spek. Jongens krijgen meer te eten dan meisjes omdat ze vaker zwaar werk moeten doen. En jongens die al belijdenis hebben gedaan worden ook nog beloond met een extra stukje vlees.

Het komt regelmatig voor dat kinderen weglopen. Wie de huisregels overtreedt, krijgt straf. Dat kan variëren van een pak slaag voor een klein vergrijp tot opsluiting in een van de cellen. Ook komt het voor dat een kind enkele dagen met een blok aan het been moet rondlopen zodat iedereen kan zien dat hij de regels heeft overtreden. Het blok weegt 4,5 kg, is 54 cm lang en 9 cm hoog.

Gezicht op het Weeshuis in Leiden uit 1871,
geschilderd door Cornelis Springer.
Het doek is in 2002 op een veiling verkocht
voor 600.000 euro.

De jongenseetzaal in het Leidse Heilige Geest
Weeshuis (1618), Jan Pietersz Dou.

'Het gelijken wel stallen'

De Leidse onderwijzer Tillema trekt zich in de 19e eeuw
het lot van de weeskinderen aan. Hij schrijft in 1868 een
roman waarin hij felle kritiek uit op de slechte hygiëne. Veel
wezen hebben last van oogaandoeningen. Zijn boek leidt
tot veel ophef. De regenten erkennen schoorvoetend dat er
inderdaad iets moet veranderen. Het gebouw is misschien
geschikt als werkplaats of fabriek, maar had nimmer moeten dienen als opvoedingshuis voor kinderen. *'Ieder mocht
tevreden zijn over de orde en netheid, maar kan een gevoel van
beklemdheid niet verbergen. Hoe somber, hoe gedrukt, hoe donker,
hoe ongezellig. Het gelijken wel stallen!'*, schrijft een regent over
de slaapzalen. Pas in 1882 wordt daadwerkelijk een begin
gemaakt met het verbeteren van de leefomstandigheden.

Conferentiecentrum

Uiteindelijk sluit het Heilige Geest Weeshuis in 1961 definitief zijn deuren. De overgebleven wezen worden elders
ondergebracht. Het gebouw dient daarna als onderkomen
voor het Nationaal Natuurhistorisch Museum. In 1990
vertrekt het museum en neemt het Archeologisch Centrum van de gemeente Leiden er zijn intrek. In 2007 wordt
het Weeshuis voor 13.000 euro verkocht aan de stichting
Utopa, die het complex voor ruim 14 miljoen euro opknapt.
Na een intensieve restauratie opent het Kinderrechtenhuis
er zijn deuren. Het is een kenniscentrum voor kinderrechten. Ook biedt het complex onderdak aan een tentoonstellingsruimte van het Archeologisch Centrum. In het pand
op Hooglandse Kerkgracht 19 zit lange tijd het Centrum
voor Beeldende Kunst. Nu is het een conferentiecentrum
en wordt het onder andere gebruikt voor symposia over
kinderrechten.

_ Weeskinderen zonder identiteit _

Bij binnenkomst in het Weeshuis moet een
kind afstand doen van zijn eigen kleren en
sieraden. De jongens krijgen een vest en een
broek van rode stof, een blauw hemd en een
zwarte hoed. Meisjes moeten een jak dragen
van zwarte stof met een rode omslag, een
rode rok, daarop een purperkleurig schort en
op hun hoofd krijgen ze een muts van wit linnen. Zo zijn de kinderen als wees herkenbaar
op straat. Maar daarmee wordt hun eigen
identiteit ook ontnomen. Regelmatig gaan de
weeskinderen in de 18e eeuw met een collecte
langs de deuren. Het geld wordt in een stoffen
weespop gestopt, de opbrengst gaat naar het
Heilige Geest Weeshuis.

In het voormalige Heilige Geest Weeshuis bevinden zich twee
regenten-kamers. Boven de deur van de herenkamer zit een
stucwerk van een vrouwenfiguur met in haar hand een brandend
hart en op haar schoot een weeskind. Ook hangen er enkele
regentenportretten. Boven de haard in de Regentessekamer zit
een stucwerk met een afbeelding van De Milddadigheid.

184

Keizersgracht 140, Amsterdam

Jan Willemsz Suijderhoeff van Haerlem, oud-burgemeester van Schiedam, geeft in 1622 opdracht voor de bouw van een patriciërswoning op de Keizersgracht in Amsterdam.

Het pand krijgt een trapgevel met klauwstukken in Amsterdamse renaissancestijl. Suijderhoeff noemt zijn huis in 1675 't Witte Lam en woont er jarenlang met veel plezier. Na zijn dood wordt Keizersgracht 140 geveild. In opdracht van een aantal mysterieuze geldschieters koopt de weduwe Geertruyd Dircks 't Witte Lam voor 14.100 gulden. Een dan nog verboden religieus genootschap strijkt neer op de Keizersgracht …

1500	1600	1700	1800	1900	2000

De Drie Leydse Kasen

Geertruyd en haar jongere zusjes Annetje en Niesje Dircks hebben samen een handel in boter en kaas in de Vissteeg. Met een knipoog noemen ze hun winkel De Drie Leydse Kasen. Ze hebben afgesproken dat als een van hen ooit trouwt, de andere zusjes haar moeten uitkopen. Geertruyd is de eerste die afstand doet van haar rechten. Ze heeft een rijke koopman aan de haak geslagen. Maar al snel ontdekt ze dat haar man Adriaen een alcoholist is. Op een gegeven moment loopt zijn liederlijke en agressieve gedrag zo uit de hand dat ze bij de politie aangifte doet. Haar man belooft beterschap, maar het blijkt tevergeefs. Zus Annetje is de volgende die in het huwelijk treedt. Ze trouwt in 1657. Nog geen vier jaar later overlijdt haar echtgenoot plotseling aan een mysterieuze ziekte die al snel heel Amsterdam in z'n greep houdt. Annetje keert terug achter de toonbank van De Drie Leydse Kasen.

Kinderen van het Licht

Ondertussen zijn de drie gezusters in contact gekomen met William Caton uit Engeland. Hij is naar Nederland gekomen als *traveling minister* van het religieuze genootschap die zichzelf De Kinderen van het Licht of Vrienden van de Waarheid noemt. De leden worden 'quakers' (of kwakers) genoemd. Aanvankelijk is het een scheldnaam, later gebruiken de aanhangers deze naam zelf als geuzennaam. De drie gezusters horen in Amsterdam tot de eerste bekeerlingen. En ze zijn fanatiek! Niesje wordt op een dag aangehouden voor het verspreiden van verboden religieuze lectuur. Ze krijgt een boete van 30 gulden. Ook wordt het kaaswinkeltje binnenstebuiten gekeerd. De quakers zijn standvastig in het geloof, maar ze moeten in Amsterdam omzichtig te werk gaan bij hun zendingswerk.

45

Drie bekeerde gezusters achtervolgt door pech en rampspoed

De Zwarte Dood

Begin jaren zestig van de 17^e eeuw waart de pest door Amsterdam. De Zwarte dood maakt duizenden slachtoffers. Een zesde van alle inwoners zal uiteindelijk aan de gevreesde ziekte overlijden. De ongetrouwde Niesje bezwijkt als een van de eersten. De Drie Leydse Kasen wordt door Annetje voortgezet. Niesje laat per testament 3000 gulden na aan het genootschap. De 26-jarige William Caton krijgt een goddelijke ingeving en doet Annetje (die dan 44 is) een huwelijksaanzoek. Ze voelt zich aangesproken door zijn maatschappelijke betrokkenheid, naastenliefde en oprechte, sobere manier van leven. Het huwelijk van William en Annetje wordt niet bij de burgerlijke stand aangegeven, ze trouwen alleen voor de kleine quakersgemeenschap. Voor de buitenwereld zijn ze een ongetrouwd stel. Voor Annetje maakt het allemaal niets uit. 'Ik twijfel niet dat ik kan verduren wat anderen ervan zeggen, het zal een van mijn makkelijkst te dragen kruisen zijn.' De huwelijksdag zelf is niet echt feestelijk, na de voltrekking gaan ze direct door naar de begrafenis van een geloofsgenoot die ook al aan de pest is bezweken.

Gevangenisstraf

Echtgenoot William Caton is voor zijn missie veel op reis, daarom helpt Pieter Hendricks Deen mee in het kaaswinkeltje. Deen is de zoon van een uit Duitsland gevluchte schoenmaker. Hij is ook lid van het quakersgenootschap. In de zomer van 1663 wordt Annetje's echtgenoot William gevangengenomen tijdens een zendingsmissie in Londen. Hij wordt een aantal maanden later pas weer vrijgelaten en keert terug naar Amsterdam. De pestepidemie houdt de stad nu al enkele jaren in

Op 31 oktober 1662 trouwt de 44-jarige Annetje Dircks met de bijna twintig jaar jongere William Caton. Het huwelijk wordt gesloten in de schuilkerk van de quakers op de Keizersgracht 140 in Amsterdam.

z'n greep. William wordt ten slotte ziek en overlijdt op 5 december 1665. Annetje zit inmiddels ook onder de builenpest maar sleept zich met haar laatste krachten naar het kerkhof om afscheid van haar man te nemen. Een week later is ze dood en wordt naast William begraven.

Den Vergulden Driehoeck

Geertruyd is nu nog als enige van de drie gezusters Dircks over. Het kaaswinkeltje wordt verkocht. In 1670 overlijdt ten slotte ook haar aan drank verslaafde echtgenoot. Om hun drie kinderen te kunnen onderhouden, begint ze op de Driehoekstraat een knopenwinkeltje, samen met de weduwnaar Isaeck Jacobz van Buylaert. Langzaam groeit er iets moois tussen de twee zakenpartners. Op 3 november 1671 stappen ze in het huwelijksbootje. Maar Geertruyd heeft opnieuw weinig geluk; haar nieuwe echtgenoot overlijdt nog geen jaar later. En weer is het Pieter Hendricks Deen die zijn hulp aanbiedt en namens Geertruyd de knopenwinkel Den Vergulden Driehoeck voortzet.

In 1973 wordt huisje #45 uit gegeven, het is een replica van de voormalige schuilkerk van de quakers in Amsterdam.

_ Amsterdamse quakers _

De quakersgemeenschap in Amsterdam ontstaat halverwege de 17e eeuw. De volgelingen proberen God op een rechtstreekse manier te ervaren. Ze laten zich daarbij inspireren door de sobere en oprechte levensbeschouwing van de Engelse oprichter George Fox. Quakers streven naar gerechtigheid, vrede en verzoening. Ze zijn mede bepalend geweest voor de afschaffing van de slavernij. Eind 18e eeuw verdwijnt de Amsterdamse gemeenschap. In 1931 wordt het verband nieuw leven ingeblazen. Tijdens de Tweede Wereldoorlog worden quakers door de nazi's vervolgd.

Van woonhuis naar schuilkerk

Inmiddels is de quakersgemeenschap flink gegroeid en is er behoefte aan een grotere gebedsruimte. Namens een aantal kapitaalkrachtige leden koopt Geertruyd in 1675 het fraaie koopmanshuis op de Keizersgracht 150. Vanaf de straat is niet te zien dat het huis dienst doet als schuilkerk. De luiken voor de ramen zijn meestal gesloten, daglicht stroomt vanuit een glazen koepel van boven naar binnen. Bij de voordeur hangt de geschilderde driehoek die eerst op de gevel van de knopenwinkel zat. Deze driehoek wordt uiteindelijk het symbool van de Amsterdamse quakers.

In de Republiek bestaat in de 17e eeuw nog geen vrijheid van godsdienst. Alleen de gereformeerde kerk is toegestaan. Andere religies worden oogluikend toegestaan. Tegen betaling van een jaarlijkse som geld worden de quakers door het stadsbestuur gedoogd. Elke maand komt een groeiende groep gelovigen samen op de Keizersgracht. Ze noemen elkaar vriend. Zwijgend zitten ze in een kring bij elkaar totdat een van hen zich door de Heilige Geest geïnspireerd voelt en spontaan het woord neemt.

Weinig tolerantie

Geertruyd Dircks deelt haar huis op de Keizersgracht met Pieter Hendricks Deen en zijn echtgenote Elisabeth Cox. Terwijl Deen op hun kinderen past, maken Geertruyd en Elisabeth een aantal reizen naar het buitenland. De vrouwen worden in 1674 in audiëntie ontvangen door de libe-

rale Engelse prinses Elisabeth. Ze overhandigen haar een brief van George Fox, de oprichter van de quakers. Hij probeert steun te verwerven voor hun geloofovertuiging. Minder tolerant gaat het eraan toe in Duitsland, waar de twee vrouwen in 1679 tot persona non grata worden verklaard.

Geertruyd gaat uiteindelijk in Engeland wonen, waar ze voor de derde keer zal trouwen. Pieter Hendricks Deen wordt in 1682 voor 8000 gulden officieel eigenaar van Keizersgracht 140. Na zijn dood in 1704 schenkt hij per testament de schuilkerk aan de 'opsienders van de quakersgesinden'. Maar wie dat precies zijn is onduidelijk en uiteindelijk leidt deze vage aanduiding een eeuw later tot veel commotie.

Etser Pieter Tanjé maakte in 1738 een gravure van een bijeenkomst van de quakers op de Keizersgracht 140. De afbeelding komt uit het boek *Naaukeurige beschryving der uitwendige godsdienst-plichten.*

Afschaffing slavernij

Gedurende de 18e eeuw blijft het pand op de Keizersgracht in gebruik als quakerskerk en kosterwoning. Maar de groep gelovigen wordt alsmaar kleiner en verdwijnt tenslotte vrijwel helemaal. Internationaal doen de quakers in Engeland ondertussen van zich spreken door hun pleidooi voor de afschaving van de slavernij. Vanaf 1783 voert de afdeling Meeting of the Suffering met alle mogelijke middelen campagne. En met succes! Engeland is in 1803 uiteindelijk het eerste land ter wereld dat de slavernij verbiedt.

Tekening van Caspar Phips, uit het *Grachtenboek* van 1768. De trapgevel wordt na een brand in 1896 afgebroken en vervangen door een eenvoudige top.

Rechtszaak tegen huurster

Ondertussen leidt de Amsterdamse quakersgemeenschap een slapend bestaan. Er zijn nog nauwelijks leden, het huis op de Keizersgracht wordt nu bewoond door mensen die nauwelijks een band met het oorspronkelijke doel hebben. De quakers in Engeland besluiten daarom hun recht op het huis te doen gelden. Maar de bejaarde weduwe Isabella Gouda, die dan op de Keizersgracht 140 woont, laat zich niet zomaar uit haar huurwoning zetten. Ze betaalt immers 400 gulden huur per jaar aan de Meeting of the Suffering. Het komt tot een rechtszaak waarbij Gouda het officiële eigendom van de Engelse quakers betwist. Een officieel eigendomsbewijs (de laatste wil van Pieter Hendricks Deen uit 1704) heeft men echter niet in bezit. De 80-jarige huurster beheert namelijk het archief van de voormalige Amsterdamse quakers. De rechter moet eraan te pas komen en oordeelt in 1823 dat het pand de Engelse quakers toebehoort. Gouda kan immers niet bewijzen dat zij de rechtmatige eigenaar is. Twee jaar later verhuist de hoogbejaarde vrouw onder protest, de officiële eigendomspapieren worden nooit meer teruggevonden.

Het pand wordt daarna door de Engelse Genootschap der Vrienden voor 440 gulden per jaar verhuurd aan de makelaar Rappard. Hij gaat zelf met zijn gezin op de Keizersgracht 150 wonen. In 1828 begint zijn dochter Alida een schooltje in de voormalige vergaderruimte. Formeel behouden de quakers het recht om hier wekelijks een bijeenkomst te houden. Maar zelden wordt daar nog gebruik van gemaakt. Ten slotte verkoopt het Genootschap der Vrienden het pand in 1844 voor 6200 gulden aan Rappard. De ongetrouwde schooljuffrouw Alida overlijdt in 1890. Hendrik Menges wordt de nieuwe eigenaar van Keizersgracht 150.

Gevel na brand vervangen

In 1896 breekt brand uit op de bovenste verdieping. De brandweer kan nog net voorkomen dat het pand in vlammen opgaat. Menges laat het huis opnieuw opbouwen en verhoogt het pand met een extra verdieping. De trapgevel in de stijl van Hendrick de Keyser verdwijnt en wordt vervangen door een simpele top van metselwerk. Het huis wordt sindsdien weer door particulieren bewoond.

Portret van Kenau Simonsdr Hasselaer (1573), kunstenaar onbekend.

___ Kenau Hasselaer ___

De eerste eigenaar van Keizersgracht 150, Jan Willemsz Suijderhoeff, is een zwager van Kenau Hasselaer, de vrouw die door haar felle verzet tegen de Spaanse troepen tijdens de Tachtigjarige Oorlog beroemd en berucht wordt. Ze staat aan het hoofd van een groep van driehonderd vrouwen die met *'spiessen, bussen ende sweert, als een man haer behelpende in vrouwelycke habijt'* tijdens het beleg van Haarlem (1572) de stadsmuren verdedigen. Jan Willemsz Suijderhoeff is ook familie van de geschiedschrijver Hadrianus Junius, die tevens de lijfarts van Willem van Oranje is.

Begijnhof 27, Amsterdam

In de 14ᵉ eeuw bloeit het katholieke leven in Amsterdam. Zowel de Oude Kerk als de Nieuwe Kerk zijn katholieke bolwerken en overal in de stad zijn kloosters gevestigd. In 1307 wordt voor het eerst melding gemaakt van Begijnen ('der Beghinen lande').

Het zijn meestal ongehuwde vrouwen van goede afkomst, die een kuisheidsgelofte hebben afgelegd. De vrouwen leven niet als non en wonen ook niet in een klooster. Ze zetten zich in de beslotenheid van hun eigen gemeenschap in voor armen en zieken. De bewoners van het Begijnhof hoeven geen gelofte van armoede af te leggen en mogen hun bezittingen houden.

1500	1600	1700	1800	1900	2000

Het huis op nummer 27 is gebouwd rond 1740. De woning heeft een rijk gedecoreerde 18ᵉ-eeuwse klokgevel in de stijl van Lodewijk XIV. De gevel is afgerond met een barokke kapiteel en een grote vergulde kroon. Opvallend is het zandstenen beeld van een Madonna met een kind tegen haar (deels onbedekte) borst. Daaronder zit een sierlijk gebeeldhouwd lint, met de tekst 'S. Maria'. De letter S staat voor Sancta, de heilige. De aanzetstukken zijn versierd met acanthusbladeren. Ook het interieur is voorzien van stucwerk. Zo heeft de voorkamer een stucplafond met daarop de letters IHS (Iesus Hominum Salvator, wat 'Jezus, de redder der mensen' betekent) en een duif, die symbool staat voor de Heilige Geest.

Monseigneur Eygenraam,
bewoner van Begijnhof 27.

Frans schooltje

Rond 1898 is het huis waarschijnlijk enige tijd in gebruik als schooltje. Er zijn documenten teruggevonden waarin ene mejuffrouw Peeters de rector van het Begijnhof verzoekt om ijzeren staven voor de ramen ter beveiliging van het huis. Hij wijst haar erop dat het huis 's avonds en 's nachts leegstaat en dat ze maar elders een onderkomen voor haar schooltje moet zoeken. Uit een andere bron blijkt dat de gezusters Corbière rond 1900 een Frans schooltje hebben geleid op Begijnhof 27.

Op het Begijnhof in Amsterdam wonen vooral alleenstaande vrouwen. Maar in 1919 gaat te midden van de kleine gemeenschap op nummer 27 de rector van het Begijnhofkapel wonen. Monseigneur Lambertus Cornelius Ludovicus Eygenraam is daarvoor rector van het Maagdenhuis en hoofdredacteur van *De Tijd* geweest. In de Begijnhofkapel hangt een schilderij van de Mirakelprocessie waarop Eygenraam te midden van zeventig vooraanstaande katholieken uit Amsterdam is afgebeeld. Na zijn overlijden wordt het huis weer verhuurd aan een vrouwelijke bewoner.

Fragment van *Het doek der Mirakelprocessie in de Heilige Stede* (1892), Carel Phillippeau. Linksachter staat monseigneur Eygenraam, met een rode mantel. Aan het maken van dit 11 m lange schilderij gaat een enorme rel vooraf. De kunstenaar Antoon Derkinderen heeft in 1888 ook een schilderij gemaakt van de mirakelprocessie met dezelfde groep Amsterdammers. Maar de 72 prominente katholieken herkennen zichzelf nauwelijks, terwijl ze wel voor hun portretten hebben betaald.
De rector van de Begijnhofkapel keurt het werk van Derkinderen af en laat een nieuw schilderij maken door Carel Phillippeau. Ondanks de controverse hangen beide schilderijen sinds 1929 toch in de kapel van het Begijnhof.

KLM-huisje #46 maakt deel uit van een complex van (toevallig ook) 46 huizen, waarin 106 appartementen zijn gevestigd. Het Delfts blauwe huisje wordt in 1974 voor het eerst geproduceerd.

_ Strenge leefregels _____

In de 18ᵉ eeuw worden er nieuwe leefregels voor de Begijnen op het hofje gemaakt. Daaronder zitten ook opmerkelijke voorschriften als: *'Ter voorkoming van gedruisch op den Hof, mogen 'r geene haanen noch honden gehouden worden. Ook mogen 'r geene vriendinnen der Begijnen of anderen vernagten, zonder verlof van meesteressen: en knegtjes, die boven de drie jaaren oud zijn, in 't geheel niet.'*

Ontdekking bij restauratie

In de zomer van 2009 wordt het huis opnieuw geschilderd, waarbij onder andere de oude verflagen van de top worden verwijderd. De vergulde maansikkel waarop Maria staat, komt tot grote verrassing in volle glorie tevoorschijn. De sikkel staat voor kuisheid en maagdelijkheid. De edelstenen in de eveneens vergulde kroon worden rood en groen geschilderd, de zandstenen top van de klokgevel in Bentheimerkleur.

Ontstaan Begijnhof

Mogelijk is het Begijnhof ontstaan na een schenking van de rijke Amsterdamse koopman Coppe van der Lane. Uit een acte blijkt dat hij op Sint Petrusdag (31 juli) 1346 een huis aanbiedt aan de Begijnen. *'Aan den joncfrouwen den Beghinen die daer nu in syn jof hyr namaels in comen zellen Goede in te dienen.'*

In de jaren daarna worden er steeds meer houten huizen voor Begijnen gebouwd en samen vormen de woningen een hofje. Het Begijnhof wordt dan nog aan drie kanten omsloten door water en moerasland. De bewoonsters storten puin, afval en zand in het moeras en zorgen voor vaste grond. Bij de grote stadsbranden van 1421 en 1452 wordt het Begijnhof met zijn houten huizen grotendeels verwoest. De vrouwen zitten niet bij de pakken neer en bouwen hun gemeenschap opnieuw op. Het hofje wordt nog een beetje uitgebreid en de huizen worden nu van steen. In de 17ᵉ en 18ᵉ eeuw wordt een aantal bouwvallige gevels vervangen.

Het huis op Begijnhof 27 is tweemaal op een Nederlandse postzegel afgebeeld. Op een zomerzegel uit de collectie van 1975 staat een tekening van R.J. Draijer. Een postzegel uit 1996 wordt verfraaid met een foto van de klokgevel met het Mariabeeld.

Prinsengracht 263, Amsterdam

Met het verschijnen van het dagboek van Anne Frank in 1947 maakt de wereld op indringende wijze kennis met de lotgevallen van een Joods meisje in de Tweede Wereldoorlog. Bijna twee jaar zit Anne met haar ouders, zus en vier andere onderduikers ondergedoken op Prinsengracht 263 in Amsterdam.

In 1944 worden ze verraden, Anne Frank overlijdt in een concentratie-kamp. Het Achterhuis wordt uiteindelijk in 55 talen vertaald, er zijn tot op heden 16 miljoen exemplaren van verkocht. Jaarlijks bezoeken ruim één miljoen mensen het onderduikadres uit de Tweede Wereldoorlog. De geschiedenis van het Achterhuis zelf gaat bijna vier eeuwen terug ...

1500	1600	1700	1800	1900	2000

Stadssteenhouwer Pieter de Keyser voltooit in 1631 de Westerkerk, nadat zijn vader Hendrick de Keyser, een beroemd bouwmeester, is overleden. Naast de protestantse kerk liggen aan de Prinsengracht nog zeven percelen braak. In 1635 geeft 'steencoper' Dirck Dircksz van Delft opdracht voor de bouw van de eerste twee huizen, de latere nummers 263 en 265. Van Delft woont zelf om de hoek, op de Leliegracht. Hij bezit een aantal kavels in de buurt, die hij als belegging heeft gekocht. Door alvast twee huizen aan de Prinsengracht te bouwen, hoopt hij de andere bouwgrond snel te kunnen verkopen.

ANNE FRANK HUIS

Een steenrijke weduwe

Terwijl timmerlieden in 1635 druk bezig zijn met de bouw van de woningen, verrijzen aan de achterkant ook twee pakhuizen in opdracht van Lysbeth Philips de Bisschop. Zelf woont deze steenrijke weduwe op de chique Keizersgracht 186. Tussen haar pakhuizen en de panden van Dirck van Delft wordt na de oplevering een schutting geplaatst.

'Het achterhuis is vochtig en scheefgetrokken maar een ideale schuilplaats voor onderduikers'

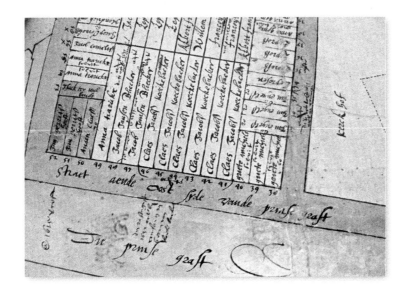

Claes Jacobsz Koecke-backer koopt in 1622 een aantal percelen grond aan de Prinsengracht, pal naast de Westerkerk. Nadat hij in 1633 is overleden, komt Dirck Dircksz van Delft in het bezit van enkele kavels. Hij laat op kavelnummer 42 in 1635 een huis bouwen, dat later bekend zal worden als het Anne Frank Huis.

Als de weduwe in 1652 overlijdt, wordt de erfenis over haar twee dochters verdeeld. De oudste, Geertruyd, krijgt 45.000 gulden en erft pakhuis Het Slot van Koningsbergen. Haar zusje Baefje krijgt het pakhuis De Drie Astonnen. Bovendien koopt ze in 1654 van Dirck van Delft het huis op de Prinsengracht 263. Ze laat de schutting tussen de woning en het pakhuis weer afbreken, want nu vormt het immers één geheel. Baefje gaat samen met haar man, de handelaar Rutgert Aertsz, en hun twaalf kinderen op de Prinsengracht wonen. Als Rutgert twee jaar later sterft, staat Baefje er plotseling alleen voor. Gelukkig is het familiekapitaal ruim voldoende om het gezin er van te onderhouden.

De Drie Astonnen

Nadat Baefje Bisschop in 1678 is overleden, gaat eerst een van haar kinderen in het ouderlijk huis wonen. Prinsengracht 263 en pakhuis De Drie Astonnen blijven voorlopig in het bezit van de familie. Uiteindelijk maken de nazaten van Baefje en Rutgert hun erfenis te gelde. Als eerste wordt in 1690 het huis verkocht, voor 8000 gulden. De nieuwe eigenaar van Prinsengracht 263 is huisjesmelker Hermanus de Roos. Vanaf dat moment wordt de woning voor 50 gulden per maand verhuurd. Pakhuis De Drie Astonnen krijgt pas op 17 maart 1716 een andere bestemming. De koper is Lucas Bols, die vlak bij op de Rozengracht een distilleerderij heeft.

Bouwval grondig opgeknapt

Als eigenaar Hermanus de Roos en zijn vrouw Abigael in 1728 overlijden, erft hun schoonzoon Johannes Langeraat zes achtste deel van Prinsengracht 263. Het huis is sinds de bouw in 1635 slecht onderhouden en moet na bijna een eeuw nodig worden opgeknapt. In het testament van Hermanus de Roos staat dat zijn twee kleindochters, Maria en Angenita, ieder een achtste deel van het huis erven. Maar Maria is een ziekelijk kind en overlijdt al op jonge leeftijd. Nadat hun dochtertje op het Karthuizer Kerkhof is begraven, gaat haar erfenis over op de ouders. Johannes biedt zijn andere dochter Angenita 8500 gulden voor haar achtste erfdeel.

Nu Johannes Langeraat voor 100 procent eigenaar is van Prinsengracht 263, maakt hij plannen voor een grote verbouwing. De gevel wordt compleet vernieuwd, het achterste deel gaat tegen de vlakte om plaats te maken voor een nieuw achterhuis. In dit deel van het huis zullen later Anne Frank en haar familie onderduiken. Het gerenoveerde pand wordt in 1742 verhuurd aan een vriend, Isaac van Vleuten. Als Johannes Langeraat overlijdt, koopt hij Prinsengracht 263 dertien jaar later op een openbare veiling, voor 18.900 gulden.

Nouveau riche van Amsterdam

Isaac van Vleuten is dan al een vermogend man. Zijn fortuin heeft hij niet alleen aan de lucratieve handel in gedroogde kruiden en specerijen te danken. Een huwelijk met de steenrijke en oudere weduwe Cornelia Tulder maakt Isaac nog veel rijker. Hun gezamenlijk bezit wordt in 1728 al geschat op 73.000 gulden. Met zijn compagnon Nicolaas Termeer koopt Isaac van Vleuten links en rechts panden en pakhuizen aan de Prinsengracht. Hij heeft een scherp zakelijk instinct en speculeert er flink op los. En met succes. Isaac van Vleuten en zijn vrouw Cornelia behoren met

hun rijkdom tot de nouveau riche van Amsterdam. Ze zijn gul met schenkingen en laten familie en vrienden meegenieten van hun welvaart. Het echtpaar heeft vier man personeel in dienst en verblijft afwisselend op de Prinsengracht 263 en landgoed Welgelegen, net buiten de stad.

Erfenis van 6,3 miljoen euro

Na het overlijden van Isaac van Vleuten in 1769 blijkt dat zijn totale bezit maar liefst 700.000 gulden waard is (omgerekend naar de huidige koopkracht ongeveer 6,3 miljoen euro). Het duurt in totaal twee jaar voordat de notaris alle bezittingen heeft geïnventariseerd en de erfenis kan worden verdeeld. Prinsengracht 263 blijft in gezamenlijk familiebezit. Maar er is niemand die zich bekommert om de staat van de woning. Langzaam raakt het pand door achterstallig onderhoud in verval. Het is dan ook geen verrassing dat het huis in 1818 onbewoonbaar wordt verklaard. De begane grond wordt dan nog slechts gebruikt als paardenstal.

In 1850 komt Prinsengracht 263 in bezit van de firma A. D'Ailly, die in chemicaliën handelt. Bij een renovatie wordt de simpele geveltop vervangen door een eenvoudige rechte kroonlijst. Na veertig jaar verhuist het bedrijf naar een ander adres. Eind 19e en begin 20e eeuw staan verschillende bedrijven en bewoners op Prinsengracht 263 ingeschreven. Vlak voor het uitbreken van de Tweede Wereldoorlog gaat de laatste huurder, pianolarollenfabrikant Euterpe, failliet. Het bedrijf heeft de strijd tegen de populaire grammofoon verloren. Het pand op de Prinsengracht komt vrij.

Joodse familie Frank emigreert

De uit Frankfurt afkomstige Joodse familie Frank is ondertussen, net na de benoeming van Adolf Hitler tot rijkskanselier in 1933, naar Amsterdam gevlucht. In Duitsland is het voor Joden vanaf dat moment verboden om bepaalde beroepen uit te oefenen, Joodse winkels en bedrijven worden geboycot. Het naderende onheil is voor veel Duitse Joden een reden om te emigreren naar het buitenland. Otto Frank gaat samen met zijn vrouw Edith en hun dochters Margot en Anne op het Merwedeplein in Amsterdam wonen.

Otto Frank zet in de zomer van 1933 de Nederlandse vestiging van het Duitse bedrijf Opekta op. Opekta produceert pectine, een vruchtengelei voor het maken van jam. In 1934 verhuist Opekta naar een pand aan het Singel. Omdat het inmaken van fruit seizoensgebonden werk is, wisselen de inkomsten sterk. Daarom begint Frank in juni 1938 een tweede bedrijf samen met de eveneens uit Duitsland gevluchte Hermann van Pels. Deze firma, Pectacon, handelt in specerijen en conserveringsmiddelen.

194

Visa voor het buitenland

Terwijl Otto Frank ogenschijnlijk druk bezig is, onderzoekt hij in 1938 de mogelijkheid om met zijn gezin naar Amerika te emigreren. Maar de vereiste papieren raken zoek. Op 10 mei 1940 vallen de Duitsers Nederland binnen. Na de capitulatie neemt het leven aanvankelijk weer zijn gewone gang. Maar voor Joden is de dreiging constant voelbaar. Joodse eigenaars van bedrijven moeten zich melden; ze moeten afstand doen van hun zaken of een pro-Duitse directeur aanstellen.

Snel verkoopt Otto Frank op papier de bedrijven Opekta en Pectacon aan zijn medewerkers. Om de schijn te vermijden dat hij nog steeds eigenaar is, verhuizen de twee bedrijven in december 1940 van het Singel naar het leegstaande pand aan de Prinsengracht 263.

Opnieuw doet Otto Frank wanhopig pogingen om Amerikaanse visa te krijgen voor zijn gezin. In het begin van de 20ᵉ eeuw heeft hij enige tijd bij warenhuis Macy's in New York gewerkt. Otto Frank hoopt daarom met hulp van een studievriend, de zoon van de oprichter van Macy's, een visum te krijgen. Hij schrijft: 'Ik zou je dit niet vragen als de omstandigheden me er niet toe zouden dwingen dat ik al het mogelijke doe om erger te voorkomen.' Maar visa kunnen alleen nog persoonlijk worden aangevraagd bij de Amerikaanse ambassades in Zwitserland, Frankrijk, Spanje of Portugal.

Voor Joden verboden

Negen maanden lang stelt Otto Frank alles in het werk om te emigreren. Hij stuurt 65 brieven en telegrammen naar vrienden en relaties in het buitenland. Ook doet hij een aanvraag voor een Cubaans toeristenvisum. Op 1 december 1941 krijgt Otto Frank bericht dat Havana een visum wil afgeven. Maar tien dagen later wordt deze mogelijkheid geblokkeerd, als Duitsland aan Amerika de oorlog verklaard.

De situatie in Nederland wordt steeds dreigender. Eind april 1942 worden alle Joden vanaf zes jaar verplicht om een gele ster op hun kleding te dragen. Winkels hangen een bordje 'Voor Joden verboden' op. Ook mogen Joden niet meer met de tram reizen, naar het zwembad of bijvoorbeeld wandelen in een park. Op 13 april 1942 doet Anne Frank bij de politie aangifte van diefstal van haar fiets. Maar al had ze haar fiets teruggevonden, óók fietsen is inmiddels voor Joden verboden.

Anne Frank doet op 14 april 1942 op het politiebureau aangifte van de diefstal van haar fiets. Ruim twee maanden later, op 6 juli, duikt ze samen met haar ouders en zus Margot onder.

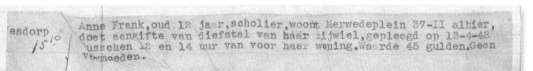

'Ons kamertje was met die strakke muren tot nu toe erg kaal; dankzij vader, die mijn hele filmsterrenverzameling en mijn prentbriefkaarten van tevoren al meegenomen had, heb ik, na met een lijmpot en kwast de hele muur bestreken te hebben, van de kamer een plaatje gemaakt. Daardoor ziet het er veel vrolijker uit.'

Het dagboek van Anne Frank

Op 12 juni 1942 viert Anne Frank haar dertiende verjaardag. Ze krijgt als cadeau een rood-wit geblokt dagboek. Enkele dagen later schrijft ze dat ze nu een denkbeeldige vriendin heeft aan wie ze alles kan toevertrouwen. Ze heeft dan wel 'dertig vriendinnen en een stoet aanbidders', maar ze voelt de behoefte om over niet-alledaagse dingen te praten. Het leven voor de familie Frank verandert in die zomer van 1942 voorgoed. Op 5 juli wordt Anne's oudste zus Margot opgeroepen om zich te melden voor een werkkamp in Duitsland. Anne schrijft in haar dagboek: 'Ik schrok ontzettend, een oproep, iedereen weet wat dat betekent. Concentratiekampen en eenzame cellen zag ik al in m'n geest opdoemen.'

ANNE
FRANK
HUIS

'Een heel eigenaardig pension'

De volgende dag duikt de familie Frank onder. In de maanden daarvoor heeft Otto Frank het leegstaande achterhuis van het kantoor op de Prinsengracht 263 al in gereedheid gebracht. Ook zijn compagnon Herman van Pels, diens vrouw Auguste en hun zoon Peter duiken er onder. De toegang is verborgen achter een zware boekenkast. Op 11 juli 1942 schrijft Anne in haar dagboek:

'Vader, moeder en Margot kunnen nog steeds niet aan het geluid van de Westertorenklok wennen, die om het kwartier zegt hoe laat het is. Ik wel, ik vond het dadelijk fijn en vooral 's nachts is het zo iets vertrouwds. Het zal je wel interesseren te horen hoe het me in mijn 'duik' bevalt, welnu, ik kan je alleen zeggen, dat ik het zelf nog niet goed weet. Ik geloof, dat ik me in dit huis nooit thuis zal voelen, maar daarmee wil ik helemaal niet zeggen, dat ik het hier naar vind, ik voel me veeleer als in een heel eigenaardig pension, waar ik met vacantie ben. Nogal een gekke opvatting van onderduiken, maar het is nu eenmaal niet anders. Het Achterhuis is als schuilplaats ideaal. Hoewel het vochtig is en scheefgetrokken zal men nergens in Amsterdam zo iets geriefelijks voor onderduikers ingericht hebben, ja misschien zelfs nergens in heel Nederland.'

Enkele maanden later volgt de Joodse tandarts Fritz Pfeffer. Slechts vier medewerkers op kantoor, waaronder Miep Gies, zijn op de hoogte van de onderduikers in het achterhuis. Twee jaar lang houden de acht bewoners zich muisstil. Ze doden de tijd met lezen en studeren, Anne versiert haar kamer met plaatjes uit kranten en tijdschriften en foto's van filmsterren. Door de spanning en de kleine ruimte lopen de irritaties in het achterhuis soms hoog op. Anne doet minutieus verslag van het leven in het achterhuis. Ze is inmiddels aan haar vierde dagboek bezig. Op 20 mei 1944 begint ze met het herschrijven van haar verhaal, want ze wil dat het na de oorlog wordt uitgegeven.

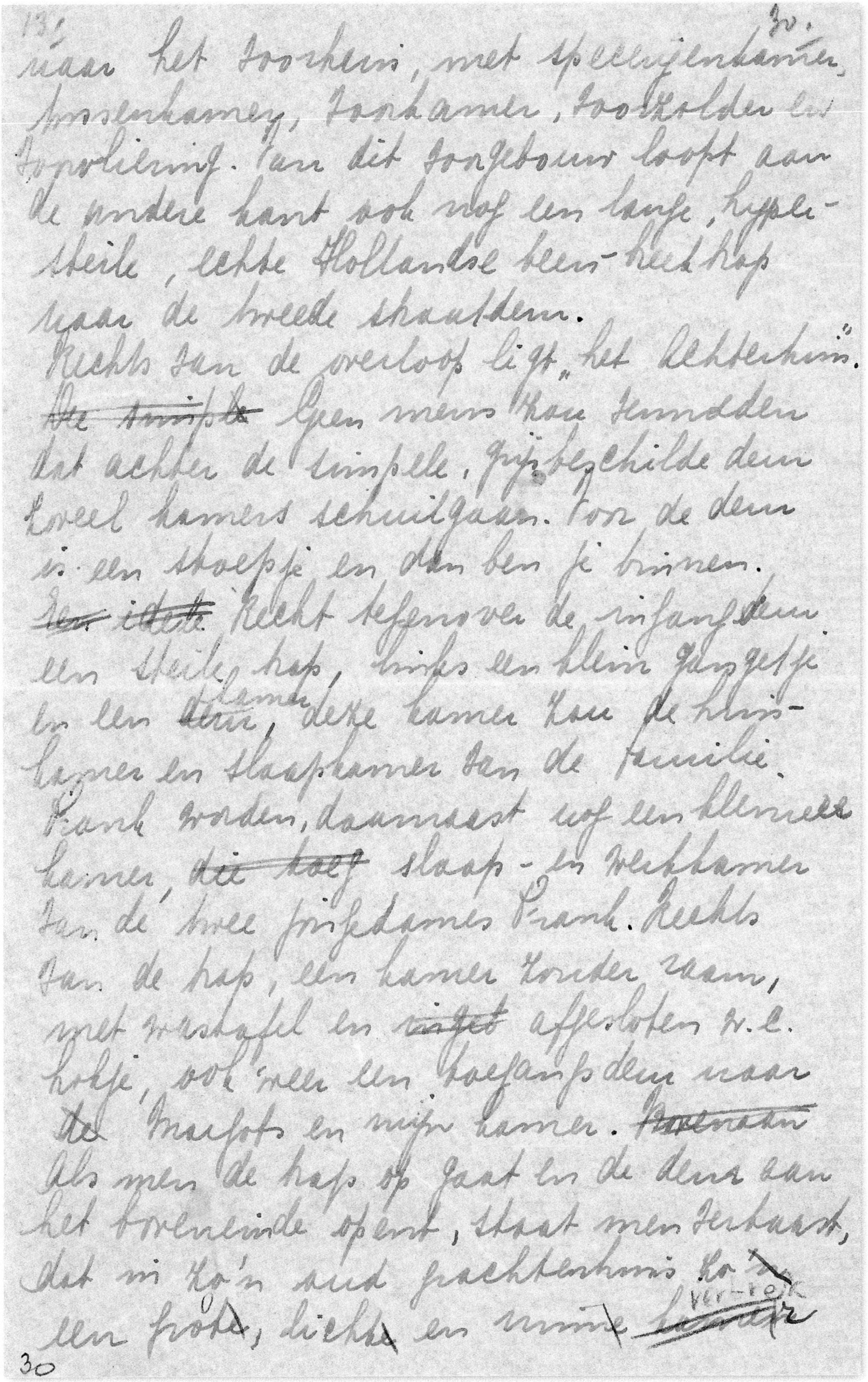

naar het voorhuis, met spreekkamer,
kantoorkamer, voorkamer, voorzolder en
opberging. Van dit voorgebouw loopt aan
de andere kant ook nog een lange, hyper-
steile, echte Hollandse heen-terugtrap
naar de tweede schuldeur.

Rechts van de overloop ligt "het Achterhuis".
~~Het twijfel~~ Geen mens kon vermoeden
dat achter de simpele, grijsgeschilderde deur
zoveel kamers schuilgaan. Voor de deur
is een stoepje en dan ben je binnen.

~~Recht ittet~~ Recht tegenover de ingangsdeur
een steile trap, links een klein gangetje
en een ~~deur~~ kamer, deze kamer was de huis-
kamer en slaapkamer van de familie
Frank, daarnaast nog een kleinere
kamer, ~~die half~~ slaap- en werkkamer
van de twee jongedames Frank. Rechts
van de trap, een kamer zonder raam,
met wastafel en ~~tilet~~ afgesloten w.c.
hokje, ook weer een tussendeur naar
de mačots en mijn kamer. ~~tussentrap~~
Als men de trap op gaat en de deur aan
het boveneinde opent, staat men verbaasd,
dat er in zo'n oud grachtenhuis zo'n
een grote, lichte en ruime ~~kamer~~ vertrek

30

Op 20 mei 1944 begint Anne Frank met het herschrijven van haar dagboek,
want ze wil dat het na de oorlog wordt uitgegeven.

197

Onder leiding van SS-onderofficier Karl Silberbauer worden de onderduikers op 4 augustus 1944 opgepakt. Na de oorlog wordt de echtheid van het dagboek van Anne Frank in twijfel getrokken. Als dan ook nog een toneelvoorstelling over Anne Frank in Oostenrijk door antisemitische leuzen wordt verstoord, gaat nazi-jager Simon Wiesenthal op zoek naar bewijs. Hij spoort Silberbauer in 1963 in Wenen op, waar de man blijkt te werken als politieagent. Silberbauer is nooit veroordeeld omdat hij 'slechts een bevel van zijn meerderen opvolgde'.

Het verraad

Op vrijdagochtend 4 augustus 1944 krijgt de Sicherheitsdienst een anoniem telefoontje. De onderduikers op de Prinsengracht 263 zijn verraden. Onder leiding van de 33-jarige SS-onderofficier Karl Silberbauer vallen Nederlandse nazi's rond half elf 's ochtends het pand binnen en arresteren de acht bewoners. Silberbauer pakt een tas met papieren en schudt die leeg. De dagboekaantekeningen van Anne Frank dwarrelen op de grond. De dagboeken en andere papieren worden later in veiligheid gebracht door Miep Gies. Voordat de onderduikers worden afgevoerd, moeten ze hun sieraden en geld in de tas stoppen.

De groep onderduikers wordt vier dagen gevangengehouden en gaat daarna naar Kamp Westerbork. Vandaar worden ze een maand na hun arrestatie naar Auschwitz getransporteerd. In het concentratiekamp worden de mannen van de vrouwen gescheiden. Anne gaat vervolgens met Margot, haar moeder Edith en Auguste van Pels naar het vrouwenkamp van Birkenau. Op 28 oktober 1944 vertrekt uit Birkenau een trein met 1308 vrouwen, waaronder Anne en Margot, naar concentratiekamp Bergen-Belsen. Vier maanden later overlijdt Margot Frank hier aan vlektyfus en uitputting. De 15-jarige Anne sterft kort daarna, in maart 1945. Van de acht onderduikers overleeft alleen Otto Frank de oorlog.

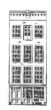

KLM-huisje #47 wordt voor het eerst geproduceerd in 1975.

Na de oorlog

Op 3 juni 1945 keert Otto Frank terug uit Duitsland. Hij wordt in Amsterdam liefdevol opgevangen door zijn medewerkster Miep Gies en haar man. Het pand op de Prinsengracht 263 is tijdens de oorlog verkocht aan een papierhandelaar, maar de medewerkers van Opekta en Pectacon mogen er blijven doorwerken. Miep Gies: *'Ondanks het vreselijke wat er gebeurd was, ging het leven op de Prinsengracht door. De orders voor kruiden voor de worstfabricage en pectine voor het maken van jam bleven binnenkomen.'* Gies heeft in een la op kantoor al die tijd drie dagboeken van Anne bewaard. Het vierde is waarschijnlijk bij de arrestatie verdwenen. Miep Gies geeft de dagboeken terug aan Anne's vader. Op aandringen van vrienden vervult Otto Frank tenslotte de wens van zijn dochter om haar verhaal te publiceren. In 1947 verschijnt de eerste uitgave van *Het Achterhuis*, in een oplage van 1500 exemplaren. Al snel volgen er een tweede en derde druk en verschijnen er vertalingen in het Frans, Duits en Engels.

Rijp voor de sloop

Begin jaren vijftig koopt Frank zijn kantoor aan de Prinsengracht en het achterhuis terug voor 22.000 gulden. Het vervallen pand moet nodig worden gerestaureerd, maar geld daarvoor ontbreekt. De omliggende huizen zijn inmiddels ook rijp voor de sloop en zijn opgekocht door Berghaus NV. Deze Dames- en Kindermantelfabriek maakt plannen voor de bouw van een nieuw bedrijfspand. Otto Frank besluit in de herfst van 1952 te emigreren naar Oostenrijk. Voordat hij Prinsengracht 263 voor 30.000 gulden verkoopt aan Berghaus NV, verwijdert hij met een mesje voorzichtig de stukjes behang waarop de filmsterrenplaatjes van Anne zijn geplakt, de groeistreepjes die hij tijdens de oorlog op de muur heeft getekend en een landkaart van Normandië.

Ondertussen verovert het dagboek van Anne Frank de wereld. In 1955 gaat op Broadway een toneelbewerking van *Het Achterhuis* in première. Vier jaar later worden de eerste films gemaakt over Anne's leven en onderduikperiode. In Amerikaanse bioscopen draait de speelfilm *The Diary of Anne Frank*. In Joegoslavië wordt van de Broadway-opvoering in het Servisch een televisiebewerking gemaakt, met de titel *Dvenik Anne Frank*. Prinsengracht 263 staat al die tijd leeg. Berghaus maakt geen haast met de sloop van het pand. Door de populariteit van het dagboek wordt de aandacht gevestigd op de sloopplannen van het voormalige onderduikadres.

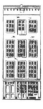

Het Anne Frank Huis

Op 3 mei 1957 wordt in allerijl de Anne Frank Stichting opgericht. Samen met Otto Frank probeert de stichting Prinsengracht 263 van de sloop te redden. Onder druk van de publieke opinie ziet Berghaus af van de plannen. Ter gelegenheid van hun 75-jarig bestaan schenkt de directie het pand aan de Anne Frank Stichting. Bovendien levert een inzamelingsactie genoeg geld op om ook de buurpanden aan te kunnen kopen, voor de huisvesting van een jeugdcentrum.

Precies drie jaar na de oprichting van de stichting opent burgemeester Van Hall in 1960 het Anne Frank Huis. Het behang dat door Otto Frank eigenhandig van de muur was gepeuterd, is opnieuw aangebracht. Bij de opening van het museum is hij bijzonder geëmotioneerd. Frank houdt een korte toespraak: 'U zult begrijpen dat de gedachte aan alles dat hier gebeurd is, mij te machtig is. Ik kan alleen u allen danken voor de interesse, dat u door uw komst hier toont. En ik hoop, dat u ook in de toekomst het werk van de Anne Frank Stichting en van het Internationale Jeugdcentrum moreel en in elk ander opzicht zult steunen.' Otto Frank reist naderhand heel de wereld over om lezingen te geven over de verschrikkingen van de Tweede Wereldoorlog. Hij overlijdt in 1980 in het Zwitserse Basel.

Renovatie en reconstructie

Het museum trekt vanaf het begin duizenden belangstellenden. Maar het pand is met zijn smalle trappen en gangetjes niet berekend op de enorme toeloop. Er worden opnieuw plannen gemaakt voor een verbouwing. In 1970 brengen de luisteraars van het VARA-radioprogramma *Van Harte* voor dit doel 55.000 gulden bij elkaar.

Twintig jaar na de laatste verbouwing sluit het museum in 1990 opnieuw zijn deuren om het pand te reconstrueren zoals het eruitzag tijdens de oorlogsjaren. Het voorhuis wordt in orginele staat teruggebracht, in het achterhuis krijgen onder andere de ramen weer verduisteringspapier, zoals tijdens de onderduikperiode. Ook wordt het museum uitgebreid met een vleugel. Koningin Beatrix verricht op 28 september 1999 de heropening van het Anne Frank Museum. Met tegenwoordig meer dan één miljoen bezoekers per jaar, is het een van de best bezochte musea van Nederland.

Dit bronzen beeld van Anne Frank staat vlak naast de Westerkerk. Het is in 1975 gemaakt door de beeldhouwer Mari Andriessen. Hij verborg tijdens de oorlog Joodse onderduikers in zijn huis. Het verzet gebruikte zijn atelier als opslag voor wapens. Andriessen heeft een groot aantal oorlogs- en verzetsmonumenten gemaakt, waaronder de Dokwerker.

Jodenbreestraat 4, Amsterdam

Tijdens de Tachtigjarige Oorlog vluchten duizenden buitenlanders naar Amsterdam, uit angst om vermoord te worden door de legers van de streng gelovige koning Filips II.

De rijkste immigranten vinden uiteindelijk een goed onderkomen aan een van de nieuwe grachten. Minder kapitaalkrachtige mensen uit Midden- en Oost-Europa en kunstenaars strijken neer aan de oostkant van de stad. Omdat in deze buurt ook veel gevluchte Joodse immigranten uit Spanje en Portugal gaan wonen, verandert een deel van de naam Sint Antoniesbreestraat in de loop van de 17^e eeuw in Jodenbreestraat.

1500 1600 1700 1800 1900 2000

Hollandse renaissancestijl

In 1606, het geboortejaar van Rembrandt, koopt de uit Antwerpen gevluchte Hans van der Voort drie kavels bouwgrond op de Antoniesbreestraat bij de Antoniessluis. Kleermaker Van der Voort is samen met zijn broer, de kunstenaar Cornelis van der Voort, eind 16^e eeuw in Amsterdam neergestreken. Hans laat op de Antoniesbreestraat twee huizen bouwen. Beide panden krijgen een trapgevel in Hollandse renaissancestijl. Zelf gaat Hans van der Voort in het hoekpand vlak bij de sluis wonen, het andere huis op nummer 4 verkoopt hij in 1608 aan de eveneens uit Antwerpen gevluchte koopman Pieter Belten.

Verliefd op een weesmeisje

Nadat Belten in 1626 is overleden, erven zijn twee kinderen uit zijn eerste huwelijk, Pieter jr. en Magdalena, het huis. Zoon Pieter is dan al volwassen, maar zijn zusje Magdelena is nog maar zestien jaar. Omdat ze minderjarig is, komt ze onder de hoede van een voogd, Anthonie Thijs. Deze juwelenhandelaar uit Vlaanderen is weduwnaar en twee keer zo oud als Magdelena. Hij wordt verliefd op het meisje en een jaar na het overlijden van haar vader trouwt de voogd met het weesmeisje. Anthonie Thijs en Magdelena gaan in het ouderlijk huis op de Antoniesbreestraat wonen, samen met haar oudere broer Pieter en diens vrouw.

Op het voorhuis wordt een extra verdieping geplaatst, de trapgevel wordt vervangen door een lijstgevel met een driehoekig fronton. De nieuwe gevel in Hollands classicistische stijl is voor die tijd zeer modern. Mogelijk is de architect Jacob van Campen (die later het Paleis op de Dam ontwerpt) bij de bouw betrokken. De stijl van de gevel lijkt namelijk op andere ontwerpen van de bouwmeester. Zes jaar na hun huwelijk verhuizen Anthonie en Magdelena, maar ze blijft wel samen met haar broer Pieter eigenaar van de woning.

48

Rembrandt leeft op te grote voet en moet gedwongen zijn huis en collectie laten veilen

Een huis met een zware hypotheek

Als haar echtgenoot Anthonie in 1634 overlijdt, trouwt Magdelena nog datzelfde jaar met zijn rijke neef Christoffel. Het huis op de Antoniesbreestraat gaat enkele jaren later in de verkoop. Christoffel en zijn zwager Pieter raken in december 1638 in gesprek met de kunstenaar Rembrandt van Rijn. De jonge Rembrandt is dan al een beroemd schilder en hij is op zoek naar een huis dat bij zijn status past. Op 5 januari 1639 zet Rembrandt zijn handtekening onder het koopcontract: voor 13.000 gulden wordt hij de nieuwe eigenaar van Antoniesbreestraat 4. De mannen treffen een regeling. Bij de aankoop moet de kunstenaar direct 1200 gulden betalen, eind 1639 nog eens 1200 gulden en het jaar daarop 850 gulden. De rest van het bedrag mag hij in jaarlijkse termijnen betalen, tegen een rente van 5 procent.

In het hoekhuis, dat Hans van der Voort in 1606 heeft laten bouwen, woont inmiddels de kunsthandelaar Hendrick van Uylenburgh. Hij is Rembrandts zaakwaarnemer en moet erop toezien dat de kunstenaar door 'yverige Mecanaten in de gunst der Machtige prinsen of koningen geraeke; of by de welvaerende kooplieden in achtinge komen'. Rembrandt gaat met zijn grote liefde Saskia, met wie hij in 1634 is getrouwd, op de Antoniesbreestraat 4 wonen. Saskia is het nichtje van Hendrick van Uylenburgh.

Het 'sijdelcamertgen' waar
Rembrandt zijn gasten ontvangt.

'De reuk van verf zal u vervelen'

Het woonhuis van Rembrandt en Saskia bestaat uit een hoog voorhuis met een balkenplafond. De houten balken zijn aan de uiteinden versierd met fraai gesneden sleutelstukken. Aan de hand van een inventarislijst weten we hoe het huis destijds is ingericht. Het voorhuis is sober gemeubileerd, er staan slechts een eikenhouten zitbank en een tafel met zes stoelen. Aan de muur hangt Rembrandt een landkaart en twee schilderijen, enkele Oost-Indische schilden en een hoorn.

Aan de linkerkant van het huis ligt het 'sijdelcamertgen'. Er staat een bedbank, een scherm met een groen laken, drie Spaanse stoelen en een notenhouten tafel. In deze representatieve ruimte ontvangt Rembrandt zijn klanten met een glas wijn. De gevarieerde collectie schilderijen, prenten en tekeningen geven een goede indruk van zijn unieke talent. Maar de werken zijn niet allemaal van hemzelf. Er hangen ook schilderijen van zijn leermeester Pieter Lastman en de door Rembrandt bewonderde kunstenaar Jan Lievens. Klanten betalen grif 1000 gulden of meer voor een door Rembrandt geschilderd portret. Dat is twee keer zo veel als het gemiddeld jaarloon van een geschoold ambachtsman. Rembrandt weet feilloos hoe hij zijn werk aan de man moet brengen. Als een geïnteresseerde koper aarzelt en een schilderij van dichtbij wil bekijken, zegt de grote meester (volgens de overlevering) schalks: 'De reuk van verf zou u maar vervelen.' Rembrandt wil liever snel tot zaken komen. Achter het 'sijdelcamertgen' zit nog een laag vertrek, waar een eikenhouten pers staat voor het maken van etsen. Na het drukken hangt de schilder de prenten aan een waslijn te drogen.

De 'groote en cleyne schildercaemer'

Achter het voorhuis ligt de *'grote agtercaemer of Sael'* met een stookplaats. In het woon- en slaapvertrek staan een bed, een eiken slaapbank, een tafel met zeven Spaanse stoelen, een Parijse bank en een buffet met ingelegd hout. In de 'sael' hangen zeven schilderijen aan de muur, twaalf staan er op de grond. Daarnaast zit een kleinere ruimte waar de schilder kantoor houdt. Aan de achterkant van het huis liggen de keuken en bijkeuken.

Op de eerste verdieping zit, aan de straatkant, een vertrek van maar liefst 6 m breed en 9 m lang. Omdat het op het noorden ligt, gebruikt Rembrandt de ruimte als zijn 'groote schildercaemer'. Daarachter ligt de 'cleyne schildercaemer' en een 'kunstcaemer' met rariteiten, opgezette dieren, koraal, globes, Venetiaans glas en een verzameling antieke borstbeelden en sculpturen. Aan de wand hangen schilderijen en ondere andere een leeuwen- en een leeuwinnenhuid. Het kostbaarste deel van Rembrandts verzameling zijn de zeventig albums met daarin ongeveer 8000 prenten en tekeningen van kunstenaars als Raphaël, Titiaan en Michelangelo.

De Nachtwacht

De eerste jaren dat Rembrandt in dit huis woont, schildert hij als een bezetene en werkt aan verschillende doeken tegelijk. Hij is in 1639 ook begonnen aan een schuttersstuk dat later de naam *De Nachtwacht* zal krijgen. Vermoedelijk heeft hij het doek geschilderd op de galerij van de kleine binnenplaats. Rembrandts naam is in heel Europa bekend en hij staat op het toppunt van zijn roem. Financieel kan het niet op, het geld stroomt binnen. Ook erft hij nog 10.000 gulden, na het overlijden van zijn moeder. Maar met het afbetalen van de hypotheek heeft Rembrandt minder haast. Ondertussen maakt zijn geliefde Saskia een moeilijke tijd door. Ze heeft al drie keer een kind gebaard, maar steeds blijft het maar enkele weken in leven. In 1641 krijgt het echtpaar een gezonde baby. Het is een jongetje, Titus. Als kindermeisje nemen ze de weduwe Geertje Dirx in dienst. Negen maanden na de geboorte van Titus overlijdt Saskia, vermoedelijk aan tuberculose. Rembrandt begraaft zijn geliefde in de Oude Kerk in Amsterdam. Hij is overmand door verdriet. Kort voor haar overlijden heeft hij juist *De Nachtwacht* voltooid. Maar hij kan zich er daarna nauwelijks meer toe zetten om nog nieuwe schilderijen te maken.

Rembrandts minnaressen

Geertje Dirx ontfermt zich over Titus en ook Rembrandt vindt troost bij haar. Geertje wordt zijn minnares en hij schenkt haar enkele gouden ringen van zijn overleden vrouw Saskia. Als Geertje in 1649 een ring met diamanten naar de Banck van Leening (KLM-huisje #37) brengt, ontsteekt hij in grote woede. Rembrandt maakt een einde aan hun relatie en biedt 200 gulden om de ringen terug te kopen. Hij ontdekt dat ze daarna nog enkele keren de gang naar de Banck van Leening maakt. Ze gaan met ruzie uit elkaar. Voor de rechter eist Geertje 200 gulden alimentatie per maand. Ze blijft hem

Hendrickje Stoffels (1626-1663),
de minnares van Rembrandt

Saskia van Uylenburgh (1612-1642),
de eerste vrouw van Rembrandt

_ De zon 'kust' Saskia's graf _

Rembrandt begraaft zijn eerste vrouw Saskia in 1642 in de Oude Kerk in Amsterdam. Ze is maar 29 jaar oud geworden. Zijn volgende partner, Hendrickje Stoffels, overlijdt in 1663 aan de pest. Om haar begrafenis te kunnen betalen, verkoopt Rembrandt het graf van Saskia. De oude meester sterft zelf zes jaar later als een berooid man. Hij komt voor 15 gulden in een tijdelijk armengraf te liggen in de Westerkerk. In 1989 is door de Universiteit van Amsterdam zijn schedel in een massagraf teruggevonden. Rembrandt wordt als schilder geroemd om zijn bijzondere lichtinval en schaduw. Is het daarom echt toeval dat de zon eenmaal per jaar op 9 maart, precies om 8.39 uur, de grafsteen van zijn grote liefde Saskia beschijnt? Sinds 2005 wordt in de Oude Kerk dit bijzondere moment aangegrepen voor een kleine herdenking.

het leven zuur maken en hij laat haar op een gegeven moment zelfs opsluiten in een tuchthuis.

De jaren na de dood van Saskia maakt Rembrandt alleen nog maar etsen en tekeningen. De heisa rond de verbroken relatie met Geertje grijpt hem zo aan, dat er in 1649 helemaal niets meer uit zijn handen komt. Opnieuw vindt Rembrandt troost in de armen van een vrouw, bij zijn dienstmeisje Hendrickje Stoffels.

Rembrandt gaat failliet

Wellicht inspireert Hendrickje haar minnaar om weer aan het werk te gaan. Ze staat in die jaren een aantal keer model voor hem. In 1654 raakt het dienstmeisje zwanger, maar Rembrandt wil niet trouwen. Daarmee verspeelt hij namelijk zijn recht op de erfenis van zijn eerste vrouw Saskia. De zwangere Hendrickje moet daarop voor de kerkenraad verschijnen en wordt beschuldigd van 'hoererij'. Ze bevalt op 30 oktober 1654 van een dochter, Cornelia.

Thuis stapelen de problemen zich op. Rembrandt leeft boven zijn stand, hij heeft een gat in de hand en zijn verzamelwoede brengt hem financieel aan de afgrond. Bovendien is de hypotheek ook nog steeds niet afbetaald. Het geduld van Christoffel Thijs en Pieter Belten raakt op. Vijftien jaar na de verkoop van het huis

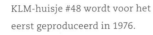
KLM-huisje #48 wordt voor het eerst geproduceerd in 1976.

willen ze nu eindelijk weleens hun geld zien. Rembrandt sluit leningen af om aan zijn betalingsverplichting te kunnen voldoen. En er staan nog meer schuldeisers op de stoep. In 1655 wordt in herberg de Keizerskroon zijn hele kunst- en rariteitencollectie geveild. Maar de opbrengst is onvoldoende. Rembrandt laat zich daarom in 1656, een dag voordat hij vijftig jaar wordt, failliet verklaren. Hendrickje en Titus beginnen op de Rozengracht een kunsthandel waar de schilder als werknemer tegen kost en inwoning in dienst treedt. De opbrengst van zijn toekomstige schilderijen is daarmee veiliggesteld.

Woonhuis Rembrandt gesplitst

Het huis op de Antoniesbreestraat wordt in 1658 op een veiling verkocht voor 11.218 gulden. De nieuwe eigenaren zijn Lieven Symons en Samuel Ceringhs. Ze verbouwen het woonhuis en splitsen het in twee delen. De straat heeft inmiddels een nieuwe naam gekregen en heet nu Jodenbreestraat. Bij de verkoop in 1679 wordt het eerste gedeelte verkocht voor 7000 gulden aan Mordechay Franco Mendes. Het blijft een eeuw lang in het bezit van zijn schatrijke familie. Het tweede deel wordt in 1679 voor 6000 gulden verkocht aan Hendrik Henkhuysen. Naderhand wonen er verschillende kleerkopers totdat in 1755 de koopman David Andries Levy eigenaar van dit tweede huis wordt. Zestien jaar later krijgt hij de kans ook het andere deel van het

voormalige woonhuis van Rembrandt te kopen, voor 10.625 gulden. De huizen worden niet samengevoegd maar apart verhuurd. Bijna een eeuw en een aantal bewoners later komen de panden voor 5500 gulden in handen van de Joodse familie Spitz.

Het Rembrandthuis

In 1906, ter gelegenheid van Rembrandts driehonderdste geboortejaar, stelt de kunstenaar Jozef Israëls voor om van Rembrandts voormalige woonhuis een museum te maken. De gemeente Amsterdam koopt het pand op de Jodenbreestraat nummer 4 voor 35.000 gulden aan. Israëls schenkt uit zijn eigen verzameling zes etsen van Rembrandt. Architect K.P.C. de Bazel krijgt de opdracht om het pand te verbouwen tot museum. De splitsing van 1661 wordt ongedaan gemaakt en het huis is nu weer één geheel. Men herstelt de gevel in oude staat. De 19e-eeuwse ramen worden vervangen door 17e-eeuwse kruiskozijnen met glas-in-lood en rode luiken. Het interieur wordt ondanks veel discussie niet in de oude staat teruggebracht, maar het krijgt wel een historische uistraling. Op 10 juni 1911 verricht koningin Wilhelmina de feestelijke opening. In haar toespraak zegt ze: 'Met de wens dat deze herwonnen en herstelde woning in lengte van dagen moge getuigen van Neerlands roem en van zijn voortlevende dankbaarheid voor zijn grote zoon, verklaar ik volgaarne Rembrandts huis voor geopend.'

Het Rembrandthuis trekt veel bezoek uit binnen- en buitenland. Maar het publiek is toch een beetje teleurgesteld, want men wil zien hoe Rembrandt vroeger woonde en leefde.

Post NL introduceert in januari 2012 een serie persoonlijke postzegels met foto's van twee KLM-huisjes. Op de Wereldzegel staat huisje #48, het Rembrandthuis. Op de Europazegel staat huisje #92. Elke postzegel heeft een speciale code die met een app kan worden gescand. Hierdoor wordt informatie zichtbaar over de geschiedenis van het pand.

Nóg een Rembrandthuis

Halverwege de 19^e eeuw ontstaat er opnieuw belangstelling voor Rembrandt. In 1852 krijgt hij een standbeeld op de Amsterdamse Botermarkt. Het marktplein wordt in 1876 omgedoopt in Rembrandtplein. Ter gelegenheid van de kroning van koningin Wilhelmina in 1898 wordt een grote overzichtstentoonstelling georganiseerd in het Stedelijk Museum. Ook wordt er een porseleinen huisje gemaakt van Rembrandts voormalige woning op de Jodenbreestraat 4.

De beschildering is een afspiegeling van de situatie vóór de restauratie van 1906. Op de gevel staat '1606', het bouwjaar van het huis en tevens de geboortedatum van Rembrandt, en '1642-1665', de periode van bewoning door de kunstenaar. Dit is echter onjuist. Rembrandt woont in het huis van 1639 tot 1656, daarna verhuist hij naar een huurhuis op de Rozengracht 184 in Amsterdam.

Eind jaren negentig wordt daarom besloten het museum uit te breiden met een nieuwe vleugel en de 17^e-eeuwse inrichting van het Rembrandthuis zo goed mogelijk te reconstrueren, 'in de staat waarin het geacht moet hebben verkeerd toen het door de schilder Rembrandt van Rijn werd bewoond'. De groen geglazuurde plavuizen zijn bijvoorbeeld afkomstig uit een in de 18^e eeuw gezonken schip. Een bedstee wordt uit een huis uit Culemborg gehaald, een andere bedstee krijgt men in bruikleen van het Rijksmuseum. Het Rembrandthuis wordt verder ingericht met replica's en meubels uit de 17^e eeuw. Daarvoor gebruikt men de inventarislijst die bij het faillissement in 1656 is opgemaakt en een nauwkeurig beeld schetst van zijn woonsituatie.

Archeologische vondsten

Bij de restauratie in 1997 stuit men op een 17^e-eeuwse beerput die een schat aan informatie oplevert. Archeologen vinden onder andere een vrijwel onbeschadigde beschilderde kruik, kinderspeelgoed (zoals knikkers van geglazuurde klei), een tinnen lepel met een steel in de vorm van een paardenhoef, fragmenten van bierglazen, een houten boterspaan en andere gebruiksvoorwerpen. Er wordt tussen de aardewerken scherven ook een rood kookpotje gevonden met verfresten en een pot met een mengsel van krijt en lijm. Het is goed mogelijk dat Rembrandt deze potten heeft gebruikt om verf in

te mengen. Maar het meest authentieke deel van het Rembrandthuis blijft natuurlijk de collectie zelf, met veel etsen, prenten en tekeningen van de meester en een aantal schilderijen van tijdgenoten die voor Rembrandt een belangrijke inspiratiebron zijn geweest.

Zelfportret, leunend op een balustrade (1639),
Rembrandt. Ets en droge naald.

Zelfportret met verbaasde blik (1630), Rembrandt.
Ets.

Zelfportret met Saskia (1636), Rembrandt.
Ets.

Zittend mannelijk naak, een been uitgestrekt (1646), Rembrandt.
Ets.

In dit dubbelportret heeft Rembrandt zichzelf weergegeven terwijl hij zit te tekenen. Naast hem zit zijn
vrouw Saskia van Uylenburgh, met wie hij twee jaar
tevoren was getrouwd.

49

Friesestraat 42, Coevorden

In het eerste millenium loopt er een weg van Groningen naar het Duitse Münster. Halverwege de route ligt in oost-Drenthe een moeras, waar op een zandheuvel enkele boerderijen staan. De boeren die op een doorwaadbare plaats in het moeras wonen (in het oud-Saskisch dialect een 'voorde'), noemen hun nederzetting Koevoorde.

Bisschop Balderik van Utrecht laat hier in 1024 een kasteel bouwen. In 1536 komt de burcht in handen van Karel V, die als keizer over grote delen van Europa heerst. Zijn opvolger, koning Filips II, moet het kasteel in 1592 na hevige gevechten opgeven. Prins Maurits van Oranje komt als overwinnaar uit de strijd en maakt van Coevorden een echte vestingstad.

| 1500 | 1600 | 1700 | 1800 | 1900 | 2000 |

Kazerne het Meulenblok

Het Spaanse leger heeft bij de aftocht het grootste deel van Coevorden platgebrand. De stad moet daarom helemaal opnieuw worden opgebouwd. Rondom het historische centrum wordt vanaf 1605 een stervormige stadsgracht gegraven, met op elke punt een bastion. Om deze vesting wordt een tweede gracht aangelegd met verdedigingswerken.

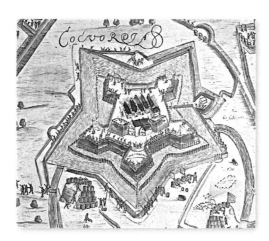

Deze gravure van Bartholomeus Willemsz Dolendo is begin 17e eeuw gemaakt. De kazernes (met rode daken) van het leger van Prins Maurits zijn duidelijk te herkennen.

Prins Maurits laat vijf kazernes bouwen. Een daarvan is het Meulenblok, op de hoek van de Friesestraat en de Molenstraat. Deze barak is maar liefst 87 m lang en 8 m breed. Het is bedoeld voor de huisvesting van een deel van het garnizoen. In het 'voorhuys' aan de Friesestraat 42 bevindt zich het kapiteinslogement, daarachter liggen de woon- en slaapvertrekken van zijn soldaten en onderofficieren.

17e-eeuws kapiteinslogement verkozen tot Monument van het Jaar

KLM-huisje #49 wordt voor het eerst geproduceerd in 1980. Het is de enige replica van een huis in de provincie Drenthe.

Achterstallig onderhoud

Op 15 mei 1648 komt met de Vrede van Münster een einde aan de Tachtigjarige Oorlog tussen Spanje en de Republiek der Zeven Verenigde Nederlanden. Het Nederlandse leger wordt na de oorlog ingekrompen. Door achterstallig onderhoud raken de vijf kazernes in Coevorden langzaam in verval. De daken lekken aan alle kanten, kapotte ramen worden niet meer vervangen. De compagnie van kapitein Derk Albeda is op dat moment met 35 musketiers en 19 'pieckeniers' ingekwartierd in het Meulenblok. 'Als het regent, stroomt het water van de hoger gelegen straat naar binnen', klaagt vaandrig Willem Hondebeeck in 1660 tegen zijn overste.

Nieuwbouw in 1765

Een eeuw later wordt besloten om een aantal barakken af te breken. Ook kazerne het Meulenblok, een 'oud bouwvallig blok staande ter regter syde van de Vriesche Poort', staat op instorten. De nieuwbouw wordt begroot op 16.433 gulden. In 1765 komt het huidige Meulenblok tot stand. Voor de bouw van een extra verdieping worden stenen gebruikt van de afgebroken kazernes bij het kasteel. Aan de kant van de Friesestraat komt het nieuwe kapiteinslogement: een woning met maar liefst negen vertrekken. De voorgevel krijgt boven de vensters gemetselde boogvullingen en een gevelsteen met het wapen van de Staten-Generaal en het jaartal 1765. In de daarachter liggende kazerne is plaats voor 224 soldaten.

Portret van Lodewijk Napoleon, koning van Holland (1808). Geschilderd door Charles Howard Hodges. Frans Hals Museum

Franse bezetting

Tegen het eind van de 18e eeuw staat een deel van het Meulenblok leeg. Ook is er op dat moment geen kapitein meer. De douarière Maria Marquise de Bedos krijgt toestemming om in het 'voorhuys' aan de Friesestraat 42 te mogen wonen. Enkele jaren later moet ze het kapiteinslogement alweer verlaten om plaats te maken voor een Franse legeraanvoerder. In de Republiek heeft zich een revolutie voltrokken. De oude machthebbers en bestuurlijke elite zijn verdreven door opstandelingen. Met militaire steun van de Franse regering is de Bataafse Republiek uitgeroepen. Later neemt keizer Napoleon Bonaparte het heft in handen. Hij benoemt zijn jongere broer Lodewijk Napoleon tot koning van het Koninkrijk Holland. De nieuwe vorst gaat voortvarend aan de slag en voert een groot aantal bestuurlijke veranderingen door.

Koninklijk bezoek

Op 11 februari 1809 brengt de Franse koning zelf een bezoek aan Coevorden. Hij heeft de nacht in Hardenberg doorgebracht en is met zijn gevolg onderweg naar de vestingstad. Het hoge gezelschap maakt eerst nog een korte stop bij de Lozensche linie voor een inspectie van de verdedigingswerken. Op 8 km van Coevorden moet de koninklijke koets bij Gramsbergen door een 'voorde' (een doorwaardbare plaats) rijden. Met enige moeite haalt het gezelschap de overkant. Lodewijk Napoleon schenkt ter plekke 1000 gulden voor de aanleg van een degelijke brug, de Koningsbrug. De weg langs de Drentse Hoofdvaart wordt bovendien ter gelegenheid van zijn bezoek omgedoopt in 'De Grote Route van de Wadden-

zee naar Parijs'. Na aankomst in Coevorden is de koning bijzonder onder de indruk van de vestingstad. Hij schenkt opnieuw 1000 gulden, nu aan het weeshuis. 's Avonds overnacht de vorst bij een katholieke pastoor. De volgende dag vertrekt hij naar Emmen. Lodewijk Napoleon laat zien dat hij het goed voor heeft met zijn onderdanen. Hij wil zo min mogelijk als een bezetter overkomen. Maar in Parijs is de Franse keizer Napoleon Bonaparte woedend over zo veel barmhartigheid.

Frans garnizoen vertrekt

Nadat Lodewijk Napoleon door zijn broer als koning aan de kant is gezet, voegt de Franse keizer de Nederlanden in 1810 definitief toe aan zijn Keizerrijk. 'La Hollande est réunie à l'empire.' Maar drie jaar later wordt Napoleon Bonaparte verslagen bij de Slag bij Leipzig. Hij wordt gevangengezet op het eiland Elba. Nederland is bevrijd, maar dat betekent nog niet dat de Fransen soldaten zich overgeven. Vooral rond Coevorden blijven de manschappen gewoon op hun post. Graaf Willem Frederik van Oranje-Nassau wordt in maart 1814 gekroond tot koning, maar in eerste instantie alleen van de Noor-

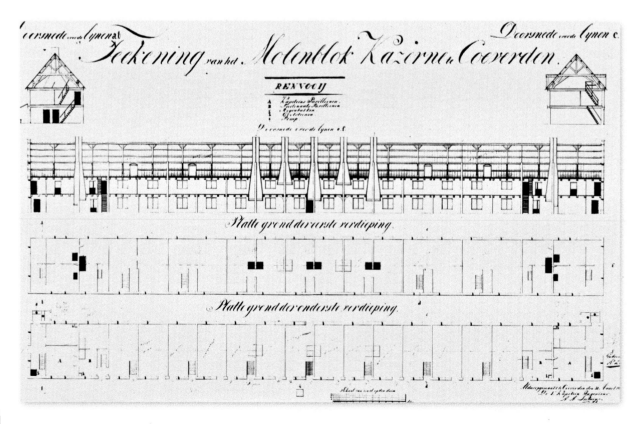

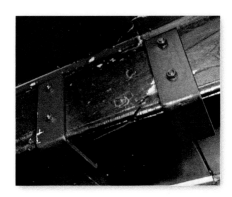

delijke Nederlanden. Bij zijn intrede zegt hij: *'Ons vaderland is gered: de oude tyden zullen weldra herleven.'* Het Franse garnizoen trekt zich pas op 8 mei 1814 terug uit Coevorden, met achterlating van 98 stukken geschut, veertig mortieren en houwitsers en 90.000 pond kruit. In hetzelfde jaar worden de Zuidelijke Nederlanden verenigd met het noorden. In 1815 krijgt Willem Frederik van Oranje-Nassau officieel de titel Willem I, Koning der Nederlanden.

In 1854 dient de strategische ligging van Coevorden geen militair doel meer. Het garnizoen wordt opgeheven, het Meulenblok komt leeg te staan. De voormalige kazerne wordt door de overheid verkocht in 1859. Het achterste deel wordt verbouwd tot woningen. De Coevorder jeneverbrander Kars van Tarel wordt eigenaar van het kapiteinslogement.

Een nieuwe gevel

In 1908 is het pand aan de Friesestraat 42 eigendom van drankenleverancier Dommers. Het krijgt in dat jaar bij een verbouwing een trapgevel. De gevelsteen op de eerste verdieping wordt naar de top verplaatst. Het wapen van de Staten-Generaal hakt men daarbij van de steen, alleen het jaartal blijft over. De Joodse huisschilder Samuël van Coevorden huurt in de eerste helft van de 20[e] eeuw de Friesestraat 42. Hij begint een winkel in groente en fruit, vis, snoep en chocolade. Samuël, of Sammie zoals de meeste klanten zeggen, is een bekende verschijning in de stad. Joodse burgers moeten in de Tweede Wereldoorlog afstand doen van hun bezittingen en zijn hun leven niet zeker. In april 1942 wordt Samuël samen met zijn vrouw Caroline en hun kinderen Stientje, Betsij en Mozes opgepakt en door de nazi's op transport gezet naar Duitsland. Samuël, Caroline en Stientje sterven in het Poolse concentratiekamp Sobibór, de andere twee kinderen in Auschwitz en Tsjechowitz.

Café 't Geveltje

In 1943 koopt Gerrit Kleis het pand van eigenaar Thijmen Bijkersma en begint er een rijwiel- en motorhandel. Hij verhuurt het in 1954 aan een kleermaker en vervolgens verkoopt Kleis het aan een brouwerij. Het voormalige kapiteinslogement wordt verbouwd tot kroeg. De huidige uitbaters van 't Geveltje runnen het bedrijf sinds 1998. Door achterstallig onderhoud is de gevel inmiddels 5 cm verzakt. Vanaf de zomer van 2009 staat het rijksmonument een jaar lang in de steigers. Bij een grootscheepse renovatie wordt een deel van het dak vervangen en de voor- en zijgevel worden zorgvuldig gerestaureerd. In 2010 wordt Friesestraat 42 verkozen tot Monument van het Jaar.

Samuël van Coevorden voor zijn winkel. In 1942 wordt hij met zijn gezin opgepakt door de nazi's.

Rozengracht 106, Amsterdam

Tegen het einde van de 16ᵉ eeuw wonen er in Amsterdam 30.000 inwoners dicht op elkaar. Maar de regenten van de stad weten nauwelijks raad met de stroom vluchtelingen, die sinds het begin van de Tachtigjarige Oorlog naar het noorden zijn gekomen. De enige oplossing voor de woningnood is een forse uitbreiding van het grondgebied.

Om ruimte te maken in de stad worden brandgevaarlijke, luidruchtige en vervuilende bedrijven uit het historische centrum geweerd en verplaatst naar de westkant van Amsterdam. Aan de rand van de stad worden illegaal arbeidershuisjes gebouwd. De volksbuurt die hier ontstaat, wordt Het Nieuwe Werck genoemd. Later krijgt de wijk de naam Jordaan.

| 1500 | 1600 | 1700 | 1800 | 1900 | 2000 |

Verborgen 17ᵉ-eeuwse Amsterdamse trapgevel wordt pas in 1962 'ontdekt'

Pieter Remmen is in 1564 een van de eerste pioniers die in het drassige buitengebied, net voorbij de stadspoort, een pottenbakkerij begint. Tegen het eind van de 16ᵉ eeuw hebben bijna alle pottenbakkers hun bedrijf verplaatst naar de westkant van Amsterdam. Ze vestigen zich allemaal aan een brede sloot. Het weggetje langs dit water wordt daarom ook wel het Pottebackerspad genoemd.

De Jordaan eind 16ᵉ eeuw.

En meer bedrijven volgen, waaronder de likeurstokerij van Lucas Bols. Hij vestigt zijn bedrijf aan het Plempenpad. Leerlooiers, zeepzieders, suikerbakkers, bierbrouwers en ververs zijn vanaf 1612 verplicht om hun bedrijven buiten de stadspoorten voort te zetten. Voor arme immigranten is het aantrekkelijk om in de nieuwe volksbuurt te gaan wonen. Er is immers volop werkgelegenheid en de huizen zijn goedkoop. Bovendien kunnen ze voor een klein bedrag poorter van de stad worden. Dat houdt in dat ze dezelfde rechten en plichten krijgen als de oorspronkelijke bewoners van Amsterdam.

De Bols Taverne in Madurodam. Ook 't Lootsje, het voormalige hoofdkantoor van Bols op de Rozengracht, is op schaal nagebouwd.

KLM-huisje #50 wordt voor het eerst geproduceerd in 1983. Het is een replica van de Bols Taverne. Het KLM-huisje is dan nog gevuld met jenever van Henkes. Bols neemt in 1986 Henkes Verenigde Distilleerderijen over.

De Gouden Eeuw

Aan het Pottebackerspad vestigen zich aan het begin van de 17e eeuw ook een aantal suikerfabrieken. De naam wordt later gewijzigd in Rozenstraat. Afval wordt in het daarachter liggende water bij het Plempenpad gegooid. De brede sloot krijgt later de naam Rozengracht, dat toch net iets chiquer klinkt. De ligging aan het water is van cruciaal belang voor deze bedrijven en garandeert een snelle aan- en afvoer van goederen en grondstoffen.

De Rozengracht wordt in 1889 gedempt.

Woningnood

De economie draait op volle toeren en in 1622 wonen in de grootste stad van de Republiek al meer dan 100.000 mensen. Overal wordt gebouwd. Amsterdam kan de groei nauwelijks bijhouden. De woningnood is groot. Elk vrij plekje in Het Nieuwe Werck wordt bebouwd. Handelaren in grond beleven gouden tijden. Beneden- en bovenwoningen en zelfs kelders worden apart verkocht of verhuurd. Er wonen soms wel acht mensen op één kamer.

Een ververij op nummer 106

In 1650 laat een verver van stoffen op Rozengracht 106 een huis met daarachter een klein pakhuis bouwen. Beide panden krijgen een sobere trapgevel. Het achterhuis ligt aan een sloot en heeft vanaf de Rozengracht een eigen toegang, via een steeg. Voor dit soort gangen zijn strenge bouwschriften. Als de gang overdekt is, moet hij zo hoog zijn dat 'er een man met een turfmand op zijn hoofd onder door kan lopen'. Deze gang van Rozengracht 106 zal later nog een beruchte reputatie krijgen …

Een van de volgende eigenaren van de twee panden is Jan Stoffelsz van Swoll. Als hij is overleden, verkoopt zijn weduwe het voor- en achterhuis, de gang en een erf in 1680 aan Jacob van Beek. Naast hem heeft de weduwe van Lucas Bols in 1734 inmiddels ook een pakhuis gekocht. Het familiebedrijf Lucas Bols zit schuin aan de overkant van de gracht, in 't Lootsje. De likeurstokerij en distilleerderij is vernoemd naar het allereerste houten gebouwtje op deze plek.

De ververij op Rozengracht 106 blijft een eeuw in bezit van de familie Van Beek. In september 1780 verkoopt men 'het huis, achterhuis en erf zijnde een ververij, tussen de twee middelste bruggen tegenover het Lootsje met uitgang door de prinsenpoort' aan de weduwe Maria Catharina ter Horst. Ook wordt bepaalt dat de waterpomp aan de achterkant voor de buurt toegankelijk moet blijven. Nog geen maand later wisselen de panden opnieuw van eigenaar. Martinus Koster laat het voorhuis afbreken en vervangen door een nieuw pand met een lijstgevel. Het achterliggende pakhuis met een trapgevel blijft ongewijzigd. Koster verkoopt zijn bezit in 1794 voor 10.660 gulden aan Johan Ernst Wackernagel. In 1802 doet hij de beide panden weer van de hand.

Tot 1962 is de trapgevel op de Rozengracht 106 niet zichtbaar vanaf de straatkant. In dat jaar wordt het witte pand en de 'moordenaarsgang' (rechts op de foto) afgebroken en komt de bijzondere 17e-eeuwse gevel tevoorschijn.

Gevelsteen met een portret van Lucas Bols.

De 'moordenaarsgang'

In de 19e eeuw wonen in de Jordaan veel mensen in vervallen krotten en nauwe stegen boven op elkaar. Uit bevolkingsstatistieken blijkt dat elke bewoner dan net iets meer dan één vierkante meter woonruimte heeft. De stank is niet te harden. Afval wordt rechtstreeks in de gracht gedumpt, een goede riolering ontbreekt. Drinkwater moet per schip worden aangevoerd. De Jordaan verpaupert en er is veel criminaliteit. Halverwege de 19e eeuw vindt een moord plaats in de smalle gang naast Rozengracht 106. In latere koopakten wordt nog tot in de 20e eeuw verwezen naar de 'moordenaarsgang'. Geregeld breken in de volkswijk ziekten uit. Tuberculose, tyfus, difterie en pokken maken er veel slachtoffers. Bij een cholera-epidemie in 1866 sterft 10 procent van de buurtbewoners. De suikerfabrieken zijn inmiddels vertrokken en er heerst grote werkloosheid. Bols houdt als een van de laatste bedrijven stand. Vanaf 1857 worden om hygiënische redenen zes grachten gedempt.

Rozengracht gedempt

Om het tij te keren worden in de Jordaan veel huizen afgebroken en vervangen door ruimere woningen. Na het dempen van de Rozengracht in 1889 krijgt de buurt een brede toegangsweg en komt de oude volkswijk minder geïsoleerd te liggen van de rest van de stad. Bols is hier niet blij mee omdat zij daarmee haar vaarroute verliest. Ondertussen wisselen de eigenaren en bewoners van Rozengracht 106 elkaar in rap tempo af. Terwijl de buurt enigszins opkrabbelt en er overal nieuwbouw verschijnt, dreigt de ondergang voor de twee panden. In 1934 wordt het 17e-eeuwse achterhuis onbewoonbaar verklaard. In het voorhuis van latere datum zit nog enige tijd een dierenartspraktijk. Op 27 juli 1942 wordt het pand op een veiling verkocht voor slechts 3600 gulden. Na de oorlog volgt een verbouwing van het voorhuis. Café A.W. Vosman opent er zijn deuren, de eigenaar gaat zelf boven het bedrijf wonen. Het achterliggende pakhuis wordt als opslagruimte gebruikt.

_ Herkomst naam de Jordaan _____

De smalle straten en steegjes in de Jordaan worden in de 17e eeuw naar bloemen en planten vernoemd. Dat de oorspronkelijk voor smerige bedrijven bedoelde buurt later zulke tot de verbeelding sprekende straatnamen krijgt, is helemaal niet zo gek. In de Jordaan zijn in de Gouden Eeuw overal groene hofjes en tuinen. Ook is er aan de Looiersgracht een dool- en dwaaltuin die in de 17e eeuw een plaats van uitbundig vermaak is. Omdat in de volksbuurt veel Franse immigranten wonen, zou dit mogelijk een verklaring voor de naam Jordaan kunnen zijn. Het is dan een verbastering van het Franse woord 'jardin', dat tuin betekent. Maar er doen nog minstens vijf andere verklaringen de ronde. En dat is ook typisch Jordanees.

Wapenschild van Bols. Het bedrijfsmotto luidt 'Semper Idem' en betekent 'Altijd Hetzelfde'. Het verwijst naar de immer hoge kwaliteit die het bedrijf nastreeft. Een directeur introduceert de leus in het midden van de 20ᵉ eeuw. Echter, het Duitse Underberg voert het Latijnse credo al vele generaties. De twee bedrijven sluiten een gentlemen's agreement over het gebruik van de leuze.

De Bols Taverne

De Bols-likeurstokerij en Distilleerderij zit na al die eeuwen nog steeds op dezelfde locatie, aan de overkant op de Rozengracht. 't Lootsje bestaat inmiddels uit een aantal naast elkaar gelegen panden en is in 1900 door architect Cuypers van een nieuwe gevel voorzien. In 1955 besluit Bols om het achterhuis van Rozengracht 106 aan te kopen. Het pand met de 17ᵉ-eeuwse trapgevel wordt door Monumentenzorg grondig gerenoveerd. Daarna wordt het voormalig pakhuis in 1958 in gebruik genomen als de Bols Taverne. De bezoekers moeten daarvoor wel eerst door de smalle 'moordenaarsgang' voordat ze binnen zijn. De doorgang is aan de bar regelmatig goed voor een sterk verhaal.

Kunstenaars van Nu

In 1962 neemt Bols het café van Vosman over. Het voorhuis verkeert in zo'n slechte staat dat het gesloopt moet worden. Daardoor ontstaat er een unieke binnenplaats. Verbaasde voorbijgangers zien nu voor het eerst ook de mooi gerestaureerde trapgevel in volle glorie. Bij de entree wordt een stenen beeld van een stier geplaatst. Dit beeld hoort oorspronkelijk bij Rozengracht 100, waar in de 17ᵉ eeuw een ververij van Pieter Stier zat.

In de jaren zestig wordt de Bols Taverne een trefpunt voor kunstenaars. Dit komt mede door de tentoonstellingen van hedendaagse kunst. De opvallende exposities onder de titel *Kunstenaars van Nu* worden samengesteld door Louis Gans,

Nauwelijks een procent van de huizen in de Jordaan heeft nog een originele 17ᵉ-eeuwse gevel. Twintig procent van de gevels is gebouwd in de 18ᵉ eeuw. De meeste huizen zijn in de 19ᵉ eeuw vervangen door nieuwbouw. In totaal staan ruim achthonderd panden in de Jordaan op de monumentenlijst.

oud-conservator van het Stedelijk Museum. Er is een vaste collectie met werk van onder anderen de schrijver en kunstenaar Jan Cremer, Paul Alma (bekend van de muurschildering in het Amstel Station), abstracte kunst van Jef Diederen en expressionistische werken van Lex Horn.

Tapasrestaurant

Omdat verdere uitbreiding voor de Bols-fabriek aan de overkant van de Rozengracht niet mogelijk is, verhuist het bedrijf in 1970 naar Nieuw-Vennep. De Taverne wordt in de jaren zeventig uitgebreid met een crêperie. Vanaf 2003 zit tapasrestaurant Manzano op de Rozengracht. In september 2013 opent de Amsterdamse horeca-ondernemer Caspar Reinders hier zijn nieuwste aanwinst. Het hippe restaurant Chow heeft zich gespecialiseerd in de pan-Aziatische keuken.

_ Roman _

De schrijver Maarten 't Hart laat zijn roman *Het uur tussen hond en wolf* uit 1987 beginnen in de Bols Taverne in Amsterdam. De twee hoofdpersonen, Melchior (een schrijver) en Fred (een vertaler), ontmoeten elkaar voor het eerst op de Rozengracht 106. Het boek is deels autobiografisch en is gebaseerd op een conflict dat 't Hart met een vertaler heeft gehad.

Voorstraat 51, Franeker

51

Onder aanvoering van Willem van Oranje maken de noordelijke Nederlanden zich in 1581 los van het uitgestrekte rijk van Filips II. De Spaanse koning verliest daarbij onder andere de provincie Friesland. In het noorden is de macht van de katholieke kerk doorbroken en zestig Friese kloosters moeten hun deuren sluiten.

Vier jaar later wordt in een voormalig klooster in Franeker de eerste universiteit van Friesland gesticht. De minimumleeftijd voor studenten is twaalf jaar. De faculteiten medicijnen, letteren, rechten en theologie zijn populair bij jongeren uit heel Europa.

| 1500 | 1600 | 1700 | 1800 | 1900 | 2000 |

Johannes Valckenier is in de 17ᵉ eeuw in Franeker één van de hoogleraren theologie. Hij doceert sinds 1654 aan de universiteit en komt uit een voornaam patriciërsgeslacht. Zijn neef Gillis Valckenier is bijvoorbeeld burgemeester van Amsterdam en bewindhebber van de VOC. (Gillis' halfbroer Sybrand heeft in 1648 één van de eerste stenen gelegd van het latere Paleis op de Dam). Net als veel collega-professoren laat Johannes Valckenier op de Voorstraat in Franeker in 1662 een statig herenhuis bouwen, met een koetshuis en een hofje. De verhoogde halsgevel in classicistische stijl krijgt een rijk versierde top, met aan weerszijden gebeeldhouwde klauwstukken met dolfijnen en vruchten. Bovenop het huis wordt een stenen valk geplaatst. Het is een ludieke knipoog naar de naam van de eigenaar.

Johannes Valckenier (1617-1670),
door Isaack Luttichuys. professor theologie.

Hester de Hochepied (1626-1670)

Stomdronken studenten

Op de universiteit van Franeker lopen de gemoederen bij theologische debatten regelmatig hoog op. De studenten van professor Valckenier rollen soms vechtend over straat en ze zijn regelmatig stomdronken. De inwoners van Franeker zien het gedrag met lede ogen aan. De studenten krijgen van hen de bijnaam 'loskoppen'.

Familiewapen Valckenier. De familie stamt oorspronkelijk uit Fiesole (Italië) en wordt voor het eerst vermeld in 769 als Falconieri.

Petrus Laan (1696-1743),
professor theologie.

Johannes Arntzenius (1702-1759),
professor welsprekendheid,
geschiedenis en dichtkunst.

Jan Willem Ermerins (1798-1869),
professor filosofie.

Johannes Valckenier, zijn vrouw Hester de Hochepied en hun zeven kinderen wonen slechts zes jaar op Voorstraat 51. In 1668 verhuist het gezin naar Leiden, omdat de pater familias van baan verandert. De nieuwe bewoners van Voorstraat 51 behoren net als de eerste eigenaar tot de notabelen van Franeker. Anneus Sanstra is vroedsman en verleent medische zorg bij bevallingen. Na zijn overlijden in 1724 hertrouwt zijn vrouw Anna met een collega-arts en verhuist naar een ander adres. De volgende bewoner is de gereformeerde predikant Petrus Laan. Hij is evenals de naamgever van het Valckeniershuys hoogleraar theologie. Bijna twintig jaar later wordt het pand in 1743 verkocht aan Johannes Arntzenius, een professor in de welsprekendheid, geschiedenis en dichtkunst.

'Vlug van vernuft'

Arntzenius is nog maar net vanuit Nijmegen naar Franeker verhuisd of hij krijgt een beroerte. De professor raakt daarbij half verlamd, maar met zijn geheugen en spraak is niets mis. Na de opening van het studiejaar begint hij met het geven van colleges. Arntzenius wordt door zijn studenten bijzonder gerespecteerd. Ze noemen hem een 'doorgeleerd man, fijn van oordeel, vlug van vernuft, een sierlijk dichter, en een bijzonder schrander criticus; voorts vriendelijk en aangenaam om tijd mee door te brengen'.

__ Beroemde studenten __

De Universiteit van Franeker wordt in 1585 opgericht. De 'Hegeskoalle fan Frentsjer' is dan na Leiden de tweede universiteit van de Republiek der Zeven Verenigde Nederlanden. Er studeren jaarlijks 70 tot honderd studenten. Onder andere Prins Friso van Oranje, Peter Stuyvesant (die later gouverneur van Nieuw Amsterdam/ New York wordt) en de Franse filosoof en wiskundige René Descartes volgen colleges aan de Franeker universiteit.

In 1745 wordt een vervallen pand naast zijn huis afgebroken. De nieuwe buurman, dokter Georgius Coopmans, laat op de fundamenten een fraai patriciërshuis bouwen in Rococostijl. De halsgevel krijgt een zandstenen versiering in guirlandevorm. De bekroning wordt gevormd door een portret van Hippocrates, de grondlegger van de moderne geneeskunst. Coopmans opereert in de voorkamer en verricht thuis hersenonderzoek op overleden mensen.

In 1762 verhuist Johannes Arntzenius naar een ander pand, zijn schoonvader professor Hermannus Cannegieter wordt de nieuwe bewoner van Voorstraat 51. In de daarop volgende jaren wonen er telkens andere professoren; ze doceren rechten, medicijnen en Grieks. Maar studeren in Franeker is steeds minder populair. Tegen het einde van de 18e eeuw zijn er nog maar acht studenten over. De universiteit wordt

daarom in 1811 op last van de Franse keizer Napoleon gesloten. Veel hoogleraren vertrekken naar andere universiteitssteden.

De eerste studente

Om het gemis van een Hoge School te compenseren wordt in 1815 in Franeker een Atheneum opgericht. Sommige docenten zijn afkomstig van de opgeheven universiteit. Op

Anna Maria van Schurman (1607-1678), de eerste vrouwelijke student van Nederland.

verzoek van koning Willem I geeft Jan Willem Ermerins, professor in de filosofie en doctor in de medicijnen, zijn praktijk als arts in Den Haag op en verhuist naar Franeker. Hij gaat in 1831 in het Valckeniershuys op de Voorstraat wonen. Ook al wordt Ermerins vier jaar later benoemd aan de Hogeschool van Groningen, hij blijft desondanks nog tot 1842 in Franeker wonen.

De religieuze achtergrond van Johannes Valckenier blijkt uit de Bijbelse taferelen in de frontons boven de ramen. Bij een afbeelding van Mozes met een slang staat 'Zo geneest Christus onze wonden', de steen van Simson met een leeuw (zie boven) heeft als onderschrift 'Zo wordt de hel bedwongen' en een beeld van David en Goliath is voorzien van de tekst 'Zo overwint de zoon van Jesse'. Bovendien wordt over de hele 6,5 m. brede voorgevel een Bijbelse spreuk geschilderd.

Stijlkamer achterzaal Valckeniershuys.

In 1842 wordt het huis verkocht aan Mr. Gijsbertus Schot. Hij is niet alleen advocaat en notaris, maar ook wethouder van Franeker. Van 1865 tot 1881 is Schot lid van de Eerste Kamer. Zijn grootmoeder is Anna Maria van Schurman, de eerste vrouwelijke student van Nederland, die in de 17e eeuw colleges moest volgen achter een gordijn om de mannen niet af te leiden.

___ Oudste studentencafé _____

Franeker groeit in de 16e eeuw uit tot een beroemde studentenstad. Maar liefst één derde van de studenten komt uit het buitenland. Ze krijgen als geuzennaam de naam 'loskoppen', omdat ze in de stad bekend staan als vechtersbazen. De Franse keizer Napoleon geeft in 1811 opdracht om de Friese universiteit te sluiten. Maar het oudste studentencafé van Nederland, De 'Bogt fen Guné', tegenover de voormalige universiteit, is nog steeds geopend.

Rigoreuze verbouwing

In 1851 laat Mr. Schot het oude koetshuis afbreken en vervangen door een uitbouw. In 1890 wordt het voorhuis verbouwd tot postkantoor, waarbij het bijzondere interieur wordt gesloopt en afgevoerd. Zeven jaar later vindt aan de achterkant opnieuw een uitbreiding plaats. Tot 1969 is Voorstraat 51 in gebruik als postkantoor. Daarna verkoopt de PTT het Valckeniershuys aan de gemeente Franeker.

Van woonhuis naar museum

Samen met de twee buurpanden, het Waaggebouw (1657) en het Coopmanshûs (1746), wordt het Valckeniershuys in 1971 ingericht als museum. In het achterhuis wordt een stijlkamer ingericht met een rijk gedetailleerde schoorsteenmantel en een bedstedenwand uit de 18e eeuw. Het interieur is afkomstig uit een boerderij aan de Salverderweg. Vanaf de jaren zeventig toont het museum ook moderne kunst. Maar niet elke bezoeker is onder de indruk. Net na

de eeuwwisseling meent een bezoeker dat abstracte kunst 'vergif voor het volk' is en hij vernielt een schilderij. De titel van het kunstwerk, 'Niets', is wat de vandaal betreft veelzeggend. Het gemeentemuseum vindt tot 2005 onderdak in de drie historische panden op de Voorstraat. Daarna verhuist de museale collectie naar het 16e eeuwse stadskasteel van de edelman Hessel van Martena. De stijlkamer blijft na het vertrek van het museum in tact. Het Valckeniershuys wordt verbouwd tot winkel en appartementencomplex.

Bij de jongste restauratie in 2012 verdwijnt de valk van het dak nadat het beeldje in brokstukken uit elkaar is gevallen.

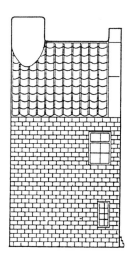

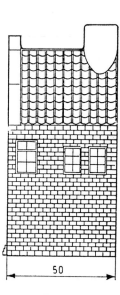

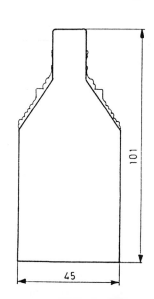

KLM-huisje #51 wordt voor het eerst uitgegeven in 1984. Dit is de originele werktekening, aan de hand waarvan de mal is gemaakt.

Herengracht 415, Amsterdam

52

Een huis aan de Herengracht spreekt al ruim vierhonderd jaar tot de verbeelding. Nog voordat in 1585 het eerste deel als vestinggracht wordt gegraven, kopen de bestuurders van de stad zelf bouwgrond op. Dankzij hun handel met voorkennis verdienen ze astronomische bedragen. Pas na een verlenging van de gracht krijgt het water in 1613 de naam Herengracht. De gracht wordt genoemd naar de speculanten: de Heren Regeerders van de stad.

De aanleg van de grachtengordel en de bebouwing duurt uiteindelijk zo'n vijftig jaar. In 1736 is de gemiddelde prijs van een woning op de Herengracht, omgerekend naar de huidige koopkracht ongeveer 2,6 miljoen euro. In de eeuwen daarna fluctueren de prijzen sterk, zo blijkt uit onderzoek. Pas in 2008 zijn de huizenprijzen weer op het niveau van 1736!

De inkomensverschillen zijn in het Amsterdam van de 17^e eeuw groot. De meeste inwoners kunnen maar met moeite het hoofd boven water houden, velen leven in bittere armoede. Maar dat geldt niet voor glasblazer Nathanael Evans. Hij heeft door speculatie met bouwgrond in de loop der jaren een aardig kapitaal opgebouwd. In januari 1665 slaat hij op een veiling een goede slag: Evans koopt de percelen 65 en 66 aan de Herengracht voor 3200 gulden en 2800 gulden. Het is een buitenkansje, want er is niet veel vraag naar nieuwe bouwgrond. Het zit Amsterdam economisch ook flink tegen. Zelfs de plannen voor de verdere uitbreiding van de grachtengordel aan de oostkant van de stad verdwijnen definitief van tafel.

Anno 1666

De Gouden Eeuw loopt ten einde. De pest waart rond in Amsterdam. In twee jaar tijd zijn er van de 200.000 inwoners maar liefst 24.000 gestorven aan de gevreesde ziekte. Toch blijft Evans geloven in betere tijden. Hij ziet de aankoop als een goede investering en laat een stadstimmerman op deze plek een modern grachtenhuis bouwen. In 1666 wordt het pand opgeleverd met een voor die tijd modieuze klokgevel, festoenen op de hoeken, twee oeils-de-boeuf en een gebeeldhouwd lint van zandsteen met 'Anno 1666' erop.

__ Arbeidersloon __

De gewone man kan in de 17^e eeuw een huis aan de Herengracht helemaal niet betalen. Een arbeider verdient rond het jaar 1600 gemiddeld 14 stuivers per dag en in 1650 zo'n 20 stuivers. Ter vergelijking: een roggebrood, het belangrijkste voedsel van de arbeidersklasse, kost in de Gouden Eeuw ongeveer 6,5 stuiver.

In het *Grachtenboek* van Caspar Philips staat een afbeelding van het huis zoals het er in de 17e eeuw moet hebben uitgezien: het heeft vier verdiepingen, een hijsbalk voor het optakelen van goederen, luiken op de bovenste twee verdiepingen en nog een luik op de vliering. De onderpui heeft aan de rechterkant een statige hoge stoep met vijf treden die naar de voordeur leiden. Naast de entree zit een drielichtvenster.

Rijk maar ongelukkig

Het lukt Nathanael Evans om het huis met de sierlijke klokgevel in 1666 meteen weer door te verkopen aan de rijke zijdehandelaar Joris van Oorschot. De nieuwe eigenaar is nog maar net verhuisd of het noodlot slaat al toe. Zijn vrouw Maria Coymans bezwijkt aan de pest. Veel tijd om te rouwen neemt hij niet. Een jaar later trouwt de zijdehandelaar voor de tweede keer, met Anna Goethals. Ze trekt bij hem in op de Herengracht 415. Het kersverse echtpaar heeft ondanks alle rijkdom en een dure schilderijencollectie (met werken van Rembrandt, Pieter Bruegel en Govert Flinck) helaas weinig geluk. Anna overlijdt precies vijf jaar na hun trouwdag aan een onbekende ziekte. Van Oorschot denkt dat het pand verdoemd is. Daarom worden na Anna's dood in 1671 haar zussen Maria en Susanna de nieuwe eigenaren. De waarde van het grachtenhuis wordt dan geschat op 9500 gulden. Van Oorschot verlaat de Herengracht en trouwt een paar jaar later voor een derde keer.

Nadat het huis bijna tweehonderd jaar in bezit is geweest van de familie Goethals wordt het in 1868 voor 20.000 gulden verkocht aan Charles Frederic Landré, een handelaar in gouden en zilveren munten. Hij verkoopt het 22 jaar later, zonder ook maar een cent winst te maken, voor hetzelfde bedrag aan de jezuïeten van de Sint Willibrordus Stichting. Deze stichting richt zich op de godsdienstige en wetenschappelijke opleiding van katholieke jongeren.

De levenstrap

De katholieke Vereeniging Geloof en Wetenschap huurt vanaf 1891 het pand van de Sint Willibrordus Stichting, voor 600 gulden per jaar. Maar eerst moet Herengracht 415 compleet worden verbouwd. Als architect wordt daarvoor Willem Gerardus Welsing benaderd, een buurtbewoner die op de hoek van de Herengracht en het Koningsplein woont. Hij ontwerpt een 16e-eeuwse trapgevel die goed aansluit bij de omringende bebouwing. Mogelijk heeft Welsing zich ook laten inspireren door de levenstrap, een thema dat sinds de 16e eeuw enorm populair is. De treden van de trapgevel symboliseren de weg die de mens in zijn leven aflegt.

KLM-huisje #52 wordt
voor het eerst uitge-
geven in 1985.

SDAP-politicus Emanuel Boekman,
naamgever van de Boekmanstichting.

Geloof en Wetenschap

De werkzaamheden aan het pand vinden van juni tot en met oktober 1891 plaats. De klokgevel wordt afgebroken, het dak vernieuwd en het huis krijgt een andere indeling. Op de oorspronkelijke tekening is te zien dat de architect aanvankelijk twee beelden wil plaatsen in de nissen in de gevel. Links moet de personificatie van het Geloof (of Fides) komen, rechts een beeld van de Wetenschap (of Scientia) met een boek in de hand. Deze elementen keren uiteindelijk wel terug in het interieur, maar worden niet aan de gevel bevestigd.

In de bibliotheek bevindt zich een rijkversierd plafond met olijfgroen geschilderde houten balken, sierlijke korbelen en gebeeldhouwde engelen en uilen, met een lint waarop de woorden Fides en Scientia staan. De letters F en S komen ook terug in de glas-in-loodramen aan de achterzijde van het pand. Een jaartalsteen in de gevel herinnert aan de ingrijpende verbouwing. Op 29 oktober 1891 wordt het nieuwe Vereenigingsgebouw, met een eigen bibliotheek en leeszaal, officieel geopend. Maar financieel gaat het de Vereeniging slecht. Het voorhuis wordt al snel weer doorverhuurd ... als kantoor aan architect Welsing.

ꟷ Hollandse renaissance ꟷ

Dat architect Welsing teruggrijpt op een middeleeuws geveltype en daarbij 16e- en 17e-eeuwse details gebruikt is helemaal niet zo gek, het is juist een kenmerk van de bouwkunst aan het eind van de 19e eeuw. Deze eclectische stijl wordt ook wel Hollandse renaissance genoemd.

Openbare bibliotheek

In 1919 ontwerpt architect Jac. Duncker aan de achterkant van Herengracht 415 een kapel met een sacristie, die door de aangrenzende Krijtbergkerk wordt gebruikt. Eind 1930 verlaten de studenten van de Vereeniging Geloof en Wetenschap het gebouw. De Rooms Katholieke Openbare Leeszaal en Bibliotheek neemt er zijn intrek, na opnieuw een grondige restauratie van het interieur.

In de jaren zestig wordt het pand gemoderniseerd en verhuist de bibliotheek naar een andere lokatie. Herengracht 314 wordt nu het onderkomen van een Dokumentatie- en Informatiecentrum. Vanaf 1977 verhuurt de Sint Willibrordus Stichting het pand aan de Boekmanstichting, een organisatie die informatie biedt over kunst, cultuur en beleid. Voor 150.000 gulden wordt het rijk gedecoreerde zaalinterieur in oude staat hersteld.

Herengracht 203, Amsterdam

Portugese handelaren zijn in de 16e eeuw heer en meester over de handel op Azië. Maar de vraag naar specerijen en peper is in Europa vele malen groter dan het aanbod. Door de schaarste schieten de prijzen omhoog en Portugal moet het monopolie op deze lucratieve handel opgeven.

Vanaf 1595 duiken de Nederlanders in het gat en sturen in zeven jaar tijd zo'n 65 schepen naar Azië. Met de oprichting van de Verenigde Oostindische Compagnie in 1602 komt de economie in een stroomversnelling terecht. Een van de aandeelhouders is wijnhandelaar Wolphert Webber.

| 1500 | 1600 | 1700 | 1800 | 1900 | 2000 |

Webber komt oorspronkelijk uit Straatsburg en woont vanaf 1588 in Amsterdam. Tijdens zijn leven bouwt hij een aardig kapitaal op. Maar de wijnhandelaar leeft ver boven zijn stand en steekt zich diep in de schulden. Wolphert Webber sterft als een berooid man. Dat weerhoudt zijn nazaten in Amerika er niet van om eeuwen na zijn dood te speuren naar een koninklijke miljoenenerfenis. Van Wolphert Webber wordt gezegd dat hij een bastaardkind is van Willem van Oranje.

De Thoorn van Straetsburgh

Wolphert Webber trouwt op 8 juli 1600 in de Oude Kerk in Amsterdam met Agniesjen Kocks. Het echtpaar gaat op de Warmoesstraat wonen. Hun huis staat bekend als De Thoorn van Straetsburgh. De naam is een verwijzing naar de geboorteplaats van Webber. Vier jaar na het huwelijk wordt hun eerste kind geboren. Het is een jongentje en hij wordt Wolf genoemd, naar zijn vader. Naderhand krijgen Wolphert en Agniesjen nog twee dochters, Marytje en Anneke. De zaken gaan voorspoedig en Webber wordt een rijk man.

Wolphert Webber

Na de aanleg van de grachtengordel verhuizen veel rijke inwoners van het oude centrum naar de rand van de stad. Zo ook Wolphert Webber. Hij behoort tot de stadselite en geeft in 1618 de bekende architect

Portret van Anneke Webber,
dochter van Wolphert Webber.

KLM-huisje #53 wordt voor het
eerst geproduceerd in 1985.

Hendrick de Keyser opdracht om een koopmanshuis te bouwen aan de chique Herengracht (omdat huisnummers in de 17ᵉ eeuw nog niet bestaan, wordt het adres Herengracht 203 dan nog aangeduid als *'geleghen aan den Heerengraft (OZ), tusschen Warmoesgraft ende Driekoningenstraat'*).

Amsterdamse renaissance

Het patriciërshuis krijgt een 8,38 m brede bakstenen trapgevel met grote trappen en klauwstukken van bergsteen, doorlopende banden, bogen van natuursteen, dubbele pilasters en een gebroken fronton. De gevelsteen van Webbers vorige woning op de Warmoesstraat verhuist mee. De Amsterdamse renaissancestijl van Herengracht 203 is kenmerkend voor Hendrick de Keyser. De middenramen op de bovenverdiepingen hebben bij de oplevering in 1618 pakhuisluiken; op zolder worden namelijk wijnvaten opgeslagen. Het souterrain is daar niet geschikt voor, in verband met de hoge grondwaterstand. Het huis van Wolphert Web-

Testament Wolphert Webber.

ber is door de lokatie en de grootte zoveel waard, dat hij jaarlijks 400 gulden belasting moet betalen.

De Overvloedige Rijckdom

Zoon Wolf Webber heeft een avontuurlijke inslag en beproeft eind jaren twintig zijn geluk in Amerika. Op het eiland Manhattan opent hij een taveerne, vlak bij de plaats waar nu Chatham Square ligt. Zijn zus Anneke en haar man volgen hem in 1630. Pas in 1642 krijgen ze bericht dat hun vader twee jaar daarvoor is overleden. Ze horen dat Wolphert Webber vlak voor zijn dood zelfs failliet is verklaard. Aan leningen staat er een bedrag van 27.293 gulden uit. Bij de verkoop van zijn VOC-aandelen wordt winst gemaakt. De certificaten zijn inmiddels 1560 gulden waard. Aandelen van de West-Indische Companie brengen het dubbele op: ruim 3200 gulden. De omvangrijke kunstcollectie (veertig schilderijen, oude kaarten en antieke borden) wordt ook geveild. Een schilderij met de veelzeggende

_ Een Amerikaanse droom ... _

Wijnkoper Wolphert Webber is een bekende naam in Amerika. De eerste bewoner van Herengracht 203 zou een bastaardkind van Willem van Oranje zijn. Volgens de legende is zijn dochter Anneke zelfs opgevoed aan het koninklijk hof. Anneke krijgt een affaire met tuinman Roelof Jansz en ze trouwen in het geheim. Ze wordt door de koninklijke familie onterfd en verjaagd. Anneke vlucht in 1630 met haar man naar Amerika, haar oudere broer achterna. Willem van Oranje zet haar erfdeel vast op de Bank van Holland ten gunste van haar erfgenamen in de zevende generatie. Dit bedrag zou in de 19ᵉ eeuw tot vele tientallen miljoenen guldens zijn aangegroeid. Maar liefst tachtig nazaten proberen in Amerika aanspraak te maken op het fortuin, zonder veel succes. Het verhaal klinkt te mooi om waar te zijn. Maar het is waarschijnlijk uit de duim gezogen door Washington Irving, een van de eerste geschiedschrijvers van de Nederlandse kolonie in Amerika.

— Een gestolen VOC-aandeel —————————————————

Wolphert Webber is een van de eerste aandeelhouders van de VOC. Webber is getrouwd met Agniesjen Kocks. Bijna vierhonderd jaar later wordt in Duitsland een VOC-aandeel te koop aangeboden, dat op naam staat van Agneeta Kocx. Kan het zijn dat dit waardepapier destijds van de vrouw van Wolphert Webber is geweest en dat haar naam verkeerd gespeld is? Het waardepapier is gedateerd op 27 september 1606 en blijkt eind 20e eeuw gestolen te zijn uit het Amsterdams Gemeentearchief. De Duitse aanbieder vraagt 6 miljoen euro voor het document, dat het oudste aandeel ter wereld zou zijn. Maar in 2010 ontdekt een Nederlandse student in een archief een nog net iets ouder VOC-aandeel, gedateerd op 9 september 1606. Daarmee is de astronomische waarde voor het gestolen VOC-document in één klap verdampt.

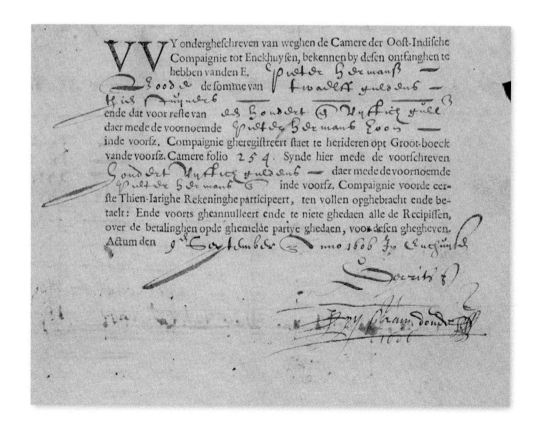

titel *De Overvloedige Rijckdom* gaat voor een habbekrats weg. De erven Webber verkopen uiteindelijk het ouderlijke huis op 14 januari 1643. Voor 28.150 gulden is Pieter Fockenburch de nieuwe eigenaar van Herengracht 203.

Economische crisis

Rond 1670 is de glans van de Gouden Eeuw dof geworden; de magie lijkt uitgewerkt en op vele fronten wordt de Republiek door andere landen voorbijgestreefd. De economie loopt vast en er breekt een financiele crisis uit. Herengracht 203 wordt in 1684 met flink verlies verkocht, voor 17.900 gulden. Het pand komt in de loop der jaren in verschillende handen terecht. In 1690 wordt de steenrijke koopman Frederick Berewout de nieuwe eigenaar. Vanaf 1697 woont zijn zoon, schepen Jan Berewout, enige tijd op het adres. Telkens worden er kleine aanpassingen aan het huis verricht. De gevelsteen van De Thoorn van Straetsburgh wordt in 1764 verplaatst naar het koopmanshuis van Adriaen Scharff op de Herengracht 184. Naderhand verdwijnt de steen helemaal uit beeld. De fraaie trapgevel van Herengracht 203 is tot op de dag van vandaag nog grotendeels in originele staat. Wel wordt in de 19e eeuw de trapgevel gemoderniseerd, waarbij de vensteropeningen zijn vergroot.

Overbuurman Hendrick de Keyser

De woning is vanaf 1828 enige tijd in bezit van de Friese tak van de familie Lublink. In 1893 komt het pand als erfenis toe aan de Evangelische Lutherse Gemeente, die het verhuurt. In 1918 verkoopt het kerkgenootschap het huis voor een onbekend bedrag aan Victor van de Reis, een handelaar in cosmetica. Het huis wordt gerenoveerd en in 1963 voor 210.000 gulden verkocht aan cosmeticafabrikant Revlon. In 1973 kopen de buren, de bankiers Van Lanschot-Vermeer & Co, Herengracht 203 en betrekken het pand bij hun eigen kantoor. Vervolgens komt het kantoor in handen van de Nederlandse Vereniging van Banken. De huidige eigenaar, Cocon Vastgoed, laat het monumentale pand in 2011 opnieuw renoveren.

_ Hendrick de Keyser _____

Hendrick de Keyser is de oorspronkelijke bouwmeester van Herengracht 203. Toevallig ligt het hoofdkantoor van de naar hem vernoemde vereniging precies tegenover het voormalige koopmanshuis van Wolphert Webber. De Vereniging Hendrick de Keyser zet zich in voor het behoud van architectonisch of historisch waardevolle huizen in Nederland.

Prinsengracht 773, Amsterdam

Amsterdam groeit in de 17^e eeuw uit tot een van de belangrijkste handelscentra van Europa. De gunstige ligging aan de Zuiderzee en een goede verbinding met het achterland spelen daarbij een belangrijke rol. De schepen van de VOC brengen van over de hele wereld goederen naar Amsterdam.

Na het lossen van de lading en de opslag in een van de honderden pakhuizen in de stad, vindt de koopwaar zijn weg naar de verste uithoeken van Europa. Het handelshuis van Pels, een van de rijkste en machtigste families van Amsterdam, heeft voortdurend gebrek aan opslagcapaciteit.

1500	1600	1700	1800	1900	2000

In 1671 geeft Guilliam Pels, een telg uit een steenrijke familie van handelaren, opdracht voor de bouw van zes pakhuizen aan de Prinsengracht. Hij betaalt daarvoor 28.273 gulden. Het pakhuis dat later de naam Frankfort krijgt, is 10 m breed en 30 m diep. Omdat in die tijd regelmatig een pakhuis instort onder het gewicht van de handelswaar, moet de bouw van nieuwe pakhuizen aan strenge voorschriften voldoen.

Zo wordt de draagmuur van het 'onderstuk' verstevigd en is daardoor veel breder dan die van de bovenliggende zolders.

Guilliam Pels is samen met zijn vader en broers eigenaar van de handelsfirma Jean Pels & Soonen. De zes pakhuizen worden vernoemd naar de steden waarmee de familie handel drijft. Het pakhuis op Prinsengracht 773 heet Frankfort, naar het Duitse Frankfurt am Main. De naam van het buurpand op nummer 771, Elseneur, verwijst naar de Deense havenstad Helsingør. De andere vier pakhuizen, die door timmerman Pieter Aldofsz de Zeeuw en meester-metselaar Dirk Philipsz Fuyck in 1671 worden opgeleverd, heten *Amersfoort, Bordeaux, Koningsbergen* en *Dantzig.*

KLM-huisje #54 wordt voor het eerst uitgegeven in 1985.

Graan en sterke drank

De pakhuizen Frankfort en Elseneur worden vanaf de 17e eeuw vooral gebruikt voor de opslag van graan, hennep, lijnzaad en brandewijn. Dekschuiten varen de koopwaar tot pal voor de deur. Vervolgens wordt de lading in zakken naar boven gesjouwd (wat 'sabberen' of 'sappelen' heet) of met een touw en katrol via een hijsbalk naar boven getakeld. De zolders worden in de 18e eeuw verhuurd voor gemiddeld 25 gulden per maand. De bovenste verdieping is het goedkoopst, voor opslag van handelswaar op de begane grond moet de meeste huur worden betaald.

Frankfort en Elseneur doen eeuwenlang dienst als pakhuis. In 1976 worden de panden samengevoegd en verbouwd tot kantoorruimte en appartementen. Er komt een gemeenschappelijke entree en hal. Om de diepe pakhuizen van meer daglicht te voorzien, wordt in het midden een lichthof geplaatst. De originele details, zoals de stevige balkenplafonds, blijven grotendeels behouden. De vloer van het souterrain bestaat nog steeds uit originele 17e-eeuwse klinkers. Maar de gele bakstenen zijn poreus en slecht bestand tegen de stijging van het grondwater. Soms staat het water in de kelder tot wel 10 cm hoog en moeten pompen het souterrain droog houden. Ter afronding van de ingrijpende verbouwing worden de luiken aan de binnenkant in de kleur ossenbloed geschilderd. Sindsdien staan ook de oorspronkelijke namen van de pakhuizen weer op de luiken.

_ Roodpigment en kleurloze lijnolie _

Het metselwerk van het tweelingpakhuis Frankfort en Elseneur wordt in 1671 beschermd met roodpigment en kleurloze lijnolie. In loop der eeuwen zijn de pakhuizen steeds donkerder geworden. In de 20e eeuw worden de twee pakhuizen donkerbruin geschilderd, dezelfde kleur als veel andere panden in de binnenstad. Deze kleur is in 1940 vastgesteld door de Commissie Stadsschoon Amsterdam om meer eenheid in het straatbeeld te krijgen. Bij het schilderen van een monument in de binnenstad mag men nog maar uit een beperkt aantal vastgestelde kleuren kiezen.

Oude Sluis 19, Schiedam

Schiedam (of Scyedam zoals de stad in de 13ᵉ eeuw heet) ontstaat als rond 1245 een dam wordt aangelegd bij de monding van de Schie. Als de dochter van graaf Floris IV, Aleid van Henegouwen, trouwt, krijgt ze als bruidsschat de dam cadeau.

Nadat ze bij de Scyedam een kasteel heeft laten bouwen, ontstaat er rondom het Huis ter Riviere een nederzetting. In 1275 verleent de gravin het dijkdorp stadsrechten. Vanaf dat moment mogen de bewoners tol vragen voor het passeren van de dam. Schiedam groeit in de 14ᵉ eeuw uit tot een belangrijke handelsstad.

| 1500 | 1600 | 1700 | 1800 | 1900 | 2000 |

Zakken en smakken

Goederen als graan, mout, hennep, haring, teer en kolen worden per schip aangevoerd en moeten eerst de dam over voordat de handel het achterland bereikt. Dragers uit Schiedam verdienen geld door de koopwaar over de dam naar de stad te brengen. Deze zakkendragers organiseren zich in de 15ᵉ eeuw in een gilde, het Dragersgilde van Sint Anthonis. Op het moment dat er een schip in aantocht is, luidt de gildemeester de klok en draait een zandloper om. Zakkendragers die zich binnen zeven minuten melden, komen in aanmerking voor werk. Maar eerst wordt er gedobbeld wie de zakken mag sjouwen. Dit dobbelen wordt 'smakken' genoemd, naar de trechtervormige houten bak waar de dobbelstenen in gesmakt worden.

Eigen bevolking eerst

Nadat in de 16ᵉ eeuw de Noordelijke Nederlanden zich uit de greep van de Spaanse koning Filips II hebben losgeworsteld en het gebied zelfstandig wordt, vluchten duizenden buitenlanders naar de jonge Republiek. Veel mensen zijn op zoek naar werk. Ter bescherming van de eigen bevolking bepaalt het stadsbestuur van Schiedam dat het zakken dragen alleen nog mag worden gedaan door poorters van de stad, mits ze lid zijn van het zakkendragersgilde. Om de werkgelegenheid te stimuleren, heft het stadsbestuur vanaf 1671 lagere belastingen op de invoer van mout, gerst en rogge. De moutbranderijen

OUDE SLUIS

Het beeld de Zakkendrager is gemaakt door kunstenaar Hans van de Plas en wordt in 1987 onthuld. Het staat vlak bij het Zakkendragershuisje, bij de oude sluisdeuren.

Schoonhoven Keramiek heeft van het Zakkendragershuisje in Schiedam een eigen Delfts blauwe versie gemaakt. Het miniatuur is groter dan het KLM-huisje en is geproduceerd in een oplage van vijfhonderd exemplaren.

en jeneverstokerijen schieten daarop als paddenstoelen uit de grond en zorgen voor meer werk voor de zakkendragers.

Het Zakkendragershuisje

In 1699 koopt Zakkendragersgilde Sint Anthonis voor 175 gulden een voormalige branderij, bij de Oude Sluis. Het pand doet vanaf dat moment dienst als gildekantoor. In 1725 wordt het Zakkendragershuisje herbouwd. Het krijgt drie verdiepingen en een pakzolder. Op het tentdak komt een klokkentoren met een vergulde windvaan in de vorm van een zakkendrager. Het gaat goed met het gilde, er is werk in overvloed. Begin 18e eeuw zijn er al 124 moutbranderijen en jeneverstokerijen in Schiedam.

Dobbelstenen in de Schie

Rond 1795 komt er met de Franse bezetting van de Republiek officieel een einde aan de gilden. Het Sint Anthonisgilde ontkomt aan opheffing door verder te gaan als coöperatie. De industrialisatie van Nederland betekent in de 19e eeuw de genadeklap voor het ambacht van zakken dragen. Het draagwerk wordt feitelijk overbodig door nieuwe laad- en lostechnieken en andere manieren van transport.

In Schiedam neemt het aantal zakkendragers snel af. Het Sint Anthonisgilde telt in 1938 nog slechts zeven leden. De klokken van het gildekantoor worden nauwelijks meer geluid, de traditie met het omkeren van de zandloper is folklore uit een ver verleden. Bij gebrek aan werk heffen de leden het gilde op. In een baldadige bui worden de twee middeleeuwse dobbelstenen in het water van de Schie gegooid. Het Zakkendragershuisje komt in 1946 formeel in handen van de stad. De houten smakbak, een zilveren schild en het gildevaandel verhuizen naar het Schiedams Stedelijk Museum en het Jenevermuseum.

KLM-huisje #55 wordt voor het eerst uitgegeven in 1987. In hetzelfde jaar wordt in Schiedam ook het beeld van de Zakkendrager onthuld, schuin tegenover het Zakkendragershuisje.

Bijnamen

Bij het zakkendragersgilde Sint Anthonis is het traditie dat alle leden een bijnaam krijgen. Zo ontstaat geen persoonsverwarring bij het uitbetalen van loon. Enkele tot de verbeelding sprekende bijnamen van Schiedamse zakkendragers zijn Het Mariabeeldje en De Omgekeerde. De bijnaam Pa is Lam spreekt wat dat betreft ook boekdelen.

Renovatie door krakers

In de jaren vijftig wordt het Zakkendragershuisje als opslag gebruikt en raakt het monument langzaam in verval. De gemeente Schiedam maakt zelfs plannen om het pand af te breken. Maar nog voordat de slopers hun werk kunnen doen, nemen krakers het Zakkendragershuisje in 1967 in bezit. Onder leiding van de cineast Jan Schaper wordt het monument gered en door de krakers zorgvuldig gerestaureerd. Schaper blijft tot zijn overlijden in 2008 in het historische pandje wonen. Het Sint Anthonisgilde herrijst in de jaren tachtig van de vorige eeuw weer uit zijn as. Sinds 1985 bestaat het gilde uit enthousiaste vrijwilligers die bij evenementen het ambacht van zakken dragen demonstreren.

Presentiebord.

230

Herengracht 64, Amsterdam

Eind 16ᵉ eeuw zijn Spaanse en Portugese Joden, Franse Huge- noten en Vlaamse protestanten op de vlucht voor de legers van de Spaanse koning Filips II.

Onder de duizenden immigranten die naar de Noordelijke Neder- landen vluchten, bevindt zich ook Cornelis van Alderwerelt, een doopsgezinde koopman uit het Belgische Menen. Na een reis vol gevaren arriveert hij in 1580 met zijn familie in Zeeland. Zes jaar later wordt in Middelburg zoon Jan geboren. Deze Jan van Alder- werelt verhuist aan het begin van de Gouden Eeuw naar Amster- dam en wordt de eerste bewoner van Herengracht 64.

| 1500 | 1600 | 1700 | 1800 | 1900 | 2000 |

Grootste plannen

Op een veiling koopt de inmiddels 26-jarige Jan van Alderwerelt op 22 januari 1614 twee bouwkavels aan de net aange- legde Herengracht in Amsterdam. Hij heeft grootste plannen en droomt van een eigen stadspaleis. Van Alderwerelt verdient zijn geld met de handel in wollen stoffen. En het gaat hem zo goed dat hij inmiddels tot de nouveau riche van Amsterdam behoort. Van de speculant Balthasar Florisz koopt hij ook de aangrenzende percelen 33, 34 en 35. Van Alderwerelt laat een rijtje van vier panden bouwen.

Op alle gevels komt de naam De Werelt te staan, met op de top van de gevel een wereldbol, als verwijzing naar het familiewapen.

___ Tachtigjarige oorlog ___

In 1568, aan het begin van de Tachtigjarige Oorlog met Spanje, wonen in Amsterdam zo'n 30.000 mensen. Een halve eeuw later is het aantal inwoners al gegroeid tot 125.000. Het is de tijd van de Slag bij Nieuwpoort en de oprichting van de VOC. Ontdekkingsreiziger Henry Hudson vertrekt in 1609 met zijn schip de Halve Maen uit Amsterdam, op zoek naar een alternatieve noordoostelijke handels- route. Hij ontdekt het eiland Manhattan, waar de nederzetting Nieuw Amsterdam (het latere New York) wordt gesticht.

'Daer de Weerelt voor ende in de Gevel placht te staen'

Uitbreiding imperium

De Herengracht is in het Amsterdam van de 17ᵉ eeuw de meest gewilde lokatie om te wonen. Op nummer 60 en 62 laat Van Alderwerelt een dubbelbreed huis bouwen. Zijn imperium breidt zich langzaam maar zeker uit.

Op 11 september 1617 koopt hij aan de goedkopere Keizersgracht nog een stuk grond, precies achter zijn woning op de Herengracht. Hier komt een pakhuis, met opnieuw een wereldbol op het dak. In oude documenten wordt naar het bezit van Van Alderwerelt verwezen als '*daer de Weerrelt voor ende in de Gevel placht te staen*'. In 1631 verkoopt Van Alderwerelt zijn imposante stadspaleisje op de huisnummers 60 en 62 aan Arnoult van Leybergen.

Als Jan van Alderwerelt op 51-jarige leeftijd plotseling overlijdt, laat hij zijn zes kinderen vier huizen aan de chique Herengracht na. Zoon Jan erft nummer 64 en verkoopt het in 1663 aan zijn jongere broer Pieter voor 30.000 gulden, een enorm bedrag in die tijd.

Rembrandt, *Portret van Frederick Rihel te paard*, omstreeks 1663.

Een schilderij van Rembrandt

In 1664 huurt de uit Straatsburg afkomstige Lutherse koopman Frederick Rihel de woning. Hij staat aan het hoofd van handelshuis Bartolotti, dat op maar een paar honderd meter afstand van Herengracht 64 ligt. Rihel is een man van aanzien en status. Daarom geeft hij kunstenaar Rembrandt van Rijn opdracht hem op een paard te vereeuwigen, als erewacht bij de intocht van de Prins van Oranje in Amsterdam. Het doek krijgt een prominente plaats in de ontvangstzaal van zijn huis. Het schilderij van deze illustere bewoner van Herengracht 64 maakt nu deel uit van de kunstcollectie van de National Gallery in Londen.

KLM-huisje #56 wordt voor het eerst uitgegeven in 1988.

Familiebezit verkocht

Rond 1716 wordt het huis op Herengracht 64 verbouwd in opdracht van de nieuwe bewoners, de zussen Clara Johanna en Elisabeth de Penijn. De 18e-eeuwse halsgevel wordt naar de laatste mode voorzien van gebeeldhouwde oeils-de-boeuf. Aan weerszijden van de gevel komen klauwstukken met bloemmotief en de top wordt bekroond met een gebogen lijstvormig fronton. De Franse invloed op de Nederlandse bouwstijl is duidelijk merkbaar. Nadat het huis bijna 125 jaar in het bezit van de familie Van Alderwerelt is geweest, wordt Antony Waterman in 1734 de nieuwe eigenaar. De gevel krijgt een nieuwe daklijst. De hal krijgt een metamorfose en wordt overdadig van stucwerk voorzien. De wereldbollen op de huizen aan de Herengracht verdwijnen uit het straatbeeld.

_ De familie Van Alderwerelt _

In 1939 plaatsen de bewoners van Herengracht 68 een eenvoudige gevelsteen met een wereldbol naast de voordeur. Op dit adres is uitgeverij Editions De Werelt gevestigd. De gevelsteen is een eerbetoon aan de eerste eigenaar van het pand, de familie Van Alderwerelt.

_ Een koningsgezinde buurman _

De buurman op Herengracht 60, Jean Raye, is een zeer koningsgezinde Fransman. Omstreeks 1734 laat hij boven de voordeur zelfs een medaillon met het portret van Lodewijk XIII aanbrengen. Raye noemt het huis Den Coningh van Vranckrijck of Lodewijk de Rechtvaardige. Bijna drie eeuwen later hebben de huidige bewoners, als knipoog naar deze bewoner, de tot de verbeelding sprekende naam boven hun bellentableau geschilderd.

Steeds minder opbrengst

Nummer 64 wisselt naderhand nog een aantal keer van eigenaar. Daarbij valt op dat de verkoopprijs flink lager is dan de 30.000 gulden die Pieter van Alderwelt destijds aan zijn oudere broer Jan betaalde. In 1802 wordt het huis bijvoorbeeld voor maar 8000 gulden verkocht; in 1853 gaat het voor bijna het dubbele van de hand: 15.800 gulden. En in 1872 wordt er voor Herengracht 64 nog iets meer betaald: 19.500 gulden.

In de 19e eeuw worden de stoep en stoeppalen gemoderniseerd. Via een erfenis komt het huis in 1895 in bezit van Cornelis Willem Matthes, een handelaar in levertraan- en walvisartikelen. Naderhand erven zijn dochters het pand en verkopen het in 1912 voor 23.100 gulden aan de kerk Onze Lieve Vrouwe Onbevlekt Ontvangen. Verschillende huurders wonen in de 20e eeuw aan de Herengracht 64; het is nu weer in particulier bezit.

Herengracht 95, Amsterdam

Het centrum van Amsterdam wordt in de 16ᵉ eeuw uitgebreid om het groeiend aantal inwoners onderdak te bieden. Men breekt in 1580 eerst de stadsmuur af, zodat het grondgebied van Amsterdam kan worden vergroot.

Bij deze stadsuitbreiding wordt een brede sloot gegraven, die parallel loopt aan de Stedegracht (nu het Singel). Het bescheiden grachtje vormt de nieuwe stadsgrens. De kade aan de kant van het oude centrum wordt bebouwd. Aan de overkant van het water verrijst een vestingmuur, met om de paar honderd meter een verdedigingstoren. Pas in 1613 wordt het grachtje verbreed en verlengd, waarna het de naam Herengracht krijgt.

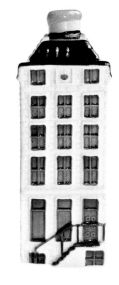

1500	1600	1700	1800	1900	2000

Er is veel belangstelling voor de nieuwe bouwgrond en de regenten van Amsterdam organiseren daarom in 1612 een veiling. De koopman Bartholomeus Barchman Wuijters is een van de gelukkigen. Hij wordt de eigenaar van een kavel op de Herengracht. Wuijters geeft meester-timmerman Jan Pijl de opdracht een huis te bouwen van 5,60 m breed, met een trapgevel en zolders met hijsdeuren op alle vier verdiepingen. Hoog aan de gevel wordt een hijsbalk bevestigd om de goederen mee naar boven te takelen. De gevel wordt versierd met banden van zandsteen en kent een blokverdeling.

De eerste bewoners

Als de oneven kant van de Herengracht voor het grootste deel bebouwd is, wordt de stadsmuur aan de andere kant van het water afgebroken en gaat in januari 1612 de overzijde in de verkoop. Bartolomeus Barchman Wuijters verkoopt zijn woning aan de Herengracht in 1632 aan de kleurrijke kunstenaar en handelaar Jean Baptiste de Wael. De protestantse Vlaming bezit aan de chique Herengracht nog twee andere panden. De Wael stamt uit een familie van kunstenaars die vooral in Italië actief is.

Herengracht 95 wisselt daarna nog verschillende malen van eigenaar en bewoner. In 1739 huurt Jacques Philippe d'Orville het huis en betaalt 835 gulden per jaar. D'Orville komt uit een Frans koopmansgeslacht. De handel spreekt hem niet aan en na verschillende studies en een aantal buitenlandse reizen wordt hij professor in de geschiedenis, welsprekendheid en Grieks aan het Amsterdamsch Atheneum.

Op 11 mei 1940 dropt een Duitse bommenwerper twee bommen op het historische centrum van Amsterdam. Het vliegtuig is even daarvoor, boven Sloterdijk, geraakt door luchtafweergeschut en moet noodgedwongen zijn bommen laten vallen. Eén bom raakt de brug van de Blauwburgwal en komt in het water terecht. De andere bom valt op een woonhuis op de hoek van de Herengracht en de Blauwburgwal. Er vallen in totaal 44 doden en 79 gewonden. Het pand op de Herengracht 95 blijft gespaard.

KLM-huisje #57 wordt voor het eerst uitgegeven in 1988.

De Star

In 1768 wordt de pui van Herengracht 95 gemoderniseerd en vervangen door een gevel met triglliefen (een soort platte versie van een griekse zuil), consoles, een rechte kroonlijst, schilddak en versieringen. Het meest opmerkelijke element is een afbeelding van een 'star' (ster) omgeven door een guirlande. Deze wordt in de fries aangebracht op een ovalen schild, in Lodewijk XV-stijl. De voordeur wordt ook aan de smaak van die tijd aangepast; het bovenraam krijgt een sierraam met een vergulde ster. In 1804 wordt het huis bewoond door tabakshandelaar Willem van Hasselt en zijn vrouw Wijntje Vos. Na zijn dood verkoopt de weduwe het huis in 1839 voor 7500 gulden aan Leonard Jacobus de Vijver, een winkelier in tabak.

Het huis is bij de Amsterdammers bekend als De Star, maar daar komt in de 19e eeuw onder invloed van de Franse bezetter verandering in met de invoering van huisnummers. Amsterdam wordt opgedeeld in vijftig buurten, alle huizen worden vanaf dat moment aangeduid met twee letters en een cijfer. Dit deel van de Herengracht krijgt de lettercombinatie SS. Op de gevel van het buurpand is de oude wijk- en huisnummeraanduiding nog goed te zien.

Boven de deur van het buurpand op nummer 97 staat nog de oude wijk- en huisnummering uit de 19e eeuw.

Lucas en Cornelis, de twee zonen van Herengrachtbewoner Jean Baptiste de Wael, zijn in het Italiaanse Genua bevriend geraakt met de Vlaamse barokschilder Anthony van Dyck. In ruil voor onderdak schildert hij de beide zonen van De Wael. Het schilderij maakt nu deel uit van de collectie van het Musei Capitolini in Rome.

Bom op de Herengracht

Begin 20e eeuw wordt Herengracht 95 verkocht aan een makelaar in rijst, specerijen en kruidenierswaren. Na een erfenis komt het in 1935 in handen van de Nederduitse Hervormde Kerk, die er een kantoor opent. Herengracht 95 ontsnapt op 11 mei 1940 ternauwernood aan een bombardement door de nazi's. Er valt een bom op het hoekpand van de Herengracht en de Blauwburgwal. Veertien woningen raken zwaar beschadigd, Herengracht 95 blijft gespaard.

In 1968 wordt het grachtenpand grondig gerenoveerd en komt het weer beschikbaar voor bewoning.

58

Herengracht 101, Amsterdam

Op de kade van de net gegraven Herengracht in Amsterdam wordt aan het begin van de Gouden Eeuw volop gebouwd. De nieuwe rijken willen niet onderdoen voor de regenten van de stad en laten hier de mooiste huizen bouwen. de hele dag klinkt het geluid van hamers en zagen.

Van alle grachten in Amsterdam is de Herengracht de meest prestigieuze lokatie om aan te wonen. Voor de lakenhandelaar Cornelis Jansz Blaeuwenduijff gaat in 1631 een wens in vervulling. Op een veiling koopt hij aan de oneven zijde van de Herengracht een perceel grond. Nu kan hij zijn droomhuis laten bouwen.

| 1500 | 1600 | 1700 | 1800 | 1900 | 2000 |

Op Herengracht 101 verrijst een statig, 5,33 m breed huis, met twee verdiepingen en een pakzolder. De onderpui van de bakstenen trapgevel is van hout. Boven de deur hangt Cornelis Jansz Blaeuwenduijff een uithangbord met een afbeelding van een vogel en de naam Blaue Duijff. Hoelang de eerste bewoner uiteindelijk op Herengracht 101 blijft wonen, is niet precies bekend.

Tekening van Herengracht 101, uit het boek *Verzaameling van alle huizen en prachtige gebouwen langs de Keizers- en Heeregrachten der stadt Amsteldam* (1768), Caspar Phillips.

Een nieuw huis

In de daaropvolgende eeuwen wordt het pand door verschillende families bewoond. In 1871 koopt schilder Pieter Alewijn het woonhuis voor 7500 gulden. Maar eigenlijk is hij vooral geïnteresseerd in de grond, want hij laat het pand afbreken. Hij bouwt een nieuwe woning met een lijstgevel en ramen van gelijke afmetingen. De buitenmuur wordt versierd met ornamenten van ijzer. In 1875 staat niet alleen Pieter Alewijn op Herengracht 101 ingeschreven. Boven hem woont de schilder Bartus Peteri met zijn gezin, de schildersfirma Van Tiddens & Co is op de begane grond gevestigd.

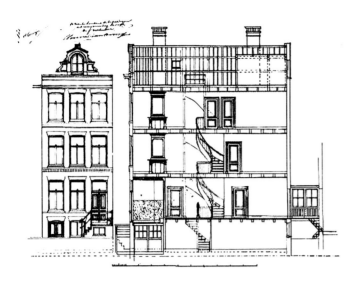

KLM-huisje #58 wordt voor het eerst uitgegeven in 1989.

Hotel Huize Post

In 1918 wordt het gehele pand voor 14.700 gulden verkocht aan Jacob Cohen, een handelaar in beelden. Zeven jaar later verkoopt hij het grachtenhuis aan een belegger voor 17.400 gulden, Cohen huurt de ruimte op de begane grond. Na de Tweede Wereldoorlog komt nummer 101 diverse malen in andere handen terecht. In de jaren zestig doet het pand dienst als hotel. Huize Post, genoemd naar eigenaar Gerrit Post, ontvangt met name Amerikaanse en Canadese soldaten die met verlof in Amsterdam zijn. Naderhand wordt het huis verbouwd en weer door particulieren bewoond.

Het smalste grachtenhuis van Amsterdam is slechts 1,05 m breed. Het staat op Singel 7.

_ Extra belasting _

Om de aanleg van de beroemde grachtengordel te kunnen financieren, moeten de Amsterdammers in de 17e eeuw extra belasting betalen. Hoe breder een huis, hoe hoger de aanslag. Het smalste grachtenhuis in Amsterdam (op Singel 7) is slechts 1,05 m breed! Naar achter toe loopt dit smalle huisje uit tot 3 m breed en komt uit op een steeg. Is dit een typisch voorbeeld van Hollandse zuinigheid om zo min mogelijk belasting te betalen, of gewoon een slimme truc? De deur aan het Singel is in feite de achteruitgang. De meeste huizen aan de gracht zijn gemiddeld 6 m breed en hebben drie ramen.

237

59

Herengracht 163, Amsterdam

Als eind 16ᵉ eeuw de plannen voor de aanleg van de Herengracht worden gemaakt, is Cornelis Jacobsz Witsen in 1588 een van de eerste speculanten die een optie op de grond van Herengracht 163 neemt.

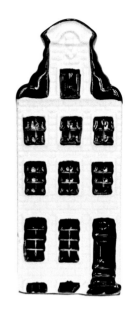

Witsen stamt uit een invloedrijk geslacht van burgermeesters en handelaren. Cornelis Jacobsz Witsen laat aan de Herengracht 163 een woonhuis met een trapgevel bouwen en verkoopt het in 1632 aan de makelaar Jeremias Noiret. Via vererving komt het pand in 1650 in bezit van mr. Carel Crucius, burgermeester van Leiden. In 1721 staat het huis bekend als 'daer waer 't Hochemer Voedervat uythangt'.

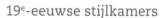

1500 — 1600 — 1700 — 1800 — 1900 — 2000

Wijnhandelaar Jan Willemszon koopt het huis in 1721 voor 6000 gulden en laat de gevel door aannemer Hendrik Meijer vervangen door een nieuwe halsgevel. De gevel krijgt vleugelstukken versierd met acanthusbladeren, een gebogen fronton en een gevelsteen van een wijnvat in de top. Het huis heeft dan nog ouderwetse onderluiken en een deur met fraai houtsnijwerk. Willemszon verhuurt het woonhuis voor 575 gulden per jaar.

19ᵉ-eeuwse stijlkamers

In de 19ᵉ eeuw wordt de gevel aangepast aan de smaak van die tijd. De voordeur wordt vervangen door een deur in Franse empirestijl en daarboven komt een sierlijk raam voor een betere lichtinval in de met marmer beklede hal. Het grachtenhuis heeft enkele stijlkamers met onder andere typisch 19ᵉ-eeuwse betimmering. Herengracht 163 wisselt via vererving en verkoop enkele malen van eigenaar. De Nederlandse Toonkunstenaarsbond houdt er ook enige tijd kantoor.

KLM-huisje #59
wordt voor het eerst
uitgegeven in 1989.

Protest tegen koninklijke verloving

Midden jaren zestig wonen Ad Smit en Fries de Vries, gemeenteraadslid voor de PSP, op nummer 163. Het huis komt in 1965 in het nieuws als prinses Beatrix en haar aanstaande echtgenoot prins Claus ter gelegenheid van hun verloving een rondvaart door Amsterdam maken. Uit het raam van Herengracht 163 hangt een spandoek met de tekst 'Leve de Republiek'. De politie bestormt het huis. Smit en De Vries krijgen een boete van 50 gulden en het stel wordt veroordeeld tot een week gevangenisstraf. In hoger beroep worden Smit en De Vries vrijgesproken.

In 2004 wordt Herengracht 163 van de fundering tot de nok grondig gemoderniseerd. Ook ontwerpt de architect, met respect voor de monumentale status, een nieuwe indeling zodat er twee appartementen ontstaan. De stijlkamers en 19^e-eeuwse betimmering bevinden zich nog in de originele staat.

Op 3 juli 1965 brengt prinses Beatrix met haar aanstaande echtgenoot Claus von Amsberg en haar ouders een officieel kennismakinsgbezoek aan Amsterdam. Bij de rondvaart over de grachten ziet het zwart van de mensen, maar er wordt ook tegen de monarchie geprotesteerd.

Dit type voordeur heet
een 'kussendeur' en
wordt toegepast in het
begin van de 19^e eeuw.

60

Herengracht 314, Amsterdam

De eerste spade voor de aanleg van de Herengracht (of Heere-graft zoals men eind 16ᵉ eeuw schrijft) moet nog de grond in, maar de elite van Amsterdam is al van één ding overtuigd: aan de Herengracht moeten 'schone woningen ende huysen voor den rentenieren ende andere vermogende luyden' komen.

In 1585 begint de aanleg van de dan nog vestinggracht. Maar door een economische crisis in 1596 valt de handel in bouwkavels volledig stil. Vanaf 1613 keert het tij en is er geld om de Herengracht te verlengen en te verbreden, en er worden twee nieuwe grachten gegraven: de Prinsengracht en Keizersgracht.

1500	1600	1700	1800	1900	2000

Koopman Hieronymus Victori kan in 1614 z'n geluk niet op; hij heeft op een veiling een bod gedaan op twee bouwkavels aan de Herengracht. Victori koopt de stadserven 11 en 12 in Park E (op de plaats van de huidige huisnummers 314, 316 en 318). Victori houdt het eerste perceel en verkoopt de andere twee stukken grond weer door.

Indrukwekkende trapgevel

In 1616, het jaar dat de Italiaanse wetenschapper Galileo Galilei van de paus niet mag beweren dat de aarde rond is, de handelsschepen van de VOC de wereldzeeën bevaren en Nederland kennismaakt met onbekende specerijen, porselein, koffie en thee, laat Hieronymus Victori aan de Herengracht 314 een huis bouwen met een indrukwekkende trapgevel. Het pand is 6,5 m breed en wordt aanvankelijk verhuurd. Zijn schoonmoeder, Jacqueline Hioolen, woont op 312 en ze koopt in 1624 ook nummer 314. Na haar dood gaat Hieronymus Victori in het grachtenhuis wonen en het wisselt de jaren daarna verschillende ma-len van eigenaar en bewoner.

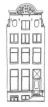

Onder het zolderluik is nog een smalle rol zichtbaar, bedoeld voor het ophijsen van goederen.

De Santlooper

In 1647 betaalt zeevaarder en avonturier Pieter de Marez Abrahamsz 21.000 gulden voor Herengracht 314. Hij koopt het als belegging, want zelf woont hij op de Warmoesstraat met zijn vrouw Catherine. Hij verhuurt Herengracht 314 aan Abraham Lestevenon, een zijdehandelaar. Die noemt zijn nieuwe adres De Santlooper, naar het huis in de Warmoesstraat waar hij eerder woonde. Na de dood van De Marez in 1666 erft zijn vrouw Catherina het huis. Als de zijdehandelaar de huur opzegt, gaat haar zoon Joan de Marez in het pand wonen. Hij overlijdt in 1698. Herengracht 314 wordt opnieuw verhuurd. In 1707 koopt Isaac Surire, als belegging, een derde deel van het pand voor 5600 gulden.

Burgemeester van Moskou

De volgende eigenaar en bewoner heeft een bewogen leven en een internationale carrière achter de rug. Nicolaas Romswinckel woont vanaf 1679 in de Russische havenstad Archangel. Hij leidt het Nederlandse handelshuis David Ruts & Zonen. Zwaarbeladen schepen vervoeren bont,

leer, hennep en hout van Rusland naar Amsterdam. Op de terugweg worden producten als Hollands bier, Franse wijnen, katoen, specerijen en kostbare zijde meegenomen. Ook verdienen de handelaren goud geld met de wapenhandel. De Hollanders halen tsaar Peter de Grote over om de handel op China en Perzië vanuit Moskou en Archangel via de haven van Amsterdam te laten verlopen. Nicolaas Romswinckel raakt in Archangel bevriend met tsaar Peter de Grote. De mannen kunnen het goed met elkaar vinden en Peter de Grote

benoemt hem in 1703 tot burgemeester van een exclusieve buitenwijk van Moskou. Buitenlanders mogen niet in Moskou zelf wonen, maar worden ondergebracht in de wijk Preobrazjenskoje, op acht kilometer van het centrum. In 1716 keert Nicolaas Romswinckel met zijn vrouw en zoon terug naar Nederland. Hij woont enkele jaren in Lisse en koopt in 1722 Herengracht 314 voor 30.000 gulden. Maar voordat hij er met zijn vrouw Dorothea intrekt, laat hij het eerst verbouwen.

De haven van het Russische Archangel in 1896.

241

KLM-huisje #60 wordt voor het eerst uitgegeven in 1990.

Twee dolfijnen

Het huis krijgt in 1722 een opvallende façade. Het is een combinatie van een hals- en een lijstgevel, die aan de zijkant inspringt. De zolderverdieping wordt geflankeerd door vleugelstukken in de vorm van dolfijnen. Het is een knipoog naar de tijd dat Romswinckel in Archangel woont. De gevel wordt bekroond met een gebogen lijst, gemaakt van sierlijk houtsnijwerk. In de twee ovalen nissen naast het zolderluik staan aanvankelijk borstbeelden.

Franse kookschool

Nicolaas Romswinckel overlijdt vijf jaar na de aankoop van Herengracht 314, zijn vrouw blijft er nog geruime tijd wonen. Vanaf 1742 verhuurt de weduwe het huis aan de zijdehandelaar Pieter van der Nolk, voor 1200 gulden per jaar. Herengracht 314 blijft uiteindelijk meer dan eeuw in het bezit van de familie Romswinckel. Naderhand gaat het pand nog verschillende malen in andere handen over. In 1841 wordt het voor 20.400 gulden verkocht, in 1881 is de verkoopprijs alweer gestegen naar 31.900 gulden. In 1886 houdt de *Nederlandse Vereniging ter Bevordering van de Geneeskunst* op Herengracht 314 kantoor. Tegen het einde van de 19e eeuw wisselt het grachtenhuis voor 25.000 gulden van eigenaar. In 1907 betaalt een nieuwe eigenaar 29.000 gulden voor het pand. Tijdens de crisis in de jaren dertig wordt het met verlies verkocht, voor 18.000 gulden. Op de Herengracht 314 is nu de Franse *kookschool Cuisine Française* gevestigd, met een privérestaurant op de eerste verdieping van het achterhuis.

_ Avonturier schrijft bestseller _

Pieter de Marez is een van de eerste eigenaren van Herengracht 314. Hij verdient een klein kapitaal met de publicatie van zijn logboeken over een ontdekkingsreis naar Afrika in 1600. In zijn scheepsjournaal schrijft hij uitvoerig over een onbekend, exotisch koninkrijk. De spannende verhalen over de bewoners van Guinea (het latere Ghana) spreken tot de verbeelding. Het journaal wordt in 1602 voor het eerst uitgegeven en is meteen een bestseller. *Beschrijvinghe ende historische verhael van het Gout Koninckrijck van Gunea anders de Gout-custe de Mina genaemt, liggende in het deel van Africa* verschijnt in verschillende talen en wordt in 1617 en 1650 herdrukt. Van de opbrengst van de eerste oplage koopt Pieter de Marez, als belegging, het huis op de Herengracht 314.

_ Een Rembrandt als erfenis _____

In het huis op de Herengracht 314 hangt in de 18ᵉ eeuw een beroemd schilderij van Rembrandt. Het betreft zijn allereerste Amsterdamse portret dat de schilder in 1631 van de rijke koopman Nicolaes Ruts maakt. Ruts is eigenaar van een handelsfirma in Archangel en wordt door Rembrandt afgebeeld in een met bont afgezette mantel. Na het overlijden van Nicolaes Ruts erft in 1727 zijn zoon het schilderij. Het doek blijft ook na diens dood in de familie en wordt eigendom van zijn nichtje. Zij trouwt uiteindelijk met een nazaat van Nicolaas Romswinckel en daardoor komt het schilderij in de grote zaal van Herengracht 314 te hangen. Koning Willem II koopt het in de 19ᵉ eeuw op een veiling voor 4010 gulden. In 1943 belandt het schilderij in Amerika, waar het sindsdien deel uitmaakt van de collectie van het Frick Museum in New York.

Open Tuinen Dagen

Achter het grachtenhuis op Herengracht 314 ligt een bijzondere tuin met een sfeervol eeuwenoud tuinhuisje. In de 17ᵉ eeuw staan in de tuinen van welgestelde Amsterdammers vooral felgekleurde bloemen en planten. Naderhand verandert de tuininrichting naar een meer landschappelijke stijl met bloemen en planten in natuurlijke kleuren. Tegenwoordig zijn tuinen in pasteltinten weer het meest geliefd. Pat van den Wall Bake-Thompson is eigenaar van de Cuisine Française op de Herengracht 314. De basis van haar tuin wordt gevormd door de groene kruiden voor het restaurant en de kookschool. De tuin vormt, door de ton sur ton-kleuren, een harmonieus geheel. Jaarlijks worden in Amsterdam de Open Tuinen Dagen georganiseerd. Een aantal bijzondere sier- en keurtuinen achter de Amsterdamse grachtenhuizen dan opengesteld voor het publiek.

Portret van Nicolaes Ruts
(1631), Rembrandt.

243

Keizersgracht 439, Amsterdam

Meester-timmerman Claes Dirckz van Houten bouwt in 1683 drie naast elkaar gelegen koopmanshuizen aan de Keizersgracht. Voor de bouw gebruikt hij standaard bouwmaterialen zodat de kosten laag blijven.

De panden zijn 4,95 m breed en krijgen alle drie een halsgevel, een segmentvormig fronton met schelpversiering, festoenen op de vleugelstukken, sierlijke guirlandes en een gevelsteen met het jaartal 1684. Nog voor de oplevering verkoopt Van Houten twee van de drie panden door aan de steenrijke handelaar, speculant en bankier Joseph Deutz. Maar net na de aankoop van de twee huizen overlijdt Deutz plotseling.

| 1500 | 1600 | 1700 | 1800 | 1900 | 2000 |

Het turbulente en tragische leven van de rijkste vrouw van Amsterdam

Zijn jongste zusje Agneta Deutz erft het bezit van haar broer. Ze is de enige nazaat van de familie Deutz, alle veertien broers en zussen zijn inmiddels overleden. Agneta kent de buurt goed, want haar ouderlijk huis bevindt zich op Keizersgracht 121 en daar heeft ze haar jeugd doorgebracht.

Wapenbord geschilderd in 1674, ter gelegenheid van het tweede huwelijk van Agneta Deutz. Het wapen van de familie Deutz bestaat uit twee gekruiste gouden hakbijltjes tegen een groene achtergrond.

Steenrijk maar ongelukkig

Als Agneta in 1684 eigenaar wordt van Keizersgracht 439 is ze 51 jaar oud en door alle familie-erfenissen de rijkste vrouw van Amsterdam. Maar ze is ongelukkig en heeft een verdrietig leven met de nodige tegenslagen achter de rug. Drie kinderen uit haar eerste huwelijk zijn kort na elkaar overleden en met haar zoon Jan heeft ze een slechte relatie. Haar tweede huwelijk, met Zacharias van Beresteyn, heer van Hoffdijck en Middelharnis en

244

Het Deutzen-hofje op de Prinsengracht in Amsterdam wordt betaald uit de nalatenschap van Agneta Deutz.

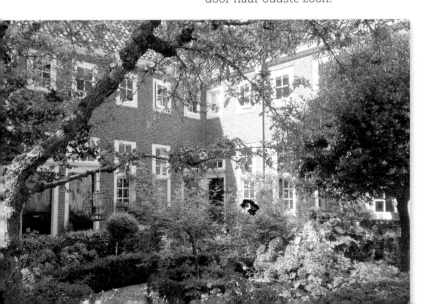

burgemeester van Delft, heeft niets veranderd aan de moeizame verstandhouding tussen moeder en zoon. Jan is onhandelbaar, hij steelt en pleegt inbraken.

Oudste zoon onterfd

Op 42-jarige leeftijd is Agneta nogmaals zwanger geworden en bevallen van een jongetje, Cornelis. Maar Jan moet niets van zijn halfbroer hebben. Agneta stuurt hem brieven waarin ze hem verwijt dat hij zich met zijn 'woest leven en woedende conduyte' (gedrag) van haar vervreemd heeft. Jan antwoordt dat haar man en halfbroer kunnen doodvallen en de duivel Agneta 'in de hel aan haar haren mocht voortslepen'. Agneta heeft genoeg van zijn gedrag en besluit hem te onterven. De schrik slaat haar om het hart als ze eraan denkt dat het familiekapitaal er straks doorheen wordt gejaagd door haar oudste zoon.

Portret Agneta Deutz (1995), Marianne Letterie. De penning is gemaakt ter gelegenheid van het derde eeuwfeest van het Deutzenhofje. Op de andere zijde staat het motto van Agneta Deutz: 'In vrede en liefde met elkander leven.'

Achtervolgd door het noodlot

In 1674 overlijdt ook haar tweede man. Agneta verhuist vervolgens met haar zoon Cornelis van Delft terug naar Amsterdam. Ze gaat met het kind in haar ouderlijk huis wonen. Tien jaar later wordt ze, door het overlijden van haar broer Joseph, eigenaar van Keizersgracht 439. Ze verhuurt het huis.

Per testament bepaalt Agneta dat haar tweede zoon Cornelis na haar dood alle bezittingen erft. Maar het noodlot blijft de weduwe achtervolgen. Cornelis overlijdt op 13-jarige leeftijd aan de pest. Het schrikbeeld dat haar oudste zoon Jan nu alsnog haar fortuin krijgt, vindt ze onverdraaglijk. Bij haar dood in 1692 blijkt dat Jan slechts recht heeft op zijn legitieme erfdeel. Van de rest van het familiekapitaal, ter waarde van 340.000 gulden, wordt onder andere een hofje voor verarmde vrouwelijke familieleden en dienstboden van de familie Deutz aangelegd.

Monogram van Agneta Deutz.

Hollandse renaissance

Keizersgracht 439 wordt na de dood van Agneta Deutz geërfd door Elias Coijmans en zijn vrouw Catherina. De waarde van het huis wordt in 1702 getaxeerd op 14.000 gulden. Constantia, de enige dochter van het echtpaar Coijmans, erft Keizersgracht 439 na hun dood. Ze trouwt met Balthazar Scott, een oud-burgermeester van Amsterdam en bewindhebber bij de VOC. Uit dit huwelijk worden geen kinderen geboren. Na het overlijden van Constantia verkopen de zaakgelastigden het huis in 1743 voor 23.827 gulden aan Isaak Walraven. Twintig jaar later is deze eigenaar ook overleden en Walraven heeft geen nazaten. Op een 'publieque veijlinge' komt Keizersgracht 439 daarop in bezit van de familie Van Onna. Willem van Onna koopt voor 29.035 gulden niet alleen het huis maar krijgt er ook de inboedel van Walraven bij. Dertig jaar later erven Samuel Etter en zijn vrouw de woning. In de daaropvolgende eeuw verandert het grachtenhuis diverse keren van eigenaar, waarbij het in 1828 wordt verkocht voor 9600 gulden. In de daarop volgende vijftien jaar stijgt de waarde van het pand snel. In 1835 wordt het verkocht voor 12.500 gulden, drie jaar later gaat het voor 20.000 gulden van de hand en in 1840 wordt er 22.200 gulden voor betaald.

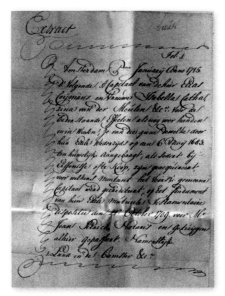

Testament met een overzicht van de bezittingen van Elias Coijmans.

___ Het fortuin van Deutz ___

Joseph Deutz, de eerste eigenaar van Keizersgracht 439, is een gewiekste handelaar met een goed zakeninstinct. Hij speculeert met grond en belegt zijn geld in nieuwe huizen. Deutz handelt ook in aandelen (onder andere van de VOC) en leent geld uit tegen rente. Zijn echte rijkdom vergaart hij na zijn huwelijk met Lucretia Ortt, als hij in 1662 met zijn schoonvader Christoffel van Gangelt in zaken gaat. De mannen slepen een lucratief contract in de wacht voor de invoer van pek en teer uit Zweden. En misschien nog wel belangrijker: ze krijgen het monopolie op de lucratieve handel. Joseph Deutz sterft als een rijk man. Zijn zus Agneta is erfgenaam van het familiekapitaal.

Portret van de koopman Joseph Deutz, geschilderd door Michael Sweerts in 1650.

Myn soon

Soo ghy immers niet al vergeeten en hebt dat ghy
myn soon zyt, en ick u moeder door uwe woest
leven en woesten conduyte, die u teenemael
schynt beraast en besweemt te hebbe, van die
geene die u naest aen therte behoorde te legghen
en aen wie naest Gode ghy tmeeste verplicht
bent, Jck bevroghen zynde in myn ziele overuuste
hertneedige proceduure hebbe getracht u soo inkeer
te brenghen door veelvoudighe — — Pommakt den
hebbe u doen voordraghen soo door myne domestycken
als door uwe beste en vertrouste vrienden dat u
soudet hebben wederom by my te bevoeghen met
volle verseekeringhe dat ick U in genaede aenon
emen wilde ende niet meer gedencken alle uwe
uytspoorickheden, Nettemin bespeure ick soo
myne groote droefheys dat u noch opiniatreert
in uwe verkeerde en berispende weghen, tgeen
my dit middel van aen u te schryven heeft doen
raemen, gedrongen door een ernstlycke en
moederlycke genegentheyt om te sien ofte u
halssterticheyt te breeken is, ende ofte ghy geden
ckende serieuselyck aen alle uwe plichten die
u door Gode selfs voorgeschreven zyn, en aen

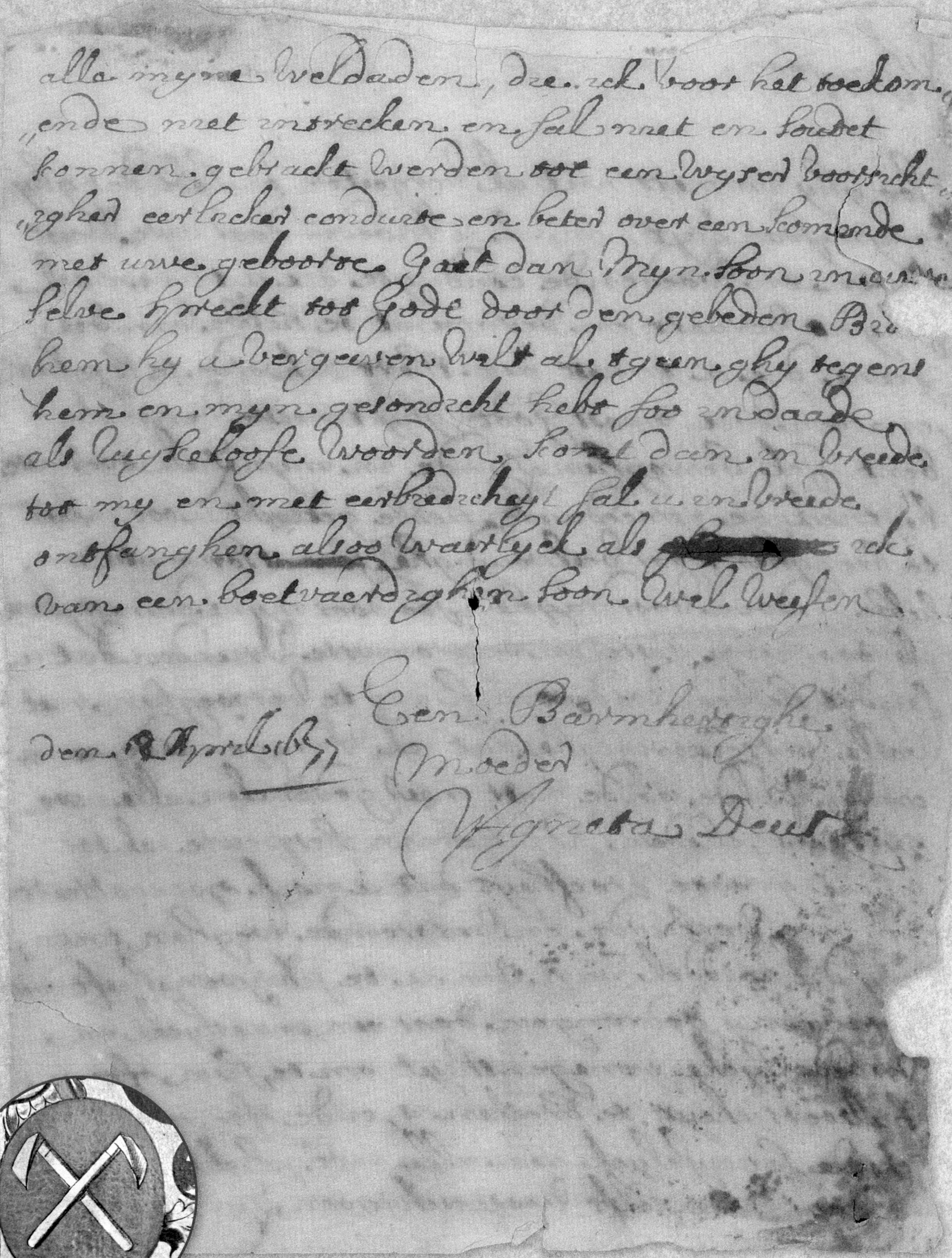

alle mijne weldaden, die ick voor het toekom...
ende met intrecken en sal niet en kondet
konnen gebracht werden tot een wyser boorsicht...
igheid eerlecker conduite en beter over een komende
met uwe gebootte. Gaet dan Myn soon in u...
selve keereckt tot Gode door den gebeden Bid...
hem hy u vergeven wilt al tgeen ghy tegen
hem en myn gesondicht hebt soo in daad
als luijdeloose woorden, komt dan in breede
tot my en met eerbiedicheijt sal u en breede
ontfanghen alsoo waerlijck als ~~—————~~ ick
van een boetvaerdighen soon wel wesen

den 18 April 1677

Een Barmhertighe
Moeder

Agneta Deutz

Familiewapen Agneta Deutz.

KLM-huisje #61 wordt voor het eerst uitgegeven in 1994.

'Bal-masqué-costuums'

In 1895 wordt het pand op verzoek van eigenaar P. Gouda onder handen genomen door de architect Salm. Hij ontwerpt een nieuwe gevel van witte zandsteen in de dan populaire Hollandse renaissancestijl. Met de verbouwing verdwijnt ook de jaartalsteen van Keizersgracht 439. Naderhand komt het pand in bezit van de aardoliehandelaar Hendrik Cornelis Arondeus, die van zijn moeder (!) een ander en vooral schoner beroep moet kiezen. Hij neemt de firma J. Leeger over, een verhuurbedrijf in historische kostuums. De oude bedrijfsnaam blijft gehandhaafd, op de gevel staat 'Bal-masqué-costuums-firma J. Leeger'.

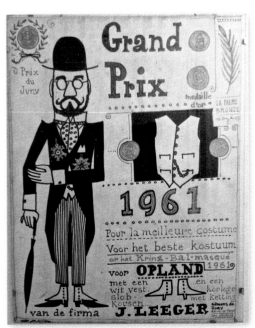

Josephine Baker op bezoek

Het buurpand op nummer 437 krijgt eind 19e eeuw een andere façade, waardoor nu geen van de oorspronkelijke drie huizen nog op elkaar lijkt. Alleen de jaartalstenen bij de buren op Keizersgracht 437 en 441 verwijzen nog naar het jaar van oplevering, 1684. Tot in de jaren dertig van de 20e eeuw blijft de waarde van Keizersgracht 439 min of meer stabiel, in 1935 wordt er 16.000 gulden betaald voor dit 'heerenhuys met achterhuis, tuin, tuinhuis en erf'. Het buurhuis op nummer 441 is nog het meest in de originele staat. Het is in 1942 zorgvuldig gerestaureerd en geeft een indruk van hoe de drie panden er destijds in de 17e eeuw uitzagen.

Bekende namen uit de toneel-, film- en televisiewereld weten het verhuurbedrijf van de familie Leeger te vinden, voor als ze op zoek zijn naar iets bijzonders. Het pand zelf is volgepakt met bijzondere historische kostuums, van middeleeuwse harnassen tot theaterkostuums van Fien de la Mar. Een van de bekendste klanten is de danseres Josephine Baker, die in 1964 voorafgaand aan een optreden in het Concertgebouw een tiara met nepdiamenten koopt op de Keizersgracht 439. In 1991 valt het doek voor de firma Leeger, alle kostuums worden op een veiling verkocht. Sindsdien wordt het pand alleen nog als woonhuis gebruikt.

Prinsengracht 305, Amsterdam

De beroemde Amsterdamse grachten zijn 400 jaar geleden aangelegd; in vijftig jaar tijd krijgt de grachtengordel zijn huidige
vorm. De werkzaamheden beginnen in 1613 bij het IJ en worden na een pauze van tientallen jaren in 1660 hervat. De drie
hoofdgrachten monden uit in de Amstel.

De totale grachtengordel bestaat uit meer grachten dan Venetië
en heeft meer bruggen dan Parijs. De chique Herengracht is oorspronkelijk een verbrede sloot, waarvan het eerste deel al in 1585
is aangelegd. Pas in 1613 krijgt het water zijn huidige naam, ter
ere van de Heren Regenten van de stad.

1500	1600	1700	1800	1900	2000

De Herengracht moet het pronkstuk van de grachtengordel worden;
daarom worden de bruggen niet van
hout gemaakt, maar van steen. De
Keizersgracht dankt zijn naam aan
keizer Maximiliaan, de aartshertog
van Oostenrijk. Hij geeft Amsterdam het recht om de keizerskroon
in het stadswapen te voeren. De
Prinsengracht is vernoemd naar de
Prins van Oranje.

Lodewijk XIV-stijl

Nadat in 1615 het eerste deel van
de Prinsengracht (van de Brouwersgracht tot de Leidsegracht) is uitge-
graven, wordt de kade verstevigd met
zand uit het Gooi en Haarlem.
Daarna gaan de kavels de
verkoop in. Een van de eerste koopmanshuizen die
hier rond 1616 worden
gebouwd, is het pand
op Prinsengracht 305.
Het heeft vermoedelijk
een trapgevel zoals in die
jaren gebruikelijk is. Over
de eigenaar en zijn bewoners
in de 17e eeuw is niets bekend.
Ruim een eeuw later, in 1720, krijgt
het huis een nieuwe façade in Lodewijk XIV-stijl. Het meest opvallende
onderdeel is de top met een verhoogde lijst in de vorm van een klokgevel. Aan weerszijden van de sterk
geprofileerde kuif komen hoekvazen.

Revolutie op sculptuurgebied

De gebeeldhouwde geveltop is gemaakt door de bekende steenhouwer Anthonie Turck. Hij woont vanaf 1717 enkele jaren in de buurt, op de Keizersgracht. Turck laat overal in de stad zijn sporen na. Met zijn opvallende monumentale ornamenten en nieuwe vormen veroorzaakt hij een revolutie op sculptuurgebied. Anthonie Turck is niet alleen de uitvinder van de rijkversierde gebogen halsgevel (zoals bij Prinsengracht 305), maar bedenkt ook de halsgevel met een doorboord bloemmotief in de klauwstukken. Over de eigenaren en bewoners van Prinsengracht 305 is weinig te melden. De prijs van het grachtenhuis vertienvoudigt in de eeuwen na de oplevering.

Zelfportret van steenhouwer Anthonie Turck op de gevel van zijn voormalige woonhuis op de Keizersgracht 353.

_ De Palmboom 1745 _____

Aan de achterkant van Prinsengracht 305 zit een gevelsteen met de tekst De Palmboom 1745. Het ornament is oorspronkelijk afkomstig van een pakhuis op de Lijnbaansgracht. Na de restauratie van Prinsengracht 305 in 1997 is het de bedoeling dat de gevelsteen naar de grachtzijde verhuist. Maar bij het losbikken breekt de steen in twee stukken en verdwijnt het ornament in een gemeentelijke opslag. Tien jaar later wordt de gevelsteen gerestaureerd en herplaatst aan de gevel van het kleinste pakhuis van Amsterdam, op Palmgracht 3. Deze nieuwe locatie is logischer dan het achterhuis van Prinsengracht 305. De naam Palmgracht verwijst niet alleen naar een suikerraffinaderij in de wijk Jordaan, maar ook naar een pakhuis dat hier eeuwenlang stond en waar rietsuiker van palmbomen werd verwerkt en opgeslagen.

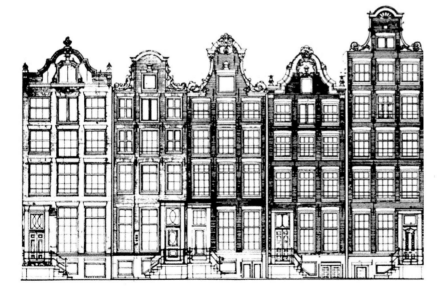

Tekening van de panden die tot het complex Casteel van Beveren behoren.

KLM-huisje 62 wordt in 1994 voor het eerst aan de passagiers in de Royal Class uitgedeeld.

De geveltop van Prinsengracht 305 is gebouwd rond 1720, in de stijl van Lodewijk XIV. De verhoogde lijstgevel is als vorm bedacht door de beroemde steenhouwer Anthonie Turck.

Casteel van Beveren

In de jaren zestig van de 20^e eeuw biedt de Prinsengracht een troosteloze aanblik. Een aantal grachtenpanden bij de Westertoren zijn in handen van de Technische Unie en worden voor de opslag van installatiemateriaal gebruikt. Herbert Pulitzer, een Amerikaanse zakenman en achterkleinzoon van de beroemde uitgever Joseph Pulitzer, koopt in 1970 negen 17^e- en 18^e-eeuwse grachtenpanden en voegt deze samen tot een hotel. Prinsengracht 305 is aanvankelijk ook onderdeel van het Pulitzer Hotel. Na een kleine restauratie wordt de begane grond als fietsenstalling in gebruik genomen. Het vijfsterrenhotel groeit in de jaren daarna uit tot een complex van 25 met elkaar verbonden grachtenhuizen.

Prinsengracht 305 in de 19^e eeuw. Het pand is het vierde huis van rechts.

In 1997 wordt Prinsengracht 305 verkocht aan een particuliere investeerder. Het huis wordt met zes naastgelegen panden verbonden. De grachtenhuizen worden omgebouwd tot een wooncomplex van 25 eenheden. De luxueuze appartementen zijn bedoeld voor de verhuur aan expats. Het complex wordt Casteel van Beveren genoemd, naar de gevelsteen op Prinsengracht 299.

Keizersgracht 407, Amsterdam

Bij 's Lands Zeemagazijn (het huidige Scheepvaartmuseum) in Amsterdam is het begin augustus 1665 een drukte van belang. De oorlogsvloot van Michiel de Ruyter wordt bevoorraad. Vanuit zijn huis op de Prins Hendrikkade 131 kan de opperbevelhebber van de marine zijn schepen zien liggen.

De Republiek der Verenigde Nederlanden is voor de tweede keer in korte tijd in een handelsoorlog met Engeland verwikkeld. Er worden 418 Engelse koopvaarderijschepen buitgemaakt en de handel met Engeland valt vrijwel stil.

| 1500 | 1600 | 1700 | 1800 | 1900 | 2000 |

Ondertussen merkt de gewone Amsterdammer weinig van de strijd op zee. Koopman Pieter Jansz Schuyt laat in 1665 aan de Keizersgracht 407 een fraai huis bouwen. De woning wordt 7,54 m breed en krijgt een pilastergevel, bekroond met een segmentvormige fronton. Aan weerszijden van de gevel komen gebeeldhouwde vleugelstukken, de hoeken worden verfraaid met siervazen. Op de tweede en derde verdieping zit in het midden een luik, bedoeld voor de opslag van goederen. Daarboven bevindt zich een cartouche met het jaartal 1655. Achter de top van de gevel bevindt zich een pakzolder met eveneens twee luiken.

Een portret van Sara Troost, die van 1778 tot 1799 op de Keizersgracht 407 in Amsterdam woont. Sara is diverse keren door haar vader geportretteerd. Op deze tekening is ze ongeveer veertien jaar.

Liefde voor de kunst

Tegen het einde van de 18e eeuw begint Jacobus Ploos van Amstel met zijn broer Cornelis op Keizersgracht 407 een lettergieterij. Cornelis is niet alleen zakenman maar ook een kunstliefhebber. Hij verzamelt onder andere werk van Sara Troost. Jacobus is vrijgezel en heeft al jaren een oogje op de favoriete schilderes van zijn broer. Maar Sara weigert op de avances van Jacobus in te gaan. Sara komt uit een artistiek milieu van toneelspelers en kunstenaars. Omdat haar vader al vroeg sterft, moet ze een bijdrage leveren aan het gezinsinkomen. Met het voorlezen van boeken aan oudere dames en het maken van portretten en schilderijen voorziet ze in het levensonderhoud van haar moeder Susanna en haar vier zusjes. Ze heeft het talent van haar vader.

Keizersgrachtbewoonster Sara Troost laat zich als kunstenares in Louis d'Or-munten uitbetalen. Bij haar overlijden laat ze vierduizend gouden munten na.

Een klein fortuin

Sara blijft haar moeder tot op latere leeftijd verzorgen. Jacobus moet lang wachten voordat ze hem haar hart schenkt. Sara trouwt pas in 1778 met Jacobus. Ze is dan 46 jaar, haar man is vier jaar jonger. Sara Troost is financieel onafhankelijk en kan als kunstenares prima in haar eigen onderhoud voorzien. Haar miniaturen en portretten van kinderen van de Amsterdamse elite verkopen als warme broodjes. Haar kunstwerken komen ook terecht in verschillende musea. Sara Troost laat zich uitbetalen in gouden Louis d'Or-munten. Tijdens haar leven bouwt ze met de verkoop van kunst een klein fortuin op. Ze schildert en tekent voor ruim 45.000 gulden aan doeken en prenten bij elkaar. Jacobus overlijdt in 1793, Sara Troost gaat elders op de Keizersgracht wonen en verkoopt de lettergieterij in 1799 voor 10.000 gulden. Ze zal nooit meer een nieuwe partner vinden en overlijdt tien jaar na haar geliefde.

'Kalck en sement wort vervalscht'

De bouw van Keizersgracht 407 vindt plaats na de laatste uitbreiding van de grachtengordel. Aan nieuwe huizen worden strenge eisen gesteld. Er mag niet dieper gebouwd worden dan 100 voet (28,31 m). De gevels en muren moeten gemaakt worden van *'Leydse, Vechtse of Woerdse baksteen'* met een vaste afmeting. Voor de dakgoten wordt *'blaue otte Bremersteen'* voorgeschreven. Bouwmateriaal wordt per schip aangevoerd vanuit Friesland. Maar de vraag is groter dan het aanbod en de kwaliteit laat te wensen over. Het stadsbestuur benoemt daarom twintig steentellers die de bakstenen moeten controleren. *'De kalck en sement alhier verkogt tot aenbouwinge van huysen wort veeltijts gruys en andere vuyligheyt vermenght of vervalscht.'* Voor elke overtreding krijgt de metselaar een boete van 30 gulden, *'uyt sijn eygen privé beurse te betalen'.*

De Tweede Engels-Nederlandse oorlog

De Republiek der Verenigde Nederlanden is van 1665 tot 1667 in oorlog met Engeland. De aanleiding is de verovering door de Engelsen van Nieuw Amsterdam (het huidige New York), Curaçao en Nederlands koloniaal bezit aan de West-Afrikaanse kust. Vanuit de havens van onder andere Texel, Harlingen, Hellevoetssluis en Vlissingen verzamelen de Nederlandse schepen zich op zee. Luitenant-admiraal Michiel de Ruyter voert de vloot aan. Maar in de winter wordt er geen oorlog gevoerd, het is dan al vroeg donker en het weer is onvoorspelbaar. De Republiek verliest tijdens de Tweede Engels-Nederlandse oorlog tweehonderd schepen, maar verovert als oorlogsbuit 418 schepen op de Engelsen. Ook de Britse kolonie Suriname komt door deze oorlog in Nederlandse handen.

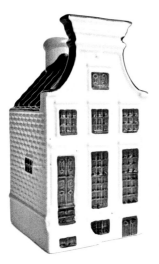

KLM-huisje #63 wordt voor het eerst uitgegeven in 1994.

Lijstgevel uit proportie

De nieuwe eigenaar van Keizersgracht 407 koopt een kat in de zak, want het huis is een bouwval en de gevel staat op instorten. Het pand wordt in 1803 ingrijpend verbouwd. De pilastergevel wordt vervangen door een klokgevel met een driehoekig fronton. De buitenmuur wordt verfraaid met decoratieve stroken (zogenaamde lisenen). De houten cartouche met het oorspronkelijke bouwjaar 1665 verdwijnt. Hiervoor in de plaats komt een jaartalsteen. De geveltop wordt halverwege de 19ᵉ eeuw nogmaals gewijzigd en krijgt dan een rechte lijst. De verhouding van de lijst ten opzichte van de klokgevel is opmerkelijk groot. Een aardig detail is dat de omlijsting boven de deur een verkleinde versie is van de gevellijst. Over de bewoners van het pand is weinig noemenswaardigs te vermelden. Het pand gaat verschillende malen in andere handen over.

De blokkenrand van de lijstgevel komt als versiering terug boven de deurpost.

Gevluchte Duitse Joden

In januari 1933 komt Adolf Hitler in Duitsland aan de macht. Hans Meijer en zijn vrouw Ida zijn dan net twee jaar getrouwd. Net als veel andere Duitse Joden voelen ze zich niet meer veilig. Eind mei 1933 verlaten ze Berlijn en vluchten naar Nederland. In 1936 gaat het echtpaar Meijer uit elkaar. Twee jaar later treedt Hans opnieuw in het huwelijk, met Roosje Kisch uit Groningen. Op 3 mei 1939 gaan Hans en Roosje op de Keizersgracht 407 in Amsterdam wonen. Hans Meijer werkt vanuit huis als kleermaker. Zijn vrouw is naaister. In augustus 1941 duikt het echtpaar onder, maar een jaar later worden ze verraden en door de nazi's opgepakt en naar Duitsland getransporteerd. Roosje Meijer sterft op 30 november 1943 in Auschwitz. Haar man Hans overlijdt precies een maand later op een onbekende plaats. Beiden zijn slechts 38 jaar oud geworden.

___ Herdenkingsposter ___

Tijdens de oorlog zijn 61.700 Amsterdamse Joden vermoord. In 2011 roept het Amsterdamse 4 en 5 mei Comité huiseigenaren op om tijdens de Dodenherdenking op 4 mei een herdenkingsposter voor het raam te hangen als in hun huis mensen gewoond hebben die in de Tweede Wereldoorlog zijn gedeporteerd en vermoord, zoals op de Keizersgracht 407.

Nadat het echtpaar Meijer hun huis aan de Keizersgracht heeft verlaten, staat vanaf november 1942 boekhouder Ernst Klatte enkele weken op het adres ingeschreven. Gedurende de oorlog wisselt het pand maar liefst zeven keer van eigenaar en bewoner. Na 1945 wordt het pand opgesplitst in woon- en kantoorruimte. In de jaren vijftig is er onder andere een bureau in organisatiekunde gevestigd. Een ver familielid van Roosje Meijer-Kisch gaat naderhand op de Keizersgracht 407 wonen. Inmiddels wordt het pand door verschillende families bewoond.

Keizersgracht 755, Amsterdam

Koning Karel II van Spanje benoemt in 1666 de koopman Don Manuel de Belmonte tot gezant in Amsterdam. Belmonte verkeert als diplomaat in de hoogste kringen en bouwt een uitstekend politiek en militair netwerk op. Voor zijn verdiensten beloont de koning hem met de adellijke titel baron.

Baron Manuel de Belmonte is vrijgezel en woont in een groot huurhuis op Herengracht 586. Hij fêteert de beau monde bij hem thuis op feesten en diners. In de zomer van 1700 krijgt de baron de kans om voor 16.000 gulden zijn huurhuis te kopen. Voor de stalling van enkele paarden en een rijtuig laat hij aan de Keizersgracht, precies achter zijn huis, een koetshuis bouwen.

| 1500 | 1600 | 1700 | 1800 | 1900 | 2000 |

Het koetshuis op Keizersgracht 755 krijgt een 7,51 m brede gevel. Aan weerszijden van de dubbele boogdeuren zitten twee kleinere deuren die toegang geven tot de pakzolders. Op de eerste en tweede verdieping wordt hooi en stro opgeslagen, de koetsier woont onder de nok van het dak. Op een tekening van Caspar Philips uit 1768 is te zien dat het koetshuis oorspronkelijk een sober uiterlijk heeft. Tijdens de Franse bezetting van Noordelijke Nederlanden eind 18e eeuw heerst er een economische crisis. De Amsterdamse elite doet massaal afstand van hun koets. De meeste koetshuizen worden in de 19e eeuw verbouwd tot woningen en garages. Dit lot treft ook Keizersgracht 755.

Caspar Philips maakt in 1768 voor het boek *Verzaameling van alle huizen en prachtige gebouwen langs de Keizers- en Heere-grachten der stadt Amsteldam* ook een tekening van het koetshuis op Keizersgracht 755. Het pand heeft in de loop der eeuwen een voorname uitstraling gekregen.

Huisje #64 wordt voor het eerst uitgegeven in 1994.
In 1994 viert KLM haar 75ᵉ verjaardag en ter gelegenheid daarvan wordt de collectie in één keer uitgebreid met vijftien nieuwe huisjes, tot een totaal van precies 75 verschillende exemplaren. Sindsdien wordt er elk jaar een nieuw huisje aan de collectie toegevoegd.

Façade met blokkenpatroon

Het pand wordt eind 1881 ingrijpend gerestaureerd waarbij de gevel een opvallende metamorfose ondergaat. De dakrand van het koetshuis wordt verfraaid met een rechte kroonlijst. In de kap komt een dakvenster. De gevel krijgt een middenrisaliet, waardoor het middelste deel van de gevel iets naar voren springt. De voorname façade wekt de indruk dat de gevel is opgebouwd uit een blokpatroon van Bentheimer zandsteen. Maar het is een illusie; de bakstenen gevel is slechts bepleisterd.

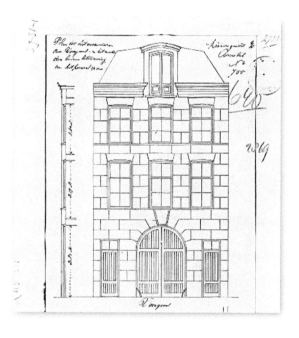

Het blokkenpatroon van de gevel wekt de suggestie dat het pand is opgetrokken uit Bentheimer zandsteen.

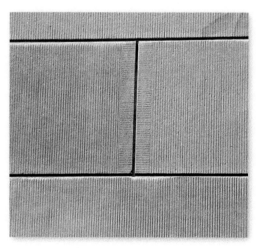

_ De koets als statussymbool _

De koets is sinds de 17ᵉ eeuw een populair vervoermiddel en statussymbool voor de welgestelde Amster-dammer. In de Gouden Eeuw wordt het zelfs zo druk in het centrum dat het stadsbestuur besluit om op de kades van sommige grachten eenrichtingsverkeer in te voeren. In 1634 rijden er al zo'n zeshonderd koetsen in Amsterdam.

De Cyklonette, een kleine personenauto met drie wielen. De Nederlandse vertegenwoordiging van het Duitse motormerk houdt enige jaren kantoor op de Keizersgracht 755.

Duitse driewielers

Tot het einde van de 19ᵉ eeuw wordt Keizersgracht 755 gebruikt als opslagruimte. In 1906 laat de nieuwe eigenaar, Augustine Jansen, het pand door aannemer Staal & Haalmeijer verbouwen tot een kantoor- en woonhuis. In 1926 neemt het Amsterdams Technische Handelskantoor zijn intrek in het voormalige koetshuis. Het bedrijf vertegenwoordigt de Cyklonette, een Duits motormerk dat personenauto's en kleine vrachtwagens met drie wielen maakt. De driewielers zijn sinds 1903 op de markt en zijn redelijk succesvol. Maar tijdens de crisisjaren gaat de Duitse producent Cyklon Maschinenfabrik failliet en het bedrijf sluit in 1931 noodgedwongen zijn deuren. Daarmee komt ook een einde aan het Amsterdamse kantoor.

__ Rijtuigenbelasting __

In 1736 moeten de inwoners van Amsterdam rijtuigenbelasting betalen als ze in het bezit zijn van een koets met een bok. De belasting is gekoppeld aan een vergunning die men nodig heeft om met een karos of calèche door Amsterdam te mogen rijden. Met de opbrengst van de rijtuigenbelasting worden straten gerepareerd, zodat men zich weer *zediglijk en ordentelijk* kan verplaatsen. De rijtuigenbelasting bedraagt 25 gulden per jaar.

__ De eerste snelheidsboete __

In 1681 wordt besloten dat op de Amsterdamse grachten alleen nog stapvoets mag worden gereden, om ongelukken te voorkomen. Koetsiers die hun paarden laten draven, riskeren een boete van 25 gulden.

__ Filevorming op de gracht __

In 1643 wordt het rijden in de binnenstad van Amsterdam verboden. *'De straeten van de stadt mits haer engte sijn onbequaem om bereden te worden.'* Maar van deze beslissing komen de regenten snel terug. De hoge heren hebben namelijk zelf allemaal een rijtuig. Ze proberen met slimme oplossingen het verbod te ontduiken, bijvoorbeeld door koetsen met twee wielen te gebruiken die niet onder het verbod vallen. Het besluit wordt uiteindelijk teruggedraaid.

Koetshuis wordt kantoor

De eigenaar van Keizersgracht 755, Johannes van Houten, gaat zelf in een appartement op de eerste etage wonen. De andere woonruimte zet hij voor 110 gulden per maand te huur.

In 1940 wordt de begane grond ingericht als secretariaat van de Nederlandsche Vereeniging tot bestrijding van Asthma. De 66-jarige weduwe Rebecca Jessurun-Snoek woont in de Tweede Wereldoorlog boven het voormalige koetshuis. Ze wordt door de nazi's opgepakt en naar concentratiekamp Sobibór overgebracht, waar ze op 23 april 1943 overlijdt. Hetzelfde lot treft ook haar Joodse buren op Keizersgracht 741, 744, 748, 761, 764, 768 en 786.

Keizersgracht 755 wordt na de oorlog verbouwd en in drie appartementen en een aparte kantoorruimte gesplitst. Vanaf 1961 is de begane grond een aantal jaren in gebruik bij de Nederlandse Middenstandsbank. In het pand is tegenwoordig onder andere een Nederlandse vestiging van een Engelse investeringsmaatschappij gevestigd.

Keizersgracht 487, Amsterdam

Er zijn in de geschiedenis niet veel mensen naar wie een gezegde is vernoemd. Maar Andries Pels is dan ook niet de eerste de beste. Mensen praatten met ontzag over deze Amsterdamse handelaar en bankier. 'Hij is de grootste coopman van sijn tijt, de geheele weerelt door.' De uitdrukking 'wis als Pels' betekent zoveel als 'hij is net zo betrouwbaar als de bank'.

Andries Pels verdient aanvankelijk een goed belegde boterham met de handel in goud, zilver, koper en salpeter. Als bankier groeit Pels uit tot de rijkste man van Noord-Europa. Niet alleen particulieren komen bij hem voor een lening, ook de koningen van Engeland en Frankrijk doen een beroep op hem. Pels zorgt dat hun landen in tijden van crisis niet failliet gaan. De firma Andries Pels & Soonen wordt daarom in de 18e eeuw ook wel het voornaamste bankiershuis van Europa genoemd.

1500	1600	1700	1800	1900	2000

Andries Pels komt uit een familie van kooplieden. Zijn vader Jean Pels is handelaar en reder op Frankrijk, Noorwegen en de landen rond de Oostzee. In 1654, een jaar voor de geboorte van Andries, richt Jean met zijn broer de Firma Guilliam & Jean Pels op. Ze importeren uit Oost-Indië specerijen (zoals peper, kruidnagel en suiker), koffie en thee, kantoen en zijde. De goederen worden opgeslagen in pakhuizen in Amsterdam, om later te worden verscheept naar havens elders in Europa.

Als Andries bijna volwassen is, belooft Jean Pels om zijn zoon te helpen met een startkapitaal zodat hij zijn eigen bedrijf kan beginnen. Maar eerst krijgt hij een gedegen opleiding van zijn vader en van zijn oom Guilliam. De economie draait op volle toeren, maar de Firma Guilliam & Jean Pels kan niet verder groeien. Er is een schreeuwend gebrek aan extra opslagruimte. In 1669 besluiten de broers een viertal pakhuizen te laten bouwen. Voor 10.350 gulden kopen ze op de Keizersgracht enkele percelen braakliggende grond.

Knipoog naar achternaam

De meester-timmerman Claes Thomaes en zijn metselaar Jan Willemse Crabbendam werken bijna een jaar lang aan de bouw van de vier pakhuizen en een koetshuis. De panden worden elk 6 m breed en 30 m diep. Ze krijgen een puntgevel met aanzetstukken en een gebogen fronton in de top. De totale bouwkosten bedragen 28.273 gulden. De vier pakhuizen worden in het najaar van 1670 opgeleverd. Ze heten Palmboom, Eykeboom, Lindeboom en Sparreboom. De eerste letters, P-E-L-S, vormen samen de achternaam van Guilliam en Jean.

'Andries Pels is de grootste coopman van sijn tijt, de geheele weerelt door'

Broedertwist

Tien jaar later besluiten de gebroeders Pels na onenigheid met elkaar de samenwerking te beëindigen en hun bedrijf te splitsen. Guilliam wordt eigenaar van de pakhuizen Palmboom en Eyckeboom, Jean krijgt de Lindeboom en de Sparreboom. Als Jean in 1691 overlijdt, wordt zijn oudere broer Guilliam alsnog eigenaar van de vier P-E-L-S-pakhuizen. Twee jaar later sterft ook hij en komen de pakhuizen in handen van zijn drie zonen Andries, Pieter en Jan Lucas. Andries erft de Palmboom en de Eyckeboom, Pieter wordt eigenaar van de Lindeboom en de Sparreboom en Jan Lucas krijgt pakhuis Noteboom (dat ook op de Keizersgracht staat).

Andries Pels erft twee van de vier P-E-L-S-pakhuizen. Hij is vernoemd naar zijn oom, die op dit portret staat afgebeeld. Oom Andries is het buitenbeetje van de familie en heeft geen gevoel voor de handel. Hij verdient de kost met het schrijven van gedichten.

De Sparreboom verkocht

Pieter Pels verhuurt de Sparreboom als opslagruimte. Voor de huur van de kelder moet 190 gulden per jaar worden betaald, de huur van de begane grond bedraagt 195 gulden. Voor de drie pakzolders moet maandelijks respectievelijk 14, 11 gulden en 7 gulden worden afgerekend. Opslag op de vliering is het goedkoopst en kost 30 gulden per jaar. Pieter blijft vrijgezel en na zijn dood in 1739 wordt de Sparreboom voor 19.400 gulden verkocht aan Abraham Straalman. Hij woont ook op de Herengracht, pal achter de Sparreboom. Straalman is van plan om de begane grond van zijn pakhuis op de Keizersgracht 487 te verbouwen tot stal en koetshuis. Maar nog voordat de verbouwing begint, overlijdt hij. Zijn weduwe verkoopt het pakhuis voor 19.600 aan de koopman Nicolaas Doekscheer.

In excellente staat

De erfgenamen van de familie Pels betreuren het later dat de Sparreboom niet meer in de familie is. Als Doekscheer overlijdt, koopt de 87-jarige weduwe Bicker-Pels in 1789 het pand terug. '*Het pakhuys is in een zeer goede staat en excellent onderhouden. 't is verre het beste van de vier en zoude mijns bedunkens in de publicque veyling ruym 20.000 moeten gelde.*' De verhuur van de verdiepingen samen is inmiddels gestegen van gemiddeld 831 gulden naar 1140 gulden. De weduwe betaalt voor pakhuis de Sparreboom uiteindelijk 22.466 gulden.

In 1939 besluit de Amsterdamsche Rijtuigenmaatschappij, eigenaar van twee van de vier voormalige pakhuizen van de familie Pels op de Keizersgracht, de oorspronkelijke 17e-eeuwse namen Eyckeboom en Lindeboom in ere te herstellen. Vijftig jaar later wordt ook de naam Palmboom op de gevel geschilderd. En daarmee is het rijtje P-E-L-S-pakhuizen weer compleet.

Huisje #65, een Delftsblauwe replica van pakhuis Sparreboom, wordt voor het eerst uitgegeven in 1994.

Winst en verlies

Door de economische crisis aan het begin van de 19e eeuw dalen de vier pakhuizen flink in waarde. In 1822 worden ze elk op 7500 gulden getaxeerd. Door een overschot aan opslagruimte is er namelijk minder vraag naar pakhuizen. De panden zijn op dat moment nog in bezit van de kleinkinderen van de familie Bicker. In 1826 worden de twee middelste van de vier pakhuizen verkocht aan George Luden. Hij woont toevallig in het voormalige huis van de allereerste eigenaar van de pakhuizen, Guilliam Pels. In 1838 laat Luden de pakhuizen Eyckeboom en Lindeboom tot één geheel verbouwen. De begane grond wordt stal en koetshuis, de verdiepingen daarboven worden kantoor. De namen van de middelste twee P-E-L-S-pakhuizen verdwijnen.

Pakhuis Sparreboom wordt op 21 april 1835 door de achterkleindochter van de familie Pels op een veiling aangeboden en uiteindelijk verkocht voor 7250 gulden. Dat is nog geen derde van de koopsom van 1789. Maar de nieuwe eigenaar investeert zijn geld verstandig, want als zijn nazaten het pakhuis in 1905 weer verkopen, krijgen ze 20.000 gulden voor het pand. Dat de verkoopprijs weer een flink stuk hoger ligt, komt doordat er weer meer vraag naar opslagruimte is na de opening van het Noordzeekanaal in 1876.

Een uitslaande brand

Boekhandel en uitgeverij Swets en Zeitlinger wordt in 1936 voor 17.000 gulden eigenaar van de Sparreboom. In de boekhandel worden onder andere antiquarische boeken verkocht. Op vrijdag 13 juni 1952 breekt er tegen sluitingstijd brand uit op de zolderverdieping. Een aantal brandweerlieden wordt bij het blussen van het vuur onwel en komt bijna om in de vlammenzee.

Na de brand wordt het pakhuis zorgvuldig gerestaureerd. Mede daardoor verkeert het pand tot op de dag van vandaag in een betere staat dan de andere drie pakhuizen van Pels. In 1979 koopt Paul Boom het pakhuis en laat het verbouwen tot woonhuis en bedrijfsruimte. Samen met zijn vrouw en hun drie kinderen woont het gezin er van 1980 tot 2007. Het 17e eeuwse pakhuis van Pels wordt opgesplitst in een vijftal appartementen.

Keizersgracht 403, Amsterdam

De Franse koopman Isaac Focquier vaart in de tweede helft van de 17ᵉ eeuw met het schip Neptunes van Marseille naar Amsterdam. Aan boord bevindt zich luxe koopwaar zoals specerijen, zijden stoffen en exotische vruchten. Eenmaal in de haven van Amsterdam gaat de kostbare lading grif van de hand.

De investering van deze risicovolle onderneming verdient Focquier in een mum van tijd terug en de Franse gelukszoeker vergaart een klein fortuin. De stad heeft hem als handelaar veel meer te bieden dan Marseille en hij besluit definitief in Amsterdam te blijven.

1500	1600	1700	1800	1900	2000

Classicistische stijl

In 1665 laat de avontuurlijke Fransman op Keizersgracht 401 een monumentaal koopmanshuis bouwen. De verhoogde halsgevel van Bentheimer zandsteen wordt naar de laatste mode versierd met pilasters en oeuils-de-boeuf. Op de vleugelstukken komen aan weerszijden van de hals gebeeldhouwde kinderfiguren. Met een gevelsteen van de plattegrond van Marseille verwijst Focquier naar zijn afkomst. Het grachtenhuis in classicistische stijl lijkt op eerdere ontwerpen van de bekende architect Philip Vingboons. In de volksmond wordt het pand Huis Marseille genoemd.

De Franse koopman Isaac Focquier is, ondanks zijn nieuwe rijkdom, niet vergeten waar hij vandaan komt. Een gevelsteen met een plattegrond van de stad Marseille herinnert hem aan de oorsprong van zijn fortuin. Aan deze gevelsteen ontleent het pand ook zijn naam: Huis Marseille.

Pakhuis Maarseveen

Isaac Focquier blijft handeldrijven met Frankrijk. Om de goederen op te slaan wordt in 1669 naast Huis Marseille, op Keizersgracht 403, een pakhuis met zes zolders gebouwd. Het pand is 7,30 m breed en krijgt een tuitgevel met hijsbalk, een segmentvormig fronton en voluten. De muren worden gepleisterd en witgeschilderd. Het pakhuis zal later de naam Maarseveen krijgen. Isaac Focquier blijft elf jaar op de Keizersgracht wonen en verkoopt Huis Marseille daarna aan de lakenkoopman Egbert de Vry. Focquier verhuist zelf naar de Prinsengracht. De Fransman overlijdt in 1680, op 66-jarige leeftijd.

Joan Huijdecoper van Maarsseveen en zijn vrouw Sophia Coymans. Zij is een volle nicht van hem. Huijdecoper is tegen het einde van de 17e eeuw eigenaar van het pakhuis op Keizersgracht 403. Het echtpaar woont zelf op de Lauriergracht.

Een dagboek met triviale details

Eind 17e eeuw komt het pakhuis in bezit van Joan Huijdecoper van Maarsseveen en zijn zoon Elias. Huijdecoper is tussen 1673 en 1693 dertien keer burgemeester van Amsterdam en bewindvoerder van de VOC. Huijdecoper is een beetje formele man met een levendige fantasie. Dankzij een tot de verbeelding sprekend dagboek weten we na ruim vierhonderd jaar nog steeds wat er toen in zijn hoofd omging. In zwierig handschrift noteert de regent allerlei triviale zaken zoals met wie hij een glas wijn drinkt, hoeveel sigaren hij rookt en waar, hoe laat hij thuis komt en naar welke kerk hij gaat. Ook schrijft Joan Huijdecoper over de cadeau's die hij ontvangt (meestal etenswaar, zaden of planten), maar ook krijgt hij eens een papegaai en een aap die alle glazen op tafel omgooit. Huijdecoper schrijft zelfs op hoe vaak hij de liefde bedrijft met zijn vrouw Sofia Coymans. Pakhuis Maarseveen (met één s) is vernoemd naar deze kleurrijke eigenaar.

Handbeschilderd behang

Het monumentale Huis Marseille op Keizersgracht 401 is sinds 1683 in bezit van Wouter Valckenier. Hij betaalde er destijds 25.000 gulden voor. Bij zijn dood in 1707 verkopen zijn nazaten het huis met 5000 gulden verlies. Jeremias van der Meer, handelaar in verzekeringen, wordt in 1718 voor 31.000 gulden de nieuwe eigenaar van Huis Marseille. Hij laat het woonhuis behangen met door kunstenaar Jurriaan Andriessen beschilderde doeken. Als Van der Meer in 1729 overlijdt, erven zijn zoon Dirk en diens echtgenote Deborah Huis Marseille. Pakhuis Maarseveen komt ook in bezit van het echtpaar.

Lodewijk XIV-stijl

Het interieur van Huis Marseille wordt volgens de laatste mode in Lodewijk XIV-stijl aangepast, waarbij de muren en het plafond van decoratief stucwerk worden voorzien. Rond 1780 wordt de inrichting van Keizersgracht 403 door de volgende eigenaren opnieuw onder handen genomen. In de 19e eeuw komt het pand in bezit van de familie Persijn. De aangetrouwde graaf Theo Van Lynden van Sandenburg gaat vervolgens in Huis Marseille wonen. In 1882 verhuurt hij het pand aan de familie Boelen. De zes zolders van pakhuis Maarseveen worden ondertussen nog steeds per maand verhuurd. In 1900 zet de graaf Huis Marseille en pakhuis Maarseveen te koop voor 50.000 gulden.

264

KLM-huisje #66 wordt voor het eerst uitgegeven in 1994. Het Delfts blauwe huisje is onderdeel van de jubileumcollectie, die uitkomt ter gelegenheid van de 75e verjaardag van KLM in 1994.

Jugendstilelementen

De NV Koninklijke Glasfabriek Bouvy koopt Huis Marseille en Maarseveen in 1900 en verbouwt het pakhuis tot werkplaats en magazijn. De ondergevel wordt verfraaid met jugenstilelementen. Bouvy is gespecialiseerd in het blazen van gebogen venster- en spiegelglas. De gebogen ruiten worden zelfs naar het buitenland geëxporteerd. Pakhuis Maarseveen gaat in 1949 in andere handen over, waarna de nieuwe eigenaar de bel-etage in gebruik neemt als kantoor. De zes pakzolders worden verbouwd tot luxe appartementen.

Op de begane grond zitten later achtereenvolgens een notariskantoor, een pensioenadvieskantoor en een advocatenkantoor. Presentator en kunstenaar Ruud de Wild huurt tot de zomer van 2012 de begane grond als atelier. De marmeren vloer voorziet hij van vrolijke kleuren. Na zijn vertrek wordt de ruimte weer ingericht als kantoorruimte.

Museum voor fotografie

De familie Goseling woont van 1905 tot 1992 in Huis Marseille. Een maatschap van advocaten houdt er in de jaren negentig kantoor. Huis Marseille wordt vanaf 1997 ingrijpend gerenoveerd; de 19e-eeuwse schouwen worden vervangen door 18e-eeuwse exemplaren, op de vloer van de zalen komt parket en de gangen worden betegeld met wit marmer. Na de renovatie opent Huis Marseille, Museum voor Fotografie in 1999 zijn deuren. In het najaar van 2003 wordt bovendien het 18e-eeuwse tuinhuis gereconstrueerd naar het oorspronkelijke ontwerp van Dirk van der Meer. In Huis Marseille worden fototentoonstellingen georganiseerd. Een bezoek aan het pand biedt tevens de mogelijkheid het voormalige woonhuis van Isaac Focquier te bewonderen en een kijkje te nemen in de 18e-eeuwse tuin.

Prinsengracht 721, Amsterdam

Op 30 april 1980 zou de inhuldiging van prinses Beatrix tot koningin een feestelijke gebeurtenis moeten zijn. Maar Amsterdam is die dag het toneel van hevige krakersrellen.

Het centrum is veranderd in een slagveld en het tumult dringt zelfs door tot de Nieuwe Kerk, waar op dat moment Beatrix trouw zweert aan de grondwet. Onder het motto 'Geen kroning, geen woning' protesteren de krakers tegen de woningnood. In Amsterdam is er voor jongeren nauwelijks woonruimte. Onbewoonbaar verklaarde panden wachten op renovatie, maar het geld is op.

| 1500 | 1600 | 1700 | 1800 | 1900 | 2000 |

Speculanten maken misbruik van de situatie door sommige huizen expres leeg te laten staan zodat de schaarste tot hogere prijzen leidt. Een half jaar na de troonsaanvaarding vinden in de stad nog zes krakersrellen plaats. De laatste in deze reeks leidt in 1981 tot de ontruiming van Prinsengracht 721.

Onopvallende bewoners

Het gekraakte herenhuis is bijna 350 jaar eerder, rond 1750, gebouwd. Prinsengracht 721 heeft vier verdiepingen en een topgevel in Lodewijk XV-stijl. De gevel van het rijksmonument wordt afgedekt door een houten kroonlijst met een halfronde verhoging. In het midden van de lijst zit boven het zolderluik een ornament en een hijsbalk. De kroonlijst zelf wordt ondersteund door twee consoles. Prinsengracht 721 en zijn bewoners leiden eeuwenlang een onopvallend bestaan.

Uitslaande brand

In de tweede helft van de 19ᵉ eeuw, als de firma J.G. van den Berg & Co eigenaar van het pand is, wordt Prinsengracht 721 grondig gerestaureerd. Onder andere de houten deklijst en de consoles worden vernieuwd. Na een grote uitslaande brand op 7 april 1960 wordt het pand in oude glorie hersteld. Twintig jaar later staat het herenhuis, na een volgende renovatie, geruime tijd leeg. Krakers nemen in de winter van 1980 bezit van het chique grachtenpand. In Amsterdam zijn op dat moment ongeveer achthonderd huizen gekraakt. De ME ontruimt Prinsengracht 721 in het weekend van 8 februari 1981.

_ Kraken in Nederland _

Kraken is in de jaren zeventig en tachtig van de vorige eeuw populair onder jongeren. Het aantal krakers in Nederland stijgt tussen 1980 en 1981 naar zo'n 20.000. Volgens schatting van de kraakbeweging hebben in totaal ongeveer 35.000 mensen in Nederland op enig moment in een kraakpand gewoond. Sinds 1 oktober 2010 is kraken in Nederland bij wet verboden.

De gedreven politicus Jan Schaefer is van 1978 tot 1986 wethouder in Amsterdam. Hij is verantwoordelijk voor de portefeuilles stadsvernieuwing, bouw- en woningtoezicht en woningzaken. De krakers verwijten Schaefer dat hij de misstanden op de woningmarkt niet snel genoeg aanpakt, terwijl hij zich juist hard maakt voor meer sociale woningbouw. Schaefer is een eigenzinnig politicus die bekend staat om uitspraken als: 'Is dit beleid of is hier over nagedacht?', en: 'In geouwehoer kan je niet wonen.'

Prinsengracht 969, Amsterdam

Het water in de grachten van Amsterdam is tegenwoordig schoner dan ooit. Maar vier eeuwen geleden, vlak na de aanleg van de grachtengordel, wordt al luidkeels geklaagd over het vieze water. Een stinkende walm van rotte eieren doet de bewoners van de chique grachten in de 17ᵉ eeuw naar adem happen.

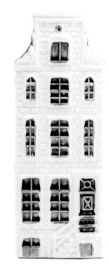

Vooral in de zomer, als het water laag staat, stijgt er een smerige lucht op. De grachten zijn een open riool. Bewoners en bedrijven gooien hun afval gewoon in het water. Overal drijft rotzooi: van uitwerpselen en huisvuil tot mest en rottend slachtvlees.

| 1500 | 1600 | 1700 | 1800 | 1900 | 2000 |

In 1666 schrijft de Fransman Pierre Le Jolle in een boek over Amsterdam dat de stad 'al van kilometers afstand te ruiken is'. Hij draagt zijn werk daarom op aan 'de zeer onopgevoede, smerige, lompe, onzindelijke en onbenullige heren modderwerkers en schoonmakers van de Amsterdamse grachten'. Tegen het einde van de 17ᵉ eeuw wonen er al zo'n 200.000 mensen in Amsterdam. Het is de op twee na grootste stad ter wereld. Alleen Londen en Parijs hebben meer inwoners. Het schoonhouden van de Amsterdamse grachten en de verstikkende zwavelgeur worden een steeds groter probleem. Drinkwater wordt inmiddels per schip van elders aangevoerd, het water in de grachten is te smerig om te drinken en veroorzaakt ziekten.

Eb en vloed

Om de kwaliteit van het grachtenwater te verbeteren en het waterniveau in de stad te beheersen, worden in de 17ᵉ eeuw in Amsterdam sluizen aangelegd. Het afsluiten (bij eb) en openen (bij vloed) van de sluizen moet voor minder stank in de stad zorgen. De grachtengordel wordt bij hoog water doorgespoeld met schoon water uit de Zuiderzee, de Amstel en het IJ. De Prinsengracht is de langste gracht van Amsterdam. Het duurt dus ook langer om dit water te verversen. Aan de kant van het IJ wordt de Prinsengracht afgesloten door de Eenhoornsluis. Het andere einde van de Prinsengracht mondt uit in de rivier de Amstel. Vlak bij deze kruising van waterwegen wordt in 1690, op Prinsengracht 969, een stijlvol huis gebouwd met een fraaie halsgevel. De top van het pand wordt bekroond met een zandstenen fronton. Klauwstukken met bloemmotief ondersteunen de hals.

Aan alcohol verslaafde varkens

Het huis op de Prinsengracht 969 mag er dan voornaam uitzien, zodra de bewoners een stap buiten de deur zetten ruiken ze de penetrante lucht van varkensmest en urine. In de buurt van de Prinsengracht 969 zit namelijk een jeneverstokerij. De eigenaar heeft een slimme oplossing voor een alcoholhoudend overblijfsel van de jeneverstook. In plaats van het afvalproduct in de gracht te gooien, gebruikt hij het als varkensvoer! De varkens raken eraan verslaafd en ze zijn sneller vetgemest. Dat het vlees van mindere kwaliteit is, neemt hij op de koop toe. Maar de uitwerpselen van zijn varkens, het slachtafval en het afgedankte hooi kiepert hij wel in de Prinsengracht. De jeneverstoker wordt uiteindelijk gedwongen om zijn bedrijf te verhuizen naar de rand van de stad.

_ Geld stinkt niet _____

In de Gouden Eeuw spreekt men in Amsterdam van een 'hoge' en een 'lage' stad. Het waterpeil in de grachtengordel wisselt dan nog sterk, door eb en vloed. Waar de huizen van de rijke inwoners staan, is de grond opgehoogd met zand en puin. De armere mensen wonen veelal aan de Prinsengracht en in de volkswijk Jordaan. Ze hebben geen geld voor ophoging van de grond. Maar juist in deze buurten zitten ook veel vervuilende bedrijven die hun afval rechtstreeks in het water lozen. Zij zorgen ervoor dat in armere buurten de stank erger is dan elders.

Klassieke oudheid herontdekt

In de 18^e eeuw ondergaat het huis op Prinsengracht 969 een grote verbouwing waarbij de gevel in Hollands classicistische stijl wordt verfraaid. Deze bouwstijl is in Europa het gevolg van een plotseling belangstelling voor de klassieke oudheid, nadat verdwenen steden als Herculaneum (in 1709) en Pompeii (in 1748) opnieuw zijn ontdekt. Het pand op Prinsengracht 969 krijgt halverwege de 18^e eeuw een voorname entree met een hoge bordestrap en een deur met een omlijsting van platte Griekse zuilen (pilasters). Het sierlijke snijraam boven de deur is kenmerkend voor de sobere stijl van Lodewijk XVI. Het is waarschijnlijk ook in deze periode dat het fronton van de top verdwijnt om nog sterker de symmetrie van de halsgevel te benadrukken.

'Het ongezondste oord ter wereld'

De bewoners van Prinsengracht 969 zullen in de afgelopen eeuwen ongetwijfeld vaak last hebben gehad van de stank op straat. Tegen het eind van de 17ᵉ eeuw zijn er in de buurt ongeveer twintig brouwerijen, bijna twintig suikerbakkerijen en maar liefst zeventig ververijen. Allemaal lozen ze hun afvalwater rechtstreeks in de Prinsengracht. Gelukkig worden gaandeweg steeds meer bedrijven aan deze gracht naar de randen van de stad verplaatst. Maar de waterkwaliteit in de grachtengordel blijft slecht. Aan de stank kunnen ook bezoekers van buiten de stad nog steeds niet wennen. In 1730 wordt Amsterdam een 'schoone maagd met een stinkende adem' genoemd. Een Duitse toerist schrijft een eeuw later, in 1838: 'De vreemdeling, die de in blaauwen nevel gehulde stad aanschouwt, en hare onaangename uitdampingen inademt, verklaart haar voor het ongezondste oord ter wereld.'

KLM-huisje #68 wordt voor het eerst uitgegeven in 1994.

Dodelijke cholera-epidemie

Tussen 1832 en 1866 zijn in Amsterdam drie uitbraken van cholera. Duizenden Amsterdammers overlijden, de meeste slachtoffers vallen in de wijk Jordaan. Het ontbreken van schoon drinkwater en een goed rioleringssysteem leiden tot een hoog sterftecijfer. Maar er is verandering op komst. Vier jaar na de laatste cholera-epidemie wordt in 1870 in Amsterdam op grote schaal begonnen met de aanleg van riolering.

Grachten schoongespoeld

In opdracht van koning Willem III wordt er ondertussen ook hard gewerkt aan het graven van het Noordzeekanaal, van Amsterdam naar IJmuiden. Via het IJ wordt een nieuwe verbinding naar zee gemaakt. De Zuiderzee (nu het IJsselmeer), ten oosten van Amsterdam, wordt daarmee minder belangrijk als handelsroute. De Oranjesluizen sluiten de Zuiderzee af van het IJ. Het gemaal Zeeburg pompt sinds 1878 schoon water uit de Zuiderzee door de Amsterdamse grachten. Twaalf sluizen worden om tien uur 's

_ Het dempen van de grachten _____

Het dempen van grachten wordt eeuwenlang gezien als dé oplossing voor de stankoverlast. Zeventig grachten treft dit lot. Omdat de Prinsengracht belangrijk is voor het vervoer van goederen naar de vele pakhuizen, wordt het dempen van deze gracht nooit als een serieuze optie overwogen.

_ Drinkwater uit de gracht _

De kwaliteit van het water in de Amsterdamse grachtengordel is sterk verbeterd. Tijdens de International Waterweek wordt in oktober 2011 een ludieke publieksactie gehouden, waarbij in de grachtwaterbar gezuiverd water uit de gracht kan worden geproefd. De reacties op het bruine water variëren van 'roestig' tot 'een grondsmaak'.

avonds gesloten en pas de volgende ochtend om vijf uur weer geopend. In de zomer worden de Amsterdamse grachten vier keer per week gespoeld, in de winter twee keer. Per keer stroomt er 600.000 m³ schoon water de stad in.

De aansluiting van de grachtenhuizen op de riolering gaat in de 20e eeuw onverminderd door. Het laatste pand wordt in 1987 aangesloten op het rioleringsnet. In het centrum van Amsterdam liggen zo'n achthonderd woonboten, waarvan een groot aantal nog altijd de wc in de gracht doortrekt en afvalwater in de gracht loost. De gemeente Amsterdam streeft ernaar in 2016 ook alle woonboten op het riool te hebben aangesloten. De grachten van Amsterdam zijn in eeuwen niet zo schoon geweest als nu.

Prinses in het water

Om aandacht te vragen voor de ze-nuwziekte ALS wordt op 9 september 2012 een zwemtocht georganiseerd door de Amsterdamse grachten. Een van de deelnemers aan het event Amsterdam City Swim is prinses Máxima, met een oranje badmuts op. Ze zwemt 50 minuten door de Amsterdamse grachten. Na ruim 2 km klimt de prinses uit het water en zegt bij de finish: '*Het was super! Het water is heel schoon en de tocht heerlijk.*' 1100 zwemmers laten zich die dag sponso-ren en halen samen 740.031 euro op voor het goede doel.

De Steen van Hudde

Het waterpeil in Europa wordt vastgesteld volgens een standaard die zijn oorsprong in Amsterdam heeft. Tot de 17ᵉ eeuw wordt de waterstand in de stad bepaald door eb en vloed. Maar nadat rondom Amsterdam sluizen zijn aangelegd, krijgen de sluiswachters invloed op de hoeveelheid water in de grach-tengordel en de kwaliteit van het water. In opdracht van burgemees-ter Joannes Hudde wordt in 1684 de gemiddelde waterstand vastgesteld. Bij alle sluizen komt een witmar-meren steen met een groef op '*negen voet 5 duijm*' (= 2,68 m) beneden de 'Zeedijks Hooghte'. De sluiswach-ter weet daardoor precies bij welke waterstand de sluisdeuren open en dicht moeten. De standaardisering heet NAP (Nieuw Amsterdams Peil) en wordt in heel Europa overgeno-men. Deze Steen van Hudde is de enige, nog originele peilsteen uit de 17ᵉ eeuw en zit in de Eenhoornsluis, aan het begin van de Prinsengracht.

De Eenhoornsluis, aan het begin van de Prinsengracht. Van de acht witmarmeren stenen die in 1684 over de stad zijn verspreid om het waterpeil te meten, is alleen nog de Steen van Hudde in de Eenhoornsluis over.

272

Keizersgracht 319, Amsterdam

Het centrum van Amsterdam bestaat sinds de 17ᵉ eeuw uit negentig kunstmatige eilanden, die door 240 bruggen met elkaar verbonden zijn. Daarmee doet de stad zijn bijnaam 'Venetië van het Noorden' eer aan.

Minder bekend is dat ook een aantal grachtenhuizen een Venetiaanse inspiratiebron hebben. Bouwmeester Vincenzo Scamozzi uit Venetië publiceert in 1615 het ordeboek *L'Idea della Architettura Universale*. Zijn ideeën over symmetrie, maten en verhoudingen en het gebruik van symbolen uit de klassieke oudheid maken in heel Europa indruk. Het boek wordt een bestseller en leidt zelfs tot een nieuwe bouwstijl: het Hollands classicisme.

1500	1600	1700	1800	1900	2000

De allereerste halsgevel

De stijl past uitstekend bij het groeiende zelfbewustzijn van de nog jonge Republiek. De architecten Jacob van Campen, Pieter Post en Philips Vingboons zijn belangrijkste vertegenwoordigers van het Hollands classicisme. De jongste van dit drietal, Philips Vingboons, geeft in 1638 zijn visitekaartje af met een spraakmakend ontwerp voor een nieuw soort gevel.

Uw onderdanighste dienaer

PHILIPS VINGBOONS.

Hij versimpelt de traditionele trapgevel van een woonhuis op Herengracht 168 tot een strakke klassieke vorm met twee rechte hoeken. Deze halsgevel leidt in de bouwkunst tot een kleine revolutie. De combinatie van moderne en klassieke vormen is hét gesprek van de dag.

Een overtreffende trap

Het huis op Herengracht 168 is nog maar net opgeleverd of Philips Vingboons wordt al benaderd door de 51-jarige Daniël Soyhier. Hij is de zoon van Nicolaes Soyhier, een van de rijkste inwoners van de stad. Zijn vader is een hande-

273

laar in zijden stoffen en woont op de Keizersgracht, in het beroemde Huis met de Hoofden. Daniël heeft op 800 meter van het ouderlijke huis, op 7 januari 1639, een kavel bouwgrond gekocht. Voordat hij hier een woning kan laten bouwen, moet er eerst nog een oude schuur worden gesloopt. En ondertussen is hij op zoek naar een architect. Soyhier droomt van een huis dat in uitstraling alle andere grachtenpanden overtreft. En daarvoor is hij aan het juiste adres bij Vingboons. Vanaf het allereerste moment klikt het tussen de twee mannen.

De frustratie van een talent

Zowel Daniël Soyhier als Philips Vingboons hebben eenzelfde achtergrond. Hun families zijn bij het uitbreken van de Tachtigjarige Oorlog, na de inname van Antwerpen door de Spanjaarden, naar Amsterdam gevlucht. En beide mannen zijn rooms-katholiek, wat ook een band schept. Maar het katholieke geloof speelt de architect parten. De overheid passeert hem telkens bij grote bouwprojecten en hij vermoedt dat zijn geloofsovertuiging daar iets mee te maken heeft. Vingboons' ontwerp voor het nieuwe stadhuis op de Dam

Na de dood van Nicolaes Soyhier in 1642 erft zijn zoon Daniël Soyhier maar liefst 42 schilderijen, waaronder dit schilderij van Peter Paul Rubens en Frank Sneyders. Het doek hangt enige tijd in de 'groote sael' van Keizersgracht 319. Constantijn Huygens, de grootste Nederlandse dichter uit de Gouden Eeuw, was bevriend met Soyhier en beschrijft het schilderij in zijn autobiografie. De *Medusa* van Rubens werd volgens hem door Nicolaes Soyhier achter een doek verborgen gehouden, omdat het zo angstaanjagend was. Het schilderij maakt nu deel uit van de collectie van het Kunsthistorisches Museum in Wenen.

wordt bijvoorbeeld volkomen genegeerd. Aan zijn unieke talent kan het in ieder geval niet liggen. Zijn collega Jacob van Campen gaat er uiteindelijk met de prestigieuze opdracht vandoor. Philips Vingboons voelt zich geboycot, maar hij zit niet bij de pakken neer. De jonge architect ontwerpt voor rijke kooplieden het ene na het andere grachtenhuis. Daniël Soyhier hoort met zijn – via de VOC vergaarde – fortuin ook tot deze nouveau riche.

Een strakke symmetrie

De modern halsgevel van Vingboons op Herengracht 168 leidt tot uiteenlopende reacties. Men vindt het ontwerp vooral gedurfd. Daniël Soyhier wil met zijn nieuwe huis minstens zo'n grote indruk

maken. Maar de architect laat zich niet verleiden om een exacte kopie van Herengracht 168 te maken. Philips Vingboons bestudeert de ordeboeken van Scamozzi en tekent voor Soyhier uiteindelijk een stijlvol koopmanshuis met een strakke symmetrie. Het ontwerp doet denken aan een klassieke Romeinse tempel. De gevel wordt opgetrokken uit witte Bentheimer zandsteen. Daaraan dankt het huis ook zijn bijnaam 't Witte Huys. Het pand heeft een verhoogde halsgevel met maar liefst vier frontons, twee oeils-de-boeuf, weelderig gebeeldhouwde klauwstukken, siervazen en festoenen rond de hijsbalk.

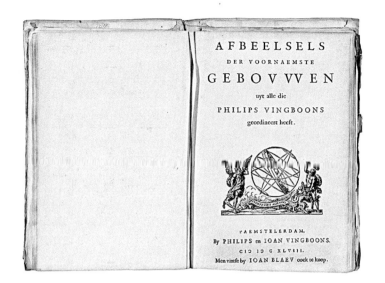

Toelichting bij de ontwerptekening van 't Witte Huys op Keizersgracht 319, uit het boek *Afbeelsels der voornaemste gebouwen uyt alle die Philips Vingboons geordineert heeft* (1648).

De 'voornaemste gebouwen'

Philips Vingboons publiceert in 1648 en 1674 een overzichtswerk in twee delen met zijn complete oeuvre. Wellicht is de architect zo gefrustreerd over erkenning en het uitblijven van grote bouwopdrachten, dat hij met *Afbeelsels der voornaemste gebouwen uyt alle die Philips Vingboons geordineert heeft* wil laten zien tot welke ontwerpen hij in staat is.

DIt voorgestelde Gebouw, waer van de Gevel t'eenemael van witte Benthemer steen is, heeft Sr. *Daniel Soyhier*, in den Iare 1639 laeten bouwen; is van binnen seer kostelijck betrocken, en met diversche Kamers versien, die seer çierelijck opgemaeckt sijn, als oock van Solder en Schoorsteen, gelijck op de Gront mede vertoont wort de grootte van alle de Kamers, heeft een Tuyn van 70 voeten langh, welcke ick om de kleynheyt van plaets niet heb konnen vertoonen: staet binnen *Amsterdam* op de Oostsijde van de Keysers-graft, schuyns over den Schouburgh.

KLM-huisje #69 wordt voor het eerst uitgegeven in 1994.

Klassieke zuilenpartij

De voorname uitstraling van Keizersgracht 319 wordt verder benadrukt door het gebruik van Toscaanse en Dorische pilasters. Deze halfplatte zuilen zorgen voor een optische illusie door diepte te suggereren. Het is overigens voor het eerst dat Philips Vingboons dit soort zuilen toepast bij een woonhuis. En dat is opmerkelijk. Een smalle gevel leent zich door de breedte- en hoogteverhouding namelijk niet direct voor een prominente zuilenpartij.

Het voorhuis krijgt in het midden een lange hal, die helemaal tot achter doorloopt. Zo'n gang is in de 17ᵉ eeuw nog een noviteit. Aan beide kanten van de entree liggen

twee smalle zijkamers. Tussen het voor- en achterhuis zit een kleine binnenplaats, voor extra daglicht. Het achterhuis bestaat uit een 'groote sael' waar muziek gemaakt kan worden. De bovenverdiepingen hebben eenzelfde indeling en zijn via een spiltrap te bereiken. Achter het pand ligt een tuin van maar liefst 20 m diep.

Aanvankelijk heeft de gevel van 't Witte Huys vier frontons. Bij een verbouwing in de 18ᵉ eeuw wordt de entree verplaatst naar de rechterkant van het huis. Deze foto is gemaakt aan het begin van de 20ᵉ eeuw.

277

Nog een schilderij ...

Na de oplevering gaan Daniël Soyhier en zijn vrouw Marija van Os eind 1639 in 't Witte Huys wonen. Als zijn zus Susanna weduwe wordt, laat hij in 1650 een huis naast dat van hem bouwen. Dit pand met een trapgevel van rode baksteen wordt in de volksmond 't Roode Huys genoemd. Soyhier geeft tegen het einde van de 17ᵉ eeuw de kunstenaar Jan van der Heijden opdracht om een schilderij te maken van de twee huizen. Soyhiers vrouw Marija wordt in de deuropening afgebeeld.

Kunstenaar Jan van der Heijden (1637-1712) schildert tegen het einde van de Gouden Eeuw de Keizersgracht, met 't Witte Huys en 't Roode Huys. Via een veiling in Hamburg komt het schilderij in 1912 in bezit van het Staatliche Museum in Kassel. Jan van der Heijden is in de 17ᵉ eeuw overigens niet alleen actief als kunstenaar, hij is ook de uitvinder van de brandweerspuit (1672) en de straatlantaarn (1669).

Mogelijk staat Soyhiers vrouw Marija boven aan de bordestrap afgebeeld.

Een ontdekking uit 1639

Nadat Daniël Soyhier en zijn vrouw zijn overleden, maakt de volgende eigenaar het grachtenpand omstreeks 1700 nog chiquer. De entree wordt naar de rechterkant verplaatst waarbij de centrale bordestrap en het fronton boven de deur verdwijnen. De strakke symmetrie van de gevel is met deze ingreep doorbroken, maar de nieuwe indeling zorgt voor extra woonruimte. Bouwhistorici betwijfelen in de 20[e] eeuw of de entree van Keizersgracht 319 ooit echt in het midden van het pand heeft gezeten, zoals een bouwtekening uit 1639 suggereert. Het bewijs voor deze aanpassing is recent ontdekt achterin de meterkast van de kelder. Het rechterluik blijkt rond 1700 inderdaad te zijn vervangen door een deur en een bordestrap. Het originele scharnier van het verdwenen luik zit verstopt achter een elctriciteitsbuis.

Imposant stucwerk

Het huis is aan het begin van de 18[e] eeuw een lust voor het oog, maar de inrichting overtreft alles. De nieuwe marmeren hal straalt grandeur uit. De beroemde beeldhouwers Ignatius van Logteren en zijn zoon Jan hebben de entree voorzien van weelderig stucwerk, in de stijl van Lodewijk XIV. Een hoogtepunt zijn de reliëfs van vier wulpse vrouwen. De details in bladgoud verwijzen naar de vier continenten die in de 18[e] eeuw bekend zijn.

Nadat de indeling van de parterre rond 1700 is gewijzigd, krijgt de zaal aan de grachtzijde een royale afmeting. Kunstenaar Jacob de Wit leeft zich uit op het plafond en creëert een optische illusie. De spelende en door de lucht vliegende cherubijnen lijken daardoor los te komen van de achtergrond. Op de wanden schildert de 18[e]-eeuwse meester Isaac de Moucheron een fraaie impressie van een Italiaans landgoed.

Een jonge koffiehandelaar

Het interieur van een ander deel van het huis krijgt een eeuw later, onder leiding van Georg Carl Valentin Schöffer, definitief vorm. Schöffer komt uit een familie van koffiehandelaren. Op 1 mei 1865 is zijn vader teruggetreden als eigenaar van handelshuis Hofmann, Schöffer & Co. Hij heeft de scepter overgedragen aan zijn twee zonen en een neef. Carl Schöffer is dan 24 jaar en maakt zich in de zomer van 1865 op voor de volgende grote stap in zijn leven. Enkele maanden later trouwt hij met zijn grote liefde, Ottilie Bunge. Zijn echtgenote is dan net zeventien jaar geworden. Het paar gaat op de Keizersgracht 319 wonen.

Koffiehandelaar
Carl Schöffer.

279

Een oud-Hollandse stijlkamer

Schöffer heeft naast zijn werk als koffie-handelaar een passie voor kunst. Hij is lid van de Raad van Bestuur van het Rijksmuseum, voorzitter van kunstenaarsvereniging Arti & Amicitiae en voorzitter van de Koninklijke Oudheidkundige Vereniging. Ottilie heeft haar blik vooral op de toekomst gericht. Ze is een feministe avant la lettre.

De echtgenote van Carl Schöffer is lid van de vrouwenvereniging Arbeid Adelt en strijdt voor het vrouwenkiesrecht. De moderne denkbeelden van Ottilie stroken niet altijd met de conservatieve smaak van haar man. Carl Schöffer laat in 1870 de achterkamer van hun huis inrichten in oud-Hollandse stijl. De wanden worden bekleed met kostbaar goudleerbehang en afgewerkt met een houten lambrisering. Over de kleur daarvan zal nog menig bezoeker zich verbazen: turkoois.

Historisch wapentuig

De metershoge schouw wordt versierd met een Delfts blauw tegeltableau. Op elke tegel staat een schutter met een wapen afgebeeld. Deze illustraties zijn ontleend aan het 17e-eeuwse instructieboek *Wapenhandelinghe* van Jacob de Gheyn II (het boek hoort sindsdien tot de vaste inventaris van Keizersgracht 319).

Tussen het voor- en achterhuis wordt een fraaie wenteltrap van kostbaar Amerikaans mahoniehout geplaatst. In het houtsnijwerk is onder anderen Mercurius, de god van de handel, te herkennen. Uit deze periode dateert ook de deur van het voorhuis, in empirestijl, en het snijraam van bladgoud boven de entree. Rond de eeuwwisseling krijgt het pand een andere bewoner. Keizersgracht 319 wordt vanaf 1900 verhuurd aan de Duitse koffiehandelaar Johann Thomas Douqué. Hij is geboren in Koblenz en woont sinds vijf jaar met zijn vrouw Henriette in Amsterdam. Omdat zowel Schöffer en Douqué in dezelfde branche werken, kennen ze elkaar waarschijnlijk al enige tijd.

Geen geld voor restauratie

Ottilie Schöffer overlijdt plotseling in het voorjaar van 1909. Haar man Carl is gebroken van verdriet en wil het verleden achter zich laten. Hij verhuist naar Scheveningen. Het huis op de Keizersgracht 319, waar hij zo gelukkig is geweest met zijn jeugdliefde Ottilie, gaat in de verkoop. In december van hetzelfde jaar biedt Carl Schöffer het pand op een veiling te koop aan, voor 50.000 gulden. Maar op het laatste moment wordt het huis onderhands verkocht aan huurder Johann Thomas Douqué. Hij overlijdt in 1942 en woont tot die tijd met zijn vrouw en hun zes kinderen op Keizersgracht 319.

Het gezin van Johann Thomas Douqué en zijn vrouw Henriette, begin jaren twintig.

Na zijn overlijden wordt het pand voor 90.000 gulden verkocht aan de NV Wijgula, de binnenvaartrederij van de compagnons Wijnhoff, Van Gulpen en Larsen. Voordat het bedrijf hier zijn intrek kan nemen, wordt het monument in 1943 onder leiding van de bekende architect A.A. Kok opgeknapt. Op basis van het ontwerp uit 1639 wordt een restauratieplan gemaakt. Het is de bedoeling dat de gevel in de oorspronkelijke staat wordt hersteld. Maar er is geen geld voor de benodigde bouwmaterialen. De Bentheimer natuursteen is in de oorlogsjaren te duur. Daarom blijft het bij een kleine opknapbeurt, waarbij de verweerde gevel wit wordt geschilderd. Na de restauratie betrekt de NV Wijgula in 1944 het pand. Bij het 50-jarig jubileum wordt een bronzen penning uitgegeven met een afbeelding van het huis.

Koffiehandelaar Johann Thomas Douqué.

De wanden in de voorkamer worden in de 18ᵉ eeuw beschilderd door Isaac de Moucheron (1667-1744). Mogelijk is het een afbeelding van Villa d'Este bij Rome. Opvallend is dat de bedienden kleiner zijn afgebeeld dan de hoofdpersonen. Werk van De Moucheron bevindt zich onder andere in het Rijksmuseum in Amsterdam, het Louvre in Parijs en het Metropolitan Museum of Art in New York.

't Witte Huys

In 1979 wordt het rijksmonument verkocht aan filmproducent Rob Houwer. Hij vestigt op Keizersgracht 319 het kantoor van De Verenigde Nederlandsche Filmcompagnie. Houwer is een toonaangevende producent en verantwoordelijk voor films als *Turks Fruit* (met 3,5 miljoen bezoekers de best bezochte speelfilm uit de Nederlandse filmgeschiedenis) en *Soldaat van Oranje*. Het souterrain van Keizersgracht 319 laat hij inrichten als privébioscoop. Regelmatig vinden er in 't Witte Huys audities plaats voor nieuwe speelfilms.

Het huis met de 3000 tegels

Samen met enkele partners lanceert Houwer enkele jaren later vanuit het pand Filmnet, de eerste commerciële televisiezender van Nederland. Maar als kantoor is 't Witte Huys veel te klein, bij Filmnet werken eind 1983 inmiddels al zestig medewerkers. Daarom wordt het pand ernaast gehuurd. Bij het doorbreken van de tussenmuren sneuvelen vele honderden eeuwenoude wandtegeltjes. De 'witjes' worden in een weekend van de muur gebikt en verdwijnen spoorloos. En daarmee krijgt Keizersgracht 319 nog een bijnaam: Het huis met de 3000 tegels.

Eigenhandig 'gerestaureerd'

Eind jaren tachtig wordt onroerendgoedhandelaar Peter Jongmans de nieuwe eigenaar en bewoner van Keizersgracht 319. Hij heeft 't Witte Huys al eerder willen kopen, maar pas als de prijs met 100.000 gulden is gezakt (volgens Jongmans na de mysterieuze verdwijning van de 'witjes') zet hij zijn handtekening. Hij voert zelf ook een kleine 'restauratie' uit. Van een conservator van het Rijksmuseum krijgt Jongmans de tip om de 18ᵉ-eeuwse schilderingen met een sopje van lauw water schoon te maken! 't Witte Huys figureert in deze periode ook nog in een speelfilm. Een Italiaanse regisseur is zo onder de indruk van het pand dat hij Peter Jongmans toestemming vraagt voor het opnemen van enkele scènes.

Een geheimzinnige code

In 1995 wordt 't Witte Huys verkocht aan een kleinzoon van Johann Thomas Douqué. En daarmee keert het pand na ruim vijftig jaar weer terug in de familie. Voor de restauratie wordt maar liefst vijf jaar uitgetrokken. 't Witte Huys ondergaat een metamorfose, waarbij elk detail van het huis in de originele staat wordt teruggebracht. Er is nog één kwestie die de huidige bewoner voor een groot raadsel stelt. Het is tot op de dag van vandaag niet gelukt om een geheimzinnige code te kraken, die zich achter een luikje in de lambrisering van de oud-Hollandse stijlkamer bevindt …

```
D   B   N   E
A   D   S   P   F
D   Q   S   V   E
V   S   S   T
```

Deze geheimzinnige code bevindt zich in de oud-Hollandse stijlkamer, achter een luikje van de lambrisering.

In de tuin van Keizersgracht 319 staan vier uitzonderlijk gave standbeelden van wit Carraramarmer. De vier vrouwen symboliseren de continenten Europa, Azië, Afrika en Amerika. De beelden zijn aan het begin van de 18e eeuw gemaakt en in 1995 in de tuin van Keizersgracht 319 geplaatst.

Het continent Europa wordt in de 18e eeuw gezien als de koningin van de wereld. Ze draagt daarom een kroon en leunt tegen een tempel uit de klassieke oudheid. Daarmee verbeeldt ze kennis en wijsheid.

Het standbeeld Azië houdt oorspronkelijk een wierookvat vast, als verwijzing naar de geurstoffen uit het Verre Oosten.

Het standbeeld Afrika heeft een tijgerhuid over haar schouder gedrapeerd. Op haar hoofd draagt ze een olifantenkop met een slurf.

Amerika draagt een verentooi, als verwijzing naar de Indianen als de oorspronkelijke bewoners van het continent. Onder haar linkervoet ligt een afgehakt hoofd.

Koningsstraat 4, Alkmaar

Alkmaar wordt al eeuwenlang geassocieerd met de handel in kaas. De geschiedenis hiervan gaat zelfs terug tot 1365. In de 17ᵉ eeuw krijgt de kaashandel een geweldige impuls met de inpoldering van een aantal meren in Noord-Holland.

Rijke kooplieden zien het nieuwe land als een interessante belegging. Maar de zompige grond is ongeschikt voor het verbouwen van graan. Daarom wordt het polderland verpacht aan boeren voor de veeteelt. Met de komst van duizenden koeien ontstaat een overschot aan melk. De boeren storten zich daarom massaal op het maken van 'cleyne kasekens' of 'klootkaasjes'. Dit type kaas is beter bekend als Edammer kaas.

| 1500 | 1600 | 1700 | 1800 | 1900 | 2000 |

Kazen keren

In de gouden eeuw is het marktplein in Alkmaar elke vrijdag en zaterdag, van mei tot november, het toneel van een levendige handel. In de 18ᵉ eeuw wordt het aantal marktdagen zelfs uitgebreid naar vier dagen in de week. De kaasdragers brengen de kazen met een berrie naar de Waag, waar de kaas wordt gewogen en getest. Een Edammer kaas weegt gemiddeld 1,7 kg. Het loven en bieden gaat gepaard met het rituele handjeklap tussen de verkoper en koper. Na de verkoop wordt de kaas opgeslagen in speciale pakhuizen om te rijpen. Jonge kaas rijpt ongeveer vier weken, oude kaas ligt tot wel achttien maanden op de plank. De dikke muren van het pakhuis zorgen ervoor dat de temperaratuur constant 12 tot 15 graden blijft. Tijdens het rijpen worden de kazen met de hand gekeerd, om te voorkomen dat ze door het vocht uitzakken en van vorm veranderen.

19ᵉ-eeuws kaaspakhuis verbouwd tot eigentijdse woning

De geschiedenis van Konings-straat 4 is onder andere te zien aan de nummering op de originele houten balken. De getallen verwijzen naar de opslag en de rijpingsduur van de kaas.

Eerstesteenlegging

Op 21 maart 1891 wordt, op een paar honderd meter van de Alkmaarder kaasmarkt, op de Paardensteeg 14 (zoals Koningsstraat 4 eind 19ᵉ eeuw heet), de eerste steen gelegd voor de bouw van een kaaspakhuis. De feestelijke handeling wordt verricht door 10-jarige Mattheus de Boer en zijn vijf jaar jongere broertje Nicolaas, de zonen van opdrachtgever Dirk de Boer. Het pand heeft een oppervlakte van ruim 400 m². Het krijgt aan de straatzijde een tuitgevel in neorenaissancestijl, met een kleine obelisk in de top. Het kaaspakhuis steekt met zijn vijf verdiepingen hoog boven de omringende bebouwing uit.

21 MAART 1891
DE EERSTE STEENEN GELEGD DOOR
NICOLAAS EN MATTHEUS DE BOER

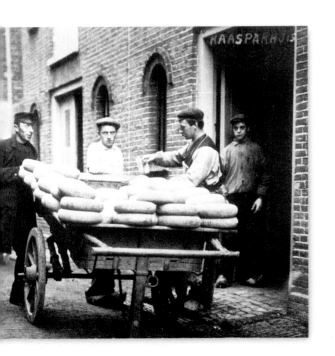

285

KLM-huisje #70 wordt voor het eerst uitgegeven in 1994. Het originele pand telt vijf verdiepingen, deze Delfts blauwe replica heeft vier verdiepingen.

Koningsstraat 4 is sinds 1989 een gemeentelijk monument. De tuitgevel van het voormalige kaaspakhuis is een beschermd stadsgezicht.

Middeleeuwse curiosa

Het pakhuis doet na de oplevering bijna honderd jaar dienst als opslag. Nadat het in de jaren negentig van de 20e eeuw langdurig leeg staat, wordt het pand in 1995 voor 220.000 gulden verkocht aan Happy Home, een bedrijf dat vakantiewoningen verhuurt. Het pakhuis moet van boven tot onder worden verbouwd. Maar voordat de aannemer van start gaat, wordt de ruimte eerst twee maanden lang in bruikleen gegeven aan een inwoner van Alkmaar die er zijn collectie middeleeuwse curiosa, waaronder een harnas, tentoonstelt.

Een knipoog naar het verleden

De nieuwe eigenaar laat het monumentale pakhuis voor 270.000 gulden verbouwen tot kantoor. De kozijnen worden geel geverfd als knipoog naar het verleden van het pand als kaaspakhuis. Met het naar boven hijsen van een aantal kazen op 26 januari 1996 wordt het kantoor feestelijk geopend. In 2004 verhuist het bedrijf naar een ander adres. Het voormalige kaaspakhuis wordt voor 800.000 euro verkocht aan particulieren. Sindsdien is het pand in gebruik als woonhuis.

Kaart van Noord-Holland (circa. 1573), D. Delcroix.

De binnenmeren van Alkmaar

Het aantal inwoners van Amsterdam groeit in de 17e eeuw razendsnel. Om al die hongerige monden te kunnen voeden, is er grote behoefte aan extra landbouwgrond. In 1607 steekt een groep investeerders de koppen bij elkaar. Ze bedenken een ambitieus plan om nieuw land te winnen, door binnenmeren in Noord-Holland droog te malen. De Beemster is het eerste gebied dat met behulp van 43 molens zal worden leeggepompt. Om het meer wordt eerst een dijk aangelegd van 38 km. In 1612 is de enorme klus geklaard en is de eerste echte polder van Nederland een feit. Deze manier van landwinning is typisch Nederlands en het woord 'polder' wordt overgenomen in het Engels, Duits, Frans, Zweeds en Italiaans. Sinds 1999 staat De Beemster op de Werelderfgoedlijst van UNESCO.

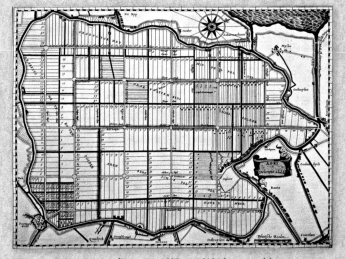

Het Beemstermeer wordt tussen 1607 en 1612 als eerste binnenwater van Noord-Holland leeggepompt. Het hele project kost 1,6 miljoen gulden. De polder heeft sinds 1999 de status van werelderfgoed.

Singel 81, Amsterdam

Met de aanleg van een robuuste stadsmuur en een verdedigings-gracht beschermt Amsterdam zich vanaf 1485 tegen indringers. Maar er komen steeds meer inwoners en de stad barst al snel uit z'n voegen.

Daarom wordt eind 16ᵉ eeuw begonnen met een uitbreiding in oos-telijke en westelijke richting. De Stedegracht, zoals het Singel dan nog heet, verliest daarmee in 1593 zijn functie. Parallel aan de voor-malige verdedigingsgracht wordt een nieuwe gracht gegraven. Het Singel is vanaf dat moment een afmeerplaats voor schepen die op het buitenland varen. De kade krijgt in de volksmond al snel de bij-naam Londense of Engelse Kaai.

KLM-huisje #71 wordt voor het eerst uitgegeven in 1994.

1500	1600	1700	1800	1900	2000

Pal naast de oude stadsmuur, op de hoek van het Singel en de Lijnbaanssteeg, ver-rijst hier rond 1600 een veerhuis met een trapgevel en een eikenhouten onderpui. Kapitein Roelof Swaen, adjudant van de beroemde zeeheld Michiel de Ruyter, laat de woning in 1652 afbreken om hier een nieuw en groter huis te bouwen, in Hollands classicistische stijl. Naast Huize De Swaen worden later in de 17ᵉ eeuw nog enkele hui-zen gebouwd, zoals een eenvoudige woning met een trapgevel op Singel 81.

In de 19ᵉ eeuw wordt dit deel van de stad flink onder handen genomen. Huize De Swaen wordt verbouwd tot hotel. Ook het smalle pand ernaast, op Singel 81, krijgt een flinke opknapbeurt en veran-dert onherkenbaar. Het voor- en achterhuis worden in 1874 van elkaar gescheiden. Er komt een nieuwe voorgevel met een een-voudige houten kroonlijst, een hijsbalk en een plat dak. Aan de originele houten onderpui verandert niets. De linkerdeur geeft toegang tot een bedrijfsgedeelte en een opslagruimte, via de rechterdeur zijn de woningen erboven te bereiken.

Raamprostitutie

Vanaf 1936 is op Singel 81^a een expeditiebedrijf gevestigd; sinds 1950 houden er diverse bedrijven kantoor. Het voorste deel van het pand en het souterrain worden eind jaren zeventig omgebouwd tot bordeel. Raamprostitutie in het Singelgebied bestaat al sinds 1902. In dit deel van de stad zijn ongeveer tachtig ramen waarachter prostituees hun werk doen.

_ Eerbetoon aan Hendrik IV _____

Het Singel krijgt in 1613, na het afbreken van de middeleeuwse stadsmuur, een nieuwe naam en wordt vanaf dat moment Koningsgracht genoemd. De naam is een eerbetoon aan koning Hendrik IV van Frankrijk. Hij is tijdens de Tachtigjarige Oorlog met Spanje een belangrijke bondgenoot van de Noordelijke Nederlanden. Maar de naam Koningsgracht slaat totaal niet aan en de Amsterdammers blijven de gracht gewoon bij zijn oude naam noemen.

_ Monumentenlijst _____

Amsterdamse huizen uit de 15^e en 16^e eeuw zijn bijna niet bewaard gebleven. De panden zijn namelijk in de 17^e en vooral 18^e eeuw grotendeels gesloopt voor nieuwbouw. Van de 390 huizen aan het Singel staan er 291 op de monumentenlijst. Het adres Singel 81 hoort daar niet bij.

Singel 87, Amsterdam

In de 17^e eeuw gaat het Amsterdam economisch voor de wind. De handelsmissies van de VOC zijn ongekend succesvol en winstgevend. Met scheepsladingen tegelijk komen de kostbare goederen naar de Noordelijke Nederlanden. De investeringen zijn zo lucratief dat aandelen van de VOC zeer populair zijn.

In 1611 opent in Amsterdam de allereerste aandelenbeurs ter wereld. Het symbool van de nieuwe tijdsgeest is Hermès (in de Romeinse mythologie vaak afgebeeld als Mercurius), de god van de handel. Overal verschijnt zijn borstbeeld op de huizen van rijke kooplieden. Pas in de 18e eeuw wordt Amsterdam als handelsstad voorbijgestreefd door Londen en Hamburg.

| 1500 | 1600 | 1700 | 1800 | 1900 | 2000 |

Invloed Lodewijk XIV

Rond 1730 laat de koopman Jan de Nijs op Singel 87 een pakhuis bouwen met zes verdiepingen en een zolder. De Franse koning Lodewijk XIV is dan al vijftien jaar dood, maar zijn invloed op de architectuur reikt tot over zijn graf. De top van het hoekpand op het Singel wordt in de stijl van de Zonnekoning verfraaid. De hoge halsgevel met hijsbalk krijgt gebeeldhouwde klauwstukken en hoekvazen. Op het fronton komt een beeld van Hermès, met een helm met vleugels.

De dikste man van Amsterdam

De volgende eigenaar van Singel 87 trekt alleen al vanwege zijn omvang en gewicht de aandacht. Dikke Kees, zoals de bijnaam van zalmhandelaar Cornelis van Stijn luidt, weegt maar liefst 233 kg. Hij is de dikste man van Amsterdam. Als Van Stijn op 25 oktober 1751 overlijdt, loopt de hele buurt uit. De begrafenis belooft een waar spektakel te worden. De lijkkist is twee keer zo groot als normaal en daarom worden er maar liefst twaalf extra dragers opgetrommeld.

KLM-huisje #72 is geïnspireerd op Singel 87, maar het is geen exacte replica. Er ontbreken bij het Delfts blauwe miniatuur maar liefst drie verdiepingen. Het wordt voor het eerst uitgegeven in 1994.

Als door een ongeluk een draagarm van de baar afbreekt, wordt de begrafenis nog voordat deze is begonnen alweer afgelast. De kist met het stoffelijk overschot blijft nog een dag langer buiten op het Singel staan. Eerst moet er een nieuwe draagbaar worden gemaakt. Pas daarna wordt Dikke Kees onder grote belangstelling naar zijn laatste rustplaats gebracht.

Walland en Comp. op de Heeregraft Z. Z. tusschen de Vyzelstraat en Reguliersgraft, *in Coraalen.*
Waller en Zoon, (Elbert) op 't Cingel en hoek van de Lynbaansteeg, *in Tabak.*
Waller, (Francois Hend.) op de Keizersgraft by de gewezene Schouwburg, *in Wynen.*

Tabakshandelaar Elbert Waller wordt de derde eigenaar van het pand. Hij woont tot het einde van zijn leven op het Singel, met zijn vrouw Geertruy de Goeye. Het echtpaar krijgt veertien kinderen, waarvan er acht op jonge leeftijd overlijden. Het woonhuis met de pakzolders blijft uiteindelijk bijna een eeuw in het bezit van de familie Waller.

De onderpui van Singel 87 wordt naderhand verbouwd en ingericht als winkelruimte voor de verkoop van boter, kaas en eieren. Eind jaren twintig van de vorige eeuw betrekt de firma L.G. Oudkerk, een winkel in fournituren, het pand. Er worden onder andere zijden linten, knopen en festons verkocht. Daarna is de ruimte decennialang het domein van de straatevangelisten van de Bijbeltent Boekhandel. In 1993 opent antiquariaat Nauta zijn deuren. Vanaf 2003 is er een galerie met portretkunst gevestigd. De begane grond is tegenwoordig nog steeds in gebruik als galerie.

Toeristische trekpleister

Sinds 2007 zit op Singel 87 The Totalitarian Art Gallery. Het is een toeristische trekpleister voor mensen die geïnteresseerd zijn in politiek incorrecte kunst en curiosa. De eigenaar verkoopt totalitaire kunst uit landen als de voormalige Sovjet-Unie en China. In de etalage staan opvallende historische objecten, zoals een buste van Stalin en andere relieken uit een duister verleden.

291

Dijk 11, Alkmaar

73

Woensdag 23 september 1573. Alkmaar wordt al wekenlang door de legers van koning Filips II omsingeld. De Spaanse vorst probeert met harde hand de opstand in het gewest Holland te onderdrukken.

Filips' rijk dreigt uit elkaar te vallen. De opstandelingen, ook wel geuzen genoemd, hebben zich teruggetrokken in Alkmaar. De stad wordt belegerd door 6500 soldaten. De kanonschoten zijn tot in Amsterdam te horen. Met kokend teer en brandende takken lukt het hen om de soldaten tegen te houden. Als de geuzen uit strategisch oogpunt de dijken doorsteken, verandert het strijdveld in een zompig moeras. Daarop blazen de Spanjaarden de aftocht.

| 1500 | 1600 | 1700 | 1800 | 1900 | 2000 |

Twee jaar later is de rust in Alkmaar teruggekeerd. De inwoners leven in vrijheid en de Spaanse legers zijn ver weg. De troepen zijn bovendien gedemoraliseerd want Filips II heeft geen geld meer om zijn huurlingen te betalen. Spanje is bankroet. Toch is de Tachtigjarige Oorlog nog lang niet voorbij …

Met de postkoets op weg

In Alkmaar komt het gewone leven weer op gang. Bij de halte van de postkoets, op een dijk nabij het oude centrum, wordt in 1575 een huis gebouwd. Het pand krijgt een trapgevel met muurankers, een puilijst en zandstenen segmentbogen boven de kruiskozijnen. Op de top van de gevel komt een windvaan in de vorm van een ruiter te paard, met een posthoorn. De postkoets neemt hier op de dijk tegen betaling ook reizigers mee. De rit naar Amsterdam duurt ongeveer vijf uur. Dat is sneller dan de trekschuit die er, voortgetrokken door een paard, gemiddeld twaalf uur over doet.

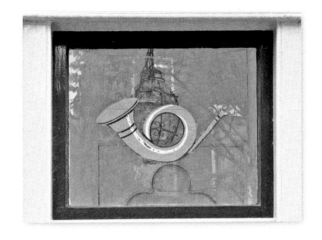

De Posthoorn

In de volksmond wordt het pand op Dijk 11 De Posthoorn genoemd, naar de windvaan in de top. Het adres is een begrip in Alkmaar en het huis doet ook dienst als herberg. Het is een populaire plek om af te spreken, om de paarden even op krachten te laten komen en plannen te maken voor een heen- of terugreis. Aan de Dijk vestigen zich nog een aantal herbergen zoals Het Wapen van Limmen, Het Huis van Gemak, De Zwarte Os, Het Paardshoofd en De Vergulde Valk.

Tientallen eigenaren

De eerste eigenaren van De Posthoorn zijn niet bekend. Het is opmerkelijk dat in de daaropvolgende vier eeuwen het pand maar liefst 25 keer in andere handen over gaat. In 1922 kondigt een nieuwe herbergier in de *Alkmaarsche Courant* aan dat hij naast logies ook stallen aanbiedt voor het uitspannen van paarden. De eigenaar gaat met z'n tijd mee, want er is ook een bergplaats voor fietsen en motorrijtuigen.

De belangstelling voor een kamer in de buurt van de Friesepoort zakt na de Tweede Wereldoorlog in. De Posthoorn sluit gedwongen zijn deuren. De trotse windvaan op de gevel is dan al lang geleden verdwenen. Het enige wat nog aan de geschiedenis van het pand herinnert, is een afbeelding van een posthoorn op het raam boven de voordeur. Dijk 11 is tegenwoordig een shoarmarestaurant.

Huisje #73 wordt voor het eerst uitgegeven in 1994, het 75-jarig jubileumjaar van KLM.

Het Alkmaars Ontzet

In Alkmaar wordt elk jaar op 8 oktober gevierd dat in 1573, na een wekenlang beleg, de laatste Spaanse soldaat het slagveld heeft verlaten. Het is de eerste stad van het gewest Holland die bevrijd is uit de klauwen van de streng katholieke koning Filips II. Een bekende kreet is dan ook: 'Bij Alkmaar begint de victorie!' Katholieken hebben het in de eeuwen daarna niet gemakkelijk. Pas na de Eerste Wereldoorlog nemen ze voor het eerst ook deel aan de festiviteiten rondom het Alkmaars Ontzet.

Het beleg van Alkmaar in 1573 door de Spanjaarden (1603), kunstenaar onbekend.

Reguliersgracht 7, Amsterdam

In 1694, bijna veertig jaar later, wordt het eerste deel alweer gedempt. In 1785 moet opnieuw een stukje Reguliersgracht eraan geloven, voor de aanleg van een plein. Zelfs in de 20ᵉ eeuw wordt de schilderachtige Reguliersgracht bedreigd door plannen om er een belangrijke verkeersader van te maken. Maar sinds de grachtengordel op de Werelderfgoedlijst staat, is dát gevaar in ieder geval definitief geweken.

1500	1600	1700	1800	1900	2000

Nadat de Reguliersgracht is aangelegd, duurt het nog tot 1667 voordat de eerste percelen worden bebouwd. Enkele slimme handelaren, waaronder Dirck Backer en de broers Adam en David Borchorst, kopen ondertussen hele stukken grond tegelijk op. De gouden tijden zijn bijna voorbij, want er is een economische crisis in aantocht (tot ver in de 19ᵉ eeuw blijft een deel van het gebied achter de Reguliersgracht zelfs braak liggen).

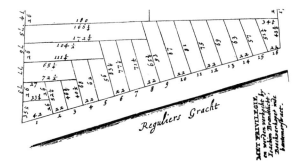

Kroonlijst in Lodewijk XIV-stijl

De Amsterdamse handelaar Jacob Boon laat in 1739 op Reguliersgracht 7 een herenhuis bouwen in Lodewijk XIV-stijl. De gevel krijgt een moderne kroonlijst, met handgesneden consoles. Vanaf de straat lijkt het pand met zijn vier verdiepingen en souterrain minder groot dan het in werkelijkheid is. Boon bezit in de buurt nog een aantal woningen, die hij net als Reguliersgracht 7 verhuurt. Dat het huis niet aan de chique Herengracht staat, maar net om de hoek op een dwarsgracht, scheelt in de huurprijs. Het grachtenhuis blijft uiteindelijk bijna een eeuw in bezit van de familie Boon.

'De blauwe dood'

De volgende eigenaar van Reguliersgracht 7 is Charles Henri de Perrot, een rijke advocaat uit het Zwitserse Neuchâtel. Na zijn huwelijk met jonkvrouwe Clasine Bergh-Changuion gaat het stel in 1829 in het grachtenhuis wonen. Clasine draagt sinds kort een adellijke titel, omdat haar vader door koning Willem I in de adelstand is verheven. Het echtpaar De Perrot behoort tot de elite van Amsterdam.

Burgemeester en Wethouders van Amsterdam brengen ter openbare kennis, dat, ingevolge besluit van den Gemeenteraad, in geheime zitting genomen, aan het Reguliersplein de naam is gegeven van Thorbeckeplein, en de Botermarkt den naam heeft ontvangen van Rembrandtplein.

Bericht in *De Standaard*, 1876.

Maar het wonen aan het water heeft ook zo'n nadelen. De grachten zijn een open riool, de bewoners gooien hun afval vaak gewoon in het water. En het vuil stapelt zich bij elke straathoek en brug op. De slechte hygiëne in de stad leidt tot een afschuwelijke epidemie. In 1832 waart de Aziatische cholera rond in Amsterdam. De ziekte wordt 'de blauwe dood' genoemd, omdat de huid van de uitgedroogde slachtoffers asgrauw kleurt. Met warme baden, aderlatingen en bloedzuigers gaan dokters de ziekte te lijf. Maar het helpt nauwelijks. Ook Clasine bezwijkt aan de cholera, slechts drie jaar na de feestelijke trouwdag.

Slaven als erfenis

Charles de Perrot hertrouwt in 1833. Hij heeft troost gevonden in de armen van Elisabeth Duadecima Ernestina Bergh-Changuion, het jongere zusje van zijn overleden vrouw. Het echtpaar krijgt zes kinderen. Maar in 1858 komt bij een volgende cholera-epidemie Perrot te overlijden. Zijn tweede vrouw erft na zijn dood onder anderen vijf slaven van de Surinaamse koffieplantage Meerzorg. Voor Elisabeth is dit de gewoonste zaak van de wereld, maar de publieke opinie over de slavernij is aan het veranderen …

KLM-huisje #74 wordt voor het eerst uitgegeven in 1994. Bij veel miniaturen is het een raadsel waarom voor een bepaald huis is gekozen. Maar in dit geval is het duidelijk. Het herenhuis is eigendom van een voormalige directeur van KLM, die ook ver-antwoordelijk is geweest voor de restauratie van het 18^e-eeuwse monument.

Op 1 juli 1863 wordt de slavernij binnen het Koninkrijk der Nederlanden officieel afgeschaft. De overheid noemt dit eufemis-tisch de 'emancipatie' van de slaven. De voormalige eigenaren worden door de Staat financieel gecompenseerd, per slaaf krijgt men 300 gulden. De vrijverklaarde slaven krijgen zelf geen schadeloosstelling. Ze blijven nog tien jaar onder toezicht van de overheid staan.

De weduwe De Perrot overlijdt in 1882. Elisabeth maakt de Wereldtentoonstelling in Amsterdam net niet meer mee. Een aan-tal voormalige slaven uit Suriname komt in 1883 op uitnodiging van de organisatie van de Wereldtentoonstelling naar Neder-land. De Surinaamse delegatie denkt dat ze koning Willem III gaat ontmoeten. Ze wil-len hem bedanken voor de afschaffing van de slavernij. Maar in werkelijkheid worden de voormalige slaven tentoongesteld op een terrein achter het Rijksmuseum. Bij de ope-ning van de Wereldtentoonstelling laat de koning zich kort zien, maar hij heeft geen oog voor zijn Surinaamse landgenoten.

Elisabeth Duacima Ernestina de Perrot erft, na het overlijden van haar man, in 1856 vijf Surinaamse slaven.
De zussen Lucretie (60) en Zaire Zorg (65), Zaire's dochter Jaba (50), haar kleinzoon Cremeon Henry (28) en
de 16-jarige Paulus Ellis Zorg wonen en werken op de koffie- en suikerplantage Meerzorg bij Parimaribo.
Ze krijgen in 1863 hun vrijheid terug.

Een wereldwijde crisis

In 1883 koopt effectenhandelaar J.T. Kloos het herenhuis op de Reguliersgracht voor 16.700 gulden. Hij laat het pand verbouwen tot kantoor. Daarbij worden onder andere de vensters vervangen door moderne T-ramen. Drie jaar later wil Kloos alweer van het huis af. Het pand wordt in 1886 op een veiling verkocht voor 14.000 gulden. In de loop der jaren wisselt het nog vele malen van eigenaar. De verkoopprijs blijft min of meer gelijk.

Door een wereldwijde crisis stort de Nederlandse economie in 1929 in. Duizenden mensen verliezen hun baan. Ter bescherming van de arbeiders schieten de vakbonden als paddenstoelen uit de grond. De Nederlandsche Geneefsche Bond komt op voor de belangen van hotel-, restaurant- en cafépersoneel. Het hoofdkantoor wordt in de jaren dertig gevestigd op Reguliersgracht 7. De begane grond wordt door het bestuur in 1938 verhuurd aan Otto Schwarz, een uit Duitsland gevluchte Joodse ondernemer. Hij opent hier zijn meubelmagazijn Schwarz Goederenhandel SGH.

Twee ongetrouwde zusters

Maar dan breekt in 1940 de Tweede Wereldoorlog uit. Al snel wordt het Joden verboden om een eigen bedrijf te hebben. De zussen Mina en Jannetje Kraak nemen daarom formeel de leiding van hun baas Otto Schwartz over zodat de zaak kan blijven draaien.

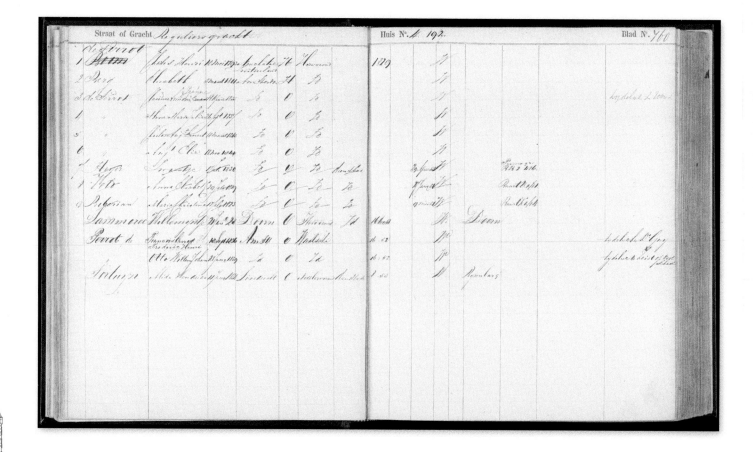

298

Ook de Geneefsche Bond, de eigenaar van het herenhuis, ligt onder vuur. De nazi's willen de macht van de vakbonden breken. De Nederlandsche Geneefsche Bond wordt in 1942 gedwongen om te fuseren met een andere vereniging. Het bestuur moet afstand doen van het kantoor op de Reguliersgracht. Het Nederlandsche Arbeidersfront geeft de gezusters Kraak enkele dagen de tijd om te beslissen of ze het pand willen kopen, anders moeten ze vertrekken. Drie dagen later hebben de vrouwen de vraagprijs bij elkaar en worden ze voor 16.800 gulden eigenaar van Reguliersgracht 7. In 1943 gaan de zussen samen op de bovenverdieping wonen. Mina zorgt dan al geruime tijd voor Jannetje. Ze is langdurig ziek en overlijdt ten slotte in 1944.

_ De planeet Mars _

Bij de laatste serieuze dreiging van het dempen van de Reguliersgracht in 1900 lopen de gemoederen hoog op. Met absurde argumenten probeert de wethouder zijn tegenstanders te overtuigen. *'De breedte van de gracht is maar 9 m, dus eigenlijk is het een sloot. Amsterdam is Venetië niet. De politie zou het gezang en geluid van mandolines uit gondels verbieden. Hiermee verdwijnt ook het artistieke nut der grachten.'* En *'Wat is schooner voor het verkeer dan parallelwegen. De planeet Mars is er vol van. Men is ons daar ver vooruit.'*

Mina blijft alleen achter en besluit om een deel van het herenhuis te verhuren. Ze moedert over de studenten die voor korte of langere tijd bij haar 'op kamers' wonen. Mina Kraak overlijdt in 1965. Haar familie blijft daarna nog jarenlang kamers aan studenten verhuren. Reguliersgracht 7 wordt op 28 augustus 1969 op de monumentenlijst gezet. Het ontbreken van de originele houten kroonlijst, die in de jaren vijftig van de gevel is gehaald, doet daar overigens niets aan af.

Deze foto is genomen vlak na de Tweede Wereldoorlog. Duidelijk is de originele houten kroonlijst uit 1739 nog te zien. De lijst verdwijnt in de vijftiger jaren van de vorig eeuw.

Mina Kraak.

299

Zorgvuldige restauratie

Begin 1986 wordt Reguliersgracht 7 door de erven Kraak voor 200.000 gulden verkocht aan een nieuwe eigenaar. Er vindt een ingrijpende verbouwing plaats, waarbij het grachtenpand wordt gemoderniseerd. In 1991 gaat het 18^e-eeuwse monument opnieuw in de verkoop. De huidige bewoners restaureren het herenhuis met veel aandacht en oog voor historische details. Bijna elke kamer krijgt een open haard of een monumentale Franse schouw. De 19^e-eeuwse T-ramen worden vervangen door meer authentieke vensters. Drie jaar later, nadat de restauratie is afgerond, staat het sfeervolle herenhuis in 1994 model voor KLM-huisje 74.

Drijvende kelders

Rond de millenniumwisseling wordt ten slotte de fundering totaal vernieuwd. Bij de bouw van veel huizen op de Reguliersgracht zijn in de 18^e eeuw drijvende kelders aangebracht, omdat het grondwaterpeil toen nog niet stabiel was. Deze bewegende kelders zijn tegen het einde van de 19^e eeuw gefixeerd. Toch merken de bewoners van het herenhuis aan kleine lekkages dat de kelder niet waterdicht is. De ruimte doet overigens geruime tijd dienst als keuken. Bij het aanbrengen van een nieuwe fundering in 2000 worden onder het huis dikke marmeren platen aangetroffen en originele houten balken.

Het herenhuis verkeert sindsdien weer in uitstekende staat en levert een bijdrage aan de unieke en intieme sfeer van de Reguliersgracht.

___ Diamonds Are Forever ___

Geheim agent James Bond duikt op 3 juli 1971 in Amsterdam op. Hij rijdt met zijn Aston Martin over de Reguliersgracht, waar op nummer 36 de verleidelijke bondgirl Tiffany Case woont. De acteur Sean Connery is in de zomer enkele weken in de stad voor de opnamen van *Diamonds Are Forever*. Een van de scènes vindt schuin tegenover Reguliersgracht 7 plaats.

Reguliersgracht 36.

Hofweg 9-11, Den Haag

Met een startkapitaal van 1,2 miljoen gulden richten acht zakenmannen op 7 oktober 1919 de Koninklijke Luchtvaart Maatschappij voor Nederland en Koloniën (KLM) op. De mannen gaan voortvarend van start. Drie weken later opent KLM op de Herengracht in Den Haag een kantoor.

Het eerste jaar vliegt KLM met gehuurde vliegtuigen naar Londen, Hamburg en Kopenhagen. Omdat de cabines open zijn, worden aan boord lange leren jassen en warme kruiken uitgedeeld tegen de kou. In het eerste jaar kopen 345 passagiers een vliegticket. Dit aantal groeit snel tot 2689 passagiers in 1924. Het hoofdkantoor van KLM wordt te klein en men verhuist een jaar later naar een monumentaal pand op de Hofweg in Den Haag.

1500	1600	1700	1800	1900	2000

Het nieuwe kantoor zit schuin tegenover het Binnenhof en is in 1913 door de beroemde architect H.P. Berlage ontworpen. Het hoekpand maakt deel uit van het gebouw van modewarenhuis Meddens. Berlage wordt gezien als de grondlegger van de moderne architectuur van de 20e eeuw. Zijn bouwstijl is duidelijk beïnvloed door de indrukken die hij in 1911 op doet tijdens een studiereis naar de Verenigde Staten. De architecten Frank Lloyd Wright en Louis Sullivan maken daar grote indruk op hem.

HET HOOFDKANTOOR DER K. L. M.

Naar wij vernemen heeft de N. V. Algemeene Garage en Automobiel Mij. de bovenlokaliteiten van haar Showroom aan den Hofweg no. 9 verhuurd aan de Koninklijke Luchtvaart Mij. voor Nederland en Koloniën. Deze zeer groote lokaliteiten zullen een belangrijke verbouwing en verbetering ondergaan, waarna vermoedelijk eind Maart of begin April de K. L. M. haar nieuwe hoofdkantoor aldaar zal kurnen betrekken.

Luxe voor het volk

Berlage is een socialist in hart en nieren. En hij is een idealist, die met zijn ontwerpen het volk wil verheffen. Kunst moet volgens hem uitdrukking geven aan van wat er leeft in de maatschappij. De luxe van modewarenhuis Meddens wil hij bereikbaar maken voor een groot publiek. Bij zijn sobere bouwstijl past geen uitbundige versiering. Om een brug te slaan tussen kunst en architectuur laat Berlage voor de gevel gestileerde ornamenten maken. De beeldhouwer Lambertus Zijl ontwerpt onder andere zandstenen ramskoppen voor het fronton, een versierde daklijst en een reliëf voor het hoekpand. Het beeld stelt de heilige Martinus voor, die zijn mantel met een bedelaar deelt.

301

'Wat een deftige eenvoud!'

Na de opening van het monumentale pand van modewaren-huis Meddens in 1915 is de pers lyrisch over het ontwerp van H.P. Berlage. Het Rotterdamsch Nieuwsblad schrijft:

'Wat een kalme majesteit, wat een hooge, vreug-dige ernst, wat een stille, rijke deftige eenvoud is deze gevel van Berlage. Er zijn dure gevels genoeg gezet in Den Haag, maar bijna niemand heeft er aan gedacht, de kunst er in te mengen. Mon Dieu, pour que ce soit chic!'

Maar er zijn ook critici die niets moeten hebben van Berlage. De discussies lopen hoog op. Wordt dit 'een de eeuwen tartend kunstwerk, of is het een bouwsel waarop de sloper zijn beitel met welbe-hagen zal bothakken?', vraagt men zich in het chique Den Haag af.

Hoog boven aan de gevel zit een schitterend reliëf van beeldhouwer Lambertus Zijl. Het is een afbeelding van de heilige Martinus, die zijn mantel met een bedelaar deelt.

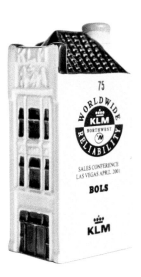

KLM-huisje # 75 is een replica van het passagekantoor van KLM in Den Haag. Het miniatuur wordt uitgegeven in het kader van het 75-jarig jubileum, in 1994. Vanaf dat moment verschijnt elk jaar rond 7 oktober, de verjaardag van KLM, een nieuw Delfts blauw huisje.

Showroom Hudson Super-Six

In het hoekpand van modewarenhuis Meddens, op Hofweg 9, zit vanaf 1915 de NV Algemeene Garage en Automobiel Maatschappij. Het bedrijf importeert Amerikaanse auto's, zoals de Hudson Super-Six. De showroom zit op de begane grond, maar de verdiepingen daarboven worden nauwelijks gebruikt.

Eind 1924 is de directie van KLM naarstig op zoek naar een nieuw hoofdkantoor. Het aantal passagiers en bestemmingen verdubbelt per jaar. Al snel valt het oog op de lege kantoren op de Hofweg. Na een kleine verbouwing neemt KLM op 15 mei 1925 haar intrek in de ruimte boven de showroom. Het luchtvaartbedrijf wordt al vanaf de oprichting in 1919 bestuurd door luchtvaartpionier Albert Plesman. Hij houdt kantoor op de bovenste etage van het monumentale pand.

Zomerdienstregeling 1925. KLM vliegt in dat jaar dagelijks op elf Europese bestemmingen en naar Batavia, in Nederlands-Indië. Het hoofdkantoor van KLM is inmiddels te klein en in 1925 verhuizen de medewerkers naar Hofweg 9-11 in Den Haag.

Overal in het land worden passagekantoren geopend, waar de passagiers tickets kunnen kopen. Reisbureaus bestaan dan nog niet. Ook de begane grond van Hofweg 9 wordt in gebruik genomen als passagekantoor. Bij grote historische gebeurtenissen waarbij KLM betrokken is, zoals de beroemde vliegrace van Londen naar Melbourne in 1934, verzamelen zich duizenden mensen op de stoep om uit de eerste hand het laatste nieuws te horen.

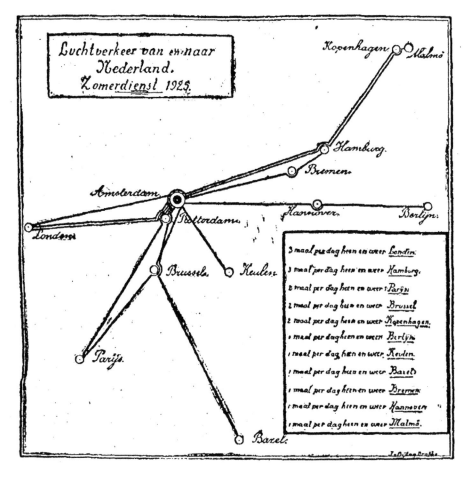

Het oude passagekantoor van KLM in 1954. Rechts op de foto een auto van het bedrijf.

Plaquette Albert Plesman

In 1946 verhuist het hoofdkantoor van KLM naar Amsterdam. Maar het passagekantoor blijft in Den Haag. Ter gelegenheid van het 35-jarig bestaan van het bedrijf onthult de oudste kleinzoon van Albert Plesman, de eerste directeur van KLM, in 1954 een plaquette op de Hofweg waarop zijn grootvader staat afgebeeld.

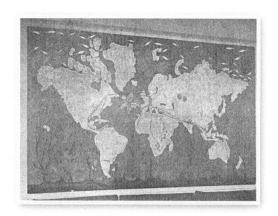

Het interieur van het passagekantoor wordt in de loop der jaren verschillende malen aangepast aan de smaak van die tijd. Maar het pronkstuk, een door kunstenaar Frans Vollmer geschilderde wereldkaart met de vliegroutes van KLM, blijft tientallen jaren aan de wand hangen, ook al is het aantal lijnen dan inmiddels drastisch uitgebreid.

Na een grondige renovatie heropent prinses Margriet in 1981 het vernieuwde passagekantoor. Tot op de dag van vandaag maakt KLM gebruik van het monumentale pand van Berlage. Tegenwoordig is op het adres onder andere KLM Travel Clinic gevestigd, voor medisch advies aan reizigers en vaccinaties.

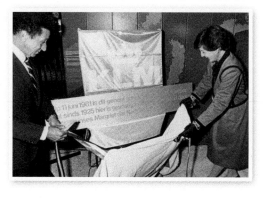

DE ZAKENMAN
REIST ·····
VERZENDT ···
ONTVANGT
PER LUCHT EXPRES
K.L.M.

KONINKLIJKE LUCHTVAART MAATSCHAPPIJ
VOOR NEDERLAND EN KOLONIËN

ANTOREN: HEERENGRACHT 13, 's GRAVENHAGE ✦ TELEFOON: H 6139 _ TELEGRAMADRES: TRANSAERA

Nieuwe Langendijk 26, Delft

Johannes Vermeer is na Rembrandt de belangrijkste schilder van de Gouden Eeuw. Hij groeit op in Delft en krijgt de liefde voor de kunst met de paplepel ingegoten. Vermeer heeft een uitzonderlijk talent en wordt een meester in het schilderen van licht en perspectief.

Maar hij werkt zó gedetailleerd dat hij slechts enkele schilderijen per jaar kan maken. Daardoor zit Johannes Vermeer vaak in financiële problemen. De verantwoordelijkheid voor zijn elf kinderen drukt zwaar op hem. Op een dag geeft hij de bakker zelfs enkele schilderijen als onderpand, in ruil voor brood. Vermeer kan het hoofd nauwelijks boven water houden.

1500	1600	1700	1800	1900	2000

Gedurende zijn korte leven bouwt Johannes Vermeer aan een klein maar uniek oeuvre. Er zijn slechts 36 schilderijen van hem bekend. Zijn handelsmerk is een geraffineerd samenspel van heldere en donkere kleuren, een bijzondere lichtinval en een bijna fotografisch perspectief. Elke cent die hij verdient, investeert hij het liefst in nieuwe schildersspullen of dure pigmenten. De kunstenaar mag van geluk spreken dat hij een rijke schoonmoeder heeft. Ze redt het gezin uiteindelijk van de financiële ondergang.

De mecenas van Vermeer

Pieter Claesz van Ruyven is in de 17e eeuw een van de rijkste inwoners van Delft en hij verzamelt schilderijen. Hij is slechts een paar jaar ouder dan Vermeer en wordt al snel zijn mecenas. Van Ruyven leent zijn nieuwe vriend honderden guldens, en koopt uiteindelijk twee derde van diens schilderijen, ongeveer één stuk per jaar. Dan volgt de grootste crisis die de Republiek ooit heeft bedreigt: de gezamenlijke aanval in het rampjaar 1672 vanuit Frankrijk, Engeland en Duitsland. Het volk is redeloos, radeloos en reddeloos. Toch wordt de aanval op het laatste moment afgeslagen. De handel stort in. Luxe-objecten zoals schilderijen zijn moeilijk verhandelbaar. Daarbovenop komt de plotselinge dood, in 1674, van Pieter Claesz van Ruyven. Voor Johannes Vermeer is de dood van zijn gulle bewonderaar een grote. In zekere zin is het dubbele drama de opmaat naar de tragedie die het gezin Vermeer een jaar later treft.

OMTRENT DEZE PLAATS HEEFT HET HUIS „MECHELEN" GESTAAN WAAR OCTOBER 1632 WERD GEBOREN JAN VERMEER DE SCHILDER

Johannes Vermeer schildert rond 1658 het schilderij *Gezicht op huizen in Delft*. Het is beter bekend onder de naam *Het Straatje*.
Het is een olieverf op doek en meet 53,5 bij 43,5 cm. Het huis rechts heeft model gestaan voor KLM-huisje #76.

Meisje met de parel (omstreeks 1665-1667), Johannes Vermeer.

Een uitbarsting van 'razernij'

Johannes Vermeer zit na het overlijden van zijn beschermheer in zak en as. Door de economische crisis worden er nog nauwelijks schilderijen verkocht. Uit geldnood is hij met zijn vrouw Catherina en hun elf kinderen bij haar moeder ingetrokken. Half december 1675 krijgt Vermeer een enorme woedeaanval. Catherina herinnert zich die dag als een uitbarsting van 'razernij'. Vermeer is gefrustreerd over zijn armoedige bestaan en hij draait volledig door. Ondanks zijn vakmanschap en reputatie is hij niet in staat om zijn eigen kinderen te onderhouden. Na een paniekaanval stort hij compleet in en hij overlijdt een dag later. Johannes Vermeer wordt slechts 43 jaar oud.

Topstukken naar de veiling

Na zijn dood blijft Catherina met een grote stapel onbetaalde rekeningen achter. Noodgedwongen geeft de weduwe daarom enkele schilderijen aan zijn schuldeisers. De doeken verdwijnen al snel uit het zicht en zijn tot op de dag van vandaag onvindbaar. Datzelfde lot treft ook enkele schilderijen uit de unieke verzameling van Pieter Claesz van Ruyven.

KLM-huisje #76 wordt aan het publiek gepresenteerd op 7 oktober 1995. Het Delfts blauwe miniatuur is gemodelleerd naar een huis op het schilderij *Het Straatje* van Johannes Vermeer. Dat KLM in 1995 juist voor dit huis kiest, houdt verband met een grote overzichtstentoonstelling over Johannes Vermeer in het Mauritshuis in Den Haag en in The National Gallery of Art in Washington.

Schoonzoon Jacob Dissius erft na zijn dood de bijzondere collectie, maar hij zet de werken liever om in klinkende munt. In 1696 brengt hij de hele verzameling per koets naar Amsterdam. Op 16 mei worden 21 schilderijen van Johannes Vermeer geveild. Daaronder zijn topstukken als *Het Melkmeisje*, *Gezicht op Delft*, *Meisje met de Parel* en *Het Straatje*. De collectie brengt in totaal 1503 gulden en 10 stuivers op.

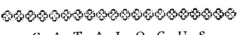

Verdwenen schilderijen

In de veilingcatalogus uit 1696 staat het schilderij *Het Straatje* omschreven als: '*Een Gesicht van een Huys staende in Delft, door J. vander Meer.*' Het wordt verkocht voor 72 gulden en 10 stuivers. Het daaropvolgende lotnummer is overigens een schilderij met eenzelfde onderwerp. Dit doek wordt geveild voor 48 gulden. Het verdwijnt na de veiling uit beeld en is nooit meer teruggevonden (het is niet bekend of het schilderij *Het Straatje* in het Rijksmuseum het goedkopere of duurdere exemplaar is).

Omdat Vermeer zo'n klein oeuvre nalaat, raakt hij na zijn dood in de vergetelheid. Zijn werk wordt zelfs toegeschreven aan andere kunstenaars. Een uitzonderlijk hoog aantal schilderijen doorstaat de tand des tijds, omdat het zulke topwerken zijn. Pas in de 19e eeuw wordt Johannes Vermeer herontdekt door een oplettende kunstkenner, Théophile Thoré-Bürger. Omdat er zo weinig over Vermeer bekend is, en zijn leven één groot mysterie lijkt, krijgt hij later de bijnaam de Sfinx van Delft.

In al zijn eenvoud is het schilderij *Het Straatje* een fascinerend hoogstandje. Via vererving komt het werk in 1822 in bezit van de Amsterdamse regentenfamilie Six. Een eeuw later biedt een nazaat *Het Straatje* op een veiling te koop aan. Het Louvre in Parijs is geïnteresseerd, maar men vindt de vraagprijs van 2 miljoen Franse francs te hoog. Uiteindelijk koopt de Nederlandse zakenman Henri Deterding het doek voor 625.000 gulden. Hij schenkt het aan het Rijksmuseum in Amsterdam. Sindsdien behoort het tot de topstukken van de collectie.

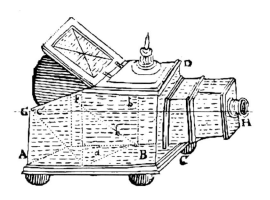

Uit röntgenonderzoek van het schilderij blijkt dat Vermeer oorspronkelijk nóg een figuur heeft geschilderd, bij de ingang van het steegje. Hij heeft deze persoon later overgeschilderd, mogelijk omdat het de compositie verstoorde.

Een spannende thriller

Eeuwenlang is er gespeculeerd over de locatie van de huizen die op *Het Straatje* zijn afgebeeld. Kunsthistoricus Kees Kaldenbach en deskundigen van de Technische Universiteit (TU) in Delft hebben diepgravend onderzoek gedaan naar alle denkbare details van het schilderij, en ze komen tot opmerkelijke conclusies. Met name de research van Kaldenbach leest als een spannende thriller.

De camera obscura

Een van de eerste zaken die aan het schilderij opvalt, is de compositie. Het lijkt alsof het doek is afgesneden, want de rechterkant van het huis ontbreekt. Ook mist de top van de gevel. Maar uit röntgenonderzoek blijkt dat Vermeer de afbeelding rond 1658 met opzet zo geschilderd heeft. Door deze uitsnede te kiezen, vestigt hij de aandacht van de toeschouwer op de mensen in de voorgrond.

Bij het röntgenonderzoek ontdekt men ook dat de gebruikelijke schetslijnen onder de verflagen ontbreken. Dit voedt de theorie dat Vermeer bij het schilderen van de juiste verhoudingen mogelijk een voorloper van het fototoestel heeft gebruikt. Maar met of zonder gebruik van deze camera obscura, het tweedimensionale perspectief van *Het Straatje* klopt tot in de details.

Laatgotische bouwstijl

De architectonische elementen geven belangrijke informatie over de locatie van het huis. Het pand is gebouwd in een laatgotische stijl, de gevel heeft zogenaamde 'klimmende kantelen'. Deze stijl verwijst naar een bouwperiode van eind 15^e eeuw of begin 16^e eeuw. Lange tijd wordt gedacht dat de Voldersgracht in Delft model heeft gestaan voor *Het Straatje*. Het is de plek waar Vermeer in 1632 is geboren. Maar er is een steekhoudend argument waarom dit onmogelijk de juiste locatie kan zijn …

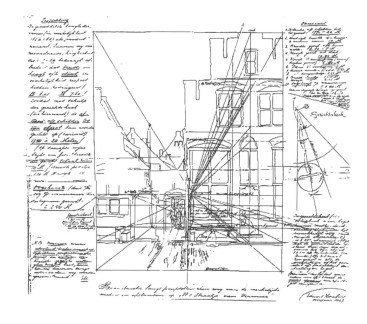

Heeft Johannes Vermeer op *Het Straatje* nóg een persoon afgebeeld, die zich schuilhoudt achter een van de kantelen?

Vlammenzee verwoest Delft

De smalle bakstenen muren zijn tegen een middeleeuws houtskelet aangebouwd. De constructie is met muurankers aan elkaar vastgeklonken. Dit is een gebruikelijke methode om te voorkomen dat de gevel 'inknikt'. Er zijn in Delft weinig huizen van dit type bewaard gebleven. En dat heeft te maken met een verwoestende stadsbrand.

In 1536 wordt de Nieuwe Kerk van Delft door bliksem getroffen. De houten kerktoren vliegt in brand en het vuur slaat al snel over naar de omliggende huizen. Uiteindelijk verwoest de brand bijna vier vijfde van de stad. Ook alle huizen aan de Voldersgracht gaan in vlammen op. Een houtskelet kan de brand onmogelijk overleefd hebben. Omdat het oostelijk deel van Delft gespaard is gebleven, is het veel waarschijnlijker dat de locatie van *Het Straatje* hier gezocht moet worden.

De schoonheid van het verval

Een aanwijzing dat het huis echt heeft bestaan, zijn de beschadigingen aan de gevel. De door de tijd veroorzaakte vervalschade is heel realistisch en gedetailleerd geschilderd. Overal zitten logische scheuren, sommige bakstenen zijn beschadigd en hier en daar bladdert de verf van het hout af. De details kunnen natuurlijk wijzen op achterstallig onderhoud. Maar aannemelijker is dat de beschadigingen zijn ontstaan bij de zogenaamde Delftse Donderslag. En er is een goede reden waarom Johannes Vermeer zo aangeslagen is door deze nieuwe ramp ...

__ Brood op de plank _____

De vrouw van Johannes Vermeer geeft de Delftse bakker Hendrick van Buyten na de dood van haar man in 1675 een schilderij. Hij heeft het gezin dan al bijna twee jaar brood geleverd, zonder dat hij ooit een cent heeft gekregen. De schuld is inmiddels opgelopen tot 617 gulden. Met het schilderij *De Gitaarspeelster* voldoet Catherina in 1676 de betalingsachterstand.

De weduwe van Johannes Vermeer lost in 1676 met het schilderij *De Gitaarspeelster* een schuld bij de bakker af.

311

De kunstenaar Carel Fabritius wordt opgeleid door Rembrandt en is later mogelijk de leermeester van Vermeer. Fabritius komt in 1654 om bij de Delftse Donderslag.

De Delftse Donderslag

Op 12 oktober 1654 explodeert in Delft een kruithuis, maar liefst 90.000 pond buskruit vliegt in één klap de lucht in. De ontploffing is tot op het eiland Texel te horen, zo wordt later gezegd. Er vallen honderden doden en gewonden. Ook de kunstenaar Carel Fabritius overlijdt, juist op het moment dat hij in zijn atelier aan het werk is. Hij was een leermeester van Johannes Vermeer. Misschien is Vermeer zo onder de indruk van deze ramp dat hij enkele jaren later de nog steeds zichtbare schade aan de huizen, als stille getuigen, heeft willen vastleggen. Onderzoekers van de TU Delft hebben berekend dat de beschadigingen die op *Het Straatje* staan afgebeeld, precies op de plekken zitten die als eerste ten prooi vallen aan verval. En dat is opnieuw een aanwijzing dat Vermeer een echt bestaand huis heeft geschilderd.

Archeologisch onderzoek

Wellicht komt het belangrijkste argument over *Het Straatje* uit archeologisch onderzoek. Studenten van de TU Delft doen in 1982 onderzoek in een huis dat op de nominatie staat om gesloopt te worden. Een oplettende student, Wim Weve, ontdekt later dat de verhouding van de muren en de fundering van Nieuwe Landendijk 22 en 26 precies overeen komen met de afmeting van de huizen op het schilderij van Johannes Vermeer. Het huis op nummer 24 is pas rond 1830 gebouwd. Voor die tijd liep hier een steeg, net als op het schilderij.

De Nieuwe Langendijk ligt tot 1890 inderdaad aan het water. Daarna wordt de gracht gedempt. Ook dit detail komt overeen met de situatie op het schilderij. Vermeer heeft een gootje voor afvalwater geschilderd, dat vanaf de steeg naar de rand van het doek loopt. De gracht waarin deze goot uitkomt, valt net buiten het schilderij.

Handtekening van Johannes Vermeer.

Johannes Vermeer overlijdt in december 1675. Hij wordt begraven in een familiegraf in de Oude Kerk in Delft. Op zijn lijkkist wordt een kleiner kistje geplaatst, met het lichaam van een eerder overleden kind. Ook zijn zwager en schoonmoeder worden later in dit graf begraven. Naderhand is het familiegraf geruimd. Veel later kon aan de hand van een register zeer nauwkeurig de plaats worden bepaald en als eerbetoon aan de kunstenaar wordt in de Oude Kerk opnieuw een grafzerkje geplaatst. In 2007 opent bovendien in Delft het Vermeer Centrum.

Bakstenen tellen

Bij het onderzoek in 1982 vinden de studenten op de Nieuwe Langendijk resten van een houtskelet. Het hout wordt na technisch onderzoek gedateerd rond 1450. Dit jaartal past bij de laatgotische stijl van het door Vermeer geschilderde huis. De Nieuwe Langendijk ligt bovendien in het deel van Delft dat bij de grote stadsbrand van 1536 gespaard is gebleven.

De onderzoekers tellen ook het aantal bakstenen op het schilderij. De geschilderde gevel moet, omgerekend naar een echte situatie, zo'n 6,58 m breed zijn geweest. Bij het opmeten van de fundering van het adres Nieuwe Langendijk 26 blijkt dat de deze gevel 6,83 m is, een miniem verschil ten opzichte van het huis op het schilderij.

Kunsthistoricus Kees Kaldenbach komt aan de hand van bovenstaande onderzoeksgegevens en andere feiten tot de conclusie dat het adres Nieuwe Langendijk inderdaad de locatie van *Het Straatje* van Vermeer is. Maar de huizen aan deze straat zijn in de jaren tachtig van de vorige eeuw gesloopt. Pas bij nadere bestudering van de feiten is de cultuurhistorische waarde van de locatie ontdekt.

Van dit schilderij wordt wel gezegd dat het mogelijk Johannes Vermeer zelf is, die hier aan het werk is. Adolf Hitler kocht het schilderij in 1940, door de verkoper onder druk te zetten. Hij hing het op in zijn bergwoning in Berchtesgaden. Sinds 1946 maakt het doek deel uit van de collectie van het Kunsthistorisches Museum in Wenen.

Schoolstraat 2, Breda

Volgens de overlevering loopt er onder de binnenstad van Breda een eeuwenoud gangenstelsel, van de Koninklijke Militaire Academie (het vroegere Kasteel van Breda) naar de Onze Lieve Vrouwekerk.

In 1937 roept de gemeente Breda de hulp in van een wichelroedeloopster om het gangencomplex in kaart te brengen. Men hoopt dat de middeleeuwse gangen geschikt zijn als schuilplaats bij luchtaanvallen. Maar wichelroedeloopster Nanny Klein Sprokkelhorst vindt niet alleen onderaardse gangen; ze ontdekt ook een grafkelder met de stoffelijke resten van familieleden van de koninklijke familie, waaronder de eerste Prins van Oranje.

| 1500 | 1600 | 1700 | 1800 | 1900 | 2000 |

Een jaar na de vondst van het koninklijke mausoleum is Klein Sprokkelhorst terug in Breda. Met haar wichelroede wijst ze dit keer naar een eeuwenoud huis, op Schoolstraat 2. Onder het monumentale pand zou zich een grote schat bevinden. De gemeente Breda is er als de kippen bij om de eigenaar van het huis, Gerard Reichardt, een contract te laten tekenen. Als er iets gevonden wordt, moet hij afstand doen van de schat.

Kerkelijke schatten

Dat er een geheime schatkamer onder het monumentale huis zou kunnen zitten, is minder gek dan het lijkt. Men vermoedt dat het pand in de 16e eeuw dienst heeft gedaan als pastorie van de Onze Lieve Vrouwekerk. Het is daarom heel goed mogelijk dat er ten tijde van de Beeldenstorm in 1566 kerkelijke schatten onder de grond zijn verstopt. Men is bijvoorbeeld al eeuwenlang op zoek naar het Mirakel van Niervaert.

ONDERAARDSCHE GANGEN IN BREDA.

Een belangrijke vondst in de Schoolstraat.

Mag men de overlevering gelooven, dan zou de geheele binnenstad van Breda als het ware ondermijnd zijn door onderaardsche gewelven en gangen. De wichelroedeloopster, mevr. Klein—Sprokkelhorst uit Zeist, heeft een onderzoek, dat zij op verzoek van het gemeentebestuur met de wichelroede instelde, op eenige tientallen plaatsen in de binnenstad, op het terrein van het oude Kasteel van Breda (de tegenwoordige Kon. Militaire Academie) en in de Groote of O.L. Vrouwe

Limburgsch Dagblad, 7 oktober 1937.

Reichardt geeft toestemming voor een korte inspectie, maar hij gaat niet akkoord met de claim van de gemeente. In de kelder ontdekt de wichelroedeloopster dat er achter een muur een ingemetselde ijzeren deur zit verstopt. Maar of daarachter een onderaardse gang of gewelf zit, is niet bekend. En er is nog iets merkwaardigs ... Op het dak van het huis staat een schoorsteen die tot aan de kelder doorloopt. Maar er is geen aansluiting voor een rookkanaal of stookplaats. Bij nader onderzoek blijkt het helemaal geen schoorsteen te zijn, maar een koker. Deze koker is vol zand en puin gestort, maar waarom de koker is gebouwd is onbekend.

In de kelder van het monumentale huis op de Schoolstraat 2 worden in 1937 maar liefst vijf stenen wenteltrappen ontdekt, die mogelijk toegang geven tot onderaardse gewelven en gangen. De kranten speculeren volop over een geheimzinnige schatkamer, maar de eigenaar geeft geen toestemming voor een nadere inspectie.

__ Een verdwenen relikwie __

Tijdens de Beeldenstorm van 1566 komt een woedende volksmassa in opstand tegen de macht van de katholieke kerk en de overdaad aan pracht en praal. Drie weken lang vernielen calvinisten overal in de Lage Landen heiligenbeelden en religieuze kunstvoorwerpen. Tijdens de Beeldenstorm verdwijnt in Breda onder andere een heilige hostie, waaruit in de 14e eeuw bloed zou hebben gevloeid. In 1937 vermoedt men dat de gouden monstrans met het relikwie misschien onder het huis De Arend is verstopt. De kerkelijk schat is echter nog steeds niet terecht.

Nanny Klein Sprokkelhorst zoekt in Breda met een wichelroede naar onderaardse gangen. Ze vindt bij toeval ook een koninklijke grafkelder. Volgens haar is onder het huis op de Schoolstraat 2 een geheime schat verborgen.

KLM-huisje #77 wordt voor het eerst uitgegeven in 1996. Het is tot nog toe de enige Delfts blauwe replica van een huis in de provincie Noord-Brabant.

Koeienhuiden als fundering

Zowel de gemeente Breda als de rooms-katholieke kerk wil het huis van Reichardt kopen, maar hij weigert. Het pand is al sinds 1896 in bezit van de familie en hij wil dat graag zo houden. Reichardt handelt in meubels en maakt doodskisten. Vanaf de straat zien de voorbijgangers de kisten gewoon in zijn werkplaats staan. Gerard Reichardt is een nuchtere man, hij gelooft niet in een mysterieuze schat. Bij nader onderzoek blijkt bovendien dat het huis in de 16^e eeuw nooit als pastorie dienst heeft gedaan. Reichardt heeft ook een verklaring voor de aanwezigheid van onderaardse gangen. Volgens hem is de Onze Lieve Vrouwekerk in de 15^e eeuw gebouwd op koeienhuiden, om het grondwater tegen te houden. De onderaardse gangen zouden bedoeld zijn voor het luchten van de huiden. Maar deze theorie wordt niet door wetenschappelijk bewijs ondersteund. Reichardt stelt in ieder geval zijn kelder niet meer beschikbaar voor een volgende inspectie.

____ De koninklijke wieg ____

Nanny Klein Sprokkelhorst maakt in 1937 grote indruk op de koninklijke familie, als ze met een wichelroede de grafkelder van hun voorvaderen ontdekt. Nog datzelfde jaar wordt ze uitgenodigd op paleis Soestdijk. Prinses Juliana is in blijde verwachting van haar eerste kind. Op verzoek van de prinses wijst Klein Sprokkelhorst met de wichelroede in de koninklijke slaapkamer de meest gunstige plek voor het wiegje aan. Voor haar advies wordt ze beloond met 155 gulden. Enkele weken na het bezoek wordt op 31 januari 1938 prinses Beatrix geboren.

Huis De Arend

Het huis op de Schoolstraat 2 is waarschijnlijk rond 1522 gebouwd, in opdracht van Mercelis Koecx. Er hebben sindsdien onder anderen een barbier, een chirurgijn, twee apothekers, een tingieter, een goud- en zilversmid en twee banketbakkers gewoond. Gedurende meer dan vier eeuwen heet het huis De Arend, of een variatie daarop zoals Den Aern, Den Gulden Arent, Den Aernt en Den Dubbelden Arend.

De trapgevel dateert uit de 17^e eeuw. De gevel aan de straatkant wordt in de 19^e eeuw in empirestijl gemoderniseerd. Door een groot aantal verbouwingen is het interieur een allegaartje van stijlen en heeft weinig cultuurhistorische waarde. Maar dat geldt wel voor de eeuwenoude plafondschildering, met afbeeldingen van wijnranken en dierfiguren, zoals een papegaai, een konijn en een slak.

Adelaarsbeeld in top

Gerard Reichardt overlijdt in 1957. Het lukt de gemeente Breda eindelijk om het huis van zijn erfgenamen te kopen. Maar na een uitgebreid onderzoek van de kelder wordt er geen onderaardse schatkamer gevonden. Lange tijd aarzelt de gemeente over de bestemming van het vervallen pand. Pas vijf jaar na de aankoop begint men met de restauratie van het huis. Ter afronding van de renovatie wordt op de trapgevel een adelaarsbeeld geplaatst.

In 1966 opent restaurant Auberge De Arent zijn deuren. In 2009 staat het rijksmonument opnieuw in de steigers. Bij deze restauratie wordt onder andere het zadeldak in z'n geheel verwijderd en vernieuwd. Ook de merkwaardige koker wordt vervangen, maar men heeft nog steeds geen idee waarom deze ooit op het dak is geplaatst. Sinds enige tijd biedt het rijksmonument onderdak aan het Mexicaans restaurant Popocatepetl.

Leidsegracht 51, Amsterdam

In de 17^e eeuw komt Amsterdam tot grote economische bloei. De stad trekt als een magneet duizenden buitenlanders aan, die allemaal op zoek zijn naar werk en een tolerant leefklimaat. Het aantal inwoners groeit in de Gouden Eeuw, van 30.000 naar 175.000 mensen.

De komst van deze nieuwe bewoners maakt van Amsterdam een 'melting pot' van culturen en zorgt voor een enorme welvaart. Maar er is te weinig woonruimte. Daarom worden er buiten de oude stad, in een halve cirkel rondom het centrum, drie grachten gegraven waar langs nieuwe huizen worden gebouwd. In 2013 bestaan de Amsterdamse grachten precies 400 jaar.

1500	1600	1700	1800	1900	2000

Beroemde klokkenbouwers

Haaks op de Herengracht, Keizersgracht en Prinsengracht worden in de 17^e eeuw enkele smallere dwarsgrachten gegraven. De bouwgrond is hier goedkoper dan aan de drie hoofdgrachten. In 1615 worden aan de noordkant van de Leidsegracht de eerste huizen bebouwd. Ook de stadsschermschool en een klokkengieterij van de gebroeders Hemony vinden hier een onderkomen. François en Pieter Hemony komen oorspronkelijk uit Frankrijk en behoren tot de beroemdste klokkenmakers van hun tijd. Ze zijn de eersten ter wereld die een zuiver gestemd klokkenspel kunnen maken. De broers leveren niet alleen de carillons van de Oosterkerk, Zuiderkerk en Westerkerk, maar ze maken ook zes bronzen beelden voor het nieuwe stadhuis op de Dam (het latere Koninklijk Paleis).

Woningmarkt ingestort

In 1656 besluit het stadsbestuur om het onontgonnen gebied ten zuiden van de Leidsegracht te ontwikkelen zodat Amsterdam verder kan uitbreiden. Zeven jaar later, in december 1663 gaan de eerste kavels bouwgrond van 'de nieuwe stad' in de verkoop. Op 4 januari 1664 worden de percelen tussen de Keizersgracht en de Prinsengracht geveild. Erf nummer 24 wordt voor 1400 gulden gekocht door een drietal heren. Maar nog voordat er een steen gelegd is, ruilen en verkopen de buren hun percelen alweer onderling door. Meestertimmerman Samuel van der Hage wordt de nieuwe eigenaar van kavel 24. Hij bezit aan de Leidsegracht meerdere stukken grond. Maar er is nauwelijks belangstelling voor een een nieuw huis; de zwarte dood waart door de stad en de woningmarkt stort compleet in. Er overlijden in 1664 maar liefst 24.000 inwoners aan de gevreesde ziekte.

Van het linker huis wordt in 1997 een Delfts blauwe replica gemaakt.

De bewoners van Leidsegracht 51 hebben vanaf de 17e eeuw al hun koopcontracten bewaard en telkens doorgegeven aan de volgende eigenaar. Bij de inboedel hoort een speciaal kistje met inmiddels zo'n veertig koopcontracten, de oudste dateert van 14 januari 1671.

Een 17e eeuwse drieling

Nadat het terrein aan de Leidsegracht een aantal jaar braak heeft gelegen, verkoopt Samuel van der Hage op 25 januari 1669 twee percelen aan Pieter Pietersz van Kuijck. De koper laat op het stukje grond uiteindelijk drie identieke huizen bouwen, want dat is goedkoper. De panden krijgen een klokgevel, die sober versierd wordt met siertrossen, voluten op de hoeken en een driehoekig beeldhouwwerk naast het zolderluik.

Woningprijs onder druk

De eerst bekende eigenaar van Leidsegracht 51, het meest linkse pand van de drie, is de weduwe Ewoutje van Nes. Ze koopt het huis op 14 januari 1671 voor 4125 gulden. Nadat ze is overleden erven uiteindelijk haar vier kleinkinderen het pand. Ze verkopen het huis van hun oma op 21 april 1700 voor 3200 gulden aan Jan van Traa. Gedurende de 18e eeuw wisselt Leidsegracht 51 nog zes keer van eigenaar. De verkoopprijs zakt, na een piek van 10500 gulden in 1727, uiteindelijk weer naar 3550

___ Vestinggracht _____

De Leidsegracht in Amsterdam is sinds de aanleg in 1615 een vestinggracht en vormt de zuidelijke begrenzing van de stad. Het water wordt aanvankelijk Beulingsloot genoemd en krijgt zijn huidige naam Leidsegracht pas in 1658. De dwarsgracht is vernoemd naar de stad Leiden.

gulden. Dat de verkoopprijs zo laag is, komt door de chaos tegen het einde van de eeuw. Er is een revolutie uitgebroken waarbij de regering wordt afgezet. Stadhouder Willem V vlucht naar Engeland. Met behulp van de Fransen wordt een nieuw landsbestuur in het zadel geholpen die korte metten maakt met het ancien regime.

Na de uitbreiding van Amsterdam in 1658 laten de bewoners van de Leidsegracht met deze opvallende gevelsteen zien dat ze in 'de nieuwe stad' wonen.

Welvaart en voorspoed

Nadat Napoleon Bonaparte eerst nog zijn broer tot koning van het Koninkrijk Holland heeft uitgeroepen, lijft hij het land in 1810 bij zijn keizerrijk in. Maar met de Slag bij Waterloo komt er in 1815 definitief een einde aan de grootheidswaanzin van Napoleon. Willem I roept zichzelf dat jaar uit tot

Om vijandige troepen tegen te houden, wordt er in de 17e eeuw bij de Leidsegracht een stevige vestingwal aangelegd. In plaats van een stenen verdedigingsmuur moet een rij hoge houten palen verhinderen dat indringers hier ongezien Amsterdam binnen kunnen komen.

KLM-huisje #78 is een replica van het huis van wijlen Kees den Hartog, van 1992 tot 1997 vice-president van KLM. Ter gelegenheid van zijn pensionering wordt hij in 1997 verrast met een 'eigen' KLM-huisje.

Vlakbij Leidsegracht 51 wordt componist en tekstschrijver Pieter Goemans in 1949 geïnspireerd tot het schrijven van het lied 'Aan de Amsterdamse Grachten'. Na zijn overlijden in 2000 wordt zijn as op deze plek uitgestrooid.

soeverein vorst van het Koninkrijk der Nederlanden. De industrialistie brengt welvaart en voorspoed. De prijs van Leidsegracht 51 verdubbelt. Het pand krijgt bij een verbouwing in de 19e eeuw een fraai gesneden deur en sierlijke gevormde zijlichten. De plafonds worden van sierlijk stucwerk voorzien. Achter het huis wordt een prieeltje gebouwd. Over de geschiedenis van het huis of zijn bewoners is weinig noemenswaardig te melden. Het verhaal van Cornelis Lely, een buurjongen van zes huizen verderop, spreekt meer tot de verbeelding. Hij groeit uit tot een internationaal pionier op watergebied.

Geboortehuis Lely

Het ouderlijk huis van de beroemde ingenieur Lely staat op Leidsegracht 39. Cornelis wordt hier in 1854 geboren, als zevende zoon van Jan en Adriana Lely. De jongen brengt het grootste deel van zijn jeugd op de Leidsegracht door en hij is gefascineerd door water. Als hij zestien jaar is worden de Oranjesluizen gebouwd, waardoor de waterstand in de grachten niet meer afhankelijk is van eb en vloed.

Cornelis gaat vlak daana op de Technische Universiteit in Delft waterbouwkunde studeren en haalt op zijn 21e zijn diploma. Hij maakt als civiel-ingenieur carrière bij de overheid. Net voor zijn 36e verjaardag wordt Lely in 1891 voor de eerste keer benoemd tot minister van Handel en Waterstaat.

Cornelis Lely (1899),
Hendrik Johannes Haverman.

Ambiteus plan 'buurman'

Eind 19e eeuw presenteert ir. Cornelis Lely een ambitieus plan voor de afsluiting van de Zuiderzee. De handel op de binnenzee zorgt al eeuwenlang voor economische voorspoed, maar het wassende water vormt een voortdurende bedreiging voor de omliggende dorpen en steden. De oplossing is volgens Lely dat de kustlijn van Nederland verkleind wordt, door de binnenzee helemaal af te sluiten en van de Zuiderzee een meer van te maken. Een deel van het water kan worden ingepolderd, om het te gebruiken als landbouwgrond.

Zuiderzee afgesloten

Pas na een grote watersnoodramp in 1916 wordt er serieus werk gemaakt van de plannen van Lely. Het bedwingen van de Zuiderzee is een ongekend en ambitieus project. Het gebied heeft een oppervlakte van maar liefst 5.900 km². Een dijk moet de toegang tot de binnenzee afsluiten, zodat er een einde komt aan de overstroming van het achterland. In 1927, drie jaar na het overlijden van Cornelis Lely, wordt begonnen met de uitvoering. De Afsluitdijk krijgt een lengte van 30 kilometer en wordt 90 meter breed. In 1932 wordt het laatste gat gedicht. Sindsdien heeft de Zuiderzee geen rechtstreekse verbinding meer met de Noordzee. Na de afsluiting wordt de naam Zuiderzee veranderd in IJsselmeer. Een jaar later wordt Leidsegracht 51 overigens verkocht voor 8000 gulden.

Eerbetoon aan pionier

In 1939 wordt als eerbetoon aan Lely op zijn geboortehuis aan de Leidsegracht 39 een gevelsteen bevestigd met zijn portret. Hij staat afgebeeld tussen de Zuiderzee en het IJsselmeer.

Lange Haven 74-76, Schiedam

Het verhaal wil dat het 'vuurwater' waarmee de indianen in Noord-Amerika voor het eerst in aanraking komen, jenever uit Schiedam is. Of het waar is weet niemand. Maar tegen het einde van de 17ᵉ eeuw is jenever, na haring, wel een van de belangrijkste exportproducten van het land.

De opkomst van jenever is een direct gevolg van de oorlog met Frankrijk. De import van Franse (brande)wijn is namelijk vanaf 1672 verboden. Schiedam wordt mede daardoor de belangrijkste jeneverstad van het land. De branderijen stoken zo veel steenkool, dat er boven de stad permanent donkere roetwolken hangen. Schiedam wordt daarom ook wel Zwart Nazareth genoemd.

1500	1600	1700	1800	1900	2000

Martinus van der Schalk is een jonge, ambitieuze brander. Hij koopt in 1769 een pakhuis op de Lange Haven 76 in Schiedam en begint een distilleerderij. Van der Schalk experimenteert met distilleerketels om zelf moutwijn te maken, maar er gaat iets mis en de ketels verzakken. Omdat er brandgevaar dreigt, wordt het hem verboden om het experiment voort te zetten. Maar Van der Schalk gaat in het geheim door, net zo lang tot hij het stoken onder de knie heeft.

LANGE HAVEN

Handel op de Korenbeurs

Om moutwijn te kunnen maken, koopt Martinus van der Schalk gerst en gemalen rogge bij de molenaars uit de buurt. Overal in Schiedam staan molens, want de vraag naar graan in Schiedam is groot. De molens steken hoog boven de stad uit en behoren tot de grootste ter wereld. Later koopt Van der Schalk zijn grondstoffen op de Korenbeurs. De handelsbeurs opent haar deuren op Lange Haven 145, nog geen 100 m van zijn branderij. Het wordt al snel een trefpunt van branders, stokers en distillateurs.

Europese Unie beschermt eeuwenoud jeneverrecept met officieel keurmerk

Een eeuwenoud recept

Voor de productie van moutwijn en jenever baseren de stokers en distilleerders zich op een recept uit 1700. En ook Martinus van der Schalk volgt dit procedé. Het gerst wordt eerst in grote waterbakken geweekt zodat de gerstekorrels ontkiemen. Dit proces duurt ongeveer drie dagen. Daarna worden de uitlopers op een warme vloer gedroogd. Hierdoor wordt het zetmeel in de jonge spruiten omgezet in suikers. Van der Schalk mengt vervolgens het gerstemout met de gemalen rogge. Aan het beslag voegt hij ten slotte gistbacteriën toe, die de suikers omzetten in alcohol. Daarna kan het distilleren beginnen.

__ Spreekwoord __

Het bijproduct van jenever en moutwijn heet 'spoeling'. De naam leidt zelfs tot een spreekwoord: 'Vele varkens maken de spoeling dun', wat zoveel betekent als: 'Als je met veel mensen bent, moet je ook met veel mensen delen.'

Dronken varkens

De mout wordt in grote koperen ketels verhit zodat de alcohol verdampt. Het eerste concentraat heet 'ruwnat' en heeft een alcoholpercentage van 12 procent. Bij de tweede en derde distillatie loopt het percentage alcohol op tot 46,5 procent. Om er jenever van te maken, moeten er aan de moutwijn nog jeneverbessen, kruiden en specerijen worden toegevoegd. De graanpap die na het distillatieproces in de ketel achterblijft, heet 'spoeling'. Het afvalproduct wordt op de Korenbeurs als veevoer aan de boeren verkocht. Varkens zijn er dol op, maar ze zijn na het eten wel een beetje tipsy want in de spoeling zit nog steeds een beetje alcohol.

__ Oude en jonge jenever __

Vaak wordt gedacht dat de benaming 'oude' en 'jonge' jenever verwijst naar de leeftijd van de drank. Maar dat is onjuist. Het verwijst naar de receptuur en het productieproces. Oude jenever is gemaakt van graan of melasse en bevat minimaal 15 procent moutwijn. De drank heeft een lichtgele kleur en een volle smaak. Per liter jenever zit er maximaal 20 g suiker in. Jonge jenever is gemaakt van een neutrale alcohol uit graan of melasse, en wordt op smaak gebracht met maximaal 15 procent moutwijn. Jonge jenever bevat maximaal 10 g suiker. De smaak is zachter en frisser dan die van oude jenever. Korenwijn is ook een jeneversoort en bestaat voor 51 procent uit moutwijn.

KLM-huisje #79 wordt in 1998 geproduceerd. Het eerste exemplaar wordt aangeboden aan de directeur van het Nationaal Jenevermuseum.

13 miljoen liter jenever

Martinus van der Schalk voorziet dat de vraag naar mout steeds groter wordt. Daarom neemt hij in 1778 het initiatief voor de bouw een nieuwe molen, de Eendracht. De zaken gaan goed. Twintig jaar nadat hij met de productie van moutwijn is begonnen, koopt de Schiedammer de grond naast zijn pakhuis, op Lange Haven 74. Hij laat hier een tweede branderij bouwen.

In Schiedam, Rotterdam, Weesp, Delfshaven, Delft en Amsterdam worden op dat moment jaarlijks vele honderdduizenden liters moutwijn, korenwijn en jenever gestookt. Tegen het einde van de 18e eeuw verscheept de drankindustrie alleen al 13 miljoen liter jenever, in flessen en fusten, naar alle uithoeken ter wereld. Maar de toekomst ziet er minder rooskleurig uit, dan iedereen denkt.

Revolutie in de Republiek

Het is een politiek onrustige tijd. De bevolking komt in opstand tegen de privileges en vriendjespolitiek van de bestuurlijke elite. In de Republiek der Verenigde Nederlanden breekt in 1795 een revolutie uit. De ontevreden landgenoten verdrijven, met behulp van de Fransen, de regering. Stadhouder Willem V van Oranje-Nassau vlucht naar Engeland.

Vooralsnog merkt Martinus van der Schalk weinig van de politieke omwenteling. Hij bezit nu twee branderijen, vlak naast elkaar. Op de binnenplaats achter het pakhuis komt een tredmolen waar een paard eindeloos rondjes loopt om de pompen van de beide branderijen aan de gang te houden. Voor de arbeiders in de jeneverindustrie is het werk ook al even zwaar en monotoom. Dagen van negentien uur zijn geen uitzondering. Er zijn in 1795 ongeveer tweehonderd branderijen actief in Schiedam.

Distilleerderij Locomotief

In 1801 nemen de Fransen het heft in handen. Napoleon Bonaparte schuift de nieuwe Hollandse regering aan de kant. Hij stuurt zijn broer naar het noorden om het land te regeren.

Frankrijk is op dat moment verwikkeld in een felle handelsoorlog met Engeland. Nederland staat noodgedwongen aan de kant van de Fransen. De handel met het buitenland valt daardoor volkomen stil, er vaart geen schip meer de havens van Amsterdam en Rotterdam uit. De jeneverexport komt abrupt tot stilstand. De markt stort totaal in. Martinus van der Schalk verkoopt in 1802 een van zijn branderijen. Zeven jaar later gooit hij de handdoek helemaal in de ring. Hij doet ook zijn andere zaak van de hand.

De twee panden op de Lange Haven wisselen in de 19ᵉ eeuw nog verschillende keren van eigenaar en komen uiteindelijk beide in het bezit van jeneverdistilleerderij J.T. Beukers. Een van de concurrenten is Petrus Melchers. Hij bezit sinds 1837 een distilleerderij. Twee jaar daarvoor is in Europa de eerste stoomlocomotief gaan rijden en Melchers is bijzonder onder de indruk van het nieuwe vervoermiddel. Hij vindt dat zijn bedrijf minstens zo innovatief moet zijn en noemt de distilleerderij daarom De Locomotief.

_ Schiedamse jenever uit Frankrijk _

Voor liefhebbers van jenever en moutwijn betekent de naam Schiedam niets minder dan een kwaliteitsaanduiding. In 1901 probeert men er een officieel keurmerk van te maken, maar zonder succes. In België kan men daarom zonder blikken of blozen Vieux Schiedam produceren en in het Franse Lille staat een distilleerderij die volgens het etiket 'echte Schiedamse genièvre' maakt. Sinds de Europese Unie in 2008 jenever de status van *Appelation d'Origine Contrôlée* heeft gegeven, mag jenever alleen nog geproduceerd worden in Nederland, België en enkele Duitse en Franse provincies.

324

Een nieuwe tijd

Rond 1880 zitten er in Schiedam 393 branderijen, 44 distillateurs en 62 mouterijen. De ontdekking dat er van een restproduct van aardappelen en suikerbieten (melasse) op een goedkope manier alcohol gemaakt kan worden, heeft grote gevolgen. En als wordt ontdekt hoe de industrie op een biochemische manier bijna pure alcohol met een percentage van 96 procent kan maken, betekent dat niets minder dan een revolutie.

Het tijdrovende proces dat aan de productie van moutwijn vooraf gaat, wordt flink ingekort, zo niet overbodig gemaakt. Veel distilleerderijen stappen over op andere productiemethoden en nieuwe grondstoffen. Petrus Melchers maakt het allemaal nog net mee en overlijdt in 1888. Zijn zoon neemt daarna het roer over.

Distilleerderij J.T. Beukers zet zijn bedrijf in 1910 in de verkoop. De nieuwe eigenaar is de zoon van Petrus Melchers. De panden op de Lange Haven 74-76 worden ingrijpend verbouwd. De Locomotief krijgt onder andere nieuwe koperen ketels en een monumentale haard van Delfts geel aardewerk. Op de muur van de kantine wordt een reclamekreet geschilderd: 'Stephenson's vinding (de stoommachine) bracht de wereld in beroering. Melchers' Locomotief brengt elk hart in vervoering.'

Petrus Melchers, de oprichter van distilleerderij De Locomotief.

De Korenbeurs van Schiedam opent haar deuren in 1792. De handelsbeurs op de Lange Haven 145 wordt een trefpunt van branders, mouters en distilleerders.

Een verwoestende brand

In de 20ᵉ eeuw gaat de ene na de andere ambachtelijke distilleerderij failliet of wordt overgenomen door een concurrent. Er blijven in de jeneverindustrie uiteindelijk maar een paar grote spelers over. Ten slotte moet ook de firma P. Melchers er aan geloven. De Locomotief wordt verkocht aan distilleerderij Gebr. Vonk. Op 28 februari 1985 breekt er op de Lange Haven brand uit, de vlammen slaan uit het dak van de distilleerderij en leggen de panden bijna helemaal in de as. De monumentale pakhuizen staan op instorten.

Wat er na de brand nog van het interieur over is, verdwijnt in de maanden daarop alsnog. Tegels van Delfts geel aardewerk met een afbeelding van een locomotief worden door dieven uit de antieke schouw gehakt, ooit speciaal voor de branderij gemaakte glas-in-loodramen worden gestolen en alle onderdelen van het interieur waarin koperwerk is verwerkt, worden met brute kracht gesloopt en meegenomen (de ramen zijn na een langdurige speurtocht pas in 2009 teruggevonden en hangen nu boven de deur van de entree).

Nieuwe klokgevels

De stichting De Gekroonde Brandersketel (een club van vooraanstaande distillateurs) zorgt er uiteindelijk voor dat het pand tien jaar na de brand wordt herbouwd. De distilleerderij krijgt een totaal ander aanzien. De gevel van Lange Haven 76 krijgt een dubbele klokgevel, die op andere distilleerderijen in Schiedam lijkt. Het pand op Lange Haven 74 krijgt ook een klokgevel. Een jaar later opent het Nationaal Jenevermuseum haar deuren.

Op de begane grond wordt op basis van rogge, gerst en warm water sindsdien weer moutwijnjenever geproduceerd. En dat is uniek, want de zogenaamde Hollandse methode die al vanaf 1680 in Schiedam wordt toegepast is nergens anders meer in zwang. De bezoekers krijgen niet alleen een indruk van het productieproces, er vinden ook thema-exposities plaats en er is een unieke collectie miniatuurflesjes sterke drank te zien.

326

De grootste miniatuurcollectie

De verzameling miniaturen is afkomstig van de Schiedamse textielhandelaar Bruno Jan de Jongh. Vanaf 1910 verzamelt hij ongeveer 5700 miniatuurflesjes sterke drank, uit maar liefst zestig verschillende landen. De indrukwekkende collectie wordt na zijn dood in 1959 door Rien Melchers en andere verzamelaars aangevuld. Op dit moment bestaat de verzameling uit 12.000 miniatuurflesjes met likeur, jenever, eau-de-vie en andere alcoholische dranken van honderden bekende en onbekende fabrikanten. Uiteraard maken de Delfts blauwe KLM-huisjes ook deel uit van de grootste verzameling drankminiaturen ter wereld.

Souvenir van distilleerderij De Locomotief, gevuld met jenever.

Bruno Jan de Jongh verzamelt tijdens zijn leven ongeveer 5700 miniatuurflesjes sterke drank. Door andere verzamelaars is de collectie verder aangevuld en bestaat nu uit zo'n 12.000 miniaturen.

Gravenstraat 18, Amsterdam

Het oudste café van Nederland staat volgens het Guinness Book of Records in het Gelderse Doesburg. Stadsbierhuys De Waag schenkt hier al sinds 1478 pullen bier.

Het oudste proeflokaal van Amsterdam is vermoedelijk café Karpershoek (uit 1606), maar er zijn meer cafés in de hoofdstad die deze titel claimen. Het is geen probleem om in Amsterdam een historische kroegentocht te houden. Er zijn minstens tien cafés waar klanten al vanaf de Gouden Eeuw een pul bier of jenever kunnen bestellen. Een van die cafés is De Drie Fleschjes, in de Gravenstraat. De geschiedenis van het proeflokaal gaat terug tot 1650.

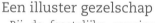

Drank en haring

Al in de Gouden Eeuw is de Gravenstraat, achter de Nieuwe Kerk, een gezellig straatje. Er zitten twee herbergen: De Graaf van Buren en De Witte Wambuis, en bistro's als Het Oestermeisje en Het Vergulde Zoutvat. Een eenvoudige maaltijd kost vijf stuivers, een uitgebreid diner inclusief drank ongeveer 1 gulden. In 1650 opent een nieuwe taveerne zijn deuren, pal naast een steeg met de onheilspellende naam 't Hol. Deze taveerne heet dan nog niet De Drie Fleschjes maar Het Sufflet, wat zoveel betekent als 'het fluitje'.

Een illuster gezelschap

Bij de feestelijke opening zijn volgens de overlevering niet de minste gasten aanwezig: de schilders Rembrandt van Rijn en Jan Steen, zeeheld Michiel Adriaensz de Ruyter, dichter Constantijn Huygens en de jonge filosoof Baruch de Spinoza. De mannen doen zich tegoed aan drank en haring. Maar de aanwezigheid van het illustere gezelschap moet misschien met een korrel zout worden genomen, want net als in elke andere kroeg vertelt de waard ook hier sterke verhalen.

Proeflokaal De Drie Fleschjes, een must tijdens historische kroegentocht

_ Joan Blaeu _

Joan Blaeu is in heel Europa een beroemd-heid. De landkaarten, atlassen en globes die hij aan de hand van de logboeken van de VOC maakt, zijn ongekend populair. Bij de brand in de drukkerij wordt de hele voorraad van de *Atlas Maior*, een atlas met zeshonderd kaarten van alle landen en werelddelen, vernietigd. Deze atlas is het duurste boek van de Gouden Eeuw en kost maar liefst 450 gulden per exemplaar (ter vergelijking: dit bedrag staat in de 17e eeuw gelijk aan vijf jaarsalarissen van een ongeschoolde arbeider).

Het duurste boek van de eeuw

Een van de eerste eigenaren van de taveerne is Haye Esdre. Hij verkoopt Het Sufflet in 1662 aan Jan Lambertsz Hissema. Bij diens buurman Joan Blaeu, de bekende kaartenmaker, zakenman en uitgever, breekt op een dag brand uit. Blaeu's drukkerij staat pal achter Het Sufflet en heet De Negen Musen, naar de negen drukpersen. In de nacht van 22 op 23 februari 1672 breekt er brand uit in de drukkerij. In een mum van tijd staat het hele pand in lichterlaaie. Het is die maandagnacht zó koud dat zelfs de brandspuiten bevriezen. Hissema kan nog net voorkomen dat zijn taveerne in vlammen opgaat.

Bij de brand smelten niet alleen de koperplaten van de *Atlas Maior*, de negen drukpersen zijn ook compleet verwoest. De totale schade bedraagt ruim 355.000 gulden. Voor de beroemde kaartenmaker is de brand een nachtmerrie. Zijn levenswerk is letterlijk in rook opgegaan. Joan Blaeu wordt depressief en overlijdt een jaar na de brand. Het drama is uiteraard het gesprek van de dag in de naastgelegen taveerne.

Lodewijk XV-stijl

Tot halverwege de 18e eeuw heet de taveerne op de Gravenstraat overigens Het Sufflet. Op het Singel zit in die jaren een drankwinkel met de naam De Drie Fleschjes. Het pand is een bouwval. Op 29 juli 1743 schrijft stadschroniqueur Jacob Bicker Raye: *'Het was een heel hoog gebouw waar De Drie Fleschjes uithingen. Toen het vandaag in elkaar stortte, moest het huis ernaast het ook ontgelden. Heel veel consternatie maar verder geen ongelukken.'*

De eigenaar van De Drie Fleschjes zet zijn bedrijf onder dezelfde naam voort in de Gravenstraat. Maar eerst laat hij de taveerne verbouwen. De voorkant krijgt een slanke klokgevel in Lodewijk XV-stijl, de top van de gevel wordt bekroond met een gebeeldhouwde kuif. Boven de deur komt een snijraam met drie flesjes. Naderhand wisselt de zaak nog enkele malen van eigenaar en uitbater.

De industriële revolutie

Likeurstoker Hendrik Bootz heeft in de 19ᵉ eeuw grootste plannen met De Drie Fleschjes. Hij koopt de drankwinkel in 1816 en maakt er een proeflokaal van. Bootz laat vervolgens negen aangrenzende panden slopen voor de bouw van een nieuwe distilleerderij. De industriële revolutie gaat ook in de Gravenstraat niet onopgemerkt voorbij. Een nieuwe generatie Bootz laat de op turfgestookte distilleerketels vervangen door moderne stoommachines. Vanaf dat moment kan de firma Bootz 7000 liter jenever per dag produceren. De bestellingen komen van over heel de wereld. Proeflokaal De Drie Fleschjes is tegen het einde van de 19ᵉ eeuw nog steeds het visitekaartje van Bootz. Maar het pand in de Gravenstraat is aan een grondige restauratie toe. Het wordt in 1889 verbouwd en krijgt onder andere een nieuwe gevel.

___ Het 'ellendighen kerkhof' ___

Begin 15ᵉ eeuw worden in Amsterdam de bomen op het landgoed van de edelman Willem Eggert, schatbewaarder van graaf Willem VI van Holland, omgezaagd. Op de plaats van de boomgaard verrijst in 1409 de Onze Lieve Vrouwekerk (nu bekend als de Nieuwe Kerk). Naast de kerk komen twee begraafplaatsen. Het eerste kerkhof, aan de kant van de Nieuwezijds Voorburgwal, is voor eerzame Amsterdammers. Zondaars en misdadigers worden begraven op het 'ellendighen kerkhof', aan de achterkant van de kerk. De steeg die haaks op De Drie Fleschjes loopt, heet daarom tot de 17ᵉ eeuw 'ellendighen steeg'. Het straatje wordt naderhand vernoemd naar Willem Eggert, de bouwheer van de Nieuwe Kerk.

Het 'dodemansbankje'

Bijna twee eeuwen na de brand in de drukkerij van Blaeu dreigt de geschiedenis zich te herhalen. Op 26 juli 1890 breekt er 's nachts brand uit in de drukkerij van de firma Arnd en Zoon, pal achter De Drie Fleschjes. De zaak brandt tot de grond toe af, het proeflokaal ontkomt ternauwernood aan de vlammen.

En er gebeuren in de Gravenstraat meer rare dingen ... De medewerkers van Bootz mogen bijvoorbeeld onder werktijd geen druppel jenever drinken. Na het werk nemen de mannen daarom vaak nog een afzakkertje in het proeflokaal naast de fabriek. Achter in De Drie Fleschjes zit een smal bankje, met plaats voor drie man. Het zijn de enige zitplaatsen in de zaak, maar toch blijven de stamgasten liever staan. In

De Drie Fleschjes staat in 1999 model voor KLM-huisje #80. Met de overhandiging van het eerste exemplaar wordt het startschot gegeven voor de viering van het 350-jarig bestaan van het beroemde proeflokaal.

korte tijd zijn hier namelijk acht klanten overleden, die toevallig allemaal vlak voor hun dood op het bankje hebben gezeten. Hun laatste 'rustplaats' krijgt daarom de bijnaam het 'dodemansbankje'.

Oranjebitter

Aan het eenvoudige interieur van De Drie Fleschjes verandert in de 20ᵉ eeuw nauwelijks iets. Langs de wand staat al eeuwenlang een 'drankorgel' met houten vaten en koperen kranen. De waard tapt er met zijn tinnen maatbeker jenever of likeur uit het vat. Stamgasten van alle rangen en standen drinken staand aan de toog hun borrel. Volgens de traditie van het huis buigen ze hun hoofd voor het eerste nipje uit het glas. Ondertussen draait de distilleerderij op volle toeren en levert goede kwaliteit jenever en likeuren. Oranjebitter en de Tip van Bootz zijn de bekendste en meest succesvolle likeuren uit het assortiment. Een aantal sterke dranken wordt in het buitenland zelfs bekroond met internationale prijzen.

Samenwerking met de concurrent

Op 29 juni 1950 wordt het 300-jarig jubileum van De Drie Fleschjes gevierd, maar de toekomst is ongewis. Na het overlijden van Willie Bootz, de laatste nazaat van de oprichter, is het pand in bezit van Wijnhandel Tivoli. Eigenaar Johan van Goppel zet in het jubileumjaar een uitzonderlijke stap. Hij zoekt voor de verkoop van jenever en likeur samenwerking met zijn grootste concurrent, distilleerderij Wynand Fockink. Dit proeflokaal zit al sinds 1679, op slechts 500 m afstand, van De Drie Fleschjes. Wynand Fockink wordt in 1954 opgeslokt door distilleerderij Bols. Twee jaar later doet Bols ook een bod op de aandelen van de familie Bootz. Sindsdien maakt De Drie Fleschjes deel uit van het Bols-concern.

___ Historische kroegentocht ___

In Amsterdam zit een groot aantal eeuwenoude kroegen. Hieronder de top 10 van oudste cafés. De Amerikaanse oud-president Bill Clinton bracht in 2011 een bezoek aan café Papeneiland.

1606 - Café Karpershoek, Martelaarsgracht 2
1624 - Café Chris, Bloemstraat 42
1626 - Café Brandon, Keizersgracht 157
1631 - Café De Druif, Rapenburgerplein 83
1642 - Café Papeneiland, Prinsengracht 2
1650 - De Drie Fleschjes, Gravenstraat 18
1670 - Café Hoppe, Spui 18-20
1670 - Café Kalkhoven, Prinsengracht 283
1679 - Wynand Fockink, Pijlsteeg 31
1690 - Café In de Wildeman, Kolksteeg 3

Zand op de vloer

Vanaf 1967 zwaaien Jopie en Ab van der Lely de scepter in de Gravenstraat. Het echtpaar schenkt naast jenever en likeur nu ook wijn en bier. Ab experimenteert met kruidenextracten en vindt verschillende nieuwe likeuren uit, zoals De Boswandeling en Gravenbitter.

In die jaren ontstaat ook het gebruik om de vloer van het proeflokaal met zand te bestrooien. De houten fusten van het 'drankorgel' aan de wand zijn al geruime tijd niet meer in gebruik en dienen slechts ter decoratie. Maar in 1970 mogen vaste klanten en bedrijven de 51 fusten adopteren. Vanaf dat moment kunnen ze de sterke drank uit hun eigen vaatjes tappen.

Innemende mensen en andere klare taal

The New York Times meldt in een recensie in 1972 dat De Drie Fleschjes jenever en likeuren voor 35 cent schenkt. '*Belachelijk laag*', vindt de krant, maar voor toeristen is het '*een goede manier om met Nederlanders in contact te komen.*' In 1974 overlijdt kroegbaas Ab van der Lely. Zijn vrouw blijft het proeflokaal nog tot 1986 runnen, samen met kastelein Pim Brandt. In dat jaar neemt de huidige eigenaar en uitbater Joop de Koning De Drie Fleschjes over. Hij organiseert in 2000 een groots jubileum. Ter gelegenheid van het 350-jarig bestaan verschijnt het boekje *Innemende mensen en andere klare taal*. De Drie Fleschjes is ook in 2013, na al die eeuwen, nog altijd een populair adres voor een goede borrel.

— 'Burgemeestersflesjes' —

De Drie Fleschjes heeft een unieke collectie eeuwenoude 'kalkoentjes' of 'paardehoeven'. Deze naam verwijst naar een bepaald type fles. Het is in Amsterdam traditie dat het portret van een burgemeester na zijn afscheid op een fles wordt geschilderd. Er zijn inmiddels dertig burgemeesters op deze manier vereeuwigd. Op het oudste 'kalkoentje' staat een portret van Cornelis Pieterszoon Hooft (1547-1626). Opmerkelijk is dat van oud-burgemeester Job Cohen na zijn aftreden in 2010 nog steeds geen portret is gemaakt. De 'burgemeestersflesjes' stonden oorspronkelijk in het proeflokaal van Wynand Focking. Nu staat de collectie achter in De Drie Fleschjes, in een vitrine naast het 'dodemansbankje'.

Waagplein 1, Groningen

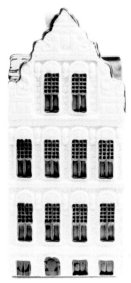

In de nadagen van de Tweede Wereldoorlog woedt in Groningen een felle strijd. De vreugde over de aanstaande bevrijding wordt wreed gesmoord door koppig doorvechtende nazi's.

In de nacht van 14 op 15 april 1945 staat het centrum van de stad in brand. De historische panden op de Grote Markt branden als fakkels, aan de voet van de Martinitoren stort het ene na het andere monument in. Nadat Groningen eindelijk door de Canadezen is bevrijd, blijkt dat er in de dagen vóór de capitulatie nog 106 burgers zijn gedood. Tussen de rokende puinhopen staan alleen de Martinitoren, het stadhuis en het Goudkantoor nog fier overeind.

1500	1600	1700	1800	1900	2000

De geschiedenis van het Goudkantoor gaat terug tot 1631. In dat jaar gaan drie deurwaarders in Groningen op bezoek bij een aantal notoire wanbetalers die nog steeds hun belastingen niet betaald hebben. Na talloze aanmaningen is de maat vol. Het provinciebestuur huurt een pand in het centrum van Groningen, waar de Groningers binnen zes maanden hun schuld moeten voldoen. De actie is zo'n succes, dat men besluit dat er een Provinciaal Belastingkantoor moet komen. Het duurt uiteindelijk nog vier jaar voordat de eerste steen van het Collectehuis wordt gelegd.

Wat des keizers is …

Het 10 m brede pand wordt in Groninger renaissancestijl gebouwd, naar een ontwerp van de uit Bremen afkomstige David Wolff. Het Collectehuis krijgt aan de voor- en achterkant een rijkversierde topgevel met zandstenen banden en schelpmotieven boven de kruiskozijnen. Op de klauwstukken met omgekeerde voluten zit een typisch Groninger motief: een gebeeldhouwd vrouwenkopje zonder vleugels. Het provinciewapen hangt trots aan de gevel.

Goudkantoor in Groningen al bijna vier eeuwen een 'juweel van bouwkunst'

KLM-huisje # 81 is een replica van het Goud-kantoor in Groningen. Het miniatuur wordt op 7 oktober 2000 voor het eerst aan passagiers uitgedeeld.

DATE CÆSARI QVÆ SVNT CÆSARIS · ANNO DOMINI · 1635

De entree van het pand wordt gevormd door een pompeuze galerij met acht Toscaanse zuilen. Daarboven komt in het Latijn de spreuk: 'DATE CAESARI QUAE SUNT CAESARIS' ('Geef de keizer wat des keizers is'). De Bijbelse tekst wijst de Gro-ningers op de plicht om belasting te beta-len. De drie deurwaarders krijgen in het pand ieder een eigen kantoor. Een van hen, Reneke Busch, is zelfs van plan om er met zijn gezin te gaan wonen, want het gebouw is veel te groot.

Hogere belastingen

In 1718 worden overal in de Republiek der Verenigde Nederlanden de belastingen verhoogd. De Gouden Eeuw is dan al lang voorbij en de economie staat onder druk. De belasting op het pachten van grond gaat flink omhoog. Het passeren van een tol of een sluis kost vanaf dat moment ook meer geld. Producten voor dagelijks gebruik zoals graan, bier, (brande)wijn, jenever en tabak worden duurder. Zelfs het aantal dienstmeisjes en het aantal open haarden per woning worden nauwkeurig geteld om vast te stellen hoeveel belasting iemand moet betalen.

Op het Collectehuis werken inmiddels 21 mensen om het innen van de belasting in goede banen te leiden. Voor de jacht op wanbetalers krijgt de collecteurs een 'pre-mium diligentia', wat een beloning voor getoonde ijver betekent.

De Franse Revolutie

In 1748 komt de bevolking in de Republiek in opstand tegen de hoge prijzen. Na felle protesten worden de belastingen verlaagd. Bij een reorganisatie van het Collectehuis wordt een derde van het personeel ontsla-gen. Maar de onvrede bij de bevolking zit veel dieper dan de machthebbers denken.

Net als in de rest van Europa groeit ook hier de woede tegen het establishment. In 1789 breekt in Frankrijk de Revolutie uit. Nadat koning Lodewijk XVI een deel van zijn macht heeft afgestaan ten gunste van het volk, wordt hij vier jaar later alsnog ont-hoofd. Napoleon Bonaparte grijpt zijn kans. De Franse Revolutie is een voorbeeld voor de burgers van de Nederlanden. Met behulp van de Fransen verdrijven de patriotten in 1795 stadhouder Willem V, die naar Enge-land vlucht. De oude machthebbers worden vervangen. Ook in de provincie Groningen treedt een nieuw bestuur aan.

Het Goudkantoor

Het Collectehuis verliest bij de omwente-ling in 1795 zijn functie als belastingkan-toor. In het pand aan de Grote Markt komt een Waarborgbureau voor Goud- en Zilver-werken. De conciërge gaat met zijn gezin in de kelder wonen. Hij is verantwoordelijk voor het goud en zilver, dat op de tweede verdieping wordt gekeurd en van een merk-teken wordt voorzien. Het gebouw heet in de volksmond al snel het Goudkantoor.

In 1844 besluit het stadsbestuur het pand te restaureren. Omdat de stad Groningen nu eigenaar van het pand is, wordt het provinciale wapenschild vervangen door het stadswapen. De galerij met Toscaanse zuilen verkeert in zo'n slechte staat, dat deze wordt gesloopt. De oude wapensteen en de ornamenten worden opgeknapt en nu boven de nieuwe toegangspoort aangebracht. De kruiskozijnen worden vervangen door modernere ramen en de houten luiken verdwijnen. De Fransman Henry Havard, een bekende schrijver van reisgidsen, bezoekt in 1875 de stad Groningen en noemt het voormalige Collectehuis een *waar juweel van bouwkunst*.

'Nieuwe' 18^e-eeuwse vensters

In 1887 verhuist het Waarborgbureau voor Goud- en Zilverwerken naar een andere locatie. Maar het 17^e-eeuwse pand blijft het Goudkantoor heten. De bovenverdieping wordt aanvankelijk verhuurd aan de pas opgerichte Vrouwenbond. Verschillende organisaties vinden daarna in het pand onderdak, de bovenverdieping wordt tot 1925 als woonruimte verhuurd. Daarna wordt het gebouw ingericht als VVV-kantoor.

Bijna honderd jaar na de eerdere restauratie staat het Goudkantoor weer in de steigers. Voor het onderhoud is 20.000 gulden uitgetrokken. Maar het bedrag is niet voldoende om eerdere fouten te herstellen. Voor de herbouw van de verdwenen galerij is bijvoorbeeld geen geld. De houten kozijnen worden vervangen, maar na de oplevering spreken kunsthistorici schande van de 'nieuwe' 18^e-eeuwse kruiskozijnen. Vanaf 1931 biedt het Goudkantoor onderdak aan de collecties van het Noordelijk Scheepvaartmuseum en het Natuurhistorisch Museum. Vanwege de oorlogsdreiging wordt de collectie van het Scheepvaartmuseum in 1941 elders ondergebracht.

Op de originele stenen van het voormalige Collectehuis zijn verfresten uit de 17^e eeuw aangetroffen. De gevel is daarom in de oorspronkelijke kleuren rood, oker, goud en blauw geschilderd.

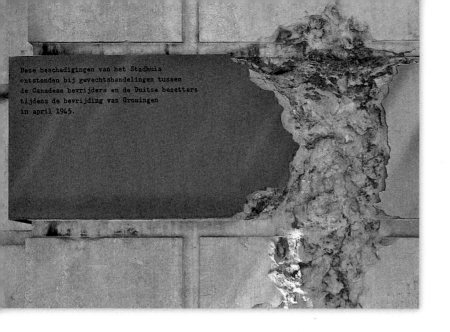

Deze beschadigingen van het Stadhuis ontstonden bij gevechtshandelingen tussen de Canadese bevrijders en de Duitse bezetters tijdens de bevrijding van Groningen in april 1945.

In de nadagen van de oorlog wordt in het centrum van Groningen nog hevig gevochten. De Canadezen proberen de stad te bevrijden, de nazi's vechten koppig door. Op zondag 15 april verschanst een Duitse tank zich achter het Goudkantoor. De Canadezen krijgen de vijand in het vizier, maar ze willen het historische pand sparen. Daarom schieten ze hun munitie tegen het Stadhuis, dat naast het Goudkantoor ligt. Een spervuur van kogels ketst tegen de muur af en dwingt de Duitsers om zich over te geven. De kogelinslagen zijn als stille getuigen bewaard gebleven.

Museumschatten verwoest

Op 15 april 1945 steekt de Duitse Sicherheitsdienst een huizenblok, pal naast het Goudkantoor, in brand. Het is een vergeldingsmaatregel, want het verzet zou hier vanaf een dak op Duitse militairen hebben geschoten. In allerijl worden de museumschatten uit het Goudkantoor gehaald en aan de overkant bij café De Unie in veiligheid gebracht. Maar terwijl het 17e-eeuwse monument een dag later vrijwel onbeschadigd uit de oorlog komt, worden het café en de museumcollectie bij een bombardement vernietigd.

Gevel Heerensociëteit gered

Een van de meest opvallende monumenten in het centrum van Groningen is het Huis Panser, uit 1615. Het wordt op de laatste dag van de oorlog verwoest. Tot 15 april 1945 is in dit pand de Heerensociëteit gevestigd. Na de brand blijft alleen de zwartgeblakerde voorgevel staan, de rest van het pand is ingestort. De gevel wordt na de oorlog voorzichtig afgebroken en in een depot opgeslagen. Het pand toonde qua bouwstijl grote gelijkenis met het voormalige Collectehuis.

In Groningen worden eind 1945 plannen gemaakt om het centrum te herbouwen en van de Grote Markt een modern stadshart te maken. Er is zelfs even sprake dat het Goudkantoor naar een andere locatie moet verhuizen. Maar zover komt het niet en het pand biedt in de jaren daarna opnieuw onderdak aan het Scheepvaartmuseum.

Huis Panser (rechts op de foto) staat sinds 1615 aan de Grote Markt. De monumentale gevel is opgetrokken uit Bamberger kalkzandsteen. Het laatgotische pand wordt in de nadagen van de Tweede Wereldoorlog verwoest, alleen de historische gevel blijft gespaard. Na een restauratie maakt de top vanaf 1964 deel uit van de zuidgevel van het Goudkantoor.

Sinds 2008 staat in Madurodam een schaalmodel van het Goudkantoor.

Aan de Grote Markt staan veel panden die hun oorsprong vinden in de 13e en 14e eeuw. De naam Waagstraat stamt uit de 19e eeuw, toentertijd heette de straat de Suipen- of Soepenstraat.

Een glazen luchtburg

In 1958 wordt er naast het oude raadhuis een betonnen kolos gebouwd dat als nieuw, multifunctioneel stadskantoor moet fungeren. 'Het witte paleis', zoals men het pand in Groningen noemt, wordt vier jaar later opgeleverd. Dat de feestelijke opening op vrijdag de dertiende plaatsvindt, blijkt geen goed voorteken. Een glazen luchtbrug verbindt nu de beide stadskantoren met het Goudkantoor.

Na de oplevering van het nieuwe stadskantoor breekt er een storm van kritiek los. 'Het is een met ieder gevoel voor harmonie strijdende combinatie; de voormalige kunstzinnige (nu verminkte) topgevel en de botte, van alle elegantie gespeende luchtbrug', schrijft de pers.

Een parel in de kroon

De top van het in de oorlog verwoeste Huis Panser wordt gerestaureerd en herplaatst als zuidgevel van het Goudkantoor. De gevel van Bamberger kalkzandsteen lijkt op die van het Goudkantoor. Het bovenste gedeelte bestaat uit onder meer twee vrouwenfiguren met leeuwenpoten. Ze dragen schilden onder hun arm. Op de top staat een leeuw met het wapen van Groningen. Na een restauratie doet het monument uit 1635 opnieuw dienst als VVV-kantoor.

In 1992 wordt het multifunctionele stadskantoor weer afgebroken. Ook de glazen luchtbrug met het Goudkantoor verdwijnt. De Italiaanse architect Adolfo Natalini maakt voor het Waagplein een nieuw ontwerp waarbij het bijna vierhonderd jaar oude monument, als een parel in de kroon, in een moderne context wordt geplaatst. Sinds 1994 is in het Goudkantoor een café-restaurant gevestigd.

Bonnefantenstraat 5, Maastricht

Maastricht is de oudste stad van Nederland. De geschiedenis ervan gaat terug tot vóór de Romeinse tijd. Maar vanaf de middeleeuwen tot de komst van Napoleon in 1794 is Maastricht eigenlijk geen stad, maar eerder een verzameling ministaten.

De stad wordt bestuurd door twee verschillende vorsten: de hertog van Brabant en de prins-bisschop van Luik. Drie kwart van de inwoners is Brabants, een kwart heeft de Luikse nationaliteit. Dan zijn er nog twee kerkelijke enclaves die, net als Vaticaanstad in Rome, hun eigen wetten en regels hebben. En ten slotte heeft ook het graafschap Vroenhof in Maastricht een eigen territorium.

1500	1600	1700	1800	1900	2000

In 1632 wordt in Maastricht Hieronymus Stas geboren. Hij weet niet beter dan dat zijn geboortestad een lappendeken van nationaliteiten is. Hieronymus volgt onderwijs aan de kapittelschool van de Onze Lieve Vrouwekerk. Na een rechtenstudie wordt hij schout, net als zijn vader. Dat betekent dat hij verantwoordelijk is voor de ordehandhaving en rechtspraak. Hij trouwt in 1658 met Agnes Bouwens en het paar krijgt vier kinderen. Hieronymus Stas komt uit een gegoede familie. Hij bezit onder andere enkele huizen in het Jekerkwartier, dat later ook wel het Quartier Latin van Maastricht wordt genoemd (naar de bekende studentenwijk in Parijs).

Huys Stas maakt deel uit van het voormalige kloostercomplex van de grauwzusters. Sinds 1912 zit in het pand het Natuurhistorisch Museum Maastricht.

De Zwarte Dood

In 1664 heerst in Maastricht de pest. De epidemie maakt veel slachtoffers. Een aantal nonnen van het Grauwzustersklooster uit het Belgische Hasselt helpt mee om de pestlijders te verplegen. Vijf jaar later waart de Zwarte Dood opnieuw rond, evenals in 1673. In dat jaar dreigt ook van een andere kant gevaar. Maastricht wordt belegerd door het soldaten van Lodewijk XIV. De Franse koning is in 1673 hoogstpersoonlijk bij de inname van Maastricht aanwezig (pas vijf jaar later geeft Lodewijk XIV de stad weer terug aan de Republiek der Verenigde Nederlanden).

Tijdens het Beleg van Maastricht komt de Franse koning Lodewijk XIV op 17 juni 1673 persoonlijk poolshoogte nemen. De stad capituleert precies dertien dagen later. In militair opzicht is dit een ongelooflijke prestatie. Het wapenfeit staat daarom vermeld op de triomfboog van de Porte Saint Denis in Parijs.

Het Huys Stas

Om een nieuwe pestepidemie te bezweren, stichten de grauwzusters op aandringen van Lodewijk XIV een eigen kloosterorde in Maastricht. Het stadsbestuur belooft dat ze geen belasting hoeven te betalen, er worden geen soldaten bij hen ingekwartierd en ze krijgen gratis steenkool. Bovendien koopt het stadsbestuur op 9 november 1673 drie panden voor de vestiging van hun klooster. Hieronymus Stas krijgt voor zijn bezit 7400 gulden betaald.

Een beeldje van de grauwzusters bij de ingang van het Natuurhistorisch Museum. Hier zat van 1673 tot 1796 het Grauwzustersklooster. Gedurende deze periode woont de rector in het Huys op den Jeker. Hij onderhoudt de externe contacten tussen de kloosterzusters en de buitenwereld en leest de mis.

Het mooiste pand, Huys Stas, is gebouwd in Maaslandse renaissancestijl. Het huis ligt pal achter de stadswal en wordt aan twee kanten omsloten door de rivier de Jeker. De grauwzusters hebben hun handen vol aan de verpleging van de pestlijders. Omdat ze al snel ook krankzinnigen gaan opvangen, wordt Huys Stas te klein. De rector verhuist naar een aangrenzend pand, op de Bonnefantenstraat 5. Dit is het Huys op den Jeker, dat op een tongewelf over de rivier is gebouwd.

Een historisch 'schijthuis'

Huys op den Jeker is omstreeks 1665 in dezelfde stijl als Huys Stas gebouwd. Het heeft aan de voor- en achterzijde een trap-gevel. De muren zijn opgetrokken uit bak-steen, met speklagen van Limburgs mergel. De lijsten rond de deuren en kruisramen zijn gemaakt van hardsteen. Op de kroon-lijst, die rond het hele gebouw loopt, rusten watergoten van mergelsteen. Daaronder zitten consoles die met ronde en ruitvor-mige versieringen zijn verfraaid. Een opval-lend onderdeel van het Huys op den Jeker is het 'secreet', een zogenaamd 'schijthuisje' dat aan de linkerkant van het pand precies boven het riviertje hangt. En eigenlijk is het een luxe toilet, want de meeste inwoners van Maastricht legen de inhoud van hun poepdozen dan nog aan de kade.

Aan de linkerkant van het huis bevindt zich een zogenaamd 'hangend secreet' of 'poepdoos', waarvan de inhoud pal boven de rivier wordt geloosd.

Het riool van de stad

De Jeker fungeert eeuwenlang als open riool. In de 17e en 18e eeuw zitten naast het Huys op den Jeker enkele leerlooie-rijen die hun afval rechtstreeks in het riviertje lozen. Ook de kadavers en het slachtafval van het nabij gelegen abat-toir komen in de Jeker terecht. Ondanks de matige waterkwaliteit is het toch een visrijk riviertje waarin zelfs zalm en forel zwemt. Maar bij hoog water staan de lager gelegen delen van de stad in een mum van tijd blank. De stank is dan niet te har-den. In de loop der tijd worden er langs de Jeker hoge muren gebouwd, zodat het aantal overstromingen vanaf dat moment beperkt blijft.

__ Grote schoonmaak _____

In een van de muren langs de Jeker zit een steen ter herinnering aan het moment dat de rivier is schoongemaakt. In drie eeuwen tijd wordt het water slechts zes keer (in 1643, 1661, 1674, 1842, 1863 en 1929) gereinigd en van afval ontdaan. Dat er hiervoor zelfs een steen met inscriptie wordt gemaakt, geeft wel aan hoe bijzonder men de grote schoon-maak vindt.

Zusters verbannen

In 1796 moeten de grauwzusters hun klooster verlaten, op last van de autori-teiten. Moeder-overste wordt gedwongen afstand te doen van het Huys op den Jeker. Na ruim een eeuw ziekenzorg is de aanwe-zigheid van de zusters niet langer gewenst. En dat heeft alles te maken de onvrede die overal in Europa heerst.

340

KLM-huisje # 82 wordt aan het publiek gepresenteerd op 7 oktober 2001.

In 1933 wordt Huys op den Jeker grondig gerestaureerd, het pand is op dat moment een bouwval.

Tegen het einde van de 18ᵉ eeuw komt de bevolking in een aantal landen in opstand tegen de bestuurlijke elite. Frankrijk rekent af met het ancien régime. Napoleon Bonaparte komt aan de macht en zet heel Europa in vuur en vlam. Met behulp van de Franse legers wordt ook de regering van de Nederlanden verdreven. In hoog tempo vaardigt Napoleon vervolgens nieuwe wetten uit. Zo moeten onder andere alle kloosters hun deuren sluiten.

Nadat de grauwzusters in 1796 naar België zijn verbannen, nemen de regenten van het Burgerlijk Armbestuur het klooster over. Het pand blijft nog jaren in gebruik als opvang voor krankzinnigen. Het Huys op den Jeker is sinds 1796 eigendom van de gemeente Maastricht, die de woning aan particulieren verhuurt.

1660 monumenten

In 1912 neemt het Natuurhistorisch Genootschap zijn intrek in het voormalige klooster. Het is dan al ruim een eeuw geleden dat de laatste moeder-overste het Huys op den Jeker heeft verlaten. Dat het monument al bijna 250 jaar oud is, is goed te zien aan de bouwvallige staat. Toch duurt het nog twee decennia voordat het Huys op den Jeker ingrijpend wordt gerestaureerd.

In 1933 lijkt het erop alsof Maastricht uit een lange winterslaap ontwaakt. De onrust in Duitsland en de opkomst van Hitler leidt in Nederland tot een hernieuwde interesse voor de eigen geschiedenis. In Maastricht wordt de restauratie van eeuwenoude panden voortvarend aangepakt. De inwoners mogen met recht trots zijn op hun stad, want met maar liefst 1660 monumenten is Maastricht, na Amsterdam, de tweede monumentenstad van het land.

De Jeker herontdekt

In 1933 worden ook de lelijke hoge muren langs de Jeker verlaagd. De mooiste doorkijkjes komen tevoorschijn. Het Huys op den Jeker staat ineens volop in de belangstelling, maar in al die eeuwen is er weinig onderhoud gepleegd. Daarom wordt het pand uitgebreid gerenoveerd en verfraaid met historische accenten. De voordeur krijgt bijvoorbeeld een eeuwenoude omlijsting van hardsteen. Boven de deur staat nu het jaartal MDCCXXXIII (1733). Deze omlijsting komt van een elders gesloopt monument. Ondanks deze historische slordigheid is het Huys op den Jeker weer klaar voor de toekomst.

Bij de restauratie in 1933 wordt bij de voordeur een hardstenen omlijsting aangebracht van een ander monument. De Romeinse cijfers verwijzen naar het jaartal 1733, maar dit houdt geen verband met het Huys op den Jeker.

In 1987 wordt een Delfts blauwe replica van het Huys op den Jeker gemaakt voor een actie van de Junior Kamer Maastricht. Dit miniatuur (links op de foto) maakt deel uit van een serie van zes Maastrichtse monumenten. Wat opvalt is dat de replica een bordestrap heeft. Met de verkoop wordt een ziekenhuis in de Keniaanse stad Busia financieel ondersteund.

Bewoners Huys op den Jeker

In 1939 krijgt het Natuurhistorisch Genootschap een nieuwe conservator: Mien van de Geyn. De gemeenteraad heeft nog hemel en aarde bewogen om een oud-pater jezuïet benoemd te krijgen, omdat men geen vrouw op deze post wil. Maar het genootschap houdt voet bij stuk. 'Desnoods vechten we op leven en dood', steken ze haar een hart onder de riem. Van de Geyn gaat in het Huys op den Jeker wonen, de dienstwoning van het Natuurhistorisch Museum.

In 1947 krijgt Mien van de Geyn op de dag van haar huwelijk ontslag, omdat ze gaat trouwen met de gemeentesecretaris. Getrouwde vrouwen mogen volgens de wet niet werken (pas in 1956 wordt deze wet afgeschaft en krijgen vrouwen dezelfde rechten als mannen). Haar man huurt daarna het Huys op den Jeker zodat zijn vrouw toch bij de buurt en het museum betrokken blijft.

Mien overlijdt in 2009, achttien jaar na haar echtgenoot. Ze is net geen honderd jaar geworden. Na haar dood wordt het huis opnieuw door de gemeente gerestaureerd. Het pand heeft sindsdien nog geen nieuwe bestemming gekregen.

> waar is de jeker? blijft hij beneden, luistert hij in zijn duister naar wat boven hem hoorbaar is aan stromende muziek?
>
> — leo herberghs

_ De mierenpater _

Het Natuurhistorisch Museum Maastricht ligt aan het Bosquetplein, pal achter het Huys op den Jeker. Het museum wordt in 1912 opgericht en herbergt een aantal bijzondere collecties. Het pronkstuk had het fossiel van een prehistorische hagedis moeten zijn. Maar tijdens de Franse bezetting is de schedel naar Parijs verhuisd. De oorlogsbuit is nooit teruggegeven. Wel toont het museum al vanaf de beginjaren de beroemde mierencollectie van pater Erich Wasmann. Tijdens zijn leven verzamelt de geestelijke zo'n 15.000 verschillende mieren en termieten van over de hele wereld. In de Tweede Wereldoorlog brengen de Duitsers de unieke verzameling over naar Berlijn. Na 1945 komt de collectie ongeschonden terug naar Maastricht.

In 1770 wordt in een mergelgroeve bij Maastricht een prehistorisch fossiel gevonden van een mosasaurus. Sinds de ontdekking van de miljoenen jaren oude hagedis is de grot in de Sint Pietersberg een toeristische trekpleister.

Het 'monster' van Maastricht

In 1770 stuiten arbeiders in de mergelgroeven van de Sint Pietersberg op het skelet van een 70 miljoen jaar oude hagedis, de mosasaurus. Het versteende reptiel wordt voorzichtig losgehakt. Het komt terecht in de verzameling van de katholieke kerk en wordt als kostbaar relikwie in een glazen vitrine tentoongesteld. In 1795 wordt Maastricht belegerd door Franse troepen. Het fossiel wordt door de geestelijken verstopt in de kelders van de Sint Servaas. Als de stad zich heeft overgegeven, gaan de Fransen op zoek naar de mosasaurus. Ze loven een beloning van zeshonderd flessen wijn uit voor degene die de schuilplaats verraad. Een dag later duikt het fossiel weer op. De versteende hagedis wordt door Fransen geconfisqueerd en tot nationaal erfgoed verklaard. Op een kar gaat de mosasaurus naar Parijs. Sindsdien maakt het fossiel deel uit van het Muséum National d'Histoire Naturelle. In 1998 en 2012 worden er in de mergelgroeven opnieuw twee versteende mosasaurussen gevonden. De meest recente vondst betreft het skelet van een 13 m lange hagedis en wordt op dit moment in het Natuurhistorisch Museum schoongemaakt en onderzocht.

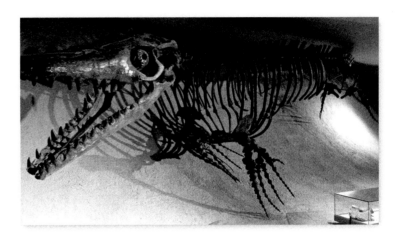

Het Natuurhistorisch Museum in Maastricht toont een replica van de in 1770 bij Maastricht gevonden mosasaurus. De latere bewoonster van het Huys op den Jeker, Mien van de Geyn, onderneemt in 1941 tevergeefs actie om het fossiel uit Parijs terug te halen.

In het Natuurhistorisch Museum wordt vanaf december 2012 het skelet van een mosasaurus voorzichtig uit de mergelsteen 'bevrijd'.

#83

Keizersgracht 672, Amsterdam

De fraaie stadspaleizen aan de Amsterdamse grachten zijn van een bijna koninklijke allure. De 17ᵉ-eeuwse huizen zijn niet alleen bedoeld om in te wonen, maar ook om zakenrelaties mee te imponeren.

De wapenhandelaar Jeremias van Raey is gevoelig voor uiterlijk vertoon. Hij geeft in 1671 opdracht voor de bouw van een 'extera fraay huys' aan de Keizersgracht. Bij de oplevering een jaar later is de Republiek in oorlog met Engeland en Frankrijk. Er heerst een economische crisis en Amsterdam wordt geteisterd door de pest. Het jaar 1672 gaat de boeken in als een rampjaar. Jeremias van Raey laat standbeelden van vier goden op het dubbele woonhuis plaatsen om het onheil te bezweren.

1500	1600	1700	1800	1900	2000

Jeremias van Raey is naast wapenhandelaar ook reder. Hij heeft een eigen schip, De Gele Beer, waarmee hij ijzer, graan en rijst vervoerd. De beelden aan de dakrand verwijzen naar de herkomst van zijn fortuin en naar de turbulente tijd waarin het pand is gebouwd. De oorlogsgod Mars, Vulcanus (de god van het vuur), Ceres (de godin van de akkerbouw) en Minerva (de godin van de wijsheid) waken over de bewoners.

Een beroemde huurder

De wapenhandelaar verhuist in het voorjaar van 1672 met zijn 14-jarige dochter Sara naar de Keizersgracht. Hij is dan al zes jaar weduwnaar, zijn vrouw Susanne is in 1666 gestorven. Aan de zandstenen gevel hangt het familiewapen van Van Raey. Bezoekers die vanaf de straat naar boven kijken, zien onder het balkon de letters JVR staan, de initialen van de bouwheer. Jeremias van Raey

Het Huis met de Paarse Ruiten, een stijlvolle oase in hartje Amsterdam

Zelfportret
Ferdinand Bol
(1669).

is alom aanwezig. De percelen achter de dubbele woning zijn ook van hem. Timmermannen zijn er druk bezig met de bouw van een koetshuis en twee paardenstallen. De rechterkant van het dubbele huis wordt vanaf mei 1672 verhuurd aan Ferdinand Bol en zijn tweede vrouw. Bol is een leerling van Rembrandt en als kunstschilder buitengewoon succesvol.

Rechtszaak Ferdinand Bol

Van Raey laat in het huurcontract met Ferdinand Bol opnemen dat hij de hele zolderverdieping kan gebruiken voor de opslag van rijst. Zijn zolder heeft een open verbinding met de zolder van het echtpaar Bol. En daarmee begint de irritatie tussen de huisbaas en zijn beroemde huurder. Ferdinand Bol heeft ook de paardenstallen gehuurd, maar de bouw is nog steeds niet afgerond. Toch moet de kunstschilder alvast huur betalen. Bol is woedend en spant een rechtszaak aan tegen zijn huisbaas. Jeremias van Raey delft het onderspit.

Van Raey failliet verklaard

In 1675 trouwt Van Raey's dochter Sara met Jonas Witsen, een ambitieuze jongen uit een deftig regentengeslacht. Van Raey blijft alleen achter in het huis op de Keizersgracht. Nog steeds gaat het slecht met de economie. De oorlog duurt voort en de handel is compleet ingestort. Net als veel andere mensen kan hij zijn schulden niet meer betalen. Eind 1677, op de dag voor Kerstmis, wordt hij failliet verklaard. De Amsterdamse handelaar staat voor 304.966 gulden in het krijt bij zijn schuldeisers. Hij doet afstand van zijn schip De Gele Beer en treft een betalingsregeling. Enkele jaren later moet Van Raey het rechter deel van zijn dubbele huis, Keizersgracht 672, noodgedwongen verkopen.

__ Initialen onder het balkon van de buurman __

De eerste eigenaar van het dubbele woonhuis is Jeremias van Raey. Onder het balkon van het linker pand (Keizersgracht 674) staan zijn initialen. Het huis met de karakteristieke gevel van Bentheimer zandsteen is ontworpen door Adriaan Dortsman. In 1705 schenkt Jeremias van Raey het aan zijn kleinzoon Jonas Witsen. Na de dood van Van Raey wordt het in 1715 verkocht voor 32.000 gulden. Het huis blijft tot 1793 in het bezit van de familie Witsen. Daarna betaalt de volgende eigenaar er 71.000 gulden voor. Door een economische crisis zakken de huizenprijzen, voor Keizersgracht 674 wordt in 1818 nog maar 32.000 gulden betaald. Zestig jaar later moet de kok Johannes Jacobus Couturier er meer dan het dubbele voor neertellen. Hij vestigt er een exclusief restaurant dat tot 1928 in bedrijf blijft. De familie Couturier verkoopt het pand in dat jaar voor 205.000 gulden aan de NV Hollandse Koopmansbank. Twee jaar later koopt de Handel en Exploitatie Maatschappij Rion het en betaalt, inclusief het koetshuis en de paardenstallen, 314.204 gulden. In 1930 blijft alleen de gevel nog staan, de achterkant wordt totaal verbouwd en vernieuwd.

Huurhuis Bol geveild

Als de vrouw van Ferdinand Bol overlijdt, verhuist de schilder naar een ander adres. Keizersgracht 672 staat nu leeg en wordt geveild. De 30-jarige François Le Gillon doet het hoogste bod. Voor 40.000 gulden wordt hij eigenaar van het pand. Van Raey krabbelt naderhand financieel weer een beetje op en blijft tot zijn dood in het huis op nummer 674 wonen.

François Le Gillon woont vanaf 1682 met zijn vrouw Christina en hun zoontje Abraham op de Keizersgracht. Het echtpaar krijgt nog vier kinderen. Maar lang duurt het gezinsgeluk niet. François overlijdt in 1689. Christina blijft achter met vier zonen en een dochter. In de jaren daarna overlijdt het ene kind na het andere. De weduwe overleeft uiteindelijk het hele gezin, op haar dochter Geertruyd na. Christina overlijdt in 1734 en wordt begraven in het familiegraf in de Oosterkerk.

Voor het eerst verliefd

Geertruyd Le Gillon wil niet meer geconfronteerd worden met het verdriet van haar familie. Ze gaat op een landgoed buiten de stad wonen. Het huis op de Keizersgracht wordt verhuurd. Geertruyd is dan nog steeds vrijgezel. Pas op 66-jarige leeftijd wordt ze voor het eerst van haar leven verliefd. Na haar dood in 1751 gaan de wildste verhalen dat een onbekende minnaar 100.000 gulden heeft geërfd, maar dit is onjuist. De enige erfgenamen van Geertruyd Le Gillon zijn haar trouwe vrienden. Ze verkopen het huis in november 1752 aan de arts Abraham van Hagen, voor 85.000 gulden.

Arts trouwt rijke patiënte

Van Hagen is dan net twee maanden getrouwd met Catherina Trip. Ze is een patiënt van hem en al haar hele leven ziekelijk. Keer op keer denkt ze dat ze dood gaat en maakt dan telkens een testament op. Catherina komt uit een rijke familie en haar broers bekijken hun nieuwe zwager met argusogen. Abraham van Hagen maakt ondertussen zijn vrouw het hof. Hij verrast haar met een indrukwekkend trappenhuis, als cadeau. In het smeedwerk van de trapleuning staan de letters van hun namen in elkaar verstrengeld. Het huwelijksgeluk van de arts en zijn rijke patiënte duurt overigens maar kort. Vijf jaar na de bruiloft overlijdt Catherina, op 42-jarige leeftijd. Haar echtgenoot erft een half miljoen gulden, tot ontzetting van zijn schoonfamilie.

KLM-huisje #83 wordt gepresenteerd in 2002. Het eerste exemplaar wordt overhandigd aan mevrouw Martine van Loon-Labouchère. Ze is de grootmeesteres van koningin Beatrix tot aan haar aftreden op 30 april 2013.

Smaakvolle inrichting

In de twintig jaar dat Abraham van Hagen alleen aan de Keizersgracht woont, blijft hij het pand verbouwen en verfraaien. Een aantal kamers is ingericht op kleur, met namen en thema's die verwijzen naar (afbeeldingen op) het behang. De exotische tapijten, gordijnen van damast en de zijden meubelstoffen zijn zorgvuldig op elkaar afgestemd.

Het pand wordt tegen het eind van zijn leven getaxeerd op 120.000 gulden. Maar na het overlijden van de dokter in 1773 is er niemand die dit bedrag wil betalen. De erfgenamen krijgen voor het huis uiteindelijk *slechts* 78.000 gulden. Voor het overnemen van het meubilair moet 8000 gulden worden betaald.

Een inhalige schoonzoon

De nieuwe bewoner van Keizersgracht 672 is Hendrik Coenraad Sander, de vertegenwoordiger van Christiaan IV, Zijne Doorluchtige Hoogheid de hertog van Palts-Tweebrugge.

Sander is net als de vorige eigenaar weduwnaar. Maar in tegenstelling tot Abraham van Hagen heeft Sander twee zonen en een dochter. Omdat zijn dochter Anna met een klaploper is getrouwd, doet hij er alles aan om het familiekapitaal uit handen van zijn schoonzoon te houden. Hendrik Coenraad Sander overlijdt nog geen drie jaar later, in 1777. De verdeling van de erfenis leidt tot een familieruzie. Zonder hun zusje Anna te informeren, zetten haar broers in 1778 een advertentie om vaders sieraden te verkopen. Tot woede van hun zwager bieden ze onder andere een *'paarl wegende 578 caraat'* van een leeuw en een *'uitmuntende schoone brillant van volmaakt formaat'* aan. De grote edelsteen zit in een gouden ring en is maar liefst 33.000 gulden waard. Er moet een deurwaarder aan te pas komen om de veiling te verhinderen.

P. van der Meulen , P. Posthumus , P. Disfel , W. Zeelt , D. Boumeeiter en P. Posthumus Jacobsz. , Makelaars, zullen op Woensdag den 26 Augustus , 's namiddags ten 4 uuren, te Amfterdam in de Munt op den Cingel verkoopen : een zeer bekend Vorftelyk KABINET-STUK , zynde een PAARL , weegende 578 Caraat , verbeeldende een flapende Leeuw , leggende in zyn Doos ; als mede een uitmuntende fchoone BRILLANT , weegende circa 58 Gryn , zynde een volmaakt Formaat , benevens een dito kleinder ; en laatftelyk een paar MOUW-KNOOPEN met 4 Brillanten , en een STROP-GESP met Roozen : alles nagelaten door wylen den Wel Ed. Heer HENDRIK COENRAAD SANDER , Agent van Zyne Vorftelyke Doorlugtigheid den Hertog van Tweebrugge ; breeder by Notitie , die in tyds by de gemelde Makelaars te bekomen zal zyn , twee dagen voor en op den Verkoopdag , 's morgens van 9 tot 12 uuren , in de Munt te zien.

Aankondiging van de veiling. *Amsterdamse Courant*, 21 mei 1778.

Een gat in de hand

De 24-jarige Jan Trip, een ver familielid van de ziekelijke Catherina Trip, wordt de volgende bewoner. Om op dit adres te kunnen wonen, betaalt hij in 1778 de hoofdprijs. Voor 112.500 gulden wordt Trip eigenaar van het huis. Het bijbehorende meubilair kost 12.000 gulden. De erfgenamen van Hendrik Coenraad Sander worden in maandelijkse termijnen afbetaald. Maar zij weten dan nog niet dat de nieuwe eigenaar een gat in de hand heeft.

Trip gaat op de Keizersgracht 672 wonen met zijn vrouw Anna Maria Schuijt en een dochtertje van één jaar oud. Trip is vaak in de stallen en het koetshuis te vinden, want hij is een enorme paardenliefhebber.

Maar als hij wat meer aandacht voor zijn financiële situatie zou hebben gehad, dan had hij kunnen weten dat dit huis boven zijn stand is. Twee jaar later wordt hij failliet verklaard. Zijn schoonvader Albert Schuijt helpt hem uit de brand en koopt het pand voor 82.500 gulden, hij betaalt zijn schoonzoon 12.000 gulden voor de inventaris.

Het dubbele woonhuis op Keizersgracht 672 en 674 wordt in 1671 ontworpen door de architect Adriaan Dortsman. Hij is ook verantwoordelijk voor de bouw van de beroemde koepelkerk aan het Singel in Amsterdam, de Oosterkerk (waar hij zelf in 1682 wordt begraven) en kasteel Nyenrode in Breukelen.

Het Huis met de Paarse Ruiten

Als Albert Schuijt in 1792 overlijdt, verkoopt zijn weduwe het pand voor 100.000 gulden. Anthonie van den Bergh, heer van Lexmond, betaalt de vraagprijs in contanten; hij is tenslotte niet voor niets een van de rijkste inwoners van Amsterdam. Het huis krijgt in 1810 een flinke opknapbeurt, waarbij onder andere de ramen aan de voorzijde worden vervangen. Omdat er in het glas mangaan zit, verkleuren de ramen in de loop van de tijd en krijgen ze een paarse gloed. Keizersgracht 672 wordt daardoor later ook wel het Huis met de Paarse Ruiten genoemd. Van den Bergh blijft tot zijn dood in 1842 op de Keizersgracht wonen.

'Jan de werkmeid'

Een verre nazaat van mr. Johan Witsen (die in de 17e eeuw met de dochter van Jeremias van Raey is getrouwd) wordt in 1843 de nieuwe eigenaar. Baron Straalman betaalt voor het monumentale huis slechts 36.800 gulden. Voor een set van twaalf spiegels moet hij 1200 gulden extra betalen. Door het personeel wordt hij smalend 'Jan de werkmeid' genoemd, omdat het poetsen van zilver zijn dagelijkse hobby is. Elke dag controleert hij met een witte doek om te zien of er nergens stof ligt. Na het overlijden van de baron betalen de volgende eigenaren in 1860 bijna 50.000 gulden voor het huis, en nog eens 1300 gulden voor de inboedel.

In 1810 krijgt het woonhuis op Keizersgracht 672 nieuwe ramen. Omdat er in het glas mangaan zit, verkleurt het onder invloed van zonlicht en krijgt het een paarse gloed. Jonkheer Maurits van Loon geeft het het huis daarom later de bijnaam het Huis met de Paarse Ruiten.

Een onbezonnen echtpaar

De verkoopprijs van het grachtenpand stijgt in 1872 naar 80.000 gulden, tien jaar later komt het opnieuw op de markt voor 100.000 gulden. Het jonge echtpaar Fock wordt in 1883 eigenaar van Keizersgracht 672. Ze lijken in hun doen en laten op het onbezonnen echtpaar Trip, dat hier een eeuw geleden ook ver boven hun stand leefde en het huis gedwongen moest verkopen. Ook Abraham Fock wordt failliet verklaard, al vlak na de koop van het huis. Hij verlaat halsoverkop zijn vrouw Julie en vlucht met een minnares naar Parijs. Met de komst van de adellijke familie Van Loon keert in 1884 de rust terug op de Keizersgracht.

349

Familiewapen van de
familie Van Loon.

Vertrouweling Wilhelmina

Bankier jonkheer Hendrik van Loon koopt het Huis met de Paarse Ruiten voor 95.000 gulden, als huwelijkscadeau voor zijn zoon Willem en diens vrouw. Thora Nanna Egidius komt uit een goed milieu en is de dochter van de Noorse consul. Het paar krijgt twee kinderen, Henk en Daisy.

Thora van Loon wordt in 1897 benaderd om dame du palais van koningin Wilhelmina te worden. Het is een ceremoniële titel die de status van de familie Van Loon in Amsterdam bevestigt. Ze is vijftien jaar ouder dan de jonge vorstin, maar ondanks het leeftijdsverschil kunnen de vrouwen het direct goed met elkaar vinden. Thora van Loon vergezelt Wilhelmina vanaf dat moment bij officiële feesten en ze vertegenwoordigt haar bij belangrijke gebeurtenissen. Mensen die bij de koningin op audiëntie willen, worden eerst bij haar thuis in de Blauwe Salon uitgenodigd voor een uitgebreide maar informele kennismaking. Dit gebeurt tijdens een wekelijkse jour (ontvangdag). Pas na goedkeuring van Thora van Loon gaan de deuren van het paleis open.

De perfecte gastvrouw

Thora van Loon is een perfecte gastvrouw en gaat altijd tot in de puntjes gekleed. Ze krijgt voor haar ceremoniële werk niets betaald, maar reist regelmatig naar Parijs om kleding te kopen die bij haar functie past. Haar man Willem van Loon overlijdt in 1935, Thora blijft alleen achter in het grote huis. De paarden worden in 1939 gevorderd door het leger, de koetsen worden verkocht.

Ontslag dame du palais

Men meldt ons: H.M. de Koningin heeft ontslag verleend aan haar dame du palais, mevr. Th. N. van Loon, geb. Egidius, te Amsterdam.

Tijdens de Tweede Wereldoorlog zit koningin Wilhelmina in Engeland, terwijl haar dame du palais op de Keizersgracht bevriende Duitse relaties ontvangt. Ook al heeft Thora geen verkeerde bedoelingen, de pro-Duitse houding wordt door de koningin niet gewaardeerd. Na de bevrijding laat Wilhelmina in de kranten een advertentie plaatsen, waarin ze het ontslag van haar dame du palais aankondigt. Thora van Loon sterft nog geen vijf maanden later, op 80-jarige leeftijd. Haar twee kinderen overlijden enkele jaren na hun moeder. Daisy sterft in 1947 en haar oudere broer Henk in 1949.

Museum Van Loon

Huis Van Loon blijft in handen van de familie. Jonkheer Maurits van Loon, de zoon van Henk, richt in 1960 een stichting op om het monument te restaureren en er een museum van te maken, met erfstukken uit de familiecollectie. Het pand moet zoveel mogelijk in de originele staat worden teruggebracht. In 1973 opent Museum Van Loon zijn deuren voor het publiek. Het Huis met de Paarse Ruiten biedt een intiem inkijkje in het dagelijks leven uit vervlogen tijden.

Aandacht voor details

Maurits van Loon is een man van tradities. Hij werkt aanvankelijk als diplomaat, maar hij vindt zijn passie in de archeologie en klimt uiteindelijk op tot hoogleraar archeologie. De jonkheer koestert zijn familiegeschiedenis met zorg en aandacht voor historische details. Hij is oorspronkelijk niet aan de Keizersgracht opgegroeid, vanaf de zestiger jaren woont hij met zijn gezin in het tot woning omgebouwde koetshuis. In 1994 betrekt hij met zijn tweede vrouw Martine van Loon-Labouchère een appartement in het voormalige huis van Jeremias van Raey, op nummer 674. Dit pand heeft alleen nog de originele façade uit 1672, maar het interieur en de achterzijde zijn in de jaren dertig van de 20e eeuw verbouwd.

Staatsbezoek Poetin

Martine Labouchère, de echtgenote van Maurits van Loon, is sinds de jaren tachtig grootmeesteres van koningin Beatrix. Ze vertegenwoordigt de vorstin bij belangrijke gebeurtenissen en begeleidt haar bij buitenlandse staatsbezoeken. Ook onderhoudt ze de buitenlandse contacten van de koningin.

In 2005 is het Koninklijk Paleis op de Dam gesloten in verband met een renovatie. In de agenda van koningin Beatrix staat echter een ontvangst van de Russische president Vladimir Poetin. Het hof organiseert daarom in samenspraak met de grootmeesteres een ceremoniële ontvangst op Keizersgracht 319. Het hoge gezelschap dineert in de Rode Salon van Museum Van Loon.

Traditiegetrouw neemt de hofhouding ontslag bij een troonswisseling. Maar als koningin Beatrix op 30 april 2013 aftreedt, biedt Willem-Alexander nog dezelfde dag de medewerkers van zijn moeder een nieuwe baan aan. Mevrouw Van Loon-Labouchère is sindsdien grootmeesteres van de koning. Ze vervult dezelfde werkzaamheden als tijdens de regeerperiode van Beatrix.

Restauratie koetshuis

In 2006 komt jonkheer Maurits van Loon in Frankrijk ongelukkig ten val en overlijdt. Met zijn overlijden sterft ook de mannelijke opvolgingslijn van het adellijke geslacht uit. Zijn dochter Philippa zet sinds 2006 het werk van haar vader voort. Onder haar leiding wordt het bij het huis horende koetshuis in 2009 aangekocht en gerestaureerd. Samen met de in 17e-eeuwse stijl aangelegde tuin vormen Museum Van Loon en het daarachter liggende koetshuis een stijlvolle oase in de hectiek van Amsterdam.

De ramen van het koetshuis aan de tuinzijde zijn op de muur geschilderd. De bewoners van het huis willen in de 19e eeuw niet dat ze door de staljongens of de koetsier worden bespied.

_ Het behang van Beatrix _____

Advocaat Coert Simon Sander groeit als kind op in het huis op de Keizersgracht 672. Na de dood van zijn vader koopt hij in 1779 met zijn erfdeel Drakensteyn. Het achthoekig kasteel wordt in een advertentie aangeprezen als *'een modern en kostbaar nieuw getimmerde heerenhuizinge'*. Sander laat twee kamers bekleden met handbeschilderd behang. In 1959, bijna twee eeuwen later, koopt prinses Beatrix Drakensteyn. Het kasteel wordt eerst van binnen en buiten grondig gerenoveerd, voordat ze er haar intrek kan nemen. Het behang verkeert in zo'n slechte staat dat Beatrix de wandschilderingen laat verwijderen. Het is dan nog onbekend door wie het behang is geschilderd. De doeken worden opgeborgen bij haar ouders op paleis Soestdijk. Jonkheer Maurits van Loon is in de jaren zestig op zoek naar handbeschilderd behang, ter verfraaiing van het Huis met de Paarse Ruiten. Met dit soort behang waren eeuwen geleden de muren in het huis bekleed. Van Loon mag het behang van de kroonprinses kopen. De linnen doeken worden gerestaureerd en ingekort, om de afbeeldingen passend te maken voor een salon van Museum Van Loon. Na de plaatsing van de muurschilderingen wordt de kamer vanaf 1970 de Drakensteynkamer genoemd. Pas bij een uitgebreide restauratie in 2003 ontdekt men dat het behang is geschilderd door de bekende kunstenaar Jurriaan Andriessen.

Het Delfts blauwe miniatuur van kasteel Drakensteyn wordt in 1966 gemaakt, ter gelegenheid van het huwelijk van prinses Beatrix en prins Claus.

Uitzicht vanuit de Drakensteynkamer van Museum Van Loon. Achter in de tuin staat het koetshuis.

_ De eerste huurder _____

Ferdinand Bol, de eerste huurder van Keizersgracht 672, spant in 1672 een rechtszaak aan tegen zijn huisbaas als blijkt dat het koetshuis nog steeds niet af is. Het ontwerp is, net als het huis, van Adriaan Dortsman. Er is ruimte voor twaalf paarden. De bovenverdieping is bestemd voor de koetsier en zijn gezin. Op de zolder slapen de staljongens. De beelden naast de ingang stellen Bacchus (de god van de wijn) en Flora (de godin van de bloemen) voor. Boven de deur is een buste van Apollo, de god van de muziek en levensvreugde. De standbeelden zijn hier geplaatst in 1775, in de tijd dat Hendrik Coenraad Sander op de Keizersgracht woont. Het koetshuis is in 1916 verbouwd tot autogarage. In de jaren dertig wordt er een appartement van gemaakt.

Galerie van Gelder, Amsterdam

Huisje #83½ is het meest exclusieve model van de KLM-collectie. Er bestaat namelijk maar één exemplaar van en daarom heeft het een afwijkend nummer. Het Delfts blauwe 'huisje' is een replica van het Empire State Building in New York.

Het wordt in 2003 gebouwd door de Amerikaanse kunstenares Jill Magid. Het 'miniatuur' is maar liefst 4,3 m hoog en maakt deel uit van het kunstproject Tall Tale Small Scale. Net als de andere KLM-huisjes zit er ook in dit 'huisje' jonge jenever. Magid heeft in de top van het kunstwerk een literfles Bols verstopt. Het collector's item wordt na een expositie bij Galerie van Gelder in Amsterdam voor 30.000 euro verkocht aan een anonieme huisjesverzamelaar.

Van KLM-huisje #83½ wordt slechts één exemplaar gemaakt, als onderdeel van het kunstproject Tall Tale Small Scale.

Een collector's item van 4,3 m hoog: het Empire State Building in Delfts blauw

Kunstenares Jill Magid woont afwisselend in New York en Amsterdam, maar tot 2002 heeft ze nog nooit een KLM-huisje gezien. De gekte rondom het fenomeen is haar onbekend. Magid studeert op dat moment aan de Rijksacademie voor Beeldende Kunst in Amsterdam. Haar eerste Nederlandse expositie vindt plaats in Museum Van Loon, net na de presentatie van KLM-huisje #83 op 7 oktober 2002.

KLM-huisje als kunstobject

Jill Magid is als kunstenaar direct gefascineerd door de gelaagdheid van de KLM-collectie. De huisjes staan symbool voor de Nederlandse identiteit; de miniaturen zijn niet alleen replica's van typisch Hollandse huizen, ze zijn ook nog eens gemaakt van Delfts blauw aardewerk en gevuld met Hollandse jenever. Jill Magid ontdekt al snel dat het geen gewone souvenirs zijn, maar eerder een statussymbool. Wereldwijd zijn de huisjes een gewild verzamelobject.

De menselijke maat

Ook de nummers en namen KLM en Bols achter op de huisjes intrigeren haar. De Amerikaanse kunstenares is gefascineerd door patronen, structuren en systemen. Ze onderzoekt als kunstenaar de relatie tussen (groot-stedelijke) architectuur en gedrag en hoe mensen in en tussen gebouwen leven, wonen en werken. In haar kunst probeert ze zaken die groots en onbereikbaar zijn terug te brengen tot menselijke proporties. Daarbij gebruikt ze onder andere spiegels, voor een nieuwe interpretatie van de werkelijkheid.

Een nieuwe realiteit

In samenwerking met tegelfabriek De Koninklijke Porceleyne Fles bouwt Jill Magid in 2003 het Empire State Building na, op een schaal van 1:100. Het 4,3 m hoge kunstwerk wordt in Galerie van Gelder omringd door de andere huisjes uit de KLM-collectie. De kleine huisjes staan opgesteld voor een spiegelwand. Wie de miniaturen van dichtbij bekijkt, ziet daardoor in een oogopslag de collectie en de nieuwste aanwinst. De namen KLM en Bols staan in spiegelbeeld achter op huisje #83½, wat voor een vervreemdend effect zorgt. Via de spiegel kan de toeschouwer spelen met de werkelijkheid. Door een andere kijkhoek verandert in de spiegel het perspectief en worden de kleine huisjes groter en het metershoge Delfts blauwe kunstwerk kleiner. Met deze nieuwe realiteit geeft Jill Magid een extra dimensie aan de KLM-collectie.

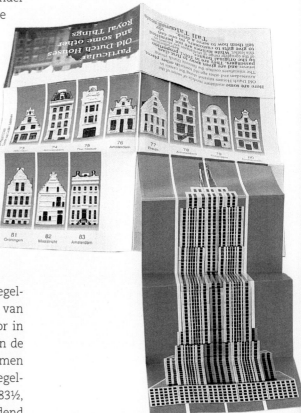

Ter gelegenheid van de expositie in Galerie van Gelder in Amsterdam wordt onder andere een flyer gemaakt, met daarin alle KLM-huisjes inclusief de nieuwste aanwinst, huisje #83½.

Muntpromenade 7, Weert

84

In de middeleeuwen hebben veel steden in Europa een eigen lokale munt. De waarde wordt bepaald door het gehalte goud, zilver of ander edelmetaal.

Om te voorkomen dat oplichters stukjes van de rand snijden en omsmelten tot nieuwe valuta, staat er op de munten vaak een cirkel met een kruis of wapen en een randschrift. Zolang deze tekens niet beschadigd zijn, houdt het geld zijn waarde. Ook Weert heeft eeuwenlang een eigen munt, die in opdracht van de graven van Horne wordt geslagen. Volgens de overlevering gebeurde dat in een van de oudste stenen gebouwen van de stad, in De Oude Munt.

```
1500        1600        1700        1800        1900        2000
```

✠ (W)ILLEMVS DE HORN: MON | ETA | DE W | ERT

Een van de oudste Weerter munten is een zilveren sterling, met een kruis met twaalf bolletjes en een portret van de edelman Willem van Horne. Van deze munt is naderhand slechts één exemplaar teruggevonden, in Ierland.

Dat de zilveren munt zo ver van huis opduikt, is niet zo vreemd. Weert is in de middeleeuwen namelijk het centrum van de internationale textielindustrie. De stad ligt strategisch aan de handelsroute tussen Keulen en Antwerpen. Stoffen uit Weert zijn van uitstekende kwaliteit en worden in heel Europa verkocht. Wellicht heeft een Ierse handelaar de zilveren sterling ooit als wisselgeld gekregen.

Het muntrecht

Weert is sinds het einde van de 11[e] eeuw eigendom van de kloosterorde Sint Servaas in Maastricht. Omdat de geestelijken hun aardse bezit niet zelf besturen, wordt de adellijke familie Van Horne aangesteld als voogd. De heer van Horne bestuurt dan al het stadje Wessem, namens een abdij in Keulen. In 1219 krijgt Willem I van Horne toestemming om hier zijn eigen munten te slaan, met zijn eigen wapen. Hij krijgt in de 13[e] eeuw ook het exclusieve muntrecht voor Weert.

Familiewapen van de familie Van Horne.

Jacob I, heer van Horne.

Muntstempel met een afbeelding van de Philipsdaalder.

Oud geld en nieuw geld

Het slaan van munten is in de middeleeuwen een lucratieve handel en valsmunterij ligt op de loer. Zo is er in de 14ᵉ eeuw Dirk Loef van Horne, die als roofridder een gevaarlijke reputatie heeft en overal schulden maakt. Om aan geld te komen, laat hij in Weert Florentijnse guldens en Vlaamse munten van zilver en brons omsmelten en vermengen met ijzer, tin of koper. Zo kunnen er meer munten uit het metaal worden geslagen, zonder dat men ontdekt dat de waarde eigenlijk lager is. De muntmeester kan de opbrengst van een muntslag ook zelf manipuleren. Hoe harder hij met zijn hamer slaat des te platter het (edel)metaal wordt, zodat hij meer geld kan maken. Geldwisselaars kennen dit trucje en wegen daarom de munten. In de middeleeuwen spreekt men ook wel van 'licht' en 'zwaar' geld, om de waarde van een geldstuk aan te geven.

Adellijke titel na kruistocht

Jacob I, heer van Horne, wordt in 1441 beschermheer van Weert. Hij maakt negen jaar later een kruistocht naar het Heilige Land. Na zijn terugkeer wordt de kruisvaarder door koning Frederik III in de adelstand verheven. Hij krijgt als beloning de titel 'graaf van het Heilige Roomse Rijk'. Weert wordt rond 1450 de 'hoofdstad' van het graafschap Horne. Jacob I verhuist met zijn gezin naar een nieuw kasteel, De Nyenborgh, waar vanaf dat moment ook de lokale munt wordt geslagen.

Munt als garantiebewijs

De familie van Horne slaat in Weert ongeveer 250 jaar lang haar eigen munt. Het meest kostbare geldstuk is de gouden Martinusgulden, daarna volgen de zilveren daalder, de halve daalder en de sprenger (een kwart daalder). De kleinste lokale valuta in Weert is de oord, omgerekend naar de huidige waarde is het muntje ongeveer 1,5 eurocent waard. De koperen oord wordt in de 16ᵉ eeuw door de Weerter lakenindustrie als gildeteken in de voering van stoffen genaaid. Het weversgilde geeft daarmee de garantie dat de wol van de hoogste kwaliteit is en echt uit Weert komt.

Het ongeluksgetal 13

In 1540 wordt Philips de Montmorency graaf van Horne. Hij is de dertiende heer van Weert. Het ongeluksgetal voorspelt weinig goeds. Jonkheer Frederick Roije is op dat moment schout van Weert en de hoogste ambtenaar van de stad. Hij is namens de graaf verantwoordelijk voor het bestuur, de rechtspraak en de uitvoering van doodvonnissen. Roije benoemt de burgemeester en wethouders, int de belasting en treedt op als rentmeester. Frederick Roije is een van de eerste bewoners van een opvallend huis aan de Molenstraat. Dit pand wordt in de 16ᵉ eeuw in de volksmond De Keyser genoemd, maar ook wel De (Oude) Munt. Maar of hier tijdens het bewind van Frederick Roije in opdracht van de graaf ook daad-

___ Het hart van de graaf _____

In opdracht van koning Willem I wordt in 1839 gezocht naar het graf van Philips de Montmorency, de boezemvriend van Willem van Oranje. Uiteindelijk wordt in de St. Martinuskerk in Weert een stoffelijk overschot ontdekt, en een tinnen bus waarin - volgens het opschrift - het hart van De Montmorency zit. In 1979 wordt het graf nogmaals geopend om nader onderzoek te doen. Als de beul het hoofd van Philips de Montmorency heeft afgehakt, moet dit aan zijn halswervels te zien zijn. Op röntgenfoto's wordt inderdaad een afwijking aan de derde nekwervel ontdekt, maar de beschadiging is gering. Wie ligt er dan in zijn graf? Of is de graaf van Horne misschien helemaal niet onthoofd? Tot op de dag van vandaag wordt hierover door historici gediscussieërd.

Philips de Montmorency, de graaf van Horne (rechts) en zijn boezemvriend Lamoraal I, de graaf van Egmont (links).

KLM-huisje #84 wordt in 2003 onthuld door KLM-directeur Erik Varwijk. Hij biedt op 7 oktober van dat jaar het eerste Delfts blauwe exemplaar aan de eigenaar van taverne De Oude Munt aan.

werkelijk munten zijn geslagen, is niet bekend. Jonkheer Roije wordt in 1547 als schout opgevolgd door Gylis Schellaert, maar hij blijft in het huis aan de Molenstraat wonen.

Lijfwacht van Filips II

De Nederlanden zijn in de 16e eeuw onderdeel van het Europese Rijk van keizer Karel V. Zijn zoon, kroonprins Filips II, maakt in 1549 een rondreis door een aantal landen en brengt ook een bezoek aan Weert. Hij maakt kennis met Philips de Montmorency en het klikt tussen de twee mannen. De kroonprins vraagt hem daarom om kapitein van zijn koninklijke garde te worden. De

graaf is vereerd met het verzoek en ondanks de waarschuwingen van zijn omgeving, wordt Philips de Montmorency lijfwacht van Filips II. Hij is net als de kroonprins een overtuigd katholiek, maar minder fanatiek en orthodox dan zijn broodheer. De graaf neemt in 1549 afscheid van zijn familie en vertrekt met Filips II naar Duitsland. Daarna gaat de reis naar Italië, Spanje en Engeland. Weert wordt tijdens zijn afwezigheid bestuurd door de schout Gylis Schellaert.

Philipsdaalders

Keizer Karel V is na een ontmoeting onder de indruk van de graaf van Horne. Hij benoemt Philips de Montmorency in 1555 tot stadhouder van Gelderland. Hij krijgt zijn salaris uitbetaald in zilveren Spaanse realen. Deze valuta is in de 16e eeuw het meest gangbare internationale betaalmiddel. In Weert is op dat moment de Philipsdaalder in omloop, met het familiewapen van de graaf en een afbeelding van Sint Martinus, de stadspatroon. Deze munt wordt geslagen door Petrus van Bossenhoven uit Maaseik.

De graaf van Horne onthoofd

Nadat Filips II zijn vader in 1556 als koning is opgevolgd, begeleidt Philips de Montmorency de nieuwe vorst naar Spanje. Hij keert pas in 1561 terug naar Weert. Als enkele jaren later op bevel van de Spaanse koning de doodstraf tegen nietkatholieken wordt ingevoerd, komt Philips met zijn boezemvrienden Willem van Oranje en de graaf van Egmont in opstand. Omdat het adellijke drietal zich tegen Filips II keert, worden ze beschuldigd van hoogverraad. Willem van Oranje slaat op de vlucht, de twee vrienden worden na een list gevangengenomen en in 1568 onthoofd. De Tachtigjarige Oorlog tussen Spanje en de Nederlanden staat met hun dood op het punt van uitbreken.

Philips de Montmorency en Lamoraal I van Egmont worden door de Spaanse hertog Alva uitgenodigd in Brussel, zogenaamd voor een diner. De beide mannen worden echter opgepakt en na een schijnproces in 1568 onthoofd.

De Molenstraat in Weert, aan het einde van de straat staat De Oude Munt.

Deze 16e-eeuwse haardplaat maakt onderdeel uit van het interieur van De Oude Munt.

Muntstempel bij het afval

Met de dood van Philips de Montmorency in 1568 komt er ook formeel een einde aan het graafschap Horne. Het gebied wordt geconfisqueerd door de Spaanse koning Filips II. De Philipsdaalders verdwijnen uit het dagelijkse leven. De muntstempel met het wapen van de graaf van Horne wordt vernietigd en weggegooid.

Een deel van de muntstempel wordt per toeval in december 1900 bij een opgraving teruggevonden. Op de matrijs staat het jaartal 1567 en het omschrift 'MONET NOVA ARGENT WIERTE'. Op het ontbrekende deel van de matrijs moet het familiewapen van Philips de Montmorency hebben gestaan.

Oppergelderse stijl

Een van de grootste stenen panden van Weert is in de 16e eeuw het woonhuis van de voormalige schout, Frederik Roije. Als deze jonkheer is overleden, verkopen zijn kinderen het pand aan de koopman Kaerle Adicht. Later komt het in bezit van Hendrik van Bocholt. Hij wordt in 1602, net als Frederik Roije, schout van Weert en is een van de rijkste mensen van de stad. Van Bocholt treedt ook op als bankier en leent geld uit tegen een hoge rente. Zijn huis op de Molenstraat krijgt mogelijk daarom de bijnaam De Munt. In de eerste helft van de 17e eeuw wordt de gevel van het pand vervangen door een indrukwekkende façade in Oppergelderse stijl, met kenmerken van de Maaslandse renaissance.

Na de overlijden van Hendrik van Bocholt in 1652 laat de schout een vermogen na van maar liefst 170.000 gulden, een enorm kapitaal. Zijn zoon Mattheus gaat met zijn vrouw Helena in het ouderlijk huis aan de Molenstraat wonen. Het pand zal nog tot de 18e eeuw in het bezit van de familie blijven. Maar Mattheus en Helena laten het geld flink rollen en de erfenis slinkt uiteindelijk tot 61.000 gulden.

Johan Costerius is ondertussen in 1654 gekozen tot nieuwe schout van Weert. En na hem houden ook zijn nazaten stevig grip op de macht. De 26-jarige Arnold is de eerste die in

1677 zijn vader opvolgt als schout. Deze ongetrouwde Arnold is nog maar net in functie als hij al een opmerkelijke brief stuurt aan de Oostenrijkse keizer Leopold I. Arnold Costerius maakt door zijn functie deel uit van de elite van Weert. Maar net als de vroegere graven van Horne wil hij niets liever dan tot de adel behoren.

De volksschrijver Gerard Reve woont van 1971 tot 1976 in Weert. Het gedicht dat hij in 1974 met een kroontjespen in het gastenboek van De Oude Munt schrijft, wordt na zijn dood op een plaquette gezet en in 2010 aan de gevel van het pand gehangen.

Status en een familiewapen

De jonge schout van Weert doet zich chiquer voor dan hij is en presenteert zich in zijn brief aan de keizer met de dubbele achternaam Costerius de Boschoven. Arnold Costerius paait Leopold I met complimenten zoals dat *'vrijgevigheid en het verlenen van gunsten de keizer is aangeboren'*. Als motivatie om in de adelstand te worden verheven, geeft hij een opmerkelijke reden. Door het adeldom wordt Costerius in Weert en omgeving nog beroemder, en kan hij *'met nog meer waardigheid eer betuigen aan de keizer'*. De schout vraagt niet om een adellijke titel (een titel is in de Zuidelijke Nederlanden niet rechtsgeldig). Het is Arnold Costerius vooral te doen om meer status en een familiewapen. De Oostenrijkse keizer Leopold I

trapt in het geslijm van de schout uit Weert en verheft hem op 4 april 1678 in de adelstand.

Het adellijke wapen van schout Arnold Costerius.

Als in 1702 het kasteel van Weert door Franse troepen wordt verwoest, neemt Arnold Costerius tijdelijk zijn intrek in De Oude Munt. Een jaar later verhuist de schout van Weert naar een ander adres. Hij zal uiteindelijk nog twintig jaar in functie blijven. Nog generaties lang zullen de kleinzonen en achterkleinzonen van de oude Johan Costerius het hoogste ambt van Weert bekleden. Christophorus Mattheus de Bree, een nazaat van Hendrik van Bocholt, is ondertussen schout van Wessem. Hij gaat in 1703 met zijn gezin in het huis aan de Molenstraat wonen. Het pand wordt dan getaxeerd op 8000 gulden. In het betalingsregister van de St. Martinusparochie in Weert wordt het huis dan nog steeds omschreven als *'huijs en hoff de Keijser genaemt, is eertijts geweest die Munte, gelegen in de Meulenstraet'*.

De glas-in-loodramen van De Oude Munt komen oorspronkelijk uit het naastgelegen Bisschoppelijk College. Nadat een brand de school in 1962 heeft verwoest, laat de gemeente Weert in 1974 de ramen in De Oude Munt plaatsen.

Pakhuis en naaiatelier

Gedurende de 18^e eeuw raakt het huis langzaam in verval en is het niet meer geschikt voor bewoning. In de 19^e eeuw en het eerste deel van de 20^e eeuw doet De Oude Munt dienst als pakhuis en wordt er onder andere graan gemalen. Na de Tweede Wereldoorlog vestigt overhemdenatelier De Munt NV zich in het pand. In de jaren zestig maakt de gemeente Weert plannen om het stadshart ingrijpend te moderniseren. Het zal echter nog tot 1972 duren voordat de oude binnenstad voorgoed veranderd. Naast De Oude Munt verrijst het Muntcomplex, een modern winkel- en cultureel centrum.

Winkel- en cultureel centrum

Na het vertrek van het overhemdenatelier krijgt het historische gebouw aan de Molenstraat een horecabestemming. In 1974 vindt een grote restauratie plaats; de bovenverdieping krijgt een rechtstreekse verbinding met het naastgelegen theater. Op 19 augustus 1974 opent Taverne De Oude Munt zijn deuren. Nadat het winkel- en cultuurcentrum het Muntcomplex gereed is, wordt het adres van de taverne veranderd van Molenstraat in Muntpromenade.

MUNTEN VAN HOORNE,
TE WEERT GESLAGEN.

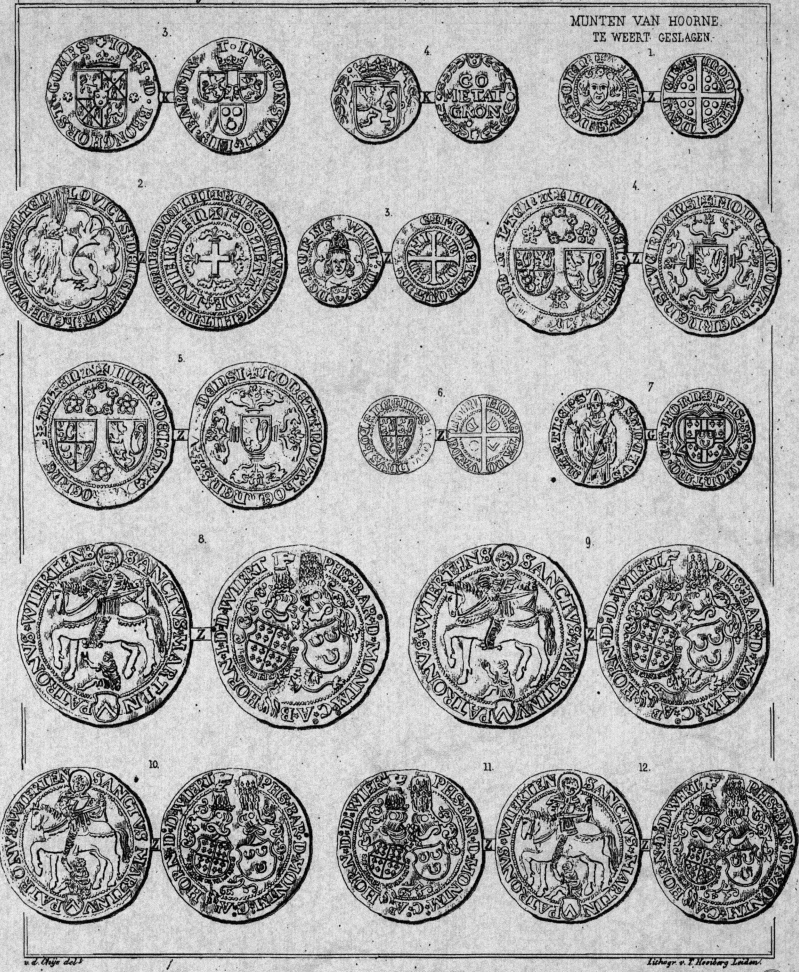

Heerenstraat 1, Willemstad, Curaçao

De zon laat zich op maandag 15 juli 1686 niet zien in de haven van Texel. De 42-jarige Willem Kerckrinck vertrekt die dag met zijn vrouw Emmerentia en hun drie kinderen per schip naar Curaçao. De reis duurt drieënhalve maand. Aan de andere kant van de wereld wacht het gezin een nieuw avontuur. Kerckrinck is directeur van de West-Indische Compagnie (WIC) en hij wordt bewindvoerder van het eiland.

Curaçao is voor de handelscompagnie een belangrijke stop op de route Amsterdam-Kaap de Goede Hoop (Zuid-Afrika). Willem Kerckrinck treedt met zijn nieuwe baan in de voetsporen van mannen als Peter Stuyvesant. Hij wordt verantwoordelijk voor het transport van goud, suiker, zout en de slavenhandel.

| 1500 | 1600 | 1700 | 1800 | 1900 | 2000 |

Vrijdagmiddag 25 oktober 1686 vaart het gezin Kerckrinck de Sint Annabaai bij Willemstad binnen. De hoge huizen en de typische gevels doen hen aan Amsterdam denken. De vlag van de WIC wappert op Fort Amsterdam. De directeurswoning boven de poort van het vijfhoekig bastion wordt hun nieuwe huis. Willem Kerckrinck heeft de belangrijkste baan van het eiland. Hij gaat als bewindvoerder van Curaçao 2200 gulden per jaar verdienen. Daarnaast krijgt hij 4 procent van de inkomsten van het eiland en 1,20 gulden per verkochte slaaf. De eilanden Aruba en Bonaire vallen ook onder zijn gezag. De slavenhandel levert de aandeelhouders van de WIC veel geld op en maakt van Curaçao een welvarend eiland.

500.000 slaven

In de 17e en 18e eeuw worden er ongeveer 500.000 Afrikaanse slaven via Curaçao naar Amerika gebracht. De West-Indische Compagnie is verantwoordelijk voor de helft van dit aantal mensen. De meeste slaven uit Afrika zijn tussen de 15 en 36 jaar oud en leveren per persoon 200 gulden op. Plantagehouders krijgen korting van de WIC en mogen een deel van het bedrag in suiker betalen. Pas in 1863 wordt de slavernij door Nederland officieel afgeschaft.

Een steenrijke weduwe

In 1692 overlijdt Willem Kerckrinck, zes jaar na aankomst op Curaçao. Hij wordt als bewindvoerder opgevolgd door zijn schoonzoon. Zijn vrouw Emmerentia gaat terug naar Amsterdam en hertrouwd met een advocaat. Maar ze heeft geen geluk. Haar nieuwe echtgenoot overlijdt in 1694.

Logo van de (Geoctroyeerde)
West-Indische Compagnie.

De twee huwelijken en een familie-erfenis hebben van Emmerentia een steenrijke weduwe gemaakt. Als belegging koopt ze in 1706 voor 4000 peso een *'ledigh erff ofte stuck grond'* op Curaçao. Vlak bij Fort Amsterdam laat ze een huis met drie verdiepingen bouwen. Het pand wordt opgetrokken uit gele IJsselbakstenen, die als ballast aan boord van de WIC-schepen naar Curaçao zijn gekomen. De begane grond van het pand fungeert als opslagruimte. Emmerentia's dochter Anna gaat in 1708 met haar echtgenoot Jacob Beck in het huis op de Heerenstraat 1 wonen. Hij is dan net vijf jaar directeur geweest van de WIC. Het echtpaar heeft na zijn aftreden de directeurswoning in Fort Amsterdam moeten verlaten.

Kaapbrief Lodewijk XIV

Curacao ligt in de 17e en 18e eeuw enkele keren onder vuur van oorlogsschepen uit andere landen. En er zijn

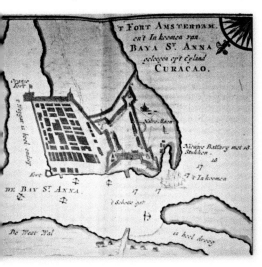

kapers op de kust. In 1712 wordt in Frankrijk een roversbende opgericht met als enige doel om de rijke Nederlandse, Spaanse en Portugese kolonies te plunderen. De Franse piraat Jacques Cassard staat aan het hoofd van een vloot van negen schepen. In nog geen anderhalf jaar tijd overvalt hij het ene na het andere Caribische eiland. Begin februari 1713 is Cassard met zijn manschappen onderweg naar Curaçao. Hij heeft een kaapbrief van koning Lodewijk XIV op zak, wat betekent dat hij legaal op rooftocht is, mits hij een deel van de buit afstaat aan Frankrijk.

Suriname overvallen

Cassard heeft inmiddels met veel succes Suriname overvallen. De bewoners hebben zich vrijgekocht door het betalen van losgeld, goederen en slaven ter waarde van in totaal 747.350 Surinaamse guldens. Vier schepen van de WIC met bestemming Suriname zijn de dans ontsprongen en op de valreep uitgeweken naar Curaçao. De piraat heeft daarom nu zijn vizier gericht op het rijke Caribische eiland.

Piraten enteren Curaçao

Jeremias van Collen is op dat moment bewindvoerder van Curaçao. Hij is getrouwd met Clara Kerckrinck, de jongste dochter van Emmerentia. De zeshonderd bewoners van het eiland zijn nauwelijks voorbereid op de aanval. De forten verkeren in slechte staat en er is onvoldoende

munitie. Jacques Cassard gaat op 16 februari 1713 met een indrukwekkende vloot voor anker in de Santa Cruzbaai. Aan boord bevinden zich maar liefst 1800 kapers.

Curaçao wordt tien dagen lang gebombardeerd. De schade is aanzienlijk. Een van de kanonskogels komt terecht op het huis van Anna Kerckrinck en vernielt het dak. Op 28 februari beginnen de onderhandelingen over het losgeld. Uiteindelijk moeten de bewoners van Curaçao een losgeld van 115.000 peso (275.000 gulden) betalen. De piraten verlaten het eiland op 22 maart 1713 met negen saluutschoten, na een copieus afscheidsdiner in Fort Amsterdam.

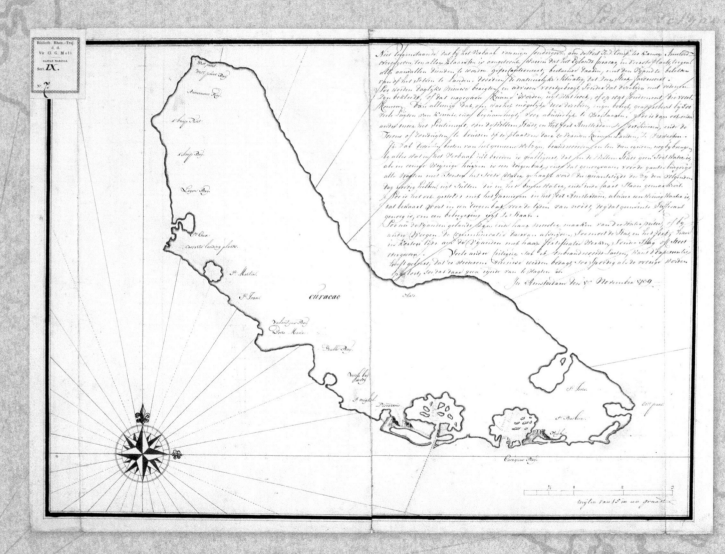

Kaart van Curaçao, anoniem, behorend
tot een rapport over de verdediging van
Curaçao, gedateerd 17 november 1739.

De eerste KLM-vlucht van Amsterdam naar Curaçao vindt plaats in 1934. Op 22 december 2004, precies zeventig jaar later, wordt KLM-huisje #85 gepresenteerd aan de gouverneur van Curaçao en de Antilliaanse minister-president.

Een kanon in de muur

Anna Kerckrinck overlijdt in 1732. Haar huis op de Heerenstraat 1 wordt een jaar later verkocht, voor 12.000 peso. Gedurende de 18[e] eeuw wisselt het pand nog zes keer van eigenaar. In 1781 komt het in handen van de koopman David Morales. Hij verbreedt de galerijen aan de zijkant, waardoor de Heerenstraat smaller wordt. Regelmatig botsen er nu voorbijgangers tegen de hoek van het huis aan, zodat de muur afbrokkelt. Ter bescherming wordt daarom de ijzeren loop van een oud kanon in de stenen muur gemetseld.

West-Indische Compagnie failliet

De West-Indische Compagnie, die het eiland al vanaf de verovering van Curaçao in 1634 als vrijhaven gebruikt, gaat in 1791 failliet. Het Caribische eiland wordt nu officieel een kolonie van de Republiek. Aan de lucratieve slavenhandel komt nog lang geen einde, ondanks de opstand van Afrikaanse slaven.

De Fransen proberen in september 1800 Curaçao te bezetten, nadat de Bataafse Republiek bij het Keizerrijk van Napoleon is ingelijfd. Maar de Franse soldaten worden verjaagd door de Engelsen. Het eiland komt onder tijdelijk bestuur van Engeland en met een korte onderbreking blijft het Engels bezit, om te voorkomen dat Napoleon nogmaals een aanval doet. Nadat de Franse keizer in 1813 is verdreven, wordt Curaçao het jaar daarop officieel teruggegeven aan het Koninkrijk der Nederlanden.

Gekleurde huizen

Het duurt nog tot de komst van de nieuwe gouverneur in 1816 tot dat het eiland formeel weer onder Nederlands bestuur komt. Deze gouverneur, Albert Kikkert, is overigens ook mede-eigenaar van een verffabriek. Hij geeft de bewoners van Curaçao in 1817 de opdracht om hun witte huizen te schilderen. De felle reflectie van de zon veroorzaakt volgens hem oogziekten. Sindsdien zijn de muren in Willemstad geel, bordeaux, olijfgroen en azuurblauw.

Als de Italiaanse handelaar Anthony Mathey eigenaar wordt van Heerenstraat 1 laat hij het pand Sienna-geel schilderen. De kozijnen van de ramen worden blauw geverfd. Vanaf 1828 sieren fraaie ornamenten en decoratief stucwerk de muren. Het herenhuis wordt in de 19[e] eeuw verhuurd aan verschillende bewoners en doet ook dienst als hotel. In 1871 worden Julius Lopez Penha en Abraham Henriquez de nieuwe huurders. Op de begane grond vestigen ze een handel in ijzerwaren en machineonderdelen. Op de bovenverdieping zit dan nog Hotel American.

In 1934 maakt KLM, ter gelegenheid van het 300-jarig Nederlands bestuur van de Antillen, met de Fokker F.XVIII Snip de eerste trans-Atlantische vlucht naar Curaçao. Het toestel vertrekt op 15 december. Na een vlucht met diverse tussenstops bereikt de bemanning op 22 december, na 12.200 km en 54 uur vliegen, Curaçao. Het toestel blijft tot 1946 in gebruik en maakt deel uit van het Curaçao Museum in Willemstad.

Sociëteit De Gezelligheid

Het hotel verdwijnt in 1878 en sociëteit De Gezelligheid betrekt de eerste verdieping. De Gezelligheid is een club voor de elite van Curaçao. Ook buitenlandse consuls en officieren van binnenkomende schepen bezoeken de sociëteit om het glas te heffen en laatste nieuwtjes uit te wisselen. De club is populair en bij een verbouwing wordt een veranda aangebracht, zodat er nu ook op het balkon kan worden geborreld.

Caribische parfumerieketen

Op 5 april 1898 krijgt Curaçao elektrisch licht en verdwijnen de olielampen uit De Gezelligheid. Julius Lopez Penha is ondertussen getrouwd met de dochter van Jacob Naar, de eigenaar van het herenhuis. Na zijn dood komt het pand in bezit van Penha. Het bestuur van De Gezelligheid doet verschillende keren een bod, maar de nieuwe eigenaar weigert de eerste verdieping te verkopen. Penha's bedrijf ontwikkelt zich vanaf 1903

tot agentschap van verschillende merken parfum. Al snel komen daar ook cosmetica en merkkleding voor dames en heren bij. Zijn nazaten zetten het bedrijf na de dood van de oprichter voort en bouwen het uit tot de grootste parfumerieketen van het Caribische gebied.

Ter afsluiting van de feestelijkheden rondom het 75-jarig
jubileum van KLM op Curaçao
presenteren de lokale medewerkers op 23 december 2009
een eigen KLM-huisje, gevuld
met Blue Curaçao. De replica
van een traditioneel Kunuku-
huisje is gemaakt in een
oplage van 400 exemplaren.

Werelderfgoedlijst UNESCO

Sociëteit De Gezelligheid verhuist in 1956
naar een andere locatie. Het markante
gebouw aan de Heerenstraat wordt verbouwd, waarbij het balkon van de sociëteit
wordt afgebroken. Ook wordt er een lift-
schacht gebouwd, die aan het oog onttrok-
ken wordt door een nieuwe gevel in typische 'Penha-stijl'. Het Penha-huis wordt
in de daaropvolgende decennia met familiekapitaal diverse malen gerestaureerd,
voor het laatst in 2002. Het is inmiddels het
meest gefotografeerde pand van Curaçao
en is uitgegroeid tot een klein en exclusief
winkelcentrum. Sinds 1995 staat het Pen-
hahuis op de monumentenlijst, twee jaar
later wordt de binnenstad van Willemstad op de Werelderfgoedlijst van UNESCO
geplaatst. Sinds 10 oktober 2010 is Curaçao
een zelfstandig land binnen het Koninkrijk
der Nederlanden.

'Beuren motik, (geld) beuren!' De vermeende erfgenamen van zijde-handelaar Pieter Teyler van der Hulst laten er in 1956 geen mis-verstand over bestaan. Honderden nazaten azen op een eeuwen-oude erfenis, die naar de huidige maatstaven 80 miljoen euro waard is.

Sinds zijn dood in 1778 is er al negen keer een rechtszaak gevoerd over het kapitaal van de kinderloos gestorven Teyler. In zijn tes-tament staat dat het fortuin ten goede moet komen aan de kunst en de wetenschap. Het Teylers Museum in Haarlem opent in 1784 zijn deuren. Het is het eerste en daarmee oudste museum van Nederland. Maar de nazaten hebben geen boodschap aan het cul-tureel erfgoed van Teyler, ze willen geld zien.

1500	1600	1700	1800	1900	2000

De voorouders van Pieter Teyler van der Hulst komen oorspron-kelijk uit Schotland. De doops-gezinde familie vlucht in 1583 naar Haarlem om hier in vrij-heid hun geloof te belijden. Ze worden rijk dankzij de handel in lakens en zijde. Pieter wordt in 1702 geboren, als oudste kind van Isaäk Teyler en Maria van der Hulst. Pieter groeit alleen op, zijn twee zusjes sterven al voor hun achtste jaar. Met de vrijgezelle oom Pieter van der Hulst en diens onge-trouwde zus, tante Elisabeth, heeft hij een hechte band. Pieter Teyler neemt na de dood van zijn moeder in 1721 zelfs de achternaam Van der Hulst aan. Zijn oom en tante benoe-men hem tot de enige erfgenaam. In hun testament staat dat als Pieter bij zijn overlijden ook kinderloos is, het familiekapitaal naar de nazaten van de familie Van der Hulst gaat.

De millioenenerfenis.

Het aantal erfgenamen van Pieter Teyler v. d. Hulst, in 1778 te Haarlem overleden, wordt geschat op ruim 1200 en de erfenis op 60 millioen gulden.

Advertentie *Friesche Koerier*, 1 september 1954.

Zuinig en sociaal

Tante Elisabeth overlijdt op 8 november 1727, haar broer sterft twee weken later. Ineens is Pieter Teyler van der Hulst op zijn 25e een rijk man. Maar hij leeft sober en door zijn opvoeding is hij begaan met het lot van armen en wezen. Hij staat in Haarlem bekend als een '*door zijn gierigheid beruchte man*'. Drie maanden na het overlijden van zijn oom en tante trouwt Pieter met Helene Wynands Verschaave. Omdat het echtpaar in latere jaren geen kinderen kan krijgen, richten ze zich op hun omgeving en zijn beiden actief in het maatschappelijk leven. Pieter Teyler is onder andere diaken van de doopsgezinde gemeente.

Verzamelwoede

In de 18e eeuw waait er in Europese intellectuele en culturele kringen een filosofische wind. De aanhangers van de Verlichting menen dat meer kennis tot een nieuwe en betere maatschappij leidt. Vanuit die gedachte verzamelt Pieter Teyler van der Hulst historische boeken, kunst (waaronder tekeningen van Rembrandt, Michelangelo en Rafaël), munten, fossielen en mineralen, opgezette dieren, natuurwetenschappelijke instrumenten en aanverwante curiosa. In 1740 verhuist het echtpaar naar een nieuwe woning op de Damstraat 21 in Haarlem, met meer ruimte voor de uit de hand gelopen verzamelwoede.

Tot de collectie van het Teylers Museum in Haarlem behoren 25 originele tekeningen van de Italiaanse kunstenaar Michelangelo. Het zijn voorstudies voor de plafondschilderingen van de Sixtijnse Kapel in het Vaticaan in Rome.

369

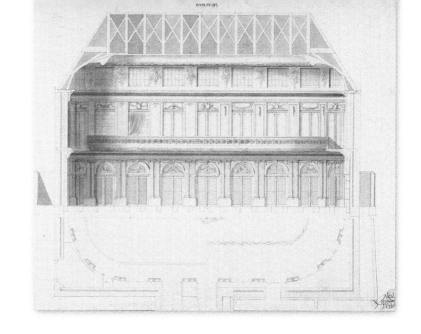

Teylers testament

Pieter Teyler van der Hulst trekt zich na het overlijden van Helena in 1754 terug uit het openbare leven. Hij verkoopt de zijdehandel en verlegt zijn aandacht naar de financiële wereld. Teyler leent als bankier grote sommen geld uit. Daarnaast breidt hij zijn collectie verder uit. Op 17 mei 1756 maakt een notaris zijn testament op. Pieter Teyler wijst vijf vrienden aan die na zijn dood een stichting moeten oprichten om het kapitaal te beheren. Teyler zal nog ruim twintig jaar blijven leven. In die periode schrapt en verandert hij delen van het testament. Het huis op de Damstraat mag bijvoorbeeld niet verkocht worden.

Vier ijzeren kisten

In 1776 voegt Teyler een mysterieuze opdracht toe aan zijn laatste wil. Hij heeft vier ijzeren kisten verborgen waarvan de inhoud bestemd is voor familieleden van zijn moeders kant. Melden zij zich niet binnen honderd jaar na zijn dood, dan 'zal de inhoud gedeeld worden door zijn naaste vrienden'. En: 'een ieder zal zich verblijden', schrijft Pieter Teyler erbij. Als gevolg van deze toevoeging proberen naderhand honderden mensen een graantje mee te pikken van het enorme kapitaal. De vier ijzeren kis-

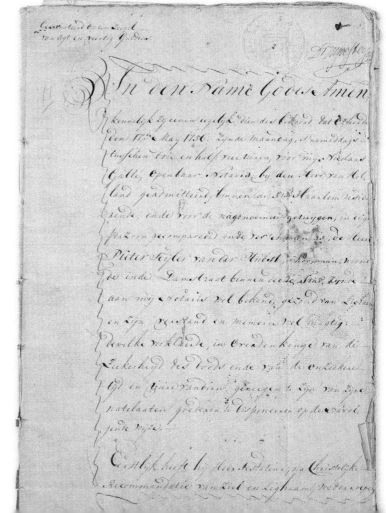

ten zijn nooit geopend en verdwijnen naderhand spoorloos. Pieter Teyler van der Hulst overlijdt uiteindelijk op 8 april 1778. De man die altijd zo zuinig heeft geleefd, laat maar liefst twee miljoen gulden na. In de geest van Teyler richten zijn vrienden een stichting en twee genootschappen op, ter bevordering van de godsdienst, wetenschap en kunst.

De leden van het Teylers Godgeleerdheid Genootschap bestuderen de geschiedenis van het christendom, het Oude en Nieuwe Testament en de Godsdienstwetenschap. Het Tweede Genootschap houdt zich bezig met natuurwetenschap, dichtkunst, historie, tekenkunde en penningkunde. Beide genootschappen stimuleren wetenschappelijk onderzoek en schrijven tot op de dag van vandaag elk jaar een prijsvraag uit. De winnaars worden beloond met een gouden penning.

Het testament van Pieter Teyler; hij maakt het vlak na de dood van zijn echtgenote in 1756 op.

Portret van Pieter Teyler van der Hulst (1787), geschilderd door Wybrand Hendriks, naar een verloren gegaan schilderij van Frans Decker.

De 'boek- en konstsael'

De vijf vrienden van wijlen Pieter Teyler gaan bij de uitvoering van het testament voortvarend te werk. De Amsterdamse architect Leendert Viervant krijgt in 1779 een opdracht voor de bouw van een 'boek- en konstsael' achter het voormalige huis van Teyler. De Ovale Zaal wordt een van de mooiste voorbeelden van een neoclassicistische bouwkunst in Nederland. De zaal is een microkosmos van 18^e-eeuwse kennis en belichaamt de idealen van de Verlichting. Op verzoek van zijdekoopman Jacobs Barnaart, een van de vrienden van Pieter Teyler, wordt op het dak van het museum een astronomisch observatorium gebouwd, voor het bestuderen van de sterrenhemel.

De Ovale Zaal (circa. 1800), Wybrand Hendriks.

De eerste rechtszaak

In 1784, het jaar dat de 'boek- en konstsael' wordt opengesteld voor het publiek, meldt Catherina Olthoff zich bij de Teylers Stichting. Ze is een verre nicht van Pieter Teyler en eist als familielid haar wettelijke erfdeel op. Het gaat om een bedrag van 100.000 gulden. De vrienden van Pieter Teyler voeren koortsachtig overleg wanneer ze een proces aanspant. Nog voordat de rechter uitspraak kan doen, overlijdt Olthoff. Haar nazaten krijgen twee jaar later 100.000 gulden, vermeerderd met 36.991 gulden aan rente. Er is nog genoeg geld om de postume ambities van Pieter Teyler waar te maken. Maar telkens opnieuw duiken er aasgieren op die de erfenis claimen.

Napoleon op bezoek

Op 23 oktober 1811 brengt de Franse keizer Napoleon Bonaparte een bezoek aan Teylers Museum. Hij wordt ontvangen in het voormalige woonhuis van Pieter Teyler. De keizer informeert naar de financiën van het museum, en doet alsof hij niets weet van de miljoenenerfenis. Hij vraagt de directeur van de stichting het hemd van het lijf. Maar als die ontwijkende antwoorden geeft, richt Napoleon zich geïrriteerd tot museumdirecteur Martinus van Marum. De keizer probeert uit te vissen wat hij per jaar verdient, maar Van Marum vestigt de aandacht snel op de bijzondere collectie.

De *Atlas Maior* van Joan Blaeu, het duurste boek van de Gouden Eeuw.

De elektriseermachine

Napoleon is onder de indruk van de elektriseermachine die Van Marum in 1784 heeft laten bouwen. Met het apparaat kan statische elektriciteit worden opgewekt. Omdat het bezoek van de keizer slechts een uur van tevoren bekend is gemaakt, is de voorbereidingstijd te kort om een demonstratie te geven. Enkele jaren eerder heeft Napoleons broer Lodewijk, die even koning van Holland is geweest, het apparaat wel in werking gezien. Hij heeft toen zelfs een soldaat als proefpersoon aangewezen om het effect van een elektrische schok te bestuderen.

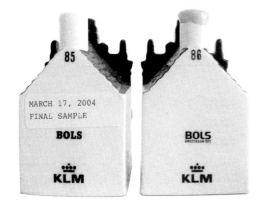

Iedereen houdt bij het bezoek van Napoleon zijn hart vast, want het is bekend dat de Fransen de mooiste museumstukken als oorlogsbuit naar Parijs laten overbrengen. Maar de keizer neemt hartelijk afscheid en stuurt negen dagen later zelfs nog een bedankbriefje aan Van Marum. De Franse bezetting van Nederland heeft geen gevolgen voor het museum.

Neoclassicistische stijl

In 1778 wordt besloten om de entree te verplaatsen naar het Spaarne. Het museum krijgt twee nieuwe zalen voor de fossielenverzameling en een instrumentenzaal. De Weense architect Christiaan Ulrich ontwerpt het hoofdgebouw. De gevel wordt opge-

trokken in een neoclassicistische stijl, met een overdaad aan klassieke motieven. De bronzen beeldengroep op het dak heet Wetenschap en Kunst door Faam bekroond. Het is van de hand van Bart van Hove. Ruim honderd jaar later, in 1996, wordt het museum verder uitgebreid met een nieuwe vleugel en een grote tentoonstellingszaal. De laatste uitbreiding vindt plaats in 2002.

Werelderfgoed UNESCO

Het Teylers Museum wordt door toeristen wel het 'best bewaarde geheim van Europa' genoemd. De Haarlemse schatkamer verdient een plaats op de Werelderfgoedlijst, maar UNESCO laat zich (ondanks een 10 kilo zwaar dossier met aanbevelingen) niet makkelijk overtuigen. Het museumbestuur gaat in het voorjaar van 2013 alvast voortvarend van start met het restaureren van de zalen. Teylers Tweede Schilderijenzaal wordt teruggebracht in de oorspronkelijke staat van 1894. De frivole salonstijl van het fin de siècle is met zijn kleurrijke inrichting een bezienswaardigheid op zich. In het najaar van 2013 volgt de restauratie van de Eerste Schilderijenzaal. Deze zaal is in 1838 de eerste museumzaal van Nederland waar het nieuwsgierige publiek kennis kan maken met eigentijdse schilderkunst. Teylers Museum is al sinds de opening een parel in de kroon van het Nederlandse culturele leven.

Wierdijk 12, Enkhuizen

Enkhuizen is in de 17ᵉ eeuw, na Amsterdam, de tweede havenstad van de Republiek. Het is dan de thuisbasis van meer dan de
helft van de totale Hollandse haringvloot. De haringvangst en de
handel met de landen aan de Oostzee zorgen in Enkhuizen voor
een enorme rijkdom.

De Haarlemse haringkoopman Gysbert van Berensteyn verhuist
rond de eeuwwisseling met zijn vrouw en kinderen naar het stadje
aan de Zuiderzee. Na de oprichting van de VOC in 1602 wordt hij
bewindhouder van de Kamer Enkhuizen. Als een jaar later zijn
zevende kind wordt geboren, is het gezin compleet.

1500	1600	1700	1800	1900	2000

Cornelis en Pieter, de enige twee zonen van Gysbert van Berensteyn, treden in de voetsporen van hun vader. Ze worden haringkoopman. Pieter gaat ook bier brouwen en investeert zijn geld in nieuwe schepen. Hij trouwt in 1621 met Maria Frederiks. Ze is een goede partij, want Maria is de dochter van een rijke reder. Enkele jaren na hun huwelijk geeft Pieter van Berensteyn opdracht voor de bouw van een imposant koopmanshuis, op de Wierdijk 12. Het pand krijgt een fraaie dubbele trapgevel in renaissancestijl. Het achterhuis ligt aan de Noorderkade waar de haringtonnen, bier en andere handelswaar worden opgeslagen.

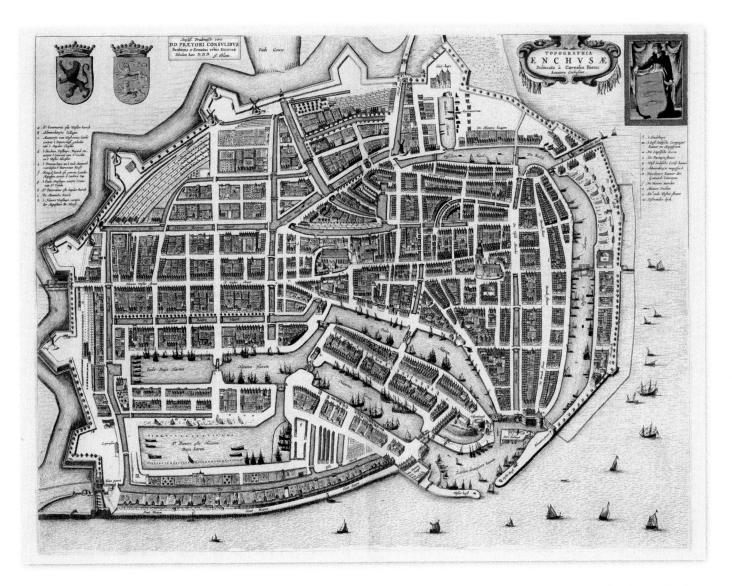

Kaart van Enkhuizen (1649), Cornelis Biens.

Een 'cieraet deser stede'

De Wierdijk heet in de volksmond ook wel 'de goudkust', omdat er alleen koopmanshuizen gebouwd mogen worden. Het stadsbestuur vindt dat de dijk het visitekaartje van Enkhuizen moet worden. Of, zoals ze in 1619 zeggen: *'een cieraet deser stede'*. Het is natuurlijk niet toevallig dat de regenten zelf ook aan de goudkust wonen. Het huis van Pieter van Berensteyn wordt in 1625 opgeleverd. De dubbele trapgevel is 'op de vlucht' gebouwd: de gevel helt sterk naar voren om het ophijsen van goederen gemakkelijker te maken. Bij regen wordt de muur ook minder snel nat, zodat de opgeslagen koopwaar op de begane grond langer droog blijft.

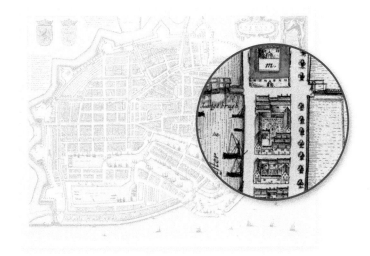

Kinderkopjes en gevelstenen

Op de eerste verdieping van Wierdijk 12 zit een kantoor, met twee vensters die op zee uitkijken. Zo houdt Pieter van Berensteyn toezicht op de bron van zijn rijkdom. De dubbele gevel is fraai versierd met zandsteenblokken en maar liefst zes gevelstenen. De meest prominente gevelsteen is een afbeelding van de haringvaart, met de tekst *'De kost gaet voor de baet uyt'*. Van Berensteyn verwijst daarmee niet alleen naar zijn bestaan als reder, maar ook naar zijn karakter. Er moet eerst worden geïnvesteerd voordat de buit kan worden binnengehaald.

In de korfbogen boven de vensters op de eerste verdieping zitten een aantal kinderkopjes. Men zegt dat Pieter en Maria van Berensteyn met deze kopjes naar hun vier kinderen verwijzen. Boven de ramen op de tweede verdieping zijn het hoofd van een man en een vrouw afgebeeld.

Familierechtszaak

Pieter van Berensteyn overlijdt in 1631, hij is dan pas 33 jaar oud. Zijn vrouw Maria zet het bedrijf met drie van hun kinderen voort. De vierde, de jongste zoon Gijsbert van Berensteyn, is bierbrouwer en verhuist naar Haarlem. In 1650 overlijdt Maria Frederiks, zoon Gijsbert sterft twee jaar later. De kinderen erven de rederij en de haringkoperij, maar de familie eist een deel van de erfenis op. Er volgt een rechtszaak, die nog jarenlang zal duren.

De tekst op de gevelsteen komt uit het boek *Sinnepoppen* (1614). Het is geschreven door de dichter Roemer Visscher.

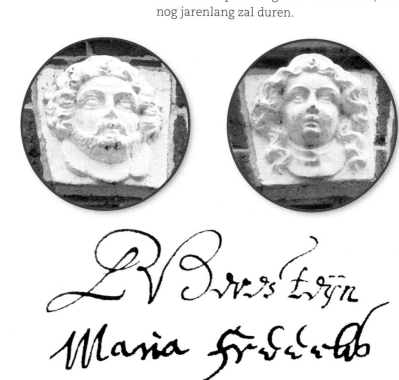

376

VOC nieuwe eigenaar

In 1674 is het crisis in de Noordelijke Nederlanden. De Republiek is in oorlog met Engeland en Frankrijk, de pest waart rond, de economie stagneert en de eens zo trotse handelsnatie wankelt. De Gouden Eeuw heeft zijn glans verloren, de magie lijkt uitgewerkt. Van de haringvangst komt ook weinig terecht, nu de Hollandse schepen door de vijand worden aangevallen. Omdat Enkhuizen zo afhankelijk is van de visserij, komt de klap extra hard aan. Tetje, Dirckje en Pieter junior van Berensteyn hebben onvoldoende financiele middelen om het familiebedrijf voort te zetten. Het ouderlijk huis wordt in 1682 gedwongen verkocht. Op 2 december 1682 wordt de VOC Kamer Enkhuizen, waarvan opa Van Berensteyn tachtig jaar eerder nog de allereerste bewindhebber is geweest, de nieuwe eigenaar.

'Coopers geworden syn de heeren bewinthebbers van de Oostindische Compagnie voor de somma van ses en twintig hondert gulden, te betalen de eenen helft reeds en d'andere helft op maij 1683.'

Dat de VOC de bezittingen van de familie Van Berensteyn koopt, is niet zo gek. Het Oostindisch Huis, het hoofdkantoor van de Kamer Enkhuizen, staat namelijk pal naast het huis. Het pand en het achterliggende pakhuis worden in 1682 zodanig verbouwd dat het geschikt is voor de opslag van peper en andere Aziatische specerijen en goederen. Bij de verbouwing sneuvelt de trap naar de

toegangsdeur op de eerste verdieping. Aan de muur aan de Noorderkade komt een gevelsteen met het monogram van de VOC. Het pakhuis wordt in 1740 nogmaals verbouwd en uitgebreid.

De Vereenigde Oostindische Compagnie is de eerste multinational ter wereld. Het beeldmerk is zover bekend het oudst bekende logo dat ooit voor een bedrijf is ontworpen.

Chambre d'Enkhuysen.

Het pakhuis krijgt een trapezium-gevel. Op de zware eikenhouten balken worden in de VOC-tijd nummers geschreven die corresponderen met de administratie en de handelswaar. Wanneer deze initialen in het hout zijn gekrast, is niet bekend.

Het Peperhuis

Nadat de VOC in 1799 failliet is gegaan, staat Wierdijk 12 enkele jaren leeg. Daarna komen de voormalige woning en het pakhuis in handen van de Koninklijke Marine. Het krijgt dan de naam Het Peperhuis, waarmee de nieuwe eigenaren verwijzen naar het verleden van het pand. Steeds meer historische koopmanshuizen aan de dijk worden gesloopt, totdat ten slotte Wierdijk 12 als een van de weinige oorspronkelijke monumenten overblijft. Het oude hoofdkwartier van de VOC brandt in de zomer van 1816 tot de grond toe af, Het Peperhuis ontkomt op het nippertje aan de vlammenzee.

De redder in nood

De Duitse reder Philip Julius Abegg huurt Het Peperhuis in 1821. Hij is met allerlei premies naar het stadje aan de Zuiderzee gelokt om een nieuwe impuls te geven aan de wegkwijnende haringvangst. Met een vloot van 24 schepen vaart de Duitser naar Enkhuizen. De bevolking ziet hem als de redder in nood, want meer dan de helft van de inwoners werkt in de haringindustrie. Abegg wordt feestelijk ontvangen door een comité van notabelen. De hele stad loopt uit. Tijdens een intocht spant men de paarden van zijn koets af en trekken de vissers als eerbetoon het rijtuig op eigen kracht voort. Enkhuizen staat op z'n kop.

Van peper naar kaasopslag

Ondanks de hartelijke ontvangst is enig opportunisme Philip Abegg niet vreemd. In Nederland mag alleen nog haring worden verkocht die door Hollandse schepen is gevangen. Door zich in Enkhuizen te vestigen, ontduikt de slimme Duitser de wet. Hij huurt Het Peperhuis tot 1826. Daarna wordt kaashandelaar Gerrit Joan Bleiswijk de nieuwe huurder, voor 159 gulden per jaar. Een jaar later krijgt Bleiswijk de kans om Wierdijk 12 op een veiling te kopen voor 3950 gulden. Gedurende de 19e eeuw wisselt Het Peperhuis nog diverse malen van eigenaar. Het pand wordt aanvankelijk gebruikt voor de opslag van kaas. Tegen het einde van de eeuw zit in het pakhuis een zouterij van anjovis. Het voorhuis is inmiddels door een van de eigenaren verbouwd en heeft 18e-eeuwse schuiframen gekregen.

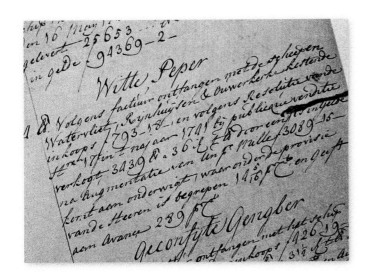

Het Delfts blauwe KLM-huisje #87 wordt voor het eerst uitgegeven in 2006.

Trapgevels bijna gesloopt

Tegen de tijd dat Het Peperhuis in de 20[e] eeuw een nieuwe eigenaar krijgt, is Wierdijk 12 een bouwval. Zaadhandel Sluis en Groot koopt Het Peperhuis voor 8000 gulden. Men wil de dubbele trapgevel afbreken en vervangen door een gevel met een rechte lijst. De sloop kan op het nippertje worden voorkomen. Bij de daaropvolgende restauratie wordt de cementlaag op de begane grond verwijderd. Het cement is ooit als bescherming op de buitenmuur aangebracht omdat de Wierdijk bij hoog water overstroomt. Zware muurankers moeten voorkomen dat de historische gevel 'inknikt'.

Het Staverse poortje staat schuin tegenover Het Peperhuis. Het is een in 1833 gebouwde replica van de oorspronkelijke poort in de zeemuur. De replica wordt naderhand afgebroken en opgeslagen. Na de opening van het Zuiderzeemuseum keert het Staverse poortje in 1955 terug naar de Wierdijk. In de top zit een gevelsteen met het stadswapen van Enkhuizen, met drie gekroonde haringen.

Ansjovis 1890 en 91 wordt thans afgeleverd in Keulsche potten, waarvan de kwaliteit 1890 verzonden wordt in potten van minstens 150 stuks en hooger, tegen ƒ 1.75 per 100, en die van 1891 in potten van minstens 100 stuks voor ƒ 1,50 per 100, met inbegrip van pot.

Bij vooruitzending van postwissel, geschiedt de levering franco door het geheele Rijk.

Adres: De Zouterij „Peperhuis",
(2551) Enkhuizen.

Afsluiting Zuiderzee

Op 28 mei 1932 hangen in Enkhuizen de vlaggen halfstok. Na de aanleg van de Afsluitdijk heeft de Zuiderzee vanaf die dag geen open verbinding meer met de Noordzee. De afsluiting moet de kans op overstromingen verkleinen. De Zuiderzee is nu een binnenzee en krijgt de nieuwe naam IJsselmeer. In 1940 zijn er plannen om van het historische Peperhuis een Zuiderzeemuseum te maken, als eerbetoon aan de geschiedenis. Maar na het uitbreken van de Tweede Wereldoorlog heeft men in Enkhuizen andere prioriteiten. Wel wordt het pand aan de Wierdijk in 1943 gerestaureerd.

379

Peperkorrels tussen de planken

Na de oorlog wordt de stichting Vrienden van het Zuiderzeemuseum opgericht, die in 1948 uit eigen middelen Het Peperhuis aankoopt. Het achterliggende pakhuis wordt later geschonken door eigenaar Zaadhandel Sluis en Groot. De overheid komt ook over de brug en zorgt voor voldoende financiering om een aantal aangrenzende panden aan te kopen. Het complex van gebouwen vormt samen het Zuiderzeemuseum en wordt voor 200.000 gulden gerestaureerd. In Het Peperhuis vindt men tussen de balken en planken handenvol peperkorrels, als stille getuigen van een roemrucht verleden.

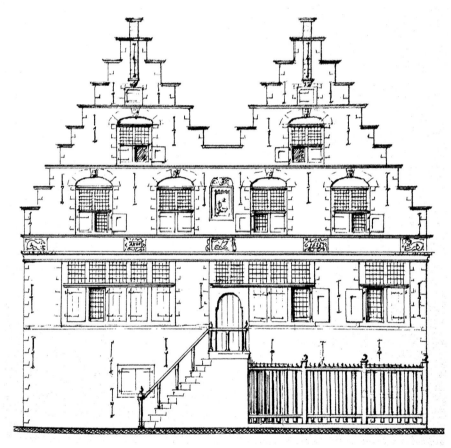

Impressie van de situatie voor de verbouwing van 1682. De trap naar de toegangsdeur is naderhand verwijderd.

Het binnen- en buitenmuseum

Op 1 juli 1950 opent het Zuiderzeemuseum zijn deuren. Het museum biedt een indrukwekkend overzicht van het leven op en rond de Zuiderzee. In 1964 wordt de schepenhal gebouwd, voor de collectie houten visserijschepen en plezierjachten. Onder de vlag van het Zuiderzeemuseum opent in 1983 in Enkhuizen een openluchtmuseum, met authentieke panden uit dorpen rondom de Zuiderzee. In de haven van het buitenmuseum ligt de grootste verzameling ijzeren schepen van Nederland.

In de zijmuur van Het Peperhuis zit een gevelsteen met het familiewapen van de arts en staatsman François Maelson. Hij wordt in Enkhuizen geboren en financiert eind 16e eeuw een expeditie om een noordelijke vaarroute naar Azië te vinden. In 1596, bij de derde poging, eindigt het avontuur op Nova Zembla, waar de bemanning in de barre kou overwintert.

Rozengracht 99-101, Amsterdam

88

In de zomer van 1876 vergapen duizenden mensen zich in Amsterdam aan een parade van historische kunst en kitsch. Het is precies een jaar na het 600-jarig jubileum van de stad. Op de tentoonstelling kan het publiek kennismaken met onbekende schatten. De firma Bols presenteert een eeuwenoud uithangbord van stokerij 't Lootsje aan de Rozengracht.

Er is ook een portret van de oprichter Lucas Bols, met zijn karakteristieke puntbaardje. Het doek lijkt een meesterwerk uit de 17^e eeuw, maar de verf is nog maar net droog. Het fantasieportret is gemaakt door een restaurateur van het toenmalige Rijks Museum. Tot op de dag van vandaag denkt het publiek dat dit de man is achter het wereldberoemde jenevermerk.

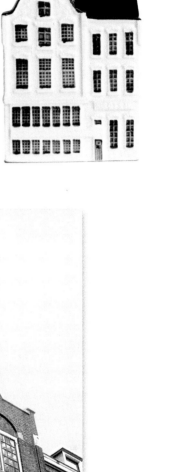

1500	1600	1700	1800	1900	2000

Toch is Lucas Bols geen fictief figuur, hij is wel degelijk de grondlegger van het Bols-concern. Om aan de Spaanse inquisitie te ontkomen, vlucht de Vlaamse familie Bols in de 16^e eeuw naar Keulen. In 1575 vraagt Lucas Bols een protestants kerkgenootschap toestemming om uit graan brandewijn te distilleren. Het jaartal 1575 wordt later door het bedrijf als oprichtingsdatum beschouwd. Een aantal familieleden verhuist naar Amsterdam. Lucas Bols begint een kleine distilleerderij in de stad, maar met het oog op brandgevaar worden bedrijven die met open vuur werken vanaf 1581 uit het centrum van Amsterdam geweerd. Bols trekt daarom met zijn bedrijf naar de rand van de stad. Zoon Jan Jacob Bols volgt in 1612 zijn vader op.

't Lootsje groeit uit tot multinational; Lucas Bols grondlegger oudste jeneverstokerij ter wereld

De start van 't Lootsje

De naam Bols wordt in de 17e eeuw ook wel geschreven als Bulsius, Bulsies of Boltius. In 1640 gaat Pieter Jacobsz Bulsius, een nazaat van de oprichter, in de leer bij de Amsterdamse distillateur Claes Claesz Listingh. Zes jaar later begint hij voor zichzelf en huurt een huisje aan het Plempenpad, net buiten de stadspoort. Pieter Bulsius noemt zijn stokerij 't Lootsje. Als basis voor de brandewijn gebruikt hij spoelwater van de nabijgelegen suikerbakkerijen en korenwijn uit Weesp.

Brandewijn en jenever

Binnen twee jaar exporteert Bulsius de eerste kruiken brandewijn naar Bremen. Nog geen jaar later, in 1649, koopt hij het gehuurde huis en trouwt met zijn nichtje Aeltje Veltcamp uit Kampen. In 1652 wordt hun zoon geboren, het jongetje krijgt de naam Lucas. De zaken gaan goed en Pieter Bulsius breidt 't Lootsje uit met enkele aangrenzende panden. De naam Plempenpad is inmiddels gewijzigd in Rozengracht. Halverwege de Gouden Eeuw gaat Bulsius ook de populaire drank jenever produceren. De blauwe jeneverbessen koopt hij per pond in. In 1664 wordt in een notariële acte gesproken over Bols en 989 pond jeneverbessen, goed voor 5000 liter onversneden jenever. Dit is het eerste schriftelijke bewijs dat Bols jenever produceert. Pieter Bulsius overlijdt in 1669, hij wordt opgevolgd door zijn 17-jarige zoon Lucas. Deze nieuwe eigenaar van 't Lootsje verandert zijn achternaam en noemt zichzelf nu Bols, net als zijn opa. Ondanks zijn jonge leeftijd heeft Lucas Bols een goede neus voor zaken. Elke keer als hij winst maakt, koopt hij aandelen van de VOC. Als aandeelhouder heeft hij niet alleen recht op dividend. Bij de terugkeer van de VOC-schepen uit Zuid-Oost Azië zitten de ruimen vol exotische kruiden en specerijen. Bols heeft de eerste keus bij het kopen van grondstoffen. De ingrediënten gebruikt hij vervolgens bij de productie van likeur en jenever. Een aardige bijkomstigheid is dat de bewindhebbers van de VOC op hun beurt de 'fijne wateren' exclusief bij Lucas Bols bestellen.

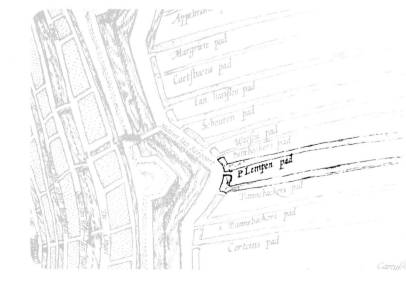

In 't Lootsje staan inmiddels zes distilleerketels, inclusief een ketel voor het oplossen van suiker en honing. De twee grootste distilleerketels hebben een inhoud van maar liefst 1250 liter. Hierin worden suikerbakkerswater of korenbrandewijn vermengd met zaden, bessen en andere smaakstoffen en daarna verhit. Al snel streeft Lucas Bols met zijn productie de concurrentie voorbij.

Bedrijfsspionage

Als in 1672 een (handels)oorlog met Engeland en Frankrijk uitbreekt, wordt de import van buitenlands gedistilleerd verboden. De Hollandse jeneverindustrie krijgt daardoor een enorme impuls. De jonge Lucas Bols groeit in korte tijd uit tot een van de belangrijkste distillateurs van Amsterdam. Maar de concurrentie zit ook niet stil. Via een bedrijfsspion achterhaalt collega Wynand Fockink hoe Bols de jenever distilleert en zijn likeuren stookt. De belangrijkste ingrediënten zijn jeneverbes, sinaasappelschil, Curaçao-appel, rietsuiker, anijs, lavas, karwijzaad, kruidnagel en kaneel. Tussen Lucas Bols en Wynand Fockink ontstaat een felle concurrentiestrijd, die pas eeuwen later wordt beslecht.

Het Delfts blauwe KLM-huisje #88 wordt voor het eerst uitgegeven in 2007. De keuze voor een replica van 't Lootsje houdt verband met de opening van het House of Bols, het nieuwe hoofdkantoor van Lucas Bols BV in Amsterdam.

Rijk dankzij de VOC

Lucas Bols wordt gaandeweg een van de grootste aandeelhouders van de VOC. Als hij in 1717 't Lootsje nalaat aan zijn zoon Pieter, wordt zijn totale vermogen geschat op 109.000 gulden. Nazaat Lucas Hermanusz Bols bouwt het bedrijf in de 18e eeuw verder uit en richt zich vooral op de productie van likeuren. Als Lucas Hermanusz Bols in 1781 overlijdt, zet zijn vrouw Sara Sophia de zaken voort. Maar hun twee zonen hebben weinig passie voor het bedrijf. 't Lootsje draait na de dood van Sara zelfs verlies. Concurrent Wynand Fockink doet ondertussen goede zaken en de likeuren van de Amsterdamse stoker vinden hun weg over heel de wereld.

De erven Lucas Bols

Binnen de familie Bols sterft de mannelijke lijn van erfopvolgers uit. In de 19e eeuw wordt het bedrijf daarom door de erven Lucas Bols verkocht, onder de voorwaarde dat de familienaam blijft bestaan. De Rotterdamse ondernemer Gabriel T. van 't Wout wordt in 1815, voor 18.000 gulden, eigenaar van likeur- en jeneverdistilleerderij 't Lootsje. Bij de koop hoort ook een grote ijzeren kist, met daarin 250 geheime recepten. Hij weet weinig van het distilleervak, maar hij leert snel en als gewiekste zakenman houdt Van 't Wout de concurrentie scherp in de gaten.

De concurrentie te slim af

Een van zijn eerste wapenfeiten is het binnenhalen van de meesterknecht van Wynand Fockink. Van 't Wout biedt hem een contract aan en krijgt daardoor inzage in de bedrijfsgeheimen van de aartsrivaal. Binnen enkele jaren na de verkoop van 't Lootsje is de omzet alweer verdubbeld. Het bedrijf komt tegen het einde van de 19e eeuw in handen van de familie Moltzer. Het bedrijf richt zich sterk op de export. Men opent overal in het buitenland vestigingen. 't Lootsje gaat internationaal en de naam hangt trots op de eigen winkels in Wenen, Berlijn en Montreux.

Demping Rozengracht

De Rozengracht wordt op dat moment al eeuwenlang gebruikt als open riool. Tegen het einde van de 19e eeuw wil het stadsbestuur de gracht om hygiënische redenen dempen, maar de Erven Lucas Bols verzetten zich. Waar moet hun afval straks naartoe? Bovendien komt de aan- en afvoer van goederen in gevaar, als men 't Lootsje niet meer per schip kan bereiken. Het verzet haalt weinig uit, de Rozengracht wordt in 1889 gedempt.

In de volkswijk worden honderden bouwvallige panden gesloopt en vervangen door nieuwbouw. De gedempte Rozengracht krijgt een beetje de allure van een boulevard. De Erven Lucs Bols willen in de golf van modernisering niet achter blijven. In 1892 wordt de halsgevel van likeur- en jeneverdistilleerderij 't Lootsje gesloopt. De bekende architect H.P. Berlage ontwerpt op verzoek van de directie een strakke, eigentijdse trapgevel, met een klassieke luifel.

Eerbetoon Gouden Eeuw

De inrichting van het proeflokaal van de Erven Lucas Bols wordt in 1912 een eerbetoon aan de Gouden Eeuw. De ruimte krijgt een eikenhouten lambrizering en een hoge schouw, met plaats voor Delfts blauw aardewerk. Aan de wand hangt het schilderij van de grondlegger en het 17^e-eeuwse vaandel met een afbeelding van 't Lootsje. Een fraai gebeeldhouwde eiken trap leidt naar de bovengelegen directiekantoren. De familie Moltzer is tevreden. Als moderne reclamemakers heeft men rond het merk Bols een schitterende geschiedenis gecreëerd. Als finishing touch geeft de directie het oorspronkelijke familiewapen van Lucas Bols de Latijnse spreuk 'Semper Idem' mee. Dit betekent 'Altijd Hetzelfde'. De jenever en likeuren van Bols is door de eeuwen heen altijd van dezelfde hoge kwaliteit.

385

Bols naar de beurs

In 1902 wordt architect Eduard Cuypers benaderd om de gevels van de andere Bols-panden aan de Rozengracht in lijn te brengen met de entree van het proeflokaal. De Erven Lucs Bols weten de crisisjaren te overleven door zich te afficheren als kwaliteitsmerk jenever en likeur. 'Elke dag een glaasje', luidt het credo van het bedrijf. 't Lootsje groeit na de oorlog uit tot een miljoenenbedrijf. De familie Moltzer opent eigen vestigingen in Brussel, Parijs, Bilbao, Kaapstad, Melbourne, Buenos Aires, São Paulo en Englewood (New Jersey). In 1954 gaat Bols naar de beurs. In datzelfde jaar wordt aartsrivaal Wynand Fockink overgenomen en komt er een einde aan een eeuwenlange concurrentiestrijd.

Historie in een modern jasje

In de jaren zestig is het bedrijfsgebouw aan de Rozengracht voor een multinational als Bols niet geschikt om verder te groeien. De directie verruilt het pand in 1964 voor een vestiging op een bedrijventerrein in Nieuw-Vennep. Maar ondanks de eisen van de moderne tijd hechten de Erven Lucas Bols aan traditie. Daarom verhuist het oud-Hollandse interieur van het proeflokaal mee naar het nieuwe bedrijfscomplex.

In 1967 wordt het hoofdkantoor officieel geopend. Wereldwijd werken er op dat moment 1500 mensen voor Bols, waarvan de helft in Nederland. Ter gelegenheid van de opening krijgt het bedrijf het predikaat 'Koninklijk'. Het adres van de Erven

Lucas Bols mag er overigens ook wezen. Het bedrijf zit in Nieuw-Vennep aan de Lucas Bolsstraat, en heeft het postbusnummer 1575. En zo is de cirkel weer rond. Prins Bernhard opent de nieuwe vestiging in 1970. Sinds 2006 zit het hoofdkantoor van Lucas Bols weer in Amsterdam.

Muurhuizen 109, Amersfoort

89

In de winter van 1444 reist Geertje Arends, een 16-jarig meisje uit Nijkerk, naar Amersfoort. Ze is op weg naar het Sint Agnietenklooster omdat ze non wil worden. In haar bagage zit een eenvoudig Maria-beeldje, dat ze van haar ouders heeft gekregen.

Als Geertje in Amersfoort aankomt, aarzelt ze. Ze schaamt zich voor het goedkope beeldje en gooit het in de stadsgracht. Een paar dagen later krijgt Margriet Alberts, een dienstmeisje, tot drie keer toe een visioen. In de bevroren gracht zou in een wak een kostbare schat drijven. Margriet kan haar nieuwsgierigheid niet langer bedwingen en ontdekt het Mariabeeldje. Binnen een paar jaar gebeuren er maar liefst 548 wonderen.

| 1500 | 1600 | 1700 | 1800 | 1900 | 2000 |

Duizenden pelgrims uit heel Europa reizen in de 15ᵉ eeuw naar Amersfoort om het mirakel met eigen ogen te zien. De stad wordt een drukbezocht bedevaartsoord met een jaarlijkse processie, een markt en een kermis. Al vanaf 1390 is men bezig om Amersfoort uit te breiden. Maar door de enorme toeloop van pelgrims dreigt de situatie nu uit de hand te lopen. De stenen stadsmuur wordt afgebroken en na een flinke uitbreiding van de stad weer verder opgebouwd.

De Muurhuizen

Waar eens de oude verdedigingsmuur stond, komt een lange straat die in een cirkel rond het historische centrum loopt. Tegen het einde van de 15ᵉ eeuw worden hier, op de plaats van de oorspronkelijke stadsmuur, huizen gebouwd. De straat krijgt daarom de naam Muurhuizen. Een van die huizen zal later bekend worden als het Secretaris-huisje. In dit pand zijn onderdelen van de afgebroken stadsmuur verwerkt.

Het Mirakel van Amersfoort (1445), schilder onbekend.

387

Middeleeuwse nissen voor kaarsen.

Gevel in renaissancestijl

Over het Secretarishuisje, op het adres Muurhuizen 109, doen veel verhalen de ronde. Een van de eerste bewoners is Tonis Huberts, maar het is niet zeker of hij ook opdracht voor de bouw heeft gegeven. Hij woont er met zijn vrouw Mechtelt en hun twee dochters. Via vererving komt het pand in 1547 in handen van Anthonis Reyerszoon, een neef van de familie. In deze eeuw verandert het niet alleen nog zeven keer van eigenaar, het huis ondergaat ook een ingrijpende metamorfose. Er wordt een nieuwe voorgevel geplaatst, in een opvallende Hollandse renaissancestijl. Het dakvenster krijgt een trapgevel, de entree wordt omlijst met pilasters van natuursteen en boven de deur komt een driehoekig fronton. De vensters worden versierd met schelpmotieven.

Intrigerende familiewapens

Op de natuurstenen omlijsting van de voordeur worden twee familiewapens afgebeeld. Op het linker wapen staat een ramskop, op het rechter wapen zit een wolf met drie Franse lelies. De familiewapens worden eeuwenlang toegeschreven aan het echtpaar Westrenen-Ram. Maar nieuw onderzoek wijst in de richting van het kinderloze echtpaar Luman ter Lindt en Alydt Verhell, die van 1562 tot 1597 op Muurhuizen 109 woont.

'Gezicht op de Muurhuizen bij de Dieventoren te Amersfoort' (voor 1864), Jan Weissenbruch.

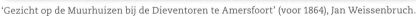

388

In de tuin achter Muurhuizen 109 borrelt kristalhelder water uit een natuurlijke bron omhoog.

Het Delfts blauwe KLM-huisje #89 wordt voor het eerst uitgegeven in 2008.

Een 'piepjonge' bruidegom

In 1639 erft jonkheer Johan van Wijnbergen het huis. Hij is dan burgemeester van Amersfoort en zal deze functie nog tot 1648 bekleden. Johan van Wijnbergen trouwt met Judith, de dochter van een collega-burgemeester uit Zutphen. Het echtpaar krijgt vier kinderen. De jonkheer overlijdt in 1651. Zijn weduwe heeft grote moeite om het gezin draaiende te houden. Judith van Wijnbergen hertrouwt in 1657. De bruid is dan 46 jaar, haar nieuwe echtgenoot is slechts 22 jaar oud. Maar ze heeft met deze jongeman, Otto van Doeyenborch Cuylenborch van Walenborch, een goede partij aan de haak geslagen. Hij komt uit een rijk en adellijk geslacht. Otto wordt de stiefvader van de vier kinderen. Haar oudste zoon is van dezelfde generatie als Otto.

Notaris of secretaris

In de 17e en 18e eeuw is Muurhuizen 109 onder andere eigendom van enkele tabakshandelaren, een meester-timmerman en houthandelaar, twee ongetrouwde zusters en een waagmeester. Maar het Secretarishuisje dankt zijn naam - volgens de overlevering - aan een notaris, mr. Jan Both Hendriksen. Hij is van 1778 tot 1787 gemeentesecretaris van Amersfoort. Maar de naam Secretarishuisje, zoals het huis later wordt genoemd, is misleidend. Mr. Jan Both Hendriksen is nooit eigenaar geweest van het pand, en hij heeft er ook niet gewoond. De verwarring is wellicht ontstaan omdat zijn zus Petronella hier vanaf 1776 een jaar met haar man heeft gewoond. Net als haar broer is haar echtgenoot notaris van beroep.

In deze periode wordt Muurhuizen 109 opnieuw verbouwd en krijgt het zijn huidige exterieur, met Engelse schuiframen (die overigens in het Engels 'Dutch windows' heten), een uitbouw aan de achterkant en een dienstbodeningang, pal naast de statige entree in rococostijl. Naar de laatste mode wordt de bakstenen voorgevel witgepleisterd. Boven de deur van het huis staat het beroep van de eigenaar. De letters zijn in de loop der tijd verweerd, alleen het laatste deel, '...taris', kan nog worden ontcijferd. Maar deze letters kunnen dus net zo goed verwijzen naar het woord 'notaris' als naar 'secretaris'.

In de kelder onder het huis liggen nog de oorspronkelijke 16e-eeuwse plavuizen. Ook is hier een deel van de oude stadsmuur zichtbaar.

In 2012 heeft de gemeente Amersfoort de balken van de zolderverdieping gedateerd, met behulp van dendrochronologisch onderzoek. Een deel van het hout is omstreeks 1543 gekapt. Op één van de balken staat de naam van een timmerman en het jaartal '1752'

Willem V op de vlucht

In 1787, het laatste jaar dat mr. Jan Both Hendriksen secretaris van Amersfoort is, biedt de stad drie maanden lang onderdak aan prins Willem V van Oranje-Nassau. In Den Haag zijn hevige onlusten uitgebroken tussen de Oranjegezinden en de patriotten, die de stadhouder willen afzetten. Willem V verzucht: 'Ik wenschte dat ik dood waere, dat mijn vader nimmer stadhouder was geworden. Ik voel ik ben daertoe niet bekwaem. 't Hooft loopt mij om'. Hij neemt in Amersfoort tijdelijk zijn intrek in het Huis met de Paarse Ruiten. Het pand is eigendom van de rijke tabakshandelaar en bankier Benjamin Cohen. Cohen is ook eigenaar van Muurhuizen 107, het pand naast het Secretarishuisje. De soldaten van Willem V gebruiken de Onze Lieve Vrouwekerk als opslagplaats voor munitie. Maar het zit de prins niet mee. Op 2 december 1787 ontploft per ongeluk de voorraad buskruit, de kerk wordt totaal verwoest. De toren blijft gelukkig gespaard. Bij de ontploffing gaat het Mariabeeldje, dat al sinds 1444 door pelgrims wordt vereerd, verloren. Een rijke Amersfoortse familie zorgt voor een replica van Maria met het kindje Jezus op haar arm.

Portret van stadhouder Willem V van Oranje-Nassau (1787), Benjamin Samuel Bolomy. Willem V schenkt dit schilderij bij zijn vertrek uit Amersfoort aan de bankier Benjamin Cohen, die hem zo gastvrij zijn huis ter beschikking heeft gesteld.

Willem Croockewit, de 'redder' van Muurhuizen 109.

Tapijttegel met een portret van Petrus van Heugten, de uitvinder van de Heugafelttegel.

Beleggingsobject

In de 19e eeuw begint het verval. De bewoners van Muurhuizen 109 zijn Wouterus Corneliszn Pull en diens gezin. Hij is houthandelaar van beroep en in 1819 en 1822-1823 burgemeester van Amersfoort. Na zijn dood wordt het pand verkocht aan een procureurhouder, voor 2040 gulden. Aan onderhoud besteedt hij nauwelijks aandacht.

In deze eeuw zijn ook nog een makelaar, een kandidaat-notaris, de directeur van de Bank van Lening en een voormalige bakker eigenaar van het Secretarishuisje. Maar ondanks dat deze mensen allemaal deel uit maken van de gegoede burgerij, gaat het met het huis bergafwaarts. De eigenaren zien het pand vooral als beleggingsobject.

Pionier Heugafelttegel

Als het pand in de 20e eeuw dreigt te worden gesloopt, ontfermt de Amersfoortse bankier Willem Croockewit zich over het Secretarishuisje. Hij is bestuurslid van de Oudheidkundige vereniging FLEHITE en kan niet aanzien dat 'dit geestige, zoo zeer de aandacht trekkende witte geveltje' verloedert. Croockewit verhuurt het huis vanaf 1927 voor 600 gulden per jaar aan de kleine ondernemer Petrus van Heugten. Samen met zijn vrouw Riek runt hij dan een viltfabriek waar zadelbekleding, handwarmers en ondertapijt voor traptreden worden gemaakt. Later wordt het assortiment uitgebreid.

Op de eerste verdieping van Muurhuizen 109 komt een naaiatelier voor kleine artikelen, de snijtafels staan op de tweede verdieping. In de aangrenzende panden wor-

den vanaf 1933 grotere producten van vilt gemaakt. Het echtpaar krijgt uiteindelijk vijftien kinderen, waarvan elf in Muurhuizen 109. Van Heugten wordt later de eerste fabrikant in Nederland van kamerbreed tapijt. Met de uitvinding van de Heugafelttegel groeit zijn eenmanszaak naderhand uit tot een wereldconcern.

Aardewerk tegeltableau (rond 1800) uit de keuken. De kanarie is in de 17e en 18e eeuw een statussymbool. Keukenkanaries waarschuwen, net als mijnwerkerskanaries, de bewoners voor giftige gassen.

Bouwwerk 'enig in zijn soort'

De gemeente Amersfoort koopt het Secretarishuisje in 1939 voor 1000 gulden met het doel het te restaureren. Maar de oorlog gooit roet in het eten. Na de Tweede Wereldoorlog worden er opnieuw plannen gemaakt om het Secretarishuisje te restaureren. Het pand staat inmiddels op de Monumentenlijst. In 1953 begint een grote renovatie. Omdat de overheid meent dat het huis qua bouwwerk 'enig in zijn soort is', wordt er maar liefst 102.000 gulden uitgetrokken om het pand in oude glorie te herstellen. Er wordt voor gekozen het huis terug te brengen naar de situatie van de 16e eeuw. Daarom wordt een 17e-eeuwse uitbouw aan de achterkant afgebroken.

Na de restauratie woont de bekende Amersfoortse historicus en archeoloog Herre Halbertsma tientallen jaren lang met zijn gezin in het Secretarishuisje. Na zijn overlijden in 1998 krijgt het pand een nieuwe eigenaar. Bewoonster Sandra Siemers-Den Dulk doet uitvoerig onderzoek naar de geschiedenis van Muurhuizen 109. Ze schrijft in 2011 een boek over het monument, waar ze sinds 1999 samen met haar man en twee kinderen woont. *'In een huis van deze leeftijd word je geconfronteerd met de tijdelijkheid van je eigen bestaan. Dat werkt heel relativerend en rustgevend'*, aldus de huidige bewoners.

___ Middelpunt Nederland ___

Met de giften van pelgrims wordt in Amersfoort in de 15e eeuw de bouw gefinancierd van de Onze-Lieve-Vrouwekerk en de 98,33 m hoge Onze-Lieve-Vrouwetoren. De toren heeft de bijnaam Lange Jan en is officiëel het geografisch middelpunt van Nederland. Op de vloer van de toren staat het kadastrale nulpunt aangegeven.

Amsteldijk Noord 55, Amstelveen

90

In de Gouden Eeuw wonen de rijkste inwoners van Amsterdam aan de Herengracht en Keizersgracht. Maar het wonen op stand heeft ook een nadeel. Als het warm weer is, hangt er in de grachtengordel een geur van rotte eieren. Overal drijft afval rond, een penetrante lucht beneemt de inwoners de adem. Veel handelaren laten daarom net buiten de stad, aan de Amstel, een tweede huis bouwen.

De lucht is er schoon en het water uit de rivier kan zonder problemen gedronken worden. Aan het begin van de 18^e eeuw liggen er zestig buitenplaatsen aan de Amstel. Het is aan een beruchte sloper te danken dat juist landgoed Wester-Amstel behouden blijft. Het huis is nu een van de drie nog overgebleven buitenplaatsen.

Op de plek waar nu Wester-Amstel ligt, staan oorspronkelijk twee panden. De hofstede staat al afgebeeld op een historische kaart uit 1593. Naast de boerenhoeve liggen de warmoestuinen, waar groenten worden verbouwd. In 1625 verkoopt Vastert Joosten de hofstede, de ernaast gelegen hoeve en enkele percelen grond. De koper is zijn buurman Pieter Paulusz Hooft.

Gravure van Wester-Amstel (1730),
Abraham Rademaker.

Sloper redt het laatste 18^e-eeuwse landhuis aan de Amstel

Nicolaes Pancras, burgemeester van Amsterdam.
De kunstenaar Gerard Terborch schildert in 1670 dit
portret van de eerste bewoner van Wester-Amstel.
Het doek maakt nu deel uit van de collectie van de
Hamburger Kunsthalle.

Een statige herenhuis

Ruim dertig jaar later is Nicolaes Pancras, burgemeester van Amsterdam, op zoek naar een lokatie voor de bouw van een buitenhuis. Hij komt in contact met Pieter Paulusz Hooft en koopt in 1662 diens bezittingen aan de Amstel. Pancras laat het oude hoofdgebouw afbreken. Op het terrein, aan het einde van een lange laan, verrijst een statig herenhuis in classicistische stijl. Daarachter komt het houten koetshuis en de paardenstallen. Het landgoed krijgt de naam Wester-Amstel. Op het hoge smeedijzeren toegangshek worden twee stenen leeuwen geplaatst, met in hun klauwen de familiewapens van Nicolaes Pancras en zijn vrouw Petronella. Dat Pancras een man van aanzien is, blijkt ook het uit indrukwekkende portret dat de schilder Gerard Terborch van hem maakt.

VOC-schip vernoemd

Nicolaes Pancras is overigens niet alleen burgemeester van Amsterdam, maar ook een van de Heeren XVII van de VOC. Als in 1676 een nieuw schip wordt opgeleverd, krijgt Pancras de eer om het vaartuig te dopen. En dat is niet toevallig, want het fluitschip draagt de naam Wester-Amstel, naar zijn buitenplaats in Amstelveen. Het VOC-schip begint zijn eerste reis op 14 september 1676. De route gaat van Texel, via Kaap de Goede Hoop, naar Batavia. Tijdens de maidentrip vindt er overigens een drama plaats. Schipper Jacob Harkesz overlijdt, wat als een slecht voorteken wordt gezien. De VOC verkoopt De Wester-Amstel na enkele jaren.

In 2009 bestaat KLM 90-jarig. Omdat het hoofdkantoor van KLM in Amstelveen is gevestigd doet burgemeester Jan van Zanen de suggestie om ter gelegenheid van het 90-jarige jubileum een replica te maken van een Amstelveens monument. De keuze valt op Wester-Amstel. Het eerste exemplaar wordt door president-directeur Peter Hartman van KLM onthuld, in aanwezigheid van professor Mr. Pieter van Vollenhoven.

Gezicht op Ouderkerk aan de Amstel.

Achterstalig onderhoud

Het burgemeesterspaar Pancras woont afwisselend in Amsterdam en in hun buitenhuis, in de bocht van de Amstel. In 1678 overlijdt Nicolaas Pancras. Met pijn in haar hart verkoopt de weduwe bijna tien jaar later Wester-Amstel, ze neemt afscheid van het huis waar ze jarenlang gelukkig is geweest met haar man en kinderen. De nieuwe eigenaar, Jan Marcusz, betaalt 16.000 gulden voor de buitenplaats. De koopman en zijn gezin gebruiken het landhuis zelden en noodzakelijk onderhoud wordt nauwelijks gepleegd. Op 19 februari 1714 verkoopt hij Wester-Amstel met verlies, voor 14.000 gulden aan Andries Leenderts.

Een onzekere toekomst

Voor de buitenplaats breekt een nieuw tijdperk aan. Het oude hoofdgebouw wordt op de voorgevel na afgebroken en vernieuwd. Wester-Amstel blijft een kwart eeuw het domein van de familie Leenderts, daarna verkoopt de kleindochter van Andries Leenderts de buitenplaats in 1739 voor 9500 gulden. De volgende eigenaar betaalt in 1750 voor Wester-Amstel nog maar 8000 gulden. Aan de dalende verkoopprijs is te zien dat de gloriejaren van de Gouden Eeuw definitief voorbij zijn. De Republiek der Verenigde Nederlanden maakt een ernstige crisis door. Het land is verzwakt door een weifelend bestuur, nepotisme, oorlogen en binnenlandse onlusten.

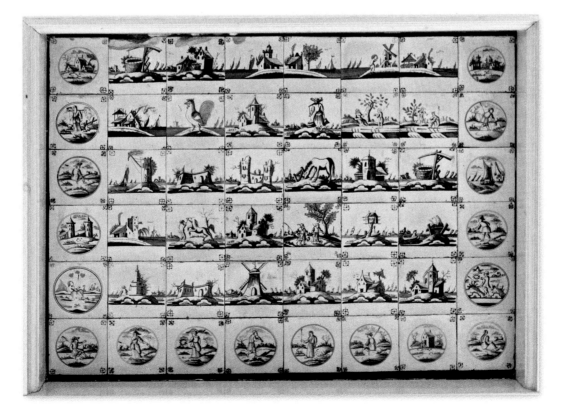

395

Sloper verrijkt Nederlandse taal

Veel eigenaren van landhuizen aan de Amstel gaan in de 18e eeuw failliet of hebben geen geld meer om hun bezit te onderhouden. De Amsterdamse opkoper en sloper Frederik Kaal beleeft gouden tijden. Voor een prikkie koopt hij de monumentale landhuizen op en sloopt er de waardevolle onderdelen uit, daarna gaat het pand tegen de vlakte. De ene na de andere buitenplaats wordt door de slopershamer vermorzeld. Dat Kaal rigoreus te werk gaat, blijkt zelfs uit het nieuwe woord 'kaalslag' waarmee de Nederlandse taal wordt verrijkt.

'Huizenruil' betekent redding

Sloper Frederik Kaal koopt Wester-Amstel eind 1776 voor 7750 gulden, maar hij wacht nog even met de sloop. Hij wil nog liever het landgoed Zonnestein kopen, dat naast Wester-Amstel ligt. De eigenaar van Zonnestein is de Amsterdamse handelaar Jean de Neufville. Hij heeft door de crisis dringend behoefte aan contant geld, maar tegelijkertijd wil hij geen afscheid nemen van zijn buitenplaats aan de Amstel.

Een doolhof als attractie

Uiteindelijk stelt Kaal voor om Wester-Amstel te ruilen met Zonnestein. Kaal betaalt Jean de Neufville 15.600 gulden, hij telt op zijn beurt 6000 gulden neer voor Wester-Amstel. Zonnestein wordt in het voorjaar van 1777 door Frederik Kaal vakkundig gestript en gesloopt. Jean de Neufville verpacht Wester-Amstel aan de herbergier Dirk Kemper. Ondanks dat hij achter het herenhuis als attractie een doolhof en een vijver met goudvissen laat aanleggen, wordt de herberg geen succes. Naderhand verkopen

396

de nazaten van Jean de Neufville in 1786 Wester-Amstel voor 5250 gulden. Het lijkt erop dat het landgoed hetzelfde lot tegemoet gaat als de tientallen andere gesloopte buitenplaatsen aan de Amstel. Maar voor de tweede keer is de redding voor Wester-Amstel nabij.

Jong en succesvol

De oorspronkelijk uit Den Haag afkomstige mr. Antonius Quirinus van Persijn laat in 1792 zijn oog vallen op de buitenplaats. De 25-jarige meester in de rechten is even daarvoor in het huwelijk getreden met Maria Elias. Zij komt uit een rijk en voornaam geslacht, de familie behoort al eeuwenlang tot de bestuurlijke elite van Amsterdam.

Van Persijn wil wellicht met een eigen buitenhuis indruk maken op zijn schoonfamilie, want hij betaalt maar liefst 10.000 gulden voor Wester-Amstel. Hij maakt binnen het stadsbestuur van Amsterdam een bliksemcarrière en ook zakelijk gaat het hem voor de wind. Antonius van Persijn koopt grote stukken grond en wordt naderhand ook eigenaar van de aan de overkant van de rivier gelegen buitenplaatsen Ooster-Amstel en Amstelland. Het jonge echtpaar Van Persijn woont zelf op de Keizersgracht, maar brengt het grootste deel van hun tijd op Wester-Amstel door.

In de tuin van Wester-Amstel staat een beeld van de Italiaanse kunstenaar Federico Carasso, dat door de gemeente Amstelveen in bruikleen is gegeven.

Persoonlijke drama's

Antonius van Persijn vindt rust op Wester-Amstel en steekt veel tijd en liefde in het onderhoud van de buitenplaats. In de tuinen rond het herenhuis worden kruiden en groenten verbouwd en in een kas groeien exotische vruchten. Van Persijn laat ook een houten theekoepel bouwen, waar hij zich regelmatig terugtrekt. Tegenover alle zakelijke succesen en financiële voorspoed staan namelijk ook veel persoonlijke drama's. Antonius van Persijn verliest zijn vrouw en hij overleeft zijn beide zoons. Een kleinkind overlijdt al op jonge leeftijd. Zijn dochter Hester zit in een inrichting, omdat ze paranoïde is en aan achtervolgingswanen lijdt.

Wester-Amstel als erfenis

Als Antonius van Persijn in 1842 zijn laatste adem uitblaast, laat hij zijn hele bezit na aan Hester en zijn 14-jarige kleindochter Betsy. Maar Hester wordt al snel door de familie onder curatele gesteld. Wester-Amstel wordt voor 450 gulden per jaar verhuurd en als herberg geëxploiteerd. Betsy trouwt in 1852 met baron Van Lynden van Sandenburg. Het echtpaar blijft kinderloos, Betsy lijdt net als haar tante aan waanideeën. Ze overlijdt in 1865. Haar krankzinnig verklaarde tante Hester overleeft de hele familie. Pas nadat zij op 94-jarige leeftijd sterft, komt Wester-Amstel in 1887 in het bezit van de familie van de baron. De buitenplaats wordt door hen in 1900 te koop gezet.

Amstel blijven wonen. Het herenhuis verandert in de tweede helft van de 20e eeuw door achterstallig onderhoud langzaam in een bouwval. Het houten achterhuis wordt onbewoonbaar verklaard. Ludvig Movig, de zoon van Cornelia, de oudste zus, erft naderhand de buitenplaats. Omdat Movig veel in het buitenland verblijft, richt hij de stichting J.Ph.J.F. Lissone op, die namens hem het beheer van de buitenplaats overneemt. De theekoepel wordt in 1985 als eerste in originele staat hersteld. Maar het ontbreekt de stichting aan geld om ook het huis en andere delen van het park te restaureren.

J.Ph.J.F Lissone, pionier in de reiswereld.

Pionier reiswereld

J.Ph.J.F. Lissone, een pionier in de reiswereld en oprichter van een eigen reisbureau, koopt de buitenplaats op een veiling voor 12.500 gulden. Hij betrekt het herenhuis met zijn vrouw en drie dochters. Deze dochters blijven, nadat hun ouders zijn overleden, tot het eind van hun leven op Wester-

Op 4 maart 2006 vindt de feestelijke onthulling plaats van de 'nieuwe' oud-Hollandse betegeling van de keuken. De muren zijn betegeld met zogenaamde 'witjes'.

Groengebied Amstelland

Voor een symbolisch bedrag tekent Groengebied Amstelland in 1989 een langdurig erfpachtcontract met de stichting J.Ph.J.F. Lissone. Een van de doelstellingen van de organisatie is het behoud van een aantrekkelijk landschap buiten de bebouwde kom. Wester-Amstel wordt met financiële bijdragen van de provincie Noord-Holland en vier omliggende gemeenten compleet gerestaureerd.

Het koetshuis en de stallen in het achterhuis zijn in zo'n slechte staat dat deze moeten worden gesloopt en opnieuw opgebouwd. Het achterhuis is sindsdien in gebruik als vergader- en expositieruimte. Onder dit pand ligt overigens het oudste deel van Wester-Amstel, een gedempte waterput die gedateerd wordt op 1570-1600. In 1993 zijn het omliggende park met zijn siertuinen, een groente- en kruidentuin en een boomgaard voor fruit, met een bijdrage van de NV Luchthaven Schiphol, in ere hersteld.

Wester-Amstel is de enige buitenplaats in de directe omgeving van Amsterdam die gedeeltelijk voor het publiek toegankelijk is. De Vrienden van Wester-Amstel, een vrijwilligersorganisatie, organiseert regelmatig concerten, tentoonstellingen, lezingen en excursies. Het park is vrij toegankelijk voor bezoekers en wordt mede door de inzet van vrijwilligers in stand gehouden.

In het voormalige koetshuis staan vitrines met archeologische vondsten die zijn gedaan op het erf van Wester-Amstel.

399

Badhuisweg 175, Den Haag

Met het strijken van de Nederlandse vlag en het hijsen van de nationale vlag van Curaçao komt op 10 oktober 2010 officieel een einde aan de Nederlandse Antillen. De weg naar zelfstandigheid duurt 376 jaar. Curaçao wordt sinds 1634 bestuurd door Nederland.

Pas in de 20e eeuw krijgt de bevolking politieke autonomie, als Curaçao met vijf andere Caribische eilanden een land binnen het Koninkrijk Nederland vormt. Sinds 1955 hebben de Nederlandse Antillen in Den Haag een eigen gevolmachtigde minister. Vanuit het Antillenhuis dient deze 'ambassadeur' de belangen van de Antilliaanse bevolking.

1500 1600 1700 1800 1900 2000

Het Antillenhuis wordt in 1895 oorspronkelijk gebouwd als zomerverblijf voor een rijke Haagse familie. De villa is een ontwerp van de architect Frederik Koch. Hij geeft het pand een klassiek uiterlijk met een moderne twist. Het herenhuis komt te staan in een nieuw gedeelte van Den Haag, aan de rand van het duingebied bij Scheveningen. Op initiatief van Eduard Cambier, directeur van de Société Anonyme des Tramways de la Haye, is hier rond de eeuwwisseling een dure villawijk gebouwd. Architecten kunnen er naar hartenlust experimenteren met moderne bouwstijlen.

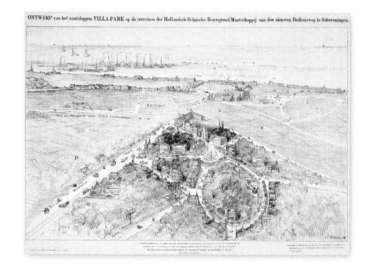

De eerste vlag van de Nederlandse Antillen is in gebruik van 1955 tot 1986. In 1986 krijgt Aruba een status aparte. Op de nieuwe vlag (die tot 2010 wordt gebruikt) staan vijf sterren, als verwijzing naar de vijf overgebleven eilanden van de Nederlande Antillen.

De aanleg van het park wordt verzorgd door bouwonderneming Fernim & Cie, die op hetzelfde moment ook aan de boulevard van Scheveningen het Kurhaus bouwt.

Zomergasten

De villawijk is vernoemd naar de ontwikkelingsmaatschappij Societé Hollande-Belge en heet aanvankelijk Hollandsch-Belgisch Park. In 1899 wordt de naam afgekort tot Belgisch Park. De eerste villa's zijn bedoeld voor tijdelijke bewoning, de vrijstaande huizen worden in de zomermaanden verhuurd. In het park strijken veel kunstenaars neer die hun schildersspullen meenemen naar het strand van Scheveningen. Het rustige vissersdorpje aan zee is tegen het einde van de 19e eeuw sterk in opkomst als badplaats. Overal wordt gebouwd. Cambier heeft het Belgisch Park niet voor niets op enkele kilometers van het strand laten aanleggen. Hij hoopt dat de bewoners veelvuldig gebruik zullen maken van de tramlijn, die zijn bedrijf tussen Den Haag en Scheveningen heeft aangelegd. Hoe meer dagjesmensen naar het badhuis gaan of het strand bezoeken, des te meer inkomsten voor de Société Anonyme des Tramways de la Haye.

Architectonische hoogstandjes

De 31-jarige architect Koch geeft met het ontwerp van de monumentale stadsvilla aan de Badhuisweg zijn vistekaartje af. Het pand wordt gebouwd in een eclectische mix van neorenaissance en art nouveau. Koch is als architect ook verantwoordelijk voor het ontwerp van de renbaan Duindigt en elf koffiehuizen in chalet-stijl, die langs de tramlijn van Den Haag naar Wassenaar komen te staan.

Net als Frederik Koch drukken ook andere architecten, zoals Willem Liefland (bekend van zijn ontwerp voor de oude Pier in Scheveningen) en Herman Wesstra, hun stempel op het Belgisch Park. Veel villa's in de Haagse wijk zijn gebouwd in een overgangsstijl, met neostijlen die teruggrijpen op de architectuur uit het verleden gecombineerd met moderne elementen als art nouveau en jugendstil. Het Belgisch Park geeft door zijn verscheidenheid aan stijlen een indruk van de Nederlandse architectuur van het einde van de 19e eeuw en het begin van de 20e eeuw.

Op 7 oktober 2010 wordt in Madurodam in Den Haag, op een steenworp afstand van het Antillenhuis, KLM-huisje #91 onthuld. President-directeur Peter Hartman van KLM overhandigt de eerste exemplaren aan de gevolgmachtigde minister Marcel van der Plank en Jozias van Aartsen, burgemeester van Den Haag. Op hetzelfde moment krijgen op Curaçao mr. Frits Goedgedrag, de laatste gouverneur van de Nederlandse Antillen, en Emily de Jongh-Elhage, de laatste minister-president, ook een Delfts blauwe replica van het Haagse Antillenhuis.

Antilliaans trefpunt

De villa aan de Badhuisweg 175 wordt vanaf 1895 door verschillende families bewoond en het doet dienst als pension. Op enig moment maakt het pand ook deel uit van hotel Brug. In 1955 is de Antilliaanse overheid in Den Haag op zoek naar een eigen residentie, zodat de gevolgmachtigde minister vanuit dit kantoor de Nederlandse Antillen kan vertegenwoordigen. De eilanden Curaçao, Aruba, Sint Maarten, Bonaire, Saba en Sint Eustatius hebben zich kort daarvoor – op 15 december 1954 – verenigd als zelfstandig land binnen het Konink-

De nationale vlag van Curaçao.

rijk der Nederlanden. De Arubaanse minister van justitie, Wim Lampe, is de eerste bewindsman die namens de Nederlandse Antillen in Den Haag resideert. Het pand op de Badhuisweg wordt met een cocktailparty in 1956 in gebruik genomen en groeit uit tot een trefpunt van Antillianen in Nederland. In 1959 wordt het huis ernaast gekocht, als ambtswoning voor de Antilliaanse 'ambassadeur'.

Ambassade Curaçao

In 1986 treedt Aruba als eerste van de zes Nederlands-Caribische eilanden uit het samenwerkingsverband en wordt een zelfstandig land binnen het Koninkrijk der Nederlanden. Curaçao en Sint Maarten zetten op 10 oktober 2010 dezelfde stap. De officiële ceremonie wordt in de hoofdstad Willemstad bijgewoond door prins Willem Alexander en prinses Máxima. De overgebleven drie Caribische eilanden (Bonaire, Sint Eustatius en Saba) zijn vanaf dat moment bijzondere gemeenten van Nederland. Het land Nederlandse Antillen bestaat vanaf dat moment niet meer.

Twee dagen voor de verzelfstandiging van Curaçao en Sint Maarten is bij het Antillenhuis in Den Haag voor de laatste keer de Antilliaanse vlag gestreken. Met deze symbolische daad neemt Marcel van der Plank, de laatste gevolmachtigde minister, alvast afscheid. Het pand wordt na de overdracht de residentie van het kabinet van de gevolmachtigde minister van Curaçao. Sindsdien wappert aan de Badhuisweg de blauw-gele vlag van het eiland.

Brink 55, Deventer

Deventer is een van de oudste steden van Nederland. Door zijn strategische ligging aan de IJssel, met een directe verbinding naar de Noordzee en de Oostzee, wordt de havenstad in de middeleeuwen rijk en machtig.

Deventer sluit zich in 1391 aan bij een netwerk van Hanzesteden in Duitsland, Nederland, België, Engeland, Scandinavië, Polen, de Baltische Staten en Rusland. Zo'n tweehonderd steden werken sinds de oprichting van het Hanzeverbond samen om de handel te stimuleren. Hun inwoners mogen op elkaars markten goederen verkopen, er worden prijsafspraken gemaakt en handelaren krijgen het recht in buitenlandse steden eigen pakhuizen te openen. Het Hanzeverbond is een soort voorloper van de Europese Unie.

```
1500        1600        1700        1800        1900        2000
```

Handelaar Herbert Dapper koopt in 1567 op de Brink in Deventer een houten huis, pal naast de Waag. Het pand is dan al bijna 150 jaar oud, blijkt uit oude documenten. Dat Herbert Dapper juist op deze plek een huis kan kopen, is een lot uit de loterij. De jaarmarkten worden precies voor zijn deur gehouden, en het krioelt er van de buitenlandse handelaren. Voor Herbert Dapper is het een geweldige kans om nieuwe handelscontacten aan te knopen. Ook de inwoners van Deventer en boeren uit de omgeving genieten van de jaarmarkten. Gladde kwakzalvers proberen er met mooie praatjes klanten te lokken en bij de Waag vertonen straatartiesten uit verre landen hun kunsten. Het huis dat Herbert Dapper op de openbare veiling van 21 augustus 1567 koopt, is van Gerrit Saelmaker. Waarom hij zijn woning heeft laten veilen en hoeveel geld Dapper ervoor heeft betaald, is niet bekend. Een jaar later trouwt Herbert Dapper met Christina von Raesfeld, ze is een verre nazaat van keizer Karel de Grote. Het jonge echtpaar gaat op de Brink wonen en krijgt binnen enkele jaren twee kinderen.

Pronkgevel De Drie Haringen hoogtepunt van Vlaamse renaissance in Nederland

Het wapen van het Bergenvaardersgilde,
met een gekroonde stokvis en een adelaar.

Het Bergenvaardersgilde

Herbert Dapper wordt in 1572 lid van
het Bergenvaardersgilde, het belangrijkste
gilde van Deventer. Net als zijn collega-
handelaren vaart hij regelmatig met een
schip vol wollen stoffen, wijn en zout naar
de Noorse Hanzestad Bergen. Op de terugweg neemt hij gedroogde stokvis, hout,
graan, vlas, bijenhoning en bont mee.

Gebrandschilderde ruit met het wapen van het
Bergenvaardersgilde, circa 1630.

__ 'De stokvissen' _____

Het Noorse Bergen is in de 15e en 16e eeuw
vooral bekend om de handel in stokvis.
Omdat een aantal Deventer handelaren bijna
permanent in Bergen woont, krijgen deze
mannen thuis al snel de bijnaam 'de stokvis-
sen'. Gaandeweg wordt het een geuzennaam
voor alle inwoners van Deventer.

'Schone' haring

Herbert Dapper wordt dankzij de Bergenvaart een rijk man.
Naderhand verlegt hij zijn activiteiten van Noorwegen naar
Zweden. Het schiereiland
Skåne (Schonen) is in de
16e eeuw het centrum
van de Europese haring-
handel. Om hier handel te
mogen drijven, moet Her-
bert Dapper eerst lid worden
van het Schonenvaarders-
gilde. Binnen het gilde klimt
hij al snel op en zijn woning op de
Brink doet zelfs enige tijd dienst
als gildekantoor. Maar zo lang-
zamerhand past het houten
huis niet meer bij zijn status.
Dapper laat daarom het hoekpand
compleet verbouwen. Het wordt een
woonhuis, kantoor en pakhuis, allemaal onder één dak.

Vlaams renaissance

Het oude huis wordt in 1575 volledig gestript, alleen het houtskelet blijft staan. De verweerde planken worden vervangen door stenen muren van gebakken rivierklei. De onderste verdieping krijgt een sobere laatgotische stijl, met een luifel. De

top van de voorgevel is geïnspireerd op de Vlaamse renaissance, met natuurstenen banden en opvallende geschubde blokken. Samen met de klassieke pilasters en het kleine fronton in de top worden deze elementen door bouwhistorici tegenwoordig gezien als een vroeg voorbeeld van het Hollands maniërisme.

Symbolische tekens

Op twee verdiepingen zitten aan de pronkgevel cartouches met een afbeelding van de heilige maagd Maria. Aan haar voeten ligt een assortiment vruchten, als teken van overdaad en vergankelijkheid. Hoog aan de gevel houden twee stenen leeuwen een wapenschild in hun klauwen, met daarop een eenkoppige adelaar. Deze roofvogel komt niet alleen voor in het stadswapen van Deventer maar zit ook in het wapen van het Bergenvaardersgilde. Over de naam van het pand bestaat geen twijfel. Herbert Dapper noemt zijn koopmanshuis 'In di drie vergulde herenck', zo blijkt uit een gevelsteen. Daarmee verwijst Dapper naar het Schonenvaardersgilde, die drie gekroonde haringen in haar wapen voert.

Een onbekend merkteken

Uit het rolwerk (bandvormige krullen) en de ornamenten aan de verhoogde halsgevel blijkt de invloed van de beroemde 16ᵉ-eeuwse Antwerpse architect Hans Vredeman de Vries. Maar het is niet waarschijn-

lijk dat hij ook de bouwer van het huis is. In de geveltop zit namelijk een merkteken van een onbekende steenhouwer. Van de zandstenen kop in het fronton wordt overigens in Deventer gezegd dat dit het hoofd van Herbert Dapper moet voorstellen. Maar omdat er geen afbeelding van hem bekend is, is dit niet zeker.

Windkast met draaischijf

De achtergevel van het pand heeft een tuitvorm en is sober gedecoreerd. Net als aan de voorkant zit hier ook een gevelsteen met de naam *'In di drie vergulde herenck'*. Op elk van de zeven verdiepingen aan de achterkant zijn ramen en luiken aangebracht. Dit deel van het huis fungeert als pakhuis. Maar het is opmerkelijk dat de handelswaar juist aan de zijkant van het huis omhoog getakeld moet worden. Aan de rand van het zadeldak staat voor dit doel een windkast, waarachter een draaischijf met een katrol zit om de goederen te kunnen op- en neertakelen.

De eerste waterput

Dat het Herbert Dapper zakelijk voor de wind gaat, blijkt ook uit de waterput die hij in de kelder onder het huis laat maken. Het is de eerste privéwaterput van Deventer en een teken van zijn rijkdom. Maar ook al heeft Dapper zich inmiddels aangesloten bij het Schonenvaardersgilde, hij blijft ook lid van het Bergenvaardersgilde. Hij zet in 1579, 1582 en 1587 met een koggeschip koers naar Noorwegen, om in Bergen onder andere gedroogde stokvis te kopen. In het Rijnland en Westfalen is er veel vraag naar dit type vis.

Deventer is een van de vijf oudste steden van Nederland, in een oorkonde uit 952 wordt al over Deventer als stad gesproken. In Deventer staat niet alleen het oudste stenen huis van Nederland (de Proosdij uit 1130), maar ook het oudste wandelpark (de Worp uit 1699) en de oudste wetenschappelijke bibliotheek (de Atheneumbibliotheek uit 1560).

Na veel protest verdwijnt in 1925 de proefmuur tussen de Waag en De Drie Haringen.

KLM-huisje #92 wordt op 7 oktober 2011 gepresenteerd. Het eerste exemplaar wordt door Harm Kreulen, directeur KLM Nederland, overhandigd aan burgemeester Andries Heidema van Deventer.

Onderpui vernieuwd

Herbert Dapper overlijdt in juni 1596, zijn vrouw Christina sterft zes jaar later. Over de bestemming van het huis en zijn later bewoners is niet veel bekend. Het onderste deel van de voorgevel wordt tussen 1750 en 1900 vernieuwd. De grote luifel aan de voorzijde verdwijnt. De oorspronkelijke vensters en de toegangsdeur worden aan de smaak van die tijd aangepast. Gedurende de 19^e eeuw doet het voormalige woonhuis van Herbert Dapper dienst als kantoor en opslag van bierbrouwerij Heineken. Binnen herinnert er nog maar weinig aan het verleden. Op de zolderverdieping is een mysterieuze afbeelding van een dier op een van de balken een stille getuige uit lang vervlogen tijden.

De Waag op de Brink in Deventer is de oudste waag van Nederland. Het wordt in 1528 gebouwd, in laatgotische stijl. Voordat goederen op de markt verkocht worden, moeten (buitenlandse) handelaren hun koopwaar hier eerst laten wegen. Het is sinds 1913 in gebruik als historisch museum.

Dependance de Waag

In 1917 koopt de gemeente Deventer het monumentale pand, omdat het net als de naastgelegen Waag van grote cultuur-historische waarde is. De Waag doet dan al enkele jaren dienst als museum. Maar men weet nog niet wat er met De Drie Haringen moet gebeuren. In 1926 wordt besloten om van het monument een dependance van het Historisch Museum Deventer te maken. Er gaan zelfs stemmen op om beide panden met elkaar te verbinden door middel van een tunnel en een muur. Om te kijken hoe deze muur eruitziet, wordt op de Brink een tijdelijk bouwwerk geplaatst, met een poort. Maar de kritiek is niet van de lucht. De muur wordt snel weer afgebroken.

Aan de muur van de Waag hangt een koperen ketel, waarin valsmunters als straf met kokende olie worden overgoten. Het eerste slachtoffer is in 1434 de muntmeester van de heer van Batenburg. De man wordt opgepakt omdat hij vals geld in omloop heeft gebracht. Of de muntmeester zijn straf heeft overleefd, vertelt het verhaal niet. De ketel hangt sinds de 15^e eeuw als waarschuwing aan de gevel. De soldaten van Napoleon zijn in 1809 verantwoordelijk voor de kogelgaten.

Op 8 januari 2011 wordt aan de monumentale gevel een uithangbord onthuld, naar een ontwerp van vormgever Evelien Verkerk. De handelaar Herbert Dapper laat het monumentale pand in 1575 bouwen. De drie gekroonde haringen vormen het wapen van het Schonenvaardersgilde. Het koggeschip verwijst naar de handelsreizen van Dapper en hij is de eerste die in Deventer een waterput onder zijn huis laat aanleggen.

Speelgoedmuseum

In 1929 trekt het ministerie van Onderwijs, Kunsten en Wetenschappen 7000 gulden uit voor de restauratie van de Waag en De Drie Haringen. Het jaar daarop wordt het interieur van het 16^e-eeuwse woonhuis flink verbouwd. Achter de renaissancegevel komt een smalle hal van maar liefst twee verdiepingen hoog, met daarachter diverse vertrekken. Het koopmanshuis van Herbert Dapper wordt ingericht met historische meubels en curiosa uit de collectie van het museum.

In de vijftiger en zestiger jaren van de 20^e eeuw worden er in de kelder onder De Drie Haringen historische bouwfragmenten van elders uit de stad opgeslagen. Er liggen onder andere delen van de afgebroken Vispoort en ornamenten van de Lebuïnuskerk.

In 1967 wordt De Drie Haringen ingericht als Speelgoed- en Blikmuseum. De alsmaar groeiende collectie wordt in 1982 samengevoegd met een collectie mechanisch speelgoed in een nieuw museum op de Brink. De VVV neemt het jaar daarop tijdelijk zijn intrek in De Drie Haringen; de bovenverdiepingen fungeren tot op de dag van vandaag als museumdepot.

Rapenburg 19, Leiden

De streng katholieke Spaanse koning Filips II heerst in de tweede helft van de 16ᵉ eeuw als een tiran over zijn Europese Rijk. Het volk komt in opstand en er breken in de Noordelijke Nederlanden rellen uit.Met de heksenjacht op protestanten begint in 1568 de Tachtigjarige Oorlog.

Prins Willem van Oranje is op dat moment stadhouder namens Filips II. Maar als bestuurder van Holland, Zeeland en Utrecht kan hij de wreedheden niet langer aanzien en hij keert zich tegen de Spaanse koning. De Leidse advocaat Paulus Buys is een vertrouweling van de prins, hij steunt Willem van Oranje door dik en dun.

| 1500 | 1600 | 1700 | 1800 | 1900 | 2000 |

Hoe goed hun band is, blijkt wel als Buys op 6 juni 1573 tijdelijk wordt benoemd als plaatsvervanger van Willem van Oranje, mocht hem bij de strijd tegen de Spaanse legers iets overkomen. Paulus Buys woont op dat moment in Leiden, aan het deftige Rapenburg. Hier, op nummer 19, staan oorspronkelijk vier huizen die al vóór 1530 zijn samengevoegd tot een groot pand. Buys is de eerste van één lange rij beroemde bewoners. Hij geeft als pensionaris van de stadsregering juridisch advies aan de regenten van Leiden en hij vertegenwoordigt hen bij rechtszaken.

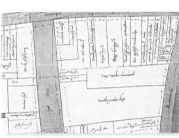

Paulus Buys koopt diverse panden aan het Rapenburg. Hij is onder andere eigenaar van het perceel dat tot de Oude Varkenmarkt doorloopt en bezit van een kwart van het huizenblok tussen het Noordeinde en de Groenhazengracht.

'Ik zal Japan niet eerder verlaten dan nadat ik een uitvoerige beschrijving van het land heb gemaakt'

De steenrijke koopman Daniel van der Meulen woont vanaf 1592 aan het Rapenburg.

Jonkvrouw Hester della Faille staat er na de dood van haar man in 1600 alleen voor. De opvoeding van hun negen kinderen valt haar zwaar.

De portretten van Daniel van der Meulen en Hester della Faille zijn in 1583 geschilderd, vermoedelijk door de Vlaamse meester Bernaert de Rijckere.

De goudkust van Leiden

Voor het huis op Rapenburg 19 betaalt Paulus Buys zo'n 900 gulden, dat is drie keer het jaarsalaris dat hij in Leiden verdient. En het blijft niet bij dit ene pand, want als belegging koopt hij nog een aantal huizen aan de Leidse goudkust. Dankzij handige investeringen wordt Paulus Buys ten slotte een van de rijkste inwoners van Leiden. In 1592 verkoopt hij zijn bezit voor 6400 gulden aan de uit Antwerpen afkomstige Daniel van der Meulen. De steenrijke koopman is dan net getrouwd met Hester della Faille, een jonkvrouw uit een oud, adellijk Belgisch geslacht. De protestantse Hester is net als haar man naar het noorden gevlucht, om te ontsnappen aan de Spaanse inquisitie.

Een wereldimperium

Daniel van der Meulen verovert vanuit Leiden de hele wereld. Scheepsladingen linnen, wol, brandewijn, olijfolie, gember, specerijen, zeep, spiegels, metaal, haring en dierenhuiden vinden hun weg naar steden in West-Europa, aan de Oostzee, rond de Middellandse Zee, aan de Afrikaanse westkust, in Oost- en West-Indië en Brazilië. Met zijn broer Andries en een zwager runt de bewoner van Rapenburg 19 ook nog De Nieuwe Napelsche Compagnie. De mannen exporteren met veel succes graan naar Italië, waar tegen het einde van de eeuw hongersnood heerst.

Het laatste nieuws

Door zijn internationale contacten is Daniel van der Meulen goed op de hoogte van het laatste nieuws. Hij wordt door collega's geroemd om zijn kennis, en niet zelden doet men een beroep op zijn netwerk. De Franse ambassadeur is bij hem kind aan huis. Hij komt vaak op het Rapenburg boeken lenen, want de Leidse koopman heeft via zijn buitenlandse contacten een interessante bibliotheek opgebouwd. De unieke collectie bestaat uit zo'n 1200 boeken over uiteenlopende onderwerpen. Een andere attractie zijn de vijf kamers met goudleerbehang. De kostbare wandbekleding heeft Van der Meulen uit Spanje geïmporteerd. Het behang is tot dan toe nauwelijks bekend in de noordelijke Nederlanden.

Slachtoffer van de pest

Tijdens hun huwelijk bevalt Hester della Faille bijna elk jaar van een zoon of dochter. Ook al is hun huis voor Leidse begrippen niet klein, het gezin heeft een chronisch gebrek aan ruimte. Gelukkig krijgt Daniel van der Meulen in 1596 de kans om het ernaast gelegen pand op nummer 21 te kopen. Hij betaalt zijn buurman 2750 gulden. De uit Gent afkomstige architect Lieven de Key krijgt de opdracht om de twee huizen tot een geheel te maken, met als doel *'een heerlic gebouw ter eere ende tot verchieringe van deser stede'*. Zelf kan Van der Meulen niet lang van zijn nieuwe 'stadspaleisje' genieten. In Leiden waart in het voorjaar van 1600 de pest rond en hij overlijdt na een kort ziekbed. De markante koopman wordt slechts 45 jaar oud.

Achtergevel van Rapenburg 19 met de wapens
van de families Paets en Van Beveren.

Rijnsburch van
Beveren, echtgenote
van Willem Paets. Ze
overlijdt net als haar
man in 1669 aan een
mysterieuze ziekte.

Mr. Willem Paets, burgemeester van Leiden.
Hij woont van 1634 tot zijn dood aan het Rapenburg.

Rijk maar ongelukkig

Hester della Faille zit na de dood van
haar man in zak en as. Ze moet negen kinderen, in de leeftijd van één tot vijftien jaar,
opvoeden. Financieel hoeft ze zich gelukkig geen zorgen te maken. De bezittingen
van Daniel van der Meulen zijn maar liefst
120.000 gulden waard. De weduwe krijgt
weinig tijd om te rouwen. Haar 12-jarige
dochter klaagt over hoofdpijn en gloeit
van de koorts. Uit voorzorg stuurt Hester

haar andere kinderen naar familie in
Utrecht, want ze vermoedt dat het meisje
ook besmet is. Drie weken later sterft haar
dochter inderdaad aan de pest. '*Ick can my
niet troosten in dit cruijs dat my God toesent*',
zo schrijft Hester over deze nieuwe beproe-
ving.

Lakzegel met het
wapen van de
familie Paets.

Hollands classicisme

Nadat de meeste van haar kinderen volwassen zijn, verkoopt Hester della Faille als
eerste het buurhuis Rapenburg 21. In 1634
neemt ze definitief afscheid van Leiden en
verhuist naar Den Haag. Het herenhuis op
nummer 19 wordt voor 23.800 gulden verkocht aan mr. Willem Paets, burgemeester
van Leiden. Hij laat het monumentale pand
grondig verbouwen, voordat hij er met
zijn echtgenote jonkvrouw Rijnsburch van
Beveren intrekt. Er komt een L-vormige
vleugel rond de binnenplaats en de achtergevel wordt in Hollands classicistische stijl
opgetrokken. In het timpaan worden de
alliantiewapens van de families Paets en
Van Beveren afgebeeld.

KLM-huisje #93 wordt op maandag 8 oktober 2012 onthuld. Het is het vierde KLM-huisje binnen de stadsgrenzen van Leiden.

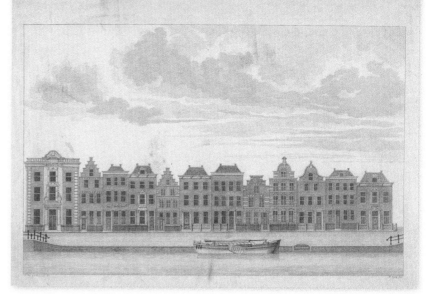

Kopergravure *Het Rapenburg met boot*, Daniël Vrijdag (18e eeuw).

Een dodelijke epidemie

In 1669 wordt Leiden getroffen door een onbekende epidemie die duizenden slachtoffers maakt. Het drinken van '*brack, stinckent water en het bier daeruit gebrouwen*' blijkt de oorzaak. Ook de bewoners van Rapenburg 19 worden doodziek. Rijnsburch van Beveren is een van de eerste slachtoffers die aan de mysterieuze ziekte overlijdt, acht dagen later bezwijkt haar man. Nadat het echtpaar is begraven, maken hun drie kinderen de gang naar de notaris. De afwikkeling van de erfenis neemt veel tijd in beslag. Rapenburg 19 wordt getaxeerd op 30.000 gulden. Uiteindelijk gaat Jacob Paets, de jongste zoon, in het ouderlijk huis wonen.

Het tuinfeest bij de familie Paets wordt in 1677 geschilderd door Jan Steen. Hij maakt het doek ter gelegenheid van een verloving. Op de achtergrond is de achtergevel van Rapenburg 19 te zien. Op het kussentje links staat het wapen van de familie Paets. De pauwen op het bordes zijn een teken van eeuwige trouw, de bellenblazende kinderen op de trap verwijzen naar het prille geluk. Het schilderij wordt op de European Fine Art in Maastricht in 1989 voor 2 miljoen gulden te koop aangeboden.

Op een van zijn buitenlandse reizen maakt Johan Meerman kennis met het werk van de Engelse societyarchitect James Wyatt. De beroemde Engelsman ontwerpt voor het huis in Leiden in 1788 een stijlvol stucplafond. Het heeft de allure van 'koninklijke pracht en smaak', zoals Johan Meerman dat in Engeland heeft gezien.

Een nieuw uiterlijk

Als Jacob Paets in 1709 overlijdt, blijft Rapenburg 19 nog één generatie in het bezit van de familie. Willem Paets Jacobsz, de kleinzoon van de vroegere burgemeester van Leiden, neemt als laatste telg zijn intrek in het pand. Na zijn dood wordt het huis in 1752 voor 18.100 gulden verkocht aan Johannes van Bergen van der Grijp.

Deze koopman heeft jarenlang in Oost-Indië gewoond en is net teruggekeerd in zijn geboortestad Leiden. Van Bergen van der Grijp laat het huis compleet verbouwen. Rapenburg 19 krijgt daardoor zijn huidige uiterlijk, met aan de grachtzijde een hoge lijstgevel met barokke ornamenten en een bordes. Na het overlijden van Johannes van Bergen van der Grijp wordt het huis in 1784 eigendom van de stadspensionaris Gijsbert van Staveren.

Johan Meerman
(1753-1815).

Anna Cornelia Mollerus
(1749-1821).

Geld moet rollen

Van Staveren wordt voor 19.200 gulden de nieuwe eigenaar. Vier jaar later blijkt dat hij met de aankoop een geweldige belegging heeft gedaan. Johan Meerman, een jonge, reislustige advocaat en een gepassioneerd verzamelaar van boeken, heeft zijn zinnen gezet op Rapenburg 19. Geld speelt geen rol, want na het overlijden van diens vader heeft hij een fortuin geërfd. Meerman betaalt uiteindelijk 30.000 gulden voor het huis. Gijsbert van Staveren maakt dus in vier jaar tijd een winst van maar liefst 10.000 gulden!

Een erudiete cosmopoliet

De nieuwe bewoner is niet de eerste de beste. Als kind valt Johan Meerman op door zijn intelligentie en nieuwsgierige aard. Hij vertaalt op zijn tiende al een blijspel van Molière, dat ook nog wordt uitgegeven. Vier jaar later gaat het wonderkind rechten studeren aan de universiteit van Leipzig. Johan Meerman voltooit uiteindelijk zijn studie in Leiden en reist daarna maandenlang door Europa, waar hij kennis maakt met een groot aantal geleerden en kunstenaars. Drie jaar voordat hij aan het Rapenburg gaat wonen, trouwt hij met de dichteres Anna Cornelia Mollerus. Johan Meerman wordt schepen van Leiden. Hij neemt zitting in de Provinciale Rekenkamer en is afgevaardigde in de Staten van Holland.

Avonturen van een bibliofiel

Tijdens de Bataafse Revolutie wordt door ontevreden burgers afgerekend met het ancien régime. Johan Meerman behoort tot het establishment en in 1795 wordt hij daarom uit zijn ambt gezet. Nu hij zeeën van tijd heeft, maakt hij met Anna een avontuurlijke reis door Denemarken, Zweden, Rusland, Polen en Pruisen. Het echtpaar trekt jarenlang van de ene naar de andere stad. De Leidse advocaat is verslaafd aan lezen. Tijdens hun reis bezoekt het echtpaar maar liefst zestig bibliotheken, die Johan Meerman in zijn dagboeken recenseert. Onderweg doorstaat het echtpaar ijzige kou, modderwegen, ongelukken met hun koets en personeel dat hen in de steek laat. Tot overmaat van ramp wordt Johan Meerman ook nog ziek, waardoor het echtpaar langdurig in Moskou moet blijven. Pas in september 1800 keren Johan Meerman en Anna Mollerus via Warschau en Duitsland terug naar Leiden.

Het Koninklijk Museum

De revolutie in de noordelijke Nederlanden is met de komst van de Fransen in een rustiger vaarwater beland. Napoleon Bonaparte heeft zich over de Republiek ontfermd en er een vazalstaat van gemaakt. Om de schijn van zelfstandigheid te wekken roept de keizer in 1806 het Koninkrijk Holland uit. Maar hij zet wel zijn broer Lodewijk Napoleon op de troon! Johan Meerman wordt door de nieuwe koning benoemd tot directeur-generaal van Wetenschappen en Kunsten. Hij stort zich als erkend bibliofiel met hart en ziel op de uitbreiding van de Koninklijke Bibliotheek. In enkele jaren tijd ziet de gerenommeerde bibliotheek haar collectie vertienvoudigen.

Meerman is in zijn functie ook verantwoordelijk voor het pas geopende Koninklijk Museum, de voorloper van het Rijksmuseum. Hij beheert namens Lodewijk Napoleon het aankoopbudget. Johan Meerman zorgt ervoor dat twee belangrijke particuliere verzamelingen met topstukken van 17e-eeuwse meesters worden aangekocht.

Johan Meerman laat zich in 1812 in Parijs portretteren door Robert Lefèvre, een schilder die diverse personen uit de entourage van Napoleon vereeuwigde.

Philipp von Siebold als jonge arts in dienst van het Nederlandse leger.

Philipp von Siebold met zijn medestudenten in 1815.
Hij studeert medicijnen in het Duitse Würzburg.

In dienst van de keizer

Ondertussen is Napoleon Bonaparte ontevreden over de manier waarop zijn broer het Koninkrijk Holland leidt. Hij ontslaat de koning, het land wordt een departement van zijn immense Keizerrijk. Johan Meerman verhuist onder druk van Napoleon tegen wil en dank naar Parijs, waar hij als een van de zes Hollandse leden toetreedt tot de Franse Senaat. Rapenburg 19 in Leiden staat vanaf dat moment leeg en het pand wordt verhuurd. Pas na de val van Napoleon keren Johan Meerman en zijn vrouw definitief terug naar Nederland. Hij overlijdt als stateloos burger in 1815. Rapenburg 19 wordt door de weduwe in 1822 verkocht, voor 14.050 gulden.

De nieuwe eigenaresse is Adriana de Witt. Ze is net als Anna Mollerus weduwe en woont tot 1832 aan het Rapenburg, daarna verhuist ze naar Haarlem en verhuurt het huis. Met Philipp Franz Balthasar von Siebold krijgt het opnieuw een bijzondere bewoner.

Pionieren in Japan

Philipp von Siebold komt uit een familie van artsen. Na zijn studie medicijnen treedt hij in 1822 in dienst van het Nederlandse leger. Von Siebold krijgt een baan als chirurgijn-majoor in Indië, waar hij verantwoordelijk wordt voor de gezondheid van de Nederlandse troepen. De jonge arts werkt nog maar enkele maanden in Batavia, als hij door de gouverneur naar Japan wordt uitgezonden. Dat land is vrijwel afgesloten van de rest van de wereld. Buitenlanders mogen op bevel van de shogun Japan niet in, de enige contacten met westerlingen beperken zich tot een Nederlandse handelspost op een eilandje voor de kust van Nagasaki. Het verblijf van Philipp von Siebold op Deshima zal van grote betekenis blijken voor zowel Japan als Nederland.

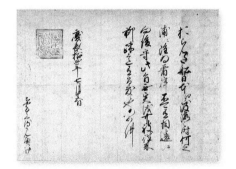

Met deze handelspas geeft de shogun de Nederlanders toestemming om handel te drijven met Japan.

_ Bekeringsdrift _

Japan is tot de 19e eeuw een gesloten gemeenschap omdat eerdere contacten met buitenlanders tot onrust hebben geleid. Portugese handelaren zijn in 1543 de eerste westerlingen die in Japan voet aan wal zetten. Maar in hun kielzog reizen er priesters mee die de Japanners proberen te bekeren. De shōgun sluit daarom in 1639 de grenzen. De Nederlanders krijgen daarna het exclusieve recht om handel te drijven met Japan. Pas in 1853 gaan de grenzen voorzichtig open.

De baai van Nagasaki, geschilderd door Kawahara Keiga (eerste helft 19e eeuw).
Links naast de schepen van de VOC ligt het kunstmatige eiland Deshima.

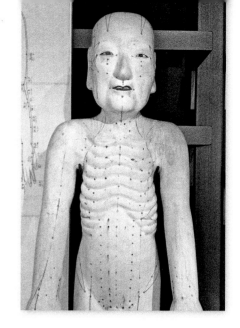

Plattegrond van Deshima, het schiereiland voor de kust van Nagasaki.

De Vereenigde Oostindische Compagnie mag twaalf keer per jaar een handelsreis naar Japan maken. Op de terugweg nemen de schepen goud, zilver en koper mee. Philipp von Siebold komt op 23 augustus 1823 aan op Deshima. Op het kunstmatige schiereilandje staan elf huizen voor de Nederlandse ambtenaren en hun Maleise bedienden, en een aantal pakhuizen. De bewoners mogen zonder vergunning niet naar het vaste land van Nagasaki. Andersom kunnen de Japanners het eiland ook niet bezoeken, tenzij ze tolk of prostituee zijn.

Aanleg unieke collectie

Philipp von Siebold wint als arts al snel het vertrouwen van de bewakers. Hij krijgt een pas om bij medische noodgevallen naar Nagasaki te mogen reizen. De Japanse artsen op het vasteland zijn onder de indruk van zijn kennis van de westerse geneeskunde en hangen aan zijn lippen. Studenten geneeskunde doen zich zelfs voor als tolk om in het geheim op Deshima colleges van Philipp von Siebold te volgen. De 26-jarige arts raakt op zijn beurt gefascineerd door de Japanse

cultuur. Zijn studenten helpen bij het opbouwen van een collectie gebruiksvoorwerpen en kunst, die hij in grote kisten naar Nederland stuurt. Von Siebold doet ook onderzoek naar de flora en fauna van Japan en verzamelt gedroogde bloemen, planten en zaden. Hij neemt zich voor om Japan niet eerder te verlaten dan nadat hij *'een uitvoerige beschrijving van het land heeft gemaakt voor een Japans museum en alle mogelijke flora bijeen heeft vergaard'*.

Bij zijn verbanning in 1829 moet Philipp von Siebold zijn geliefde Kusumoto Otaksa en hun 2-jarige dochtertje Oine in Japan achterlaten.

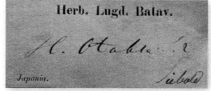

Philipp von Siebold geeft deze hortensia de Latijnse naam Hydrangea Otaksa. De bloem is vernoemd naar zijn Japanse vrouw Otaksa en is het symbool van de stad Nagasaki.

Sakura, het hondje dat Philipp von Siebold uit Deshima meeneemt naar Leiden. Het dier is na zijn dood opgezet en maakt deel uit van de museumcollectie.

Verdacht van spionage

Nadat hij vijf jaar op Deshima heeft gewoond, maakt Philipp von Siebold plannen om terug te keren naar Nederland. Maar in zijn bagage bevinden zich in het geheim gemaakte landkaarten, die de Japanse bewakers bij toeval ontdekken. Von Siebold wordt gearresteerd en verdacht van spionage. Na bijna een jaar lang gevangen te hebben gezeten, wordt hij verbannen. Philipp von Siebold mag zijn unieke collectie voorwerpen, de uitgebreide verzameling flora en (opgezette) fauna en zijn hondje Sakura meenemen. Hij reist via Batavia naar Leiden, waar hij in 1832 aan de naslagwerken levenswerk Nippon (Flora Japonica, Fauna Japonica, en Biblioteca Japonica) gaat werken.

Philipp von Siebold huurt aanvankelijk enkele kamers aan het Rapenburg 19, voor hem en zijn twee dienstbodes. Hij wil er zijn etnografische verzameling voor het publiek toegankelijk maken. Gedurende zijn verblijf in Japan heeft Von Siebold maar liefst 5000 objecten en 2000 zaden verzameld, 12.000 gedroogde bloemen en ruim 7000 (opgezette) dieren. Koning Willem II koopt de enorme collectie aan, voor ongeveer 60.000 gulden. Met de eerste aanbetaling kan von Siebold in 1836 Rapenburg 19 aanschaffen, voor 13.000 gulden. De begane grond van het monumentale pand verhuurt hij aan de studentenvereniging Minerva, die het als sociëteit gebruikt.

Philipp Franz von Siebold wordt in 1842 door koning Willem II in de adelstand verheven en is vanaf dat moment jonkheer.

De Japanse Lelie wordt door Philipp von Siebold in 1831 in Europa geïntroduceerd.

417

Japansch Museum

Op de eerste verdieping opent Philipp von Siebold in 1836 zijn Japansch Museum. Het zijn niet de minste bezoekers die de uitzonderlijke collectie komen bekijken; naast veel wetenschappers komen ook koning Willem II, de Russische tsaar Alexander II en de Pruisissche koning Friedrich Wilhelm IV een kijkje nemen. De hoge gasten zijn overigens ook onder de indruk van het brutale Japanse aapje, dat Von Siebold eerder als souvenir heeft meegenomen. Het dier zit in de achtertuin aan een boom gebonden. In de tuin groeien ook de uit Japan meegebracht zaden van de hortensia, Japanse lelie, azalea en blauwe regen. De soorten zijn tot dan toe nog onbekend in Europa.

Recht aan Het Rapenburg

Vanaf 1845 verhuurt von Siebold het huis aan Caspar George Carel Reinwardt, een hoogleraar in de botanie. De etnografische verzameling van Philipp von Siebold wordt wegens ruimtegebrek elders ondergebracht. Twee jaar later koopt Reinwardt het huis voor 14.000 gulden. Hij blijft er met zijn vrouw tot zijn dood in 1854 wonen. De uit Antwerpen afkomstige Petrus de Raadt wordt de volgende eigenaar, hij gaat er niet zelf wonen maar verhuurt de kamers. In 1862 komt het monumentale pand in het bezit van de Nederlandse staat. Daarna is het tot 2000 in gebruik als Kantongerecht. Nadat de rechtbank is verhuisd naar een nieuw onderkomen, worden er aan het Rapenburg grote plannen gemaakt …

Van 1863 tot 2000 is het Kantongerecht gevestigd op Rapenburg 19.

Bij het staatsbezoek van keizer Akihito en zijn vrouw aan Nederland brengt het keizerlijk paar op 25 mei 2000 een bezoek aan het Japanmuseum SieboldHuis. Op straat maken ze spontaan een praatje met enkele studenten, wat heel ongewoon is in Japan. Het keizerlijk paar biedt het museum als geschenk een vaas aan, met de 'kiku no gomon' (de keizerlijke chrysant).

Bezoek Japanse keizer

In 2000 is het precies vierhonderd jaar geleden dat het VOC-galjoen De Liefde als eerste Nederlandse schip Japan bereikt. Ter gelegenheid daarvan worden in 2000 vierhonderd jaar handelsbetrekkingen met Japan gevierd. Een onderdeel van de festiviteiten is een tijdelijke tentoonstelling, in het voormalige woonhuis van Philipp von Siebold. De 19^e-eeuwse arts blijkt in Japan na al die eeuwen nog steeds een van de meest beroemde westerlingen. Ter gelegenheid van de herdenkingsjaar brengen de Japanse keizer Akihito en keizerin Michiko een bezoek aan Leiden. De tentoonstelling is een overweldigend succes en de plannen voor een permanent muzeum krijgen definitief vorm. Na een grondige verbouwing opent het Japanmuseum SieboldHuis in 2005 definitief zijn deuren voor het publiek.

Caspar George Reinwardt, hoogleraar in de botanie.

419

Kogerstraat 1, Den Burg, Texel

Op kerstavond 1593 liggen bij de Rede van Texel zo'n 150 handelsschepen, vissersboten en walvisvaarders voor anker. De bemanning wacht al weken voor de kust van Oudeschild op gunstige wind. Er zijn opvallend veel graanschepen bij. Hun lading is bestemd voor Italië, waar hongersnood heerst. Voorlopig vaart de vloot niet uit. Er is een zware storm op komst ...

Zeelui en passagiers die niet aan boord hoeven te blijven, proberen met kerst elders onderdak te vinden. Maar de meeste herbergen en gasthuizen op Texel zitten al vol. Op 24 december 1593 raast een zuidwester storm over het eiland. Een deel van de vloot raakt op drift; 44 schepen vergaan en 1050 opvarenden komen om.

| 1500 | 1600 | 1700 | 1800 | 1900 | 2000 |

Veel huizen op Texel lopen in de kerstnacht stormschade op. De muren zijn vaak van leem en opgestapelde plaggen gemaakt, want hout is schaars. Op Texel groeien (tot 1900) nauwelijks bomen. Voor de bouw van huizen wordt ook wel wrakhout gebruikt.

VLOEDLIJN anno 1590

In het eerste stenen woonhuis op het eiland voelen de bewoners zich beschermd tegen de weergoden. Het staat net buiten Den Burg, op de route naar De Koog. Het huis is in 1591 opgeleverd, zo staat met sierlijke muurankers op de gevel. Pal boven de ingang zit een deur naar de pakzolder, voor het laden en lossen van goederen. Dat de eigenaar een vermogend man is, blijkt onder andere uit de rijke detaillering van de gevel zoals een opvallende fries van baksteen-vlechtwerk.

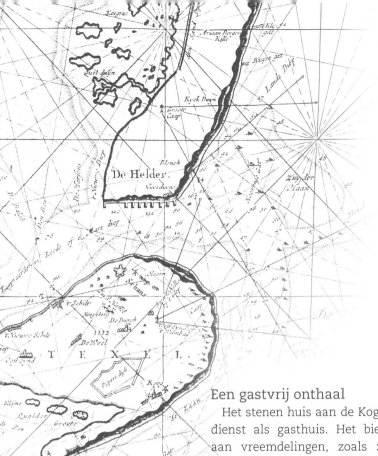

Een gastvrij onthaal

Het stenen huis aan de Kogerstraat doet dienst als gasthuis. Het biedt onderdak aan vreemdelingen, zoals zeelieden en rondtrekkende handelaren. Voor logés zijn er drie bedsteden beschikbaar. De eerste nachten hoeft men volgens goed gebruik niet te betalen voor een slaapplaats. In 1599 krijgt het gasthuis een andere functie. De gelovige eigenaar biedt nu alleen nog onderdak aan eilanders die op zwart zaad zitten. Boven de ingang wordt op de deurkalf een tekst aangebracht: 'Wie zijn oren stopt voor het roepen der armen, God zal hem niet ontfarmen'. De gasten eten in het voorhuis en ze overnachten op zolder. De eigenaar woont zelf in het achterhuis.

Maritiem knooppunt

Den Burg is het grootste van de dorpen op Texel, er wonen tegen het einde van de 16e eeuw 1.568 mensen. De inwoners profiteren van de koopvaarders die, voordat ze naar de landen rond de Oostzee vertrekken, een tussenstop op Texel maken. Ook de schepen van de VOC gaan vanaf 1602 massaal voor anker bij de Rede van Texel. Het eiland groeit daardoor al snel uit tot het belangrijkste maritieme knooppunt van de Noordelijke Nederlanden. In 1604 heeft men in Den Burg voldoende geld verdiend om de kerktoren van een nieuwe spits te voorzien. De oude toren is er namelijk in 1539 afgewaaid en nooit hersteld.

— De Wezenputten

Niet iedereen wordt in het armenhuis bij Den Burg met open armen ontvangen. Kinderen die ongedoopt zijn en waarvan de ouders overlijden, worden opgevangen in het Algemene Weeshuis van Den Burg. Om in hun onderhoud te voorzien, verkopen de regenten water uit de twee putten naast het weeshuis. Een vaatje vers Texels drinkwater kost 10 cent. Het is een lucratieve handel. Het bruine water heeft namelijk een hoog ijzergehalte en is daardoor lang houdbaar. VOC-schepen met bestemming Zuidoost-Azië slaan voor aanvang van hun wereldreis in Den Burg drinkwater in. Pas bij Kaap de Goede Hoop in Zuid Afrika nemen ze opnieuw vers water aan boord.

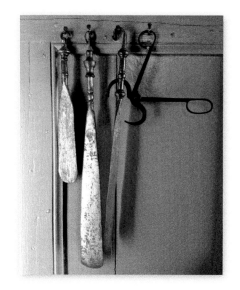

Schuilkerk en oudemannenhuis

Hoelang er in het huis op de Kogerstraat arme mensen, zwervers en drenkelingen worden opgevangen, is niet precies bekend. Het pand wordt door de Doopsgezinde gemeente in de 17e eeuw vermoedelijk gebruikt als schuilkerk, daarna wordt het een oudemannenhuis van de Gereformeerde kerk.

In 1832 koopt boer Cornelis Pietersz. Dijksen het huis op de Kogerstraat. Als zijn vrouw Trijntje drie jaar later overlijdt, is de weduwe Marijtje Dirks van der Werf een grote steun voor hem. Nog geen acht maanden later, op de dag voor kerst, treedt hij daarom met haar in het huwelijk. Het huis op de Kogerstraat wordt in 1837 verruild voor een boerderij in Tienhoven. Handelaar Pieter Gerritsz Bakker wordt de volgende

eigenaar van Kogerstraat 1. Na zijn overlijden komt het pand in 1856 in handen van Pieter Jacobs Boon. Het woonhuis blijft daarna nog bijna een halve eeuw in het bezit van de familie. De schoenmaker Klaas Reijersz Boon is de laatste uit het geslacht, die hier de deur achter zich sluit. De nieuwe eigenaar, de familie Keijser, verhuurt het huis tot 1930.

Storm blaast dak weg

In 1902 gaat Jan Kalis met zijn vrouw Marretje en hun drie kinderen op Kogerstraat 1 wonen. Kalis is toevallig een nazaat van de eerste gasthuisvoogd en hij is koetsier op de diligence. Met zijn gele koets is hij een opvallende verschijning op Texel. In 1908 verhuist het echtpaar Kalis naar een andere woning, het pand wordt verhuurd aan Cornelis Ariesz Koopman, een boerenknecht uit Oudeschild. Eigenaar Johannes Dircksz Keijser verkoopt tenslotte het huis in 1930 voor 6.400 gulden aan de gemeente Den Burg.

De laatste huurders zijn muziekleraar Fransiscus Kassenaar en zijn gezin. Kassenaar is ook pianostemmer en organist van de Doopsgezinde kerk in Den Burg. In 1950 waait bij een storm bijna het dak eraf. Het huis wordt onbewoonbaar verklaard, 'er zit in het dak zo'n groot gat dat de bewoners De Cocksdorp kunnen zien liggen'. Het gezin Kassenaar verhuist daarom naar een pand elders in de Kogerstraat.

De Oudheidkamer

De bekende architect C.W. Royaards krijgt de leiding over de restauratie. Hij voegt diverse historische elementen aan de gevel toe. De deur op de eerste verdieping wordt bijvoorbeeld vervangen door een 17e eeuws kruiskozijn met luiken. Voor het aanbrengen van zeven pilasters op de top worden de resten van de originele bakstenen gebruikt. De indeling binnen blijft ongewijzigd. Na de restauratie wordt het huis niet langer meer verhuurd, maar in gebruik genomen door de Oudheidkamer.

Het kleinste museum van Texel toont aan de hand van stijlkamers met kunst- en gebruiksvoorwerpen hoe mensen in de 19e eeuw op Texel leefden. Op de zolderverdieping is een permanente expositie ingericht over Aagje Luijtsen uit Den Burg. Haar man Harmanus Kikkert is in de 18e eeuw officier van de VOC. Aagje stuurt hem van 1776 tot 1780 tientallen brieven die een goed beeld schetsen van het leven op Texel.

KLM-huisje #94 wordt op maandag 7 oktober 2013 onthuld. Het is de eerste replica van een huis op de Waddeneilanden. De band van KLM met Texel dateert al van 1937. Na de opening van Texel International Airport neemt KLM in dat jaar Texel als nieuwe bestemming op in de zomerdienstregeling.

'Harry Potter' op Texel

Achter het 16e eeuwse gasthuis ligt het kleinste openbare kruidentuintje van Nederland. Apothekers gebruiken vroeger kruiden om medicijnen van te maken. Zeelui kauwen in de 17e eeuw bijvoorbeeld op de blaadjes van de Zwartmoeskervel om te voorkomen dat ze scheurbuik krijgen. Een bijzonder kruid is alruin, of Mandragora officinarum. Het is een pijnstiller, afrodisiacum en zou zweren kunnen genezen. In de boeken van Harry Potter wordt de wortel gebruikt als tegengif van toverdrankjes, om een vloek te breken en mensen die versteend zijn weer tot leven te wekken. De alruinwortel lijkt op een lelijk mannetje. Volgens een oud bijgeloof moet je je oren dichtstoppen bij het plukken, zo hard kan hij gillen. Omdat de kreet dodelijk is, worden er op Zweinstein oorwarmers gedragen.

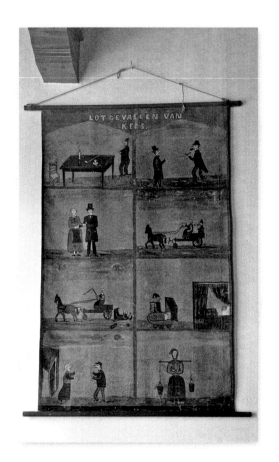

De smartlap van Kees

Arbeider Cornelis (Kees) de Ridder woont in de 19e eeuw in een plaggenhut bij de vuurtoren. Hij is een begrip op Texel omdat hij zeven keer is getrouwd en negentien kinderen krijgt. In 1873 stapt de dan 60-jarige bruidegom voor de laatste keer in het huwelijksbootje, met de 23-jarig Aaltje. Over zijn turbulente liefdesleven is een lied gemaakt, dat bij feesten en partijen wordt gezongen. De lotgevallen staan op een smartlap afgebeeld, het doek hangt in de Oudheidkamer.

6
DELFTS
HOLLAND

DELFT BLUE
Holland
3.

RYNBENDE
DISTILLERIES

RYNBENDE
Distilleries

Blue Delft's
Made for
HENKES
Distilleries
Holland
32

Blue Delft's
exclusively made
for KLM by
BOLS
Royal Distilleries
Holland

D Delft

ROYAL
DELFT BLUE
HOLLAND

RIJNBENDE
DISTILLERIES
HOLLAND

5

RYNBENDE
DISTILLERIES
SCHIEDAM,
HOLLAND

52

Blue Delft's
Made for
BOLS
Royal Distilleries
Holland

Blue Delft's
Made for
BOLS
Royal Distilleries
Holland
33

Namenregister

Bronnenoverzicht en illustratieverantwoording

Onderstaand een overzicht van de bij het schrijven geraadpleegde bronnen en de herkomst van fotomateriaal en andere illustraties.

De auteur en de uitgever hebben getracht alle rechthebbenden van beeldmateriaal te achterhalen. Wie desondanks meent over rechten te beschikken, kan contact opnemen met de uitgever.

The publisher has done its best to trace the sources of the photos and other visual material in this publication. If you consider yourself to be a copyright owner, however, please contact us.

MarkMedia & Art
Entrepotdok 117
1018 AD Amsterdam
info@markmedia.nl

1. De geschiedenis van het 'drankje van het huis'
Literatuur: Historisch Archief Simon Rijnbende en Zonen (o.a. Het Blijmoedig Maandblad). Historisch Archief Bols, Archief Goedewaagen-Gouda BV. Memoires A.J. Breve. Website miniatuurhuisjes.nl. Website Dutch Miniature Houses, A. Nienhuis. Beeldmateriaal: Maria Austria Instituut, Historisch Archief KLM, P. Huf. Historisch Archief Bols, Keramisch Museum Goedewaagen, Archief Wouter Rijnbende, Sotheby's Amsterdam. Met dank aan: T. Vermeulen, conservator historisch archief Bols. Drs. S. Kamer, F. Visser, Keramisch Museum Goedewaagen. S. Hemmes, R. Wijnsma, A. Nienhuis, E. van Zonneveld, A. Dubbelman

2. Van natte klei tot huisje van keramiek
Literatuur: Royal Delft. A guide to De Porceleyne Fles, Rick Ericson. Gouda-net. Gouda Design. Beeldmateriaal: Goedewaagen-Gouda BV. Met dank aan: F. Visser, conservator Keramisch Museum Goedewaagen. Goedewaagen-Gouda BV. Drs. S. Kamer. S. Hemmes, R. Wijnsma.

3. Collector's item Het Frans Hals Museum
Literatuur: Frans Hals 1862 – 1962. Catalogus ter gelegenheid van het honderdjarig bestaan van het Gemeentemuseum te Haarlem. De Brieven Van Vincent aan Theo. Beeldmateriaal: Frans Hals Museum Haarlem, Berliner Gemäldegalerie - Stiftung Preußischer Kulturbesitz.

4. Collector's item Koninklijk Paleis
Literatuur: Stadhuis van Oranje, 350 jaar geschiedenis op de Dam. Uitgave Stichting Koninklijk Paleis. Het Stadspaleis, de geschiedenis van het Paleis op de Dam, G. Mak. Het Koninklijk Paleis op de Dam historisch gezien, J. E. Huisken, Het paleis op de Dam, M.G. Schenk en J.B.Th. Spaan. Monumenten in Nederland. Zuid-Holland. Rijksdienst voor de Monumentenzorg. Beeldmateriaal: Wim Ruigrok (Burgerzaal, Vroedschapskamer), ANP Foto (schilderij Wilhelmina), Rijksmuseum Amsterdam, Ymke Pas/Ymke's Infographics, Michael Jacobs, RVD, Jeroen van der Meyde, Koos Breukel. Met dank aan: Paleis het Loo, Rijksvoorlichtingsdienst.

5. Collector's item Huis ter Kleef
Literatuur: Heeft Yemant lust met bal, of met reket te spelen?. C. De Bondt, Huis ter Kleef. Andrea Bloem. Huis ter Kleef, het enige kasteel van Haarlem. J.J. Temminck. Historie der Nederlandscher ende haerder Naburen Oorlogen ende geschiedenissen, Tot Den Iare M.VI. cXII., E. van Meteren. Beeldmateriaal: Gravure Rijksmuseum Amsterdam. Met dank aan: Gemeente Haarlem, Natuur- en Milieucentrum ter Kleef.

6. Collector's item De Waag
Literatuur: Het waagstuk. De geschiedenis van waaggebouw en wegen in Nederland. C. H. Slechte en N. Herweijer. Duizend jaar Gouda: een stadsgeschiedenis. P. H. A. M. Abels, Oudheidkundige Kring Die Goude. Beeldmateriaal: Hermen Buurman Fotografie.

7. Collector's item Ridderzaal
Literatuur: De Grafelijke Zalen, het visitekaartje van Nederland, projectbrochure Rijksgebouwendienst. Vernieuwde Ridderzaal oogst applaus, Smaak Magazine 28. Archipedia. Aleid van Poelgeest, A. Anema. Beeldmateriaal: Koninklijk Oudheidkundig Genootschap, Nationaal Archief, Haags Gemeentearchief, Haagsch Historisch Museum, Sprookjesprekers in de Ridderzaal, Jan Ising, DPI Animation House, Roel Wijnants. Met dank aan: Rijksgebouwendienst Den Haag.

8. Collector's item House of Bols
Literatuur: Lucas Bols, Vereniging Bedrijf & Historie. Pierre Cuypers, architect 1827-1921. A.J.C. van Leeuwen. Nederlands Architectuur Instituut, Bonas (St. Bibliografieën en Oeuvrelijsten Nederlandse Architecten en Stedebouwkundigen). Beeldmateriaal: Bols Archief, Beeldbank gemeente Amsterdam, De Oude Flesch. Met dank aan: T. Vermeulen, J. Vogelpoel, Bureau Monumenten en Archeologie gemeente Amsterdam, Stadsarchief Amsterdam.

9. Collector's item Carré
Literatuur: Geschiedenis van het Circus Carré, Amstelodamum, 1948. Een circus van Steen, Max van Rooy. 100 jaar Carré, Han Peekel. Bouwkunst voor een Hooggeëerd Publiek. Het Circus Carré van J.P.F. van Rossem en W.J. Vuyk, Ons Amsterdam, 1987. Honderd jaar circus in Carré, Ons Amsterdam, 1987. Een plek om lief te hebben, geschiedenis van Carré, Mariëtte Wolf. Beeldmateriaal: Koninklijk Theater Carré Amsterdam, Theater Instituut Nederland. Met dank aan: Irene Smits.

10. Collector's item Paleis Het Loo
Beeldmateriaal: Paleis Het Loo, Angelique van den Erenbeemd RVD, Jeroen van der Meyde. Stichting Historische Verzamelingen van het Huis Oranje-Nassau. Wouter Hagens. Literatuur: Van 't Loe tot La Tour, dr Wim H. Nijhof. Het Loo, paleis en tuinen. Dr. A.W. Vliegenthart, drs. A.M.L.E. Erkelens, N. Conijn. Het Loo Palace, Journal of a restauration, Adriaan W. Vliegenthart. Reformatorisch Dagblad: Expositie Paleis Het Loo over levensavond koningin Wilhelmina (26/11/2012). Beeldmateriaal:Apa Foto. Met dank aan: Michel van Maarseveen, prof.dr. Johan Carel Bierens de Haan, Angelique van den Eerenbeemd.

Huisje #1
Literatuur: Het Nederlandse woonhuis van 1300-1800, vijftig jaar Vereniging Hendrick de Keyser, R. Meischke en H.J. Zantkuyl. Met dank aan: Academie voor Bouwkunst, Bureau Monumenten en Archeologie gemeente Amsterdam, G. Van Tussenbroek, H. Lambregts, S. Hemmes, Stichting Keramisch Museum Goedewaagen.

Huisje #2
Literatuur: Ons Amsterdam, C. Van Doornen, Showcase, F. Jonker. Amstelodamum, Watercanon van Amsterdam. J. Poortvliet, Utrechts Nieuwsblad 30/10/1953. Beeldmateriaal: prive-archief Five Flies founded for Fame, Ton Hasebos, Louis van Beurden, Daniel Linssen, Stadsarchief Amsterdam. Amsterdam in fotokaarten, Huizen en straten in de hoofdstad 1900-1940, Ons Amsterdam. Met dank aan: Albert Veerman, International Institute of Social Studies.

Huisje #3, #4 en #5
Literatuur: Het Nederlandse woonhuis van 1300-1800, vijftig jaar Vereniging Hendrick de Keyser, R. Meischke en H.J. Zantkuyl. Beeldmateriaal: Ron Tasman, R. Wijnsma. Met dank aan: Friggo Visser.

Huisje #6
Literatuur: Amsterdamsche Woonhuizen, A.A. Kok. Archipedia. Houten huizen van Amsterdam, R. De Muijnck. Van Der Beghinenlande tot Begijnhof, G. Van Dijk. Het hart van mijn stad, gids voor het Begijnhof, F. Thomas. Amstelodamum, div. jaargangen. Ons Amsterdam. Beeldmateriaal: Amsterdamsche Woonhuizen, Winkler Prins. Met dank aan: Bureau Monumenten en Archeologie gemeente Amsterdam, G. Van Tussenbroek, E. van Heyst, Stichting Begijnhof, Vereniging Hendrick de Keyser, N. Smit.

Huisje #7
Beeldmateriaal: Maria Austria Instituut, Historisch Archief KLM, P. Huf. Met dank aan: S. Hemmes.

Huisje #8
Literatuur: Amsterdam in zyne opkomst, aanwas, geschiedenissen, voorregten, J. Wagenaar. Digitaal Grachtenhuis, database van de Amsterdamse grachtengordel. De Gevelstenen van Amsterdam, O.W. Boers. KLM's jeneverhuisjes bestaan nu in het echt, Parool 14/12/2010. Ons Amsterdam 2005. Beeldmateriaal: Gezicht op het kasteel te Egmond aan den Hoef, Rijksmuseum Amsterdam, Ernest Annyas.

Huisje #9
Literatuur: Gemeentearchief Amsterdam. De groote schouburgh der Nederlantsche konstschilders en schilderessen, A. Houbraken. Bovenlichten en snijramen in Nederland, B. Veldstra. Archief van de kraak- en actiebeweging in Nederland. 26/11/1997. Beeldmateriaal: Museum Boijmans van Beuningen, Stadsarchief Amsterdam. Met dank aan: Rijksbureau voor Kunsthistorische Documentatie.

Huisje #10
Literatuur: Architectuurhistorische verkenningen aan de hand van het bezit van Vereniging Hendrick de Keyser. Architectura Moderna ofte bouwinge van onsen tijt. Amsterdam in Beeld, trapgevels en tuitgevels, K. Schoof. De gevelstenen van Amsterdam, O. Boers. De Twee valcken en de Gecroonde Raep, P. Rosenberg. Amsterdamsche Hofjes. Beeldmateriaal: Rijksmuseum. Stadsarchief Amsterdam. Met dank aan: N. Smit, Bureau Monumenten en Archeologie gemeente Amsterdam.

Huisje #11
Literatuur: Wynand Fockink, buigen voor een borrel. Archief van de Likeurfabriek Wijnand Fockink. Amstelodamum, div. jaargangen. Ons Amsterdam. Jenever stoken is net koken, M. Bussink. Het Oudste beroep. Geschiedenis van de prostitutie in Nederland, H. Volmuller. Beeldmateriaal: privé-archief Wynand Fockink, Historische Archief Bols. Met dank aan: J. Galesloot, T. Vermeulen.

Huisje #12
Literatuur: Architectuurhistorische verkenningen aan de hand van het bezit van Vereniging Hendrick de Keyser. De gevelstenen van Amsterdam, O. Boers. Beeldmateriaal: Stadsarchief Amsterdam, Rijksmuseum. Metropolitan Museum of Art. Met dank aan: Niek Smit.

Huisje #13
Literatuur: Onderzoek Kamp 10, Amersfoort, historisch adviesbureau Jaer. Beeldmateriaal: G. van Vliet, het Utrechts Archief, Amisfortum, stadsplattegrond van Amersfoort, 1649, Joan Blaeu. Met dank aan: G. van Vliet, Kaldi Amersfoort.

Huisje #14
Literatuur: Vier eeuwen Herengracht, I. Van Eeghen, Het grachtenboek. Vier eeuwen Amsterdamse grachten in beeld gebracht: gevels, interieurs en het leven aan de gracht, K. Kleijn, P. Spies, J. Smit, E. Kurpershoek. Digitaal grachtenhuis, database van de Amsterdamse grachtengordel. Beeldmateriaal: Geschied-bouwkundige Beschrijvingen Behorende Bij Het Grachtenboek Van Casper Philips Jacobszoon. Foto-archief Snoep & Vermeer. Bedrijfsarchief Vroom & Dreesmann.

Huisje #15
Literatuur: historisch onderzoek C. De Bruyn, stadsarchief Dordrecht. Rondje Dordt(se) gevels. De legende van de Rozijnkorf. 300 jaar handel in suiker. Digitale Bibliotheek voor de Nederlandse Letteren. Beeldmateriaal: Beeldbank Erfgoedcentrum Diep, Dordrecht. Museum Huis van Gijn, Dordrecht. Met dank aan: C. Weijs, bouwhistoricus gemeente Dordrecht, C. De Bruyn, conservator Museum Huis van Gijn.

Huisje #16
Literatuur: Architectuurhistorische verkenningen aan de hand van het bezit van Vereniging Hendrick de Keyser. Stadsarchief Haarlem. Ach Lieve Tijd, 750 jaar Haarlem en de Haarlemmers. Beeldmateriaal: S. Hemmes. Historische Vereniging Haerlem. Met dank aan: N. Smit, F. Visser.

Huisje #17
Literatuur: Duizend Jaar Gouda, een stadsgeschiedenis, P. Abels. Spieringstraat 1: het weeshuis van Gouda, H. Van Dolder, Het Verenigd Wees- en Aalmoezeniershuis te Gouda 1495-1948, J. Geselschap, Goudse wezen over hun jeugd, een kolossaal groot gezin, M. Visser. Beeldmateriaal: Groene Hart Archieven. Met dank aan: Openbare Bibliotheek Gouda, Historische Vereniging Die Gouwe.

Huisje #18
Literatuur: Achter Utrechtse gevels, Stadskastelen), Architectuur Gids voor Utrecht, G. Kemme, Hart van Nederland, een boek over de stad en de provincie Utrecht, J. Romijn. Utrecht, De huizen binnen de singels. M. Dolfin, E.M. Kylstra, J. Penders, De geschiedenis van de Utrechtse wijnkoperij Van Wageningen en De Lange, M. Beukers, Vereniging Oud Utrecht. Beeldmateriaal: Het Utrechts Archief, Beeldbank Cultureel Erfgoed. Met dank aan: Rijksdienst voor de Monumentenzorg.

Huisje #19
Literatuur: Biografisch Portaal. Stichting Digitale Bibliotheek voor de Nederlandse Letteren. De leerzame dood, H. Fagineus, De leraar van Europa, J. Wiersinga. Wandelen met Boerhaave in en om Leiden, A.M. Luyendijk. Het Orakel. De man die de geneeskunde opnieuw uitvond: Herman Boerhaave, L. Kooijmans. Beeldmateriaal: The State Hermitage Museum. Vladimir Terebenin, Leonard Kheifets, Yuri Molodkovets. Brian Altonen.

Huisje #20
Literatuur: Touring the Low Countries. Accounts of British travellers, 1660-1720, K. Van Strien, Grote meid Trijntje Keever. Beklagenswaardig persoon, J. Molenaar, Vereniging Oud Edam 27. Beeldmateriaal: Met Name Reclame. Met dank aan: Edams Museum. Anke Ophof.

Huisje #21
Literatuur: Vijf eeuwen Delftse apothekers, H.A. Bosman-Jelgersma. Leydsman der Medicijnen. Nederlands Tijdschrift voor Geneeskunde 1920: artikel klassieke wondermiddelen, M.A. van Andel. Drinken, drank en dronkenschap, J. van der Stel. Beeldmateriaal: Iconographisch bureau Den Haag. Lumen Apothecariorum seu Luminare, Quiricus de Augustis. Met dank aan: Robert Vlugt.

Huisje #22
Literatuur: Schotten lusten geen spek, vier eeuwen Schots leven in Veere, P. Blom. Beeldmateriaal: Tylers Museum Haarlem. Met dank aan: Museum Schotse Huizen, stichting Veere-Schotland. Zeeuws Archief.

Huisje #23
Literatuur: Wynand Fockink, buigen voor een borrel. Archief van de Likeurfabriek Wijnand Fockink. Amstelodamum, div. jaargangen. Ons Amsterdam. Jenever stoken is net koken, M. Bussink. Het Oudste beroep. Geschiedenis van de prostitutie in Nederland, H. Volmuller. Beeldmateriaal: privé-archief Wynand Fockink, Historische Archief Bols. Met dank aan: J. Galesloot, T. Vermeulen.

Huisje #24
Literatuur: Architectuurhistorische verkenningen aan de hand van het bezit van Vereniging Hendrick de Keyser. Monumenten in Nederland-Noord-Holland, Rijksdienst voor Monumentenzorg, R. Stenvert e.a. Beeldmateriaal: Nederlands Architectuur Instituut. Beeldbank Noord-Holland. Portret Daniel Niellius, Rijksmuseum Amsterdam. Met dank aan: N. Smit.

Huisje #25
Literatuur: Duizend Jaar Gouda, een stadsgeschiedenis, P. Abels. Spieringstraat 1: het weeshuis van Gouda, H. Van Dolder, Het Verenigd Wees- en Aalmoezeniershuis te Gouda 1495-1948, J. Geselschap, Goudse wezen over hun jeugd, een kolossaal groot gezin, M. Visser. Beeldmateriaal: Groene Hart Archieven. Met dank aan: Openbare Bibliotheek Gouda, Historische Vereniging Die Gouwe.

Huisje #26
Literatuur: Mata Hari, niet zo onschuldig, S. Waagenaar. Was getekend, Mata Hari, Y. Murphy. New York Times, 18/8/1917. Leeuwarden Courant, 8/1/1918. Beeldmateriaal: Fries Museum. Nederlands Theater Instituut, W. Coret. Lucien Walery. Kröller-Müller Museum. ANP Foto. Met dank aan: E. Kramer, M. Bouma.

Huisje #27
Literatuur: De Laken-Compagnie der Van Berck-els, Mr. R. Bijlsma. Bedrijfshistorie Rotterdam. Rotterdams Jaarboekje 1944 Rijksmonumenten in Rotterdam. Beeldmateriaal: Collectie Museum Rotterdam. Gemeentearchief Rotterdam. A. Engelfriet.

Huisje #28
Literatuur: Het Huis In Duizend Vreezen. Website Geheugen van Nederland. Drie Generaties Van Gulik. Gemeentearchief Rotterdam. Beeldmateriaal: Historisch Museum Rotterdam, Han van Senus. Houtgravure uit Eigen Haard 1890, P.A. Schipperus. Reproductie van één der Schoolplaten voor de Vaderlandsche Geschiedenis, De Jongh en Wagenvoort.

Huisje #29
Literatuur: Het Leiden Boek, C. Smit. Erfgoed Leiden. Ongekend Leiden. Een wandeling door Leiden in 1649. Monumenten in Nederland. Zuid-Holland, R. Stenvert e.a. Stadstimmerwerf, Stadshulpwerf, Stadswerf, P. Barendregt e.a. Met dank aan: A. Dubbelman.

Huisje #30
Literatuur: archief Weeskamer Delft. Achter de Gevels van Delft, T. Wijsenbeek. Architectuurgids Delft, C. Boekraad. Beeldmateriaal: Theo Slijkerman.

Huisje #31
Literatuur: Bedreigde Gebouwen Delft 1840-1940, E.J. Hoogenberk, B. Verbrugge. Delfts Lexicon. Geschiedenis Delftse Tabaksnijverheid, L. Bracco-Gartner. Beeldmateriaal: stadsarchief Delft, Rosemarie Blom.

Huisje #32
Literatuur: Huis de Hantbooch, E. Van Velden. Achitectuurgids Delft. Nederlandse bouwkunst- Een geschiedenis van tien eeuwen architectuur, K. Kleijn e.a. Website Achter de Gevels van Delft, De oorsprong van de trapgevel, J. Kwaad. Oud rechterlijk archief Schiedam, 5/7/1594. Leven in de brouwerij, W. Weve. Beeldmateriaal: Sanctus Virgilius.

Huisje #33
Literatuur: Historici.nl. Gemeentearchief Rotterdam. Bedrijfshistorie Rotterdam, informatie De Dubbelde Palmboom, Rotterdam. Beeldmateriaal: historisch archief Lucas Bols. Historisch Museum Rotterdam.

Huisje #34
Literatuur: De gevel Wijnhaven 16 te Delft, C. Visser. informatie Vereniging Hendrick de Keyser. Achter de gevels van Delft, G. Buzing, G. Verhoeven en K. van der Wiel, R.Meischke e.a., Huizen in Nederland, Zeeland en Zuid-Holland, Architectuurhistorische verkenningen aan de hand van het bezit van de Vereniging Hendrick de Keyser, Monumenten in Delft, W. Weve, Delftsche Courant 16/02/1849. Kunst voor de beeldenstorm: Noordnederlandse kunst 1525-1580. De Hollandse tegel: toegelicht met afbeeldingen uit de verzameling van het Rijksmuseum. Beeldmateriaal: J. Zegeling. Courant voor Delft en Delfland, 15/12/1925. Met dank aan: N. Smit.

Huisje #35
Literatuur: VOC kenniscentrum: de Kamer van Delft. Sporen van de Compagnie: de VOC in Nederland, R. Van Gelder, L. Wagenaar. De gebouwen van de Oost-Indische Compagnie en van de West-Indische Compagnie in Nederland, J.C. Overvoorde e.a. Gids voor Historisch Delft. Voormalig Oostindisch Huis, architectuurgids Delft. Beeldmateriaal: Gemeentearchief Delft.

Huisje #36
Literatuur: Vijf eeuwen Delftse apothekers, H.A. Bosman-Jelgersma. Hollandse markten. Met dank aan: restaurant Le Marriage/The Bounge.

Huisje #37
Literatuur: Het leven van Joost van den Vondel, G.Brandt. De Stadsbank van Lening 1614-1989. W.D. Voorthuysen. Leentjebuur en pandverbeuren. M.G. Emeis jr. Geschiedenis van de Stadsbank van Lening te Amsterdam 1614-1964, L. Jansen. Koninklijke Bibliotheek, profiel Joost van den Vondel. Beeldmateriaal: Kopergravure T. Matham, naar de tekening van J. Sandrart. Kopergravure C. de Visscher. Met dank aan: de Stadsbank van Lening.

Huisje #38
Literatuur: Ons Amsterdam, uit het dagboek van Bicker Raye. Amstelodamum, Stadsarchief, Ons bioscopisch bedrijf voorheen en thans, F.A. Noggerath. Beeldmateriaal: National Gallery Londen, Ons bioscopisch bedrijf voorheen en thans, F.A. Noggerath.

Huisje #39
Literatuur: Monumenten in Nederland. Fryslân, R. Stenvert. Stichting tot Behoud van Immaterieel Erfgoed Hindeloopen. Friesland Wonderland. Beeldmateriaal: Hidde Nijland Museum/Museum Hindeloopen. A. Kolk. Met dank aan: VVV Hindeloopen.

Huisje #40
Literatuur: Informatie stichting De Rode Hoed. Digitaal Grachtenhuis, database van de Amsterdamse grachtengordel. Het Huis met de Hoed, I. Geerts. Amstelodamum. Ons Amsterdam. Gevelstenen van Amsterdam. Toets en proef der loffelijker bouwkonst, M. Burkunk. Interview Huub Oosterhuis, Parool 14/9/2010. Beeldmateriaal: Verzaameling van alle de huizen en prachtige gebouwen langs de Keizers- en Heere-grachten der stadt Amsteldam. Historisch Archief Bols. Jan-Dirk van der Burg, stadsarchief Amsterdam. Met dank aan: T. Vermeulen, Jurre Zwinkels.

Huisje #41
Literatuur: De Vrije Fries, Een Leeuwarder boekhandelaar timmerde aan de weg, W. Dolk. Architectuurhistorische verkenningen aan de hand van het bezit van Vereniging Hendrick de Keyser, Claude Fonteyne en het drukkershuis in de Sint Jacobstraat. R.Meischke e.a., Huizen in Nederland, Zeeland en Zuid-Holland. Architectuurhistorische verkenningen aan de hand van het bezit van de Vereniging Hendrick de Keyser. Beeldmateriaal: de winkel van boekhandelaar Pieter Meijer Warnars op de Vijgendam te Amsterdam, Rijksmuseum. Met dank aan: Stadsarchief Leeuwarden, N. Smit.

Huisje #42
Literatuur: Harry Elte PHzn. (1880-1944) architect van de joodse gemeenschap tijdens het interbellum, L. van Grieken. Beeldmateriaal: A-Ford Club Nederland, G & G Special Sizes.

Huisje #43
Literatuur: World Expositions in Amsterdam 1883. Kermis van Koophandel. De Amsterdamse Wereldtentoonstelling van 1883, I. Montijn. De Drosten waren erbij - De Wereldtentoonstelling van 1883, B. Bolle. Beeldmateriaal: Historisch archief Bols, privé-archief familie Scholte, Atlas Van der Hagen, Koninklijke Bibliotheek, Den Haag. Koninklijk Instituut voor de Tropen. Met dank aan: Stadsarchief Amsterdam.

Huisje #44
Literatuur: De Heilige Geest en het Heilige Geest-huis, armezorg te leiden tot het einde van de 16e eeuw, C. Ligtenberg. Waar de wezen in de gevel staan, J.F. Dröge. Het moeilijke leven van hervormde Leise wezen in de periode 1775-1812, M. Dusseldorp-Kingma. Beeldmateriaal: Regionaal Archief Leiden, Stichting Utopa. Met dank aan: stadsarchief Leiden, Stichting Utopa.

Huisje #45
Literatuur: Geschiedenis van de vroegere Quakergemeenschap te Amsterdam, J. Z. Kannegieters. Informatie Religieus Genootschap der Vrienden (Quakers). Amstelodamum. Amsterdamse Grachtengids, T. Killiam. Beeldmateriaal: Cérémonies et coutumes religieuses de tous les peuples du monde, Jean Frederic Bernard. Verzaameling van alle de huizen en prachtige gebouwen langs de Keizers- en Heere-grachten der stadt Amsteldam. Rijksmuseum, Amsterdam.

Huisje #46
Literatuur: Van der Beghinenlande tot Begijnhof, G. Van Dijk. Beeldmateriaal: E. Van Heyst, stichting Begijnhof, Stadsarchief Amsterdam. PTT. Met dank aan: E. Van Heyst.

Huisje #47
Literatuur: Het Achterhuis, A. Frank. Amstelodamum 1958 en 1959. Het Anne Frank Huis - Een museum met een verhaal. Herinneringen aan Anne Frank, M. Gies. Stadsarchief Amsterdam. Beeldmateriaal: Getty Images. Anne Frank Fonds. Anne Frank Stichting. Cris Toala Olivares. Simon Wiesenthal Centrum. Stadsarchief Amsterdam. Met dank aan: B. Elderigde, Anne Frank Huis, Karolien Stocking Korzen.

Huisje #48
Literatuur: Het Rembrandthuis, R. Van het Groenewoud, Amstelodamum div. jaargangen. Geschiedenis van het Rembrandthuis. Stadsarchief Amsterdam. Huiselijk geweld in het Anne Frank Huis en het Rembrandthuis, E. Oostendorp. Beeldmateriaal: Museum Het Rembrandthuis. PostNL. A. Blokdijk. Met dank aan: Wed. N.S.A. Brantjes & Co. Purmerends Museum. F. Visser.

Huisje #49
Literatuur: website café 't Geveltje, Coevorden. De Franse tijd 1795-1814, J. Bartels. Mo(nu)mentje in Streek en Stad, aflevering Coevorden. Beeldmateriaal: H. Wessel. Drents Archief, Frans Hals Museum Haarlem. Met dank aan: H. Minderhoud.

Huisje #50
Literatuur: Het nieuwe Werck, O. Van der Klooster, M. Bakker. Gemeentelijk bureau Monumentenzorg. Amstelodamum. Stadsarchief Amsterdam. Het uur tussen hond en wolf, M. 't Hart. Beeldmateriaal: Historisch archief Bols. Met dank aan: T. Vermeulen.

Huisje #51
Literatuur: 'Voorstraat 49,51 en 51 (waaggebouw), Franeker. Bouwhistorische verkenning en waardestelling, bureau voor bouwhistorisch onderzoek', J.A. van der Hoeve, Biografisch Lexicon voor de Geschiedenis van het Nederlands Protestantisme, D. Nauta. Nieuw Nederlands Biografisch Woordenboek, F.S. Knipscheer. Beeldmateriaal: Paul Valckenier Kips, Museum Martena, Universiteitsmuseum Groningen, Harm Haitsma. Met dank aan: familie Valckenier, Doutzen Huistra, gemeente Franekeradeel, Nico La Crois, Paul van Kooij, RKD.

Huisje #52
Literatuur: A Long Run House Price Index: The Herengracht Index, 1628-1973, Piet M.A. Eichholtz. Herengracht 415: 100 jaar Geloof, Wetenschap en Cultuur, Boekmanstichting, Karin Jongbloed. Stadsarchief Amsterdam. Beeldmateriaal: Borms 0643 (prent), Centsprenten, Koninklijke Bibliotheek. Met dank aan: De Boekman Stichting.

Huisje #53
Literatuur: The Anneke Jans and Everardus Bogardus Descendants Web Page. The Frick collection, Wolphert Webber Inventories. No 309. Rootie's Family History Site, stadsarchief Amsterdam. Het oudste aandeelhoudersregister, Van Dillen. Bronnen tot de geschiedenis van het bedrijfsleven, Van Dillen. Beeldmateriaal: Westfries Archief, Hoorn.

Huisje #54
Literatuur: Amstelodamum jaargang 1919 en 1970, Bureau Monumenten & Archeologie, gemeente Amsterdam. Met dank aan: George Ammerlaan, Stadsarchief Amsterdam.

Huisje #55
Literatuur: Geschiedenis van Schiedam, Drs. G. van der Feijst, Schiedamsche Volksblad, 19 april 1938. Jeneverie 't Spul. Beeldmateriaal: St. Anthonisgilde Schiedam. Met dank aan: Leen van Andel, Leo van Leeuwen, Rob van Klaarwater.

Huisje #56
Literatuur: The Van Alderwerelt family in Amsterdam. Stadsarchief Amsterdam. Beeldmateriaal: Portret van Frederick Rihel, National Gallery, Londen.

Huisje #57
Literatuur: Stadsarchief Amsterdam, archief Het Parool. Beeldmateriaal: foto-archief Cas Oorthuys, Musei Capitolini Rome, Cas Oorthuys/NFA, collectie Nederlands Fotomuseum.

Huisje #58
Literatuur: Geschiedbouwkundige beschrijvingen behorende bij het Grachtenboek van Caspar Philips Jacobszoon geschreven, E. van Houten. Stadsarchief Amsterdam.

Huisje #59
Literatuur: Geschiedbouwkundige beschrijvingen behorende bij het Grachtenboek van Caspar Philips Jacobszoon, E. van Houten. Ravage #251-1998. Beeldmateriaal: ANP Historisch Archief.

Huisje #60
Literatuur: Vier Eeuwen Herengracht. Geveltekeningen Van Alle Huizen Aan De Gracht, Twee Historische Overzichten En De Beschrijving Van Elk Pand Met Zijn Eigenaars En Bewoners, H.F.E.A. Wijnman, Genootschap Amstelodamum. Met dank aan: La Cuisine Française. The Frick Collection.

Huisje #61
Literatuur: Archief van de familie Deutz, Oud Nota-rieel Archief Delft, J. Wagenaar, Amsterdam in zijne opkomst, aanwas, geschiedenissen, voorregten, koop-handel, gebouwen, kerkenstaat, schoolen, schutterije, gilden en regeeringe (1765) Het Deutzen Hofje, I.H. van Eeghen, Jaarboek Amstelodamum 1960. Hofjes in Amsterdam, R. Lopes Cardozo en P. van der Zwan. De 250 rijksten van de Gouden Eeuw, K. Zandvliet. Beeld-materiaal: Rijksmuseum. Munt Agneta Deutz - Mari-anne Letterie. Met dank aan: bestuur Deutzenhofje, mevrouw Israels, familie Arondeus.

Huisje #62
Literatuur: Ignatius en Jan van Logteren, beeldhou-wers en stuckunstenaars, Pieter M. Fischer. Vereni-ging Vrienden van de Amsterdamse Binnenstad. Her-plaatste Geveltoppen. Tekening: Caspar Philips. Foto: stadsarchief Amsterdam.

Huisje #63
Literatuur: Community Joods Monument. Beeldmateri-aal: Rijksmuseum, Stadsarchief Amsterdam.

Huisje #64
Literatuur: Community Joods Monument, Rijksmonu-menten van Nederland. Verzaameling van alle de hui-zen en prachtige gebouwen langs de Keizers- en Hee-regrachten der stadt Amsteldam, Caspar Philips (1768). Beeldmateriaal: Stadsarchief Amsterdam. Nationaal Automobiel Museum/Louwman Museum, Den Haag.

Huisje #65
Literatuur: De Vroedschap van Amsterdam, 1578-1795, 250 Rijksten van de Gouden Eeuw, K. Zandvliet, Inven-taris archief familie Bicker en aanverwante families. Stadsarchief Amsterdam. Met dank aan: Nederlands Architectuur Instituut.

Huisje #66
Literatuur: Het dagboek van Joan Huydecoper, Utrechts Archief. Stadsarchief Amsterdam. Beeld-materiaal: Christies. Met dank aan: Huis Marseille, management Ruud de Wild.

Huisje #67
Literatuur: stadsarchief Amsterdam. Beeldmateriaal: Nationaal Archief, Anefo.

Huisje #68
Literatuur: Een schone maagd met stinkende adem: de problematiek van Amsterdam als waterstad, J.E. Abra-hamse, Watercanon van Amsterdam, Joëlle Poortv-liet. De drooglegging van Amsterdam, Theo Bakker. Reportage Kwaliteit grachtenwater Amsterdam steeds beter, NOS. Foto Máxima en Willem-Alexander: Bodine Koopmans.

Huisje #69
Literatuur: De leer van Scamozzi, bekrachtigd in voor-beelden van levend marmer. K. Kleijn, J. Smits en C. Thunnissen, Nederlandse bouwkunst. Een geschiede-nis van tien eeuwen architectuur. Rap van Fortuin, Arjan Snijders. 75 jaar Wijgula W.G.L. 1922-1997, num-mer 2 van Geschiedenis van de binnenscheepvaart, Jos Hubens, Arie Lentjes. Beeldmateriaal: Staatliche Museen Kassel, Wijgula, Ab Fortuin. Met dank aan: Bodo en Jacqueline Douqué, Rob Houwer, Jos Hubens, vereniging De Binnenvaart Dordrecht, Peter Jong-mans, Chris Gongriep.

Huisje #70
Beeldmateriaal: Marc Helderman (Happy Home), D. Delcroix naar C. Sgroten. Kaart v N-Holland ca 1573. Coll. N-Holl Archief, Prov Atlas NH Haarlem. Met dank aan: het Hollands Kaasmuseum, Chris Vijn, gemeente Alkmaar afdeling monumentenzorg, Henk Krabben-dam, bouwhistoricus C. Roozendaal.

Huisje #71
Literatuur: Belangrijk pand in Amsterdam wordt geres-taureerd, Het Vaderland 1941. Amstelodamum. Beeld-materiaal: archief van de Rooimeesters.

Huisje #72
Literatuur: Naamregister van alle de Kooplieden voor-naame Handeldryvende of Negotiedoende Winkeliers en Fabricanten der Stad Amsterdam voor het jaar 1788. Genealogie Waller, Dagboek Jacob Bicker Raye, een „groote" begrafenis. Het volk: dagblad voor de arbei-derspartij, 1930.

Huisje #73
Literatuur: website Rijksmonumenten, Regionaal Archief Alkmaar, kadaster Alkmaar. Beeldmateriaal: Stedelijk Museum Alkmaar.

Huisje #74
Literatuur: Het Grachtenboek, vijf eeuwen Amster-damse grachten in beeld gebracht. stadsarchief Amsterdam. Beeldmateriaal: archief familie Kraak, stadsarchief Amsterdam, Tropeninstituut, Anefo. Met dank aan: Frank Rövekamp, Robert Broekema, L. Kraak.

Huisje #75
Literatuur: De Wolkenridder. De geschiedenis van KLM vanaf 1919, René de Leeuw. Blauw in de lucht. KLM 1919-1999. Marc L.J.Dierikx. Beeldmateriaal: De Wol-kenridder, Stichting Reclamearsenaal.

Huisje #76
Literatuur: Bulletin KNOB november-december 2000: Het Straatje van Johannes Vermeer, op het adres Nieuwe Langendijk 22-26 in Delft. Een kunsthistorische visie op een archeologisch en bouwhistorisch onderzoek, Kees Kaldenbach. Vermeer and his Milieu : A Web of Social History - John Michael Montias. Beeldmateriaal: Rijks-museum Amsterdam, Het Mauritshuis Den Haag, Ken-wood House, London, National Gallery London, Delft Image Bank, Vermeer Centrum Delft. Kunsthistorisches Museum, Wenen. Museum Boijmans van Beuningen, Rotterdam. Met dank aan: drs. Kees Kaldenbach.

Huisje #77
Literatuur: Veelbelovende gewelven onder huis van een particulier, De Sumatra Post, 1938. Jaarboek De Oranjeboom 1965, Het huis De Arend te Breda, J.M.F. IJsseling, Blad Vereniging tegen de Kwakzalverij 2005. Met dank aan: de familie Klein Sprokkelhorst.

Huisje #78
Literatuur: Geschiedenis van de Leidsegracht, Theo Bakker. De klokkengieters François en Pieter Hemony, André Lehr. Amstelodamum, Stadsarchief Amster-dam, Archief woonhuis Leidsegracht 51. Met dank aan: David Wood, Tonny Bodewes, Minne Dijkstra, Anneke den Hartog.

Huisje #79
Literatuur: Oost West Hollands Best, Van Korrel naar Borrel. Gemeentearchief Schiedam. Beeldmateriaal: Jenevermuseum Schiedam, familie R. Melchers. Met dank aan: Joyce Pinsel-Meijer, Rob van Klarenbeek, Jeneverie 't Spul.

Huisje #80
Literatuur: Innemende mensen en andere klare taal, Joop de Koning. Beeldmateriaal: Joop de Koning, stads-archief Amsterdam. Met dank aan: Joop Sonnemans.

Huisje #81
Literatuur: Gewestelijke financiën ten tijde van de Repu-bliek van de Verenigde Nederlanden, deel III. Groningen (1594-1795), drs. L. Van der Ent en dr. V. Enthoven. Het Goudkantoor te Groningen, dr. A.T. Schuitema-Meijer.

Huisje #82
Literatuur: Stadsarchief Maastricht, Maastrichts Silhouet nr 80, Léon Minis, Servé Minis, Natuur-historisch Museum Maastricht, Junior Kamer Maas-tricht, Paul Uijlenbroek, Mark van den Boogaard,

Huisje #83
Literatuur: Keizersgracht 672, artikel door mej. Dr. I.H. van Eeghen, Amstelodamum 1964, 'Een extera fraay huis', drs. Tonko Grever, Jurriaan Andriesen behang-selschilder, Richard Harmanni. Beeldmateriaal: Museum van Loon. Met dank aan: drs. Tonko Grever, Katrien van de Linde.

Huisje #84
Literatuur: Op de keper beschouwd: een geschiedenis van Weert, Jean Coenen, gemeentearchief Weert, John van Cauteren, website Taverne De Oude Munt, Weert. Muntheer en Muntmeester: een studie over het Berghse muntprivilege in de tweede helft der zestiende eeuw, F.B.M. Tangelder. Munten van het Graafschap Hoorne, De Munten der Leenen van de voormalige hertogdom-men Braband en Limburg, enz., Van de vroegste tijden tot aan de pacificatie van Gend; door P.O. van der Chijs. De stoffelijke resten, de begraafplaats en de grafsteen van Philips van Montmorency, graaf van Horn, in Weert, De feiten en de fictie door Emile Haanen. Beeld-materiaal: gemeentearchief Weert, Gemeentemuseum Weert. Met dank aan: John van Cauteren.

Huisje #85
Literatuur: 300 Jaar Penha Gebouw, Els Kroon, Uit de geschiedenis van Curacao (1679-1685), Ons Zeewezen, L.C. Vryman. Beeldmateriaal: bibliotheek Universiteit Utrecht. Rita Mendez-Flohr, Cliff Borger, L. Swarte.

Huisje #86
Literatuur: De idealen van Pieter Teyler, Bert Sliggers. Maandschrift: De vragen van de dag, 32e jaargang, juni-aflevering 1917, S. Kalff, De erfeniskwestie PT vd H' (1902) en 'Nog eens de erfeniskwestie' (1903), W.P.J. Over-meer. Weekblad 'Eigen Haard', no 10, 1885, W. Craandijk, www.vanderkaap.org. Beeldmateriaal: Teylers Museum Haarlen. The birds of America, John James Audubon. Met dank aan: Froukje Budding, Martijn Zegel.

Huisje #87
Literatuur: Enkhuizer Patriciërs, Thijs Postma, Het Peperhuis te Enkhuizen, Jorien Jas en Mieke Scharloo, Kenniscentrum VOC, Enkhuizen tijdens de Republiek: een economisch-historisch onderzoek naar stad en samenleving van de 16e tot 19e eeuw, R. Willem-sen, Zuiderzeemuseum Enkhuizen, Beeldmateriaal: Museum Van Gijn, Dordrecht.

Huisje #88
Literatuur: De geschiedenis van de NV Amsterdamse Likeurstokerij 't Lootsje' der erven Lucas Bols te Amster-dam, Amstelodamum (1953), Hempje ligt op, een blik op de geschiedenis van likeurstoker Lucas Bols, Ton Vermeulen. Ons Amster-dam; De mythes rond likeurstoker Lucas Bols, Marius van Melle. Gangen en hoven van de Jordaan, Theo Bak-ker. Stadsarchief Amsterdam. Beeldmateriaal: Lucas Bols BV. Met dank aan: Ton Vermeulen.

Huisje #89
Literatuur: Amersfoortse Muurhuizen: Dieventoren-complex en Secretarishuisje, Sandra Siemers-den Dulk. Beeldmateriaal: Landschap Erfgoed Utrecht, Collectie Utrecht/Museum Flehite, Rijksmuseum Twenthe. Met dank aan: Sandra Siemers-den Dulk, Marianne de Rijke.

Huisje #90
Literatuur: De geschiedenis van buitenplaats Wester-Amstel, Finette van der Heide. Amstelveen, acht eeu-wen geschiedenis, J.W. Groesbeek, Inventaris de archieven van de families Van Lynden van Sandenburg en Van Persijn. Met dank aan: Groengebied Amstelland, Sören Movig. Beeldmateriaal: Hollands Arcadia of de vermaarde Rivier den Amstel, Stichting J.Ph.J.F. Lissone, BPK Hamburger Kunsthalle, Elke Walford.

Huisje #91
Literatuur: 125 Jaar Belgisch Park, de ontwikkeling van 'Nieuw Scheveningen' wonen tussen bad en stad, P. Crefcoeur; J. van Pesch. Gemeentearchief Den Haag.

Huisje #92
Literatuur: De Drie Haringen, Deventer Dagblad (1932), M. E. Houck, De Drie Haringen, een klein bouwhistorisch onderzoek, Rianne Everts, Femke Lippok, Sporen van de Hanze. Glorie van de gouden eeuw, F.D. Zeiler, Bouwsti-len in Nederland 1040-1940, R. Blijdenstijn en R. Sten-vert. Met dank aan: Henk Nalis, Petra Groothuis. Afstam-melingen van Karel de Grote, naar het geslacht Beck via stammoeder Anna Aleijda van Suchtelen, gehuwd 1 februari 1755 te Deventer met Hans Bernhard Beck.

Huisje #93
Literatuur: Proefschrift Het leven van Mr. Paulus Buys, advocaat van den Lande van Holland, Willem van Ever-dingen. De geschiedenis van het huis van Daniel van der Meulen, Leidsch Jaarboekje XXXV (1943), Brieven en andere bescheiden betreffende Daniël van der Meulen 1584-1600, Gisela Jongbloet-Van Houte, Siebold en Japan, Zijn leven en Werk, Arlette Kouwenhoven, Matthi For-rer, Het Rapenburg, geschiedenis van een academiegracht. Deel 1. Th.H. Lunsingh Scheurleer, C. Willemijn Fock, A.J. van Dissel. Beeldmateriaal: Museum Meermanno-Westreenianum, Den Haag (inv.nr. 2028/W), Univer-siteitsbibliotheek Leiden (P330N349), Flora Japonica, Fauna Japonica, collectie Museum De Lakenhal, Leiden (inv.nr. S 591), Musée Le Louvre Paris. Taco van der Eb, Hollandse Hoogte, Rijksmuseum Volkenkunde Leiden, Naturalis Biodiversity Center Leiden. Met dank aan: C. Roose (Westmalle), Het SieboldHuis, Dick Raatgever, Marjolijn Goos, Ingrid Jongeneel.

Huisje #94
Literatuur: 't Land van Texsel, J.A. van der Vlis (1975), Jaarboek Monumentenzorg 1996, Monumenten en bouwhistorie. Studie naar de ontstaansgeschiedenis van Den Burg. 'Burg ooit residentie van Friese krijgs-heer', Texelse Courant (2003). De Oudheidkamer, een historisch woonhuis (2013). Harry Potter en de Geheime Kamer. Met dank aan: Oudheidkamer Den Burg, Gelein Jansen, Klaasje ter Haar, Nieteke Roeper, Simon Dros, antiquariaat 't Ouwe Boekie, Fred Gerrits.

Architectuurtekeningen:
T. Killiam, Amsterdamse Grachtengids.

De auteur is bij het samenstellen en schrijven van dit boek veel dank verschuldigd aan: Marc van Bergen Hein Blankers Sacha de Boer Frits Bolkestein Eric Borger Jane Borst Elise de Bres Robert Broekema Huub en Sandie van Doorne Bodo en Jacqueline Douqué Jean Paul Drabbe Arthur Dubbelman Beau van Erven Dorens Familie Arondeus Monique Francissen Jan Galesloot Eva Gerrits Tonko Grever Jort Haan Constance van Haeften Simon Hemmes Anouk Henderson Marjolijn van Hensbergen Sybe Kamer Tim Killiam Joop de Koning Quirijn de Koning Bodine Koopmans Michiel Kraijkamp Arjan Mitzer Stijn Mitzer Sören Movig Arnold Nienhuis Marc Rietdijk Bart Rodenhuis Frank Rövekamp Wouter Rijnbende Sandra Siemers-Den Dulk Monique Smets William Stoddart Hans Tulleners Gabri van Tussenbroek Paul Valckenier Kips Albert Veerman Ton Vermeulen Friggo Visser Gerard van Vliet Jose Vogelpoel Christine Weijs David Wood Rien Wijnsma Erik Zegeling Joyce Zegeling Karin Zegeling Ed van Zonneveld